NANCY PELOSI
WOMAN OF POWER

GOLDMANN

NANCY PELOSI

WOMAN OF POWER

WARUM ICH NIEMALS AUFHÖREN WERDE, FÜR EIN BESSERES AMERIKA ZU KÄMPFEN

Aus dem Amerikanischen von Martin Bayer,
Helmut Dierlamm, Norbert Juraschitz und Sigrid Schmid

GOLDMANN

Die englische Originalausgabe erschien 2024 unter dem Titel
»The Art of Power« bei Simon & Schuster, New York.

MIX
Papier | Fördert
gute Waldnutzung
FSC® C014496

Penguin Random House Verlagsgruppe FSC® N001967

1. Auflage
Deutsche Erstausgabe Oktober 2024
Copyright © 2024 der Originalausgabe: Nancy Pelosi
Copyright © 2024 der deutschsprachigen Ausgabe:
Wilhelm Goldmann Verlag, München,
in der Penguin Random House Verlagsgruppe GmbH,
Neumarkter Str. 28, 81673 München
Redaktion: Fabian Bergmann
Umschlag: Uno Werbeagentur, München
Umschlagmotiv: Getty Images/Craig Barritt
Satz: Uhl + Massopust, Aalen
Druck und Bindung: GGP Media GmbH, Pößneck
Printed in Germany
EB · CF
ISBN 978-3-442-30223-9

www.goldmann-verlag.de

INHALTSVERZEICHNIS

Für Paul, Daddy, Pop –
einen wundervollen Ehemann, Vater und Großvater

VORWORT
DAS »WARUM« IST WICHTIG

Im November 2006 gewannen die Demokraten die Mehrheit im US-Repräsentantenhaus, und meine Kolleginnen und Kollegen nominierten mich als Sprecherin. Ich ging zum Podium, um die Wahl anzunehmen, und unterwegs flüsterte mir unser neuer Fraktionsvorsitzender Rahm Emanuel etwas ins Ohr: »Deine Eltern wären sehr stolz.«

Bei diesem Kommentar stutzte ich. Warum sollten meine Eltern stolz sein? Sie hatten mich nicht zur Sprecherin erzogen. Sie hatten mich zur Heiligen erzogen. Nachdem sie sechs Söhne zur Welt gebracht hatte, wollte meine Mutter, dass ich Nonne werde. Das hätte sie stolz gemacht!

Ich wurde oft gefragt, welche Rolle mein Glaube bei meiner politischen Tätigkeit spiele. Natürlich glaube ich an die Trennung von Staat und Kirche, dennoch haben die Werte meines Glaubens meine Prioritäten geprägt. Zum Beispiel bin ich den Menschenwerten verpflichtet, weil ich glaube, wie der Bürgerrechtler John Lewis immer sagte, dass in jedem Menschen ein Funken Göttlichkeit steckt, der respektiert werden sollte.

Wenn mich in meiner Jugend jemand nach meinem Lieblingswort fragte, antwortete ich stets: »Das Wort.« So wird Christus oft genannt: »Und das Wort ist Fleisch geworden und hat unter uns gewohnt« (Johannes 1,14). Weil Christus an unserer Menschlichkeit teilhatte, können wir an seiner Göttlichkeit teilhaben – daher der göttliche Funke. Ein jüdischer Gelehrter schrieb im 3. Jahrhundert, wegen dieses Funkens Göttlichkeit, den wir alle in uns hätten, schritten uns hundert Engel voraus, wenn wir gingen. Ich fühle mich dem Respekt vor diesem Funken Göttlichkeit in jedem Menschen zutiefst verpflichtet und strebte deswegen ein öffentliches Amt an.

Deswegen fällt es mir auch so schwer, mir vorzustellen, wie Menschen diesen Funken ignorieren und abscheuliche Gräueltaten begehen konnten, vor allem im Holocaust. In heutiger Zeit erleben wir das Leiden von Hunderttausenden Menschen, die ich in Flüchtlingslagern in Darfur sah, die Brutalität der Taliban in Afghanistan, den Völkermord an den Uiguren und andere Repressionen in China, den Hunger im Sudan, das Leiden in Gaza und die unfassbare Armut weltweit, um nur ein paar Beispiele zu nennen. Wie könnten wir all das ignorieren?

Besonders deutlich wurde mir dieser Widerspruch zwischen Werten und Handeln im Jahr 2009 bei einem Besuch mit dem Zusammenschluss afroamerikanischer Kongressabgeordneter in Ghana bewusst. Wir waren dort anlässlich der 400 Jahre, die seit der Ankunft der ersten Sklavenschiffe in Amerika vergangen waren, und besuchten auch den Ort, an dem verschleppte Afrikaner, die in die Sklaverei verkauft werden sollten, gefangen gehalten worden waren: ein düsteres, niedriges Verlies, in dem diese Menschen unter den brutalsten und unmenschlichsten Bedingungen misshandelt und gefoltert wurden. Wer nicht gleich vor Ort starb, musste sich durch die Tür ohne Wiederkehr an Bord der Todesschiffe schleppen, die die Versklavten nach Amerika oder in die Karibik brachten – eine Reise, die viele nicht überlebten. Das Erschreckendste war jedoch, dass über jenem Verlies eine Kirche stand, in der ihre Unterdrücker beteten. Wie konnten diese Menschen dort beten und gleichzeitig den Funken Göttlichkeit unter ihren Füßen so herzlos missachten? In den Vereinigten Staaten zeigte sich dieselbe Scheinheiligkeit bei den Sklavenhaltern und bei der Unterdrückung der amerikanischen Ureinwohner, allesamt abscheuliche Taten, die häufig von Menschen begangen wurden, die von sich selbst behaupteten, wahre Gläubige zu sein.

MEIN »WARUM«

Der Funken Göttlichkeit hat mich inspiriert, aber auf meine Kernwerte hatte ein anderer Text aus der Bibel mehr Einfluss, Vers 25,35 f. aus dem Matthäus-Evangelium: »Denn ich war hungrig und ihr habt mir zu essen gegeben; ich war durstig und ihr habt mir zu trinken gegeben; ich war fremd und ihr habt mich aufgenommen; ich war nackt und ihr habt mir Kleidung gegeben; ich war krank und ihr habt mich besucht; ich war im Gefängnis und ihr seid zu mir gekommen.«

Diese wunderschöne Passage ist die Grundlage für mein »Warum«. Wenn ich gefragt werde: »Was sind die drei wichtigsten Themen im Kongress?«, antworte ich immer: unsere Kinder, unsere Kinder, unsere Kinder.

Die Kinder waren immer mein »Warum« im öffentlichen Dienst und wenn ich mich für ein Amt bewarb. Ich selbst habe fünf Kinder, und mein »Warum« sind die Kinder, die in den USA jede Nacht hungrig schlafen gehen, jedes fünfte Kind. Wie kann es sein, dass in den Vereinigten Staaten von Amerika, diesem wunderbaren Land, jedes fünfte Kind in Armut lebt? Die Gesundheit und Schulbildung der Kinder, die wirtschaftliche Sicherheit ihrer Familien, eine sichere Umgebung, in der sie sich entfalten können, auch der Schutz vor Waffengewalt, und eine friedliche Welt, in der sie sich verwirklichen können – das sind meine Prioritäten.

Darum erinnerte ich, nachdem ich meinen Amtseid als Sprecherin des Repräsentantenhauses abgelegt hatte, an die Kinder und Enkel meiner Kolleginnen und Kollegen beider Parteien und rief sie zur Ordnung – für die Kinder.

Die Überzeugung und die Stärke, die ich aus diesen Werten ziehe, sind auch das »Warum«, dank dessen ich vielen Fallstricken und Spitzen standgehalten habe, die mir gelegt und gegen mich gerichtet werden, seit ich ein öffentliches Amt bekleide.

Im Gespräch mit Frauen oder anderen, die erwägen, sich für ein Amt zu bewerben, sage ich immer, dass man dafür ein dickes Fell haben muss. Wer sich um ein Amt bewirbt, sollte sein »Warum« kennen. Warum bewirbt man sich für das Amt? Welche Vision, welches Wissen und welche Haltung bringt man mit? Womit hofft man, erfolgreich zu sein? Wer sich um ein Amt bewirbt, wird zur Zielscheibe. Wenn man von seinem »Warum« überzeugt ist, macht es das die Sache wert.

Um dieses »Warum« zu finden, sind drei Ratschläge nützlich. Der beste Rat, den ich bei meinem ersten Wahlkampf für den Kongress erhielt, lautete: »Sei du selbst.« Sei dir selbst, deinen Werten und dem Menschen, der du bist, treu.

Der zweite Rat lautete: »Sei bereit.« Man weiß nie, wann sich eine gute Gelegenheit bietet, daher sollte man stets darauf vorbereitet sein, sie zu ergreifen.

Den dritten Ratschlag erhielt ich, einige Jahre bevor ich einen Wahlkampf führte. Er lautete: »Kenne deine Stärke.«

Ich hatte eigentlich nie vor, mich um ein öffentliches Amt zu bewerben. Stattdessen leistete ich ehrenamtliche Arbeit für die Demokratische Partei Kaliforniens. Ich arbeitete gerne hinter den Kulissen und unterstützte so unsere Kandidaten und unser Programm und mobilisierte andere Ehrenamtliche in der Politik. Im Jahr 1981 wurde ich zur Vorsitzenden der Demokraten in Kalifornien gewählt. Im Jahr 1984 fanden Präsidentschaftswahlen statt, und ich übernahm bei den Vorbereitungen zwei zusätzliche Aufgaben: Ich wurde Vorsitzende des Ausschusses zur Überwachung der Richtlinien des Parteitags der Demokratischen Partei, der die Auswahl der Delegierten beaufsichtigte, und ich wurde zur Vorsitzenden des Gastgeberkomitees in San Francisco ernannt und hatte damit die Leitung bei der Bewerbung von San Francisco als Gastgeber des Parteitags der Demokraten – die erfolgreich war.

Der legendären Kongressabgeordneten für Louisiana Lindy Boggs vertraute ich im Gespräch an, ich hätte das Gefühl, zu viele Parteiämter innezuhaben – nämlich drei –, und sollte wahrscheinlich eines davon aufgeben. Lindy antwortete mit ihrem wunderbaren Südstaatenakzent: »Süße, kein Mann würde so was jemals sagen.«

»Kenne deine Stärke«, sagte sie, »und nutze sie.« Diesen wichtigen Ratschlag habe ich nie vergessen.

Im Jahr 1987 stellte sich unsere außergewöhnliche und freundliche Kongressabgeordnete Sala Burton aus San Francisco aus gesundheitlichen Gründen nicht zur Wiederwahl und forderte mich auf, mich für ihren Sitz zu bewerben. »Du bist bereit, dein volles Potenzial zu entfalten«, sagte sie zu mir. Wegen ihres vorzeitigen Todes wurde eine Nachwahl notwendig, und der Wahlkampf begann unmittelbar. Nach einem harten, mühevollen Kampf gewann ich die Wahl und merkte dabei, dass ich tatsächlich bereit war und meine Stärke kannte. Lindy Boggs, die immer noch im Repräsentantenhaus sitzt, wurde mir und vielen anderen Frauen im Kongress zur Mentorin. Sie war ein Vorbild an Würde und politischem Scharfsinn, und heute trägt der Lesesaal der Frauen im Kapitol ihren Namen.

Sala Burton sagte mir, ich sei bereit. Lindy Boggs gab mir den Rat, mir meine Stärke bewusst zu machen. Und meine eigene Botschaft an die Frauen heute lautet: Die Welt braucht eure Kraft in der Arena für Frieden, Gerechtigkeit und Freiheit. Aber seid euch eurer individuellen Stärke bewusst. In der Geschichte der Menschheit hat es noch nie jemanden wie euch gegeben. Eure Individualität wird gebraucht. Seid ihr selbst. Seid bereit. Seid euch eurer Stärke bewusst.

ENDLICH EIN PLATZ AM TISCH

Im Jahr 1987, als ich in den Kongress gewählt wurde, waren weibliche Abgeordnete nicht nur eine Minderheit, wir waren eine Rarität. Bei den Demokraten gab es nur zwölf von uns (darunter Barbara Boxer, die ebenfalls aus Kalifornien kam), bei den Republikanern waren es elf Frauen. Ich bin Barbara unendlich dankbar für ihre Unterstützung, die ich als neue Abgeordnete von ihr erhielt, und für ihre Freundschaft. Ich war entschlossen, die Anzahl weiblicher Abgeordneter zu erhöhen. Nach der Wahl 1992 – dem sogenannten »Jahr der Frau« – kamen sechzehn weibliche Abgeordnete für die Demokraten dazu, was zum Großteil Ellen Malcolms wegweisendem politischem Aktionskomitee EMILYs List zu verdanken war. Im Lauf der Jahre machten die Demokraten im Repräsentantenhaus es zu ihrer Priorität, Demokratische Frauen für den Kongress zu rekrutieren, zu finanzieren und zu wählen. Im Jahr 2024 haben die Demokraten 94 weibliche Abgeordnete, und darauf bin ich sehr stolz.

Doch bis 2001 hatte es noch keine Frau in die oberste Führungsriege einer Partei im Repräsentantenhaus geschafft. Diese Tatsache wurde mir bewusst, als ich als Teil der Demokratischen Parteiführung zu meinem ersten Treffen mit Präsident George W. Bush ins Weiße Haus kam. Schon oft hatte ich im Rahmen meiner Ausschussarbeit zu Nachrichtendienst- und Haushaltsthemen an Besprechungen im Weißen Haus teilgenommen. Aber als ich an jenem Tag den Sitzungsraum betrat, wurde mir klar, dass diese Besprechung anders war als alle meine anderen Gespräche im Weißen Haus – sie war anders als alle anderen Gespräche, die je eine Frau im Weißen Haus geführt hatte. Dieses Treffen war eine echte Premiere. Ministerinnen hatten ebenfalls als gleichwertige Teilnehmerinnen am Tisch gesessen, doch bei mir waren die Umstände andere. Ich war im Weißen Haus, weil meine Kollegen und Kolleginnen mich ausgewählt hatten, die Demokratische Fraktion im Repräsentantenhaus zu vertreten und ihre Ansichten darzulegen – ich war auf Wunsch der Demokratischen Abgeordneten dort und nicht, weil der Präsident es so haben wollte.

Präsident Bush begrüßte mich freundlich, als er das Treffen eröffnete. Er wies auf meine historische Rolle hin und fügte hinzu, als erste weibliche Teilnehmerin hätte ich womöglich etwas Neues beizutragen. Während er sprach, wurde es eng auf meinem Stuhl, denn ich hatte das Gefühl, von anderen Frauen umgeben zu sein, als wären auch die großen Frauenrechtsaktivistinnen und Wegbereiterinnen anwesend, wie Susan B. Anthony, Elizabeth Cady Stanton, Lucretia Mott, Sojourner Truth und Alice Paul. Sie alle saßen mit mir auf diesem Stuhl und sagten: **Endlich sitzen wir mit am Tisch.** Mein nächster Gedanke war: Wir wollen mehr. Mehr Frauen. Mehr Diversität. Mehr Plätze am Tisch. In diesem Moment erfüllte sich nicht nur das mutige Streben von Frauengenerationen, die bis zur Seneca Falls Convention im Jahr 1848 zurückreichen, mit der die Frauenrechtsbewegung und der Kampf um das Frauenwahlrecht in den Vereinigten Staaten begannen, er war auch Ausdruck unserer Verantwortung diesen Frauen von damals, den Frauen heute und den Frauen der Zukunft gegenüber. Wir standen auf ihren Schultern, und heute stehen jüngere Generationen auf unseren.

Um mehr Kandidatinnen zu gewinnen, war es wichtig, dass die weiblichen Abgeordneten – vor allem jene mit kleinen Kindern – ihre Geschichten erzählten, davon, was sie durch ihre Lebenserfahrungen gewonnen hatten, etwa das Vertrauen in ihre Vision, ihr Wissen, ihre Urteilskraft und ihr strategisches Denken. Ihre Erfahrungen gaben ihnen den Mut, den Wählerinnen und Wählern ihr Inneres zu offenbaren, mit ihnen zu fühlen und auch an andere Menschen zu denken.

Ich muss es noch einmal betonen: Sich für ein Amt zur Wahl zu stellen, erfordert Mut. Oft habe ich von den Kandidaten die berühmte »Man in the Arena«-Rede von Präsident Teddy Roosevelt aus dem Jahr 1910 zitiert. Ich füge meine eigene Aktualisierung für Frauen hinzu: Wenn man sich in die Arena begibt, muss man einstecken können, und manchmal muss man auch austeilen können … **für die Kinder.**

Im Lauf der Jahre haben Gegenkandidaten, die sich vor der größeren Anzahl Frauen auf unserer Seite fürchteten, eine erwartbare Kampagne gegen sie geführt. Die Kritiker wussten, dass Frauen im Allgemeinen die moralischen Werte hochhalten, und haben diese positive Eigenschaft dann häufig missbraucht und falsche Anschuldigungen gegen sie erhoben. Ich erwähne diese Taktik, weil sie so grausam ist. Wenn Kinder solcher Kandidatinnen erfundene Vorwürfe gegen ihre Mütter im Fernsehen oder in der Schule hören, verletzt sie das sehr. Gegner behaupten häufig, Kandidatinnen »geben gerne viel Geld aus«, vor allem für arme Kinder und Immigrantenfamilien. Mancherorts waren solche Sprüche leider erfolgreich.

Wir müssen diese Taktiken aus unserem politischen System verbannen, wenn wir Kandidatinnen aus unterrepräsentierten Bevölkerungsteilen für öffentliche Ämter gewinnen wollen. Wie viele Frauen wir wählen, ist nicht nur wichtig für die Anzahl weiblicher Abgeordneter, sondern auch für die Qualität ihrer politischen Führerschaft. Es geht darum, wie viel Meinungsdiversität im Sitzungssaal vertreten ist, darum, dass Amerika wirklich repräsentiert wird.

Als ich zur Sprecherin des Repräsentantenhauses gewählt wurde, war ich überwältigt von den Nachrichten, die ich von Frauen erhielt: Junge Frauen bedankten sich, »dass Sie für mich eine Tür geöffnet haben«. Ältere Frauen schrieben: »Ich hätte nie geglaubt, dass ich diesen Tag noch erlebe.« Ich freute mich auch, von vielen Vätern zu hören, die Töchter hatten. Sie dankten mir für die Chancen, die sich ihren Töchtern boten, weil sie eine Frau in meiner Position sahen, und für das Selbstvertrauen, das ich ihnen schenkte. Ein Vater schrieb mir sogar auf Briefpapier, auf das die ergreifenden Worte gedruckt waren, die meist Eleanor Roosevelt zugeschrieben werden: »Die Zukunft gehört denen, die an die Schönheit ihrer Träume glauben.«

Der Traum der ersten Frauenrechtlerinnen – dass Frauen mit am Tisch sitzen – wird jetzt endlich Wirklichkeit. Doch müssen wir heute mehr denn je für die Schönheit ihrer Träume und die Zukunft aller US-Amerikaner kämpfen. Fast 250 Jahre nach der Gründung unseres Landes tobt der Kampf um die Demokratie in den Vereinigten Staaten leider immer noch und stellt uns vor große Herausforderungen. Wir werden alle zusammenarbeiten müssen, um in dieser schweren Zeit zu beweisen, dass unsere Flagge immer noch weht, und zwar »mit Freiheit und Gerechtigkeit für alle«.

Für mich beginnt diese Arbeit in den heiligen Hallen des Kapitols.

In diesem Buch erzähle ich von den folgenreichsten Herausforderungen meiner Zeit als Sprecherin des US-Repräsentantenhauses: meiner Entscheidung, gegen den Irakkrieg zu stimmen, und

meinen Gründen dafür; meinem fast vier Jahrzehnte andauern-
den Kampf für Menschenrechte in China; dem schweren Ringen
um den richtigen Umgang mit der Finanzkrise von 2008; dem
alles verzehrenden Kampf um die Verabschiedung des Affordable
Care Act; den Angriff auf das Kapitol am 6. Januar 2021; und dem
traumatisierenden Angriff auf meinen Mann in unserem Haus.
Ich werde Einblicke in die Arbeit der politischen Führung geben, aber auch in die Transformation der politischen Landschaft
in den Vereinigten Staaten. Manch einer fragte mich, wie ich das
geschafft habe. Darauf antworte ich, dass für mich die wichtigere
Frage »Warum?« lautet.

Was ist ihr Prüfstein? Was ist ihr »Warum«?

DER PREIS
DES POLITISCHEN ERFOLGS

KLOPF, KLOPF, KLOPF

Klopf. Klopf. Klopf. Polter. Polter. Polter. Lauter und lauter. Dann ein zweites Geräusch, die Türklingel, immer wieder. Und wieder das Klopfen, jemand klopfte mit viel Kraft – hämmerte, polterte – gegen die Tür meiner Wohnung in Washington, D. C., die am frühen Morgen des 28. Oktober 2022 noch in völliger Dunkelheit lag.

Ich sah auf die Uhr, konnte nur die Zahl 5 erkennen. An der Ostküste war es noch dunkel, in Kalifornien mitten in der Nacht. Offensichtlich hatte sich da jemand an der Tür geirrt, dachte ich. Aber weiterhin wurde laut geklopft. Beunruhigt stieg ich nun doch aus dem Bett und lief zur Tür. Draußen waren die Stimmen meiner Personenschützer von der Kapitolpolizei zu hören. Ich öffnete die Tür.

Die Beamten machten ernste Gesichter. »Madam Speaker, wir müssen hineinkommen und mit Ihnen sprechen«, sagte der leitende Beamte. Sofort war ich außer mir vor Panik.

»Was tun Sie hier um diese Uhrzeit?«, fragte ich ängstlich und verzweifelt. »Ist etwas mit meinen Kindern oder Enkeln?« Ich überlegte sofort, wer von ihnen spätnachts noch unterwegs oder verletzt sein könnte.

»Nein«, sagten die Beamten. »Es geht um Mr. Pelosi. Er wurde in Ihrem Haus angegriffen.«

Angegriffen? In unserem Haus? Vor 24 Stunden waren wir noch gemeinsam dort gewesen.

»Geht es ihm gut?«, fragte ich.

»Das wissen wir nicht.«

»Lebt er?«, fragte ich entsetzt.

»Auch das wissen wir nicht.«

»Wo ist er?«

»Er wurde ins Krankenhaus gebracht.«

»Welches Krankenhaus?«

»Darüber hat man uns noch nicht informiert.«

Kurze Zeit später erfuhr ich, dass Paul, Gott sei Dank, lebte und dass man ihn im Rettungswagen ins Zuckerberg San Francisco General Hospital and Trauma Center gebracht hatte, das führende Traumazentrum in Nordkalifornien. In San Francisco gibt es viele sehr gute Krankenhäuser, und manche von ihnen sind nur wenige Straßen von unserem Haus entfernt. Aber das SF General, wie es genannt wird, ist ein hervorragendes Level-1-Traumazentrum.

In dem Moment wurde mir klar, in welcher Gefahr Paul schwebte.

DER ANGRIFF

Paul hat nie mit mir oder den Kindern über den Angriff gesprochen. Es sei »zu traumatisch«, sagt er. Es würde auch nicht zu seiner nüchternen und stoischen Haltung passen. Vor allem aber wollten Pauls Ärzte nicht, dass er die Geschehnisse jener Nacht noch einmal durchlebt – er solle sich auf die Heilung konzentrieren. Er sprach mit der Polizei und den Ermittlern und musste seine Geschichte im Zeugenstand bei einem Strafprozess vor einem Bundesgericht im November 2023 und noch einmal vor einem Staatsgericht im Jahr 2024 erzählen. Aber zu Hause und in der Familie haben wir alles getan, um diesen Moment abzublocken, in dem wir nur knapp einer Katastrophe entgangen waren.

Immer wieder werde ich gefragt: »Wie konnte das geschehen?« Wie bei den meisten Tragödien wurde auch dieser Vorfall möglich, weil mehrere Dinge völlig schiefliefen, angefangen bei dem Kompromiss, den viele von uns in öffentlichen Spitzenämtern eingehen. Wir wissen, dass wir Ziele sind und was dieses Risiko bedeutet. Aber ich dachte immer, wie wohl viele andere auch: Warum sollte jemand unsere Familien angreifen? Bis zu jenem schrecklichen 28. Oktober 2022 hatte ich nicht geglaubt, dass meine Familie ins Visier geraten könnte – schon gar nicht in unserem Haus –, trotz der Drohungen, auch Todesdrohungen, die ich persönlich erhalten habe, und all den Scheußlichkeiten, die über mich gesagt wurden.

Am 27. Oktober war ich von San Francisco nach Washington geflogen. Ich hatte Arbeit für den Kongress zu erledigen, und für den Morgen des 28. war ein Sicherheitsbriefing auf höchster Ebene angesetzt. Meine Personenschützer begleiteten mich. Als Sprecherin des US-Repräsentantenhauses hatte ich nach dem Präsidenten und dem Vizepräsidenten das dritthöchste Amt im Land inne. Daher stellte die Kapitolpolizei rund um die Uhr Personenschutz für mich ab. Doch diese zuverlässigen Personenschützer begleiteten nur mich, nicht aber meine Familie.

Wenige Minuten nach zwei Uhr Westküstenzeit zertrümmerte ein 1,80 Meter großer und 120 Kilo schwerer Mann mit einem Hammer die doppelt verglasten Fenster der Hintertür zu unserem Haus in San Francisco und drang ins Gebäude ein. Die Sicherheitskameras, die ums Haus herum angebracht sind, zeichneten alles auf, aber niemand beobachtete in Echtzeit, was geschah.

Der Eindringling ging zu unserem Schlafzimmer, wo Paul schlief, und weckte ihn mit der Frage: »Wo ist Nancy? Wo ist Nancy?« Dieselbe Frage hatten die Aufständischen gestellt, die am 6. Januar 2021 das Kapitol stürmten. Der Angreifer hatte immer noch den Hammer in der Hand, aber auch Kabelbinder, die oft wie Handschellen verwendet werden und die die Aufständischen vom 6. Januar ebenfalls dabeihatten.

Paul sagte bei dem Prozess vor dem Bundesgericht aus: »Ich erschrak fürchterlich, als ich merkte, dass jemand ins Haus eingebrochen war, und als ich ihn sah, als ich den Hammer und die Kabelbinder sah, wurde mir klar, dass ich in ernster Gefahr schwebte. Daher versuchte ich, so ruhig wie möglich zu bleiben.« Paul erinnerte sich, er habe dem Angreifer gesagt, ich sei in Washington und erst in einigen Tagen wieder zu Hause. Der Angreifer behauptete, ich sei die »Rädelsführerin« gegen Donald Trump, und sagte, er werde Paul »fesseln« und auf mich »warten«. Als Paul das hörte, flüchtete er auf unseren Flur.

Dort gibt es einen kleinen Aufzug, den wir für Einkaufstüten und Gepäck benutzen, damit wir die schweren Taschen nicht die Treppen im Haus hinauf- und hinunterschleppen müssen. Paul sagte aus, er habe gedacht, wenn er den Aufzug erreichte, könnte er den Notknopf drücken und ihn zwischen den Stockwerken anhalten und dann über das Notfalltelefon im Aufzug Hilfe rufen. Vor dem Bundesgericht sagte der Angreifer, er sei Paul zum Aufzug gefolgt und habe mit dem Körper die Tür blockiert und Paul daran gehindert, einen Notruf abzusetzen. Dann habe er Paul gefragt: »Wollen Sie das wirklich tun?« Daraufhin habe Paul zu ihm aufgeschaut und gesagt: »Sie sind ein großer Kerl, nein.«

Paul ging ins Schlafzimmer zurück und war dann geistesgegenwärtig genug, ins Badezimmer zu flüchten, das auf der anderen Seite des Schlafzimmers liegt. Diesmal versuchte der Angreifer nicht, Paul aufzuhalten. Paul schnappte sich sein Mobiltelefon, das zum Aufladen auf der Ablage stand, und wählte den Notruf. Ich ertrage es immer noch nicht, mir den Notruf anzuhören und Pauls Stimme zu hören. Ich kann mir auch die Aufnahmen der

Sicherheitskameras oder der Bodycams der Polizisten nicht anschauen. Ich habe all das vermieden.

Wenn man eine Person des öffentlichen Lebens ist, werden die Bilder nicht nur ein- oder zweimal gezeigt – vor allem dann nicht, wenn es um einen körperlichen Angriff geht. Sie dominieren den Nachrichtenzyklus, und die Aufnahmen werden auszugsweise oder komplett am Stück rund um die Uhr ausgestrahlt. Wenn man den Nachrichten im Fernsehen oder in den digitalen Medien folgt, durchlebt man diese schrecklichen Augenblicke immer wieder. Paul wollte nicht, dass wir es sehen – unsere Kinder nicht, unsere Enkel nicht und ich auch nicht. Der Angriff auf Paul hat in unserer ganzen Familie ein schweres Trauma ausgelöst und bei mir Schuldgefühle, weil ich selbst verschont blieb.

Aber ich weiß, dass Paul mit dem Notruf sich selbst das Leben gerettet hat. Er blieb cool und gab alle notwendigen Informationen weiter, während er körperlich stark bedroht war – der Angreifer stand mit dem Hammer und den Kabelbindern so dicht hinter ihm, dass man ihn übers Telefon hörte, als er behauptete, er sei »ein Freund« von Paul.

Auf Pauls Anruf hin alarmierte die Mitarbeiterin der Notrufzentrale die Polizei. Paul sagte aus, er habe gewusst, dass er den Angreifer nach unten locken und dann hoffen musste, dass die Polizei zur Vordertür kam.

Nach ihrer Ankunft öffneten die Polizisten die Haustür und sahen, wie die Bodycam-Aufnahmen zeigen, den Angreifer mit dem Hammer dastehen. Die Beamten befahlen ihm, den Hammer fallen zu lassen, doch stattdessen schlug der Mann Paul dreimal damit auf den Kopf. Als Paul danach wieder zu sich kam, lag er auf dem Boden in seinem eigenen Blut.

Kurze Zeit später hämmerten die Personenschützer an meine Tür in Washington.

Ich konnte nur an zwei Dinge denken: Ich wollte absolut alles über Pauls Zustand wissen, und ich musste unsere Kinder anrufen. Paul und ich haben fünf wunderbare Kinder und hatten damals neun wunderbare Enkel (inzwischen zehn), die über das ganze Land verteilt in allen Zeitzonen leben. Ich wollte nicht, dass sie von irgendjemand anderem als mir erfuhren, was mit ihrem Vater und Opa geschehen war. Aber wenn ich sie schon mit solch schrecklichen Nachrichten wecken musste, wollte ich ihnen wenigstens auch ein wenig Grund zur Hoffnung geben können.

Allerdings waren die Nachrichtenmedien an jenem Morgen so schnell, dass ich nicht alle Kinder rechtzeitig erreichte. Nur zwei von ihnen erfuhren direkt von mir, was ihrem Vater zugestoßen war.

Meine ersten Anrufe galten den Kindern, die in San Francisco lebten. Ich rief unseren Sohn Paul jr. an, der ganz in unserer Nähe wohnt. Er erschrak, als ich ihm weitergab, was ich wusste, und begann sofort nachzuforschen, wo sein Vater war.

Als Nächste rief ich unsere Tochter Christine an. Teen, wie sie in der Familie genannt wird, ging nicht ans Telefon, daher hinterließ ich ihr eine Nachricht, die sie gespeichert hat:

Teen … ich bin's, Mom. Jemand ist in unser Haus eingebrochen. Sie haben Dad verletzt. … Wir wissen nicht, in welchem Zustand Dad ist, aber sie haben ihn ins Zuckerberg gebracht, dieses Trauma-Ding. … Sie haben den Kerl gefasst. Ich meine, er hat mit Dad gekämpft, als die Polizei ankam, und es war gefährlich. Und der Typ hatte einen Hammer, das macht mir Angst. … Okay, okay, mehr weiß ich nicht. Es tut mir so leid, dass das passiert ist …

Christine hatte das Telefon zwar gehört, aber gedacht, ich sei in Washington früh aufgewacht und hätte aus Versehen ihre Nummer gewählt – ein Hosentaschenanruf. Dann bekam sie die Benachrichtigung, dass ich auf ihre Mailbox gesprochen hatte. Sie rief mich sofort zurück. Danach zog sie sich eilends an, sagte ihrem Mann Peter, was geschehen war, und fuhr rasch zum Krankenhaus. Unterwegs telefonierte sie mit Paul jr., dessen Auto einen Platten hatte. Sie entschieden, er solle zu Fuß zu unserem Haus gehen, und sie werde direkt zum Krankenhaus fahren.

Unser Zuhause, das mein Mann liebte und im Lauf der Jahre sorgfältig renoviert hatte, war jetzt ein Tatort. Paul jr. musste dafür sorgen, dass die Journalisten nicht ins Haus eindrangen – um den Tatort vor allen zu schützen, die nicht zur Polizei gehörten.

Im Krankenhaus durfte Christine ihren Vater nicht sofort sehen, weil er bereits aus der Notaufnahme zur OP-Vorbereitung in einen sterilen Bereich gebracht worden war. Er hatte einen Schädelbruch. Die Ärzte informierten unsere Tochter kurz über seinen Zustand – vor allem über die lebensgefährlichen Schläge gegen seinen Kopf – und versprachen, alles zu tun, um sein Leben zu retten. Sie sagten ihr, es werde Stunden dauern, bis er operiert und wieder ansprechbar sei.

Unterdessen wartete Paul jr. in der Dunkelheit vor Tagesanbruch auf die Polizei und die Spurensicherung, die das gesamte Haus untersuchte. Die Polizei befürchtete, es könnten sich neben dem Hammer weitere Waffen oder sogar eine Bombe im Haus befinden.

Kurz nach Christines Ankunft im Krankenhaus rief ein TV-Moderator, den sie kannte, bei ihr an und drückte sein Mitgefühl aus. Innerhalb weniger Minuten nach der Tat hatten die Medien bereits alle möglichen Berichte über den Angriff und Pauls Einlieferung ins Krankenhaus aufgetrieben. Manche Pressevertreter wussten schneller Bescheid als wir und bevor ich alle Familienmitglieder erreichen konnte. So kam es, dass einige Angehörige nicht von mir erfuhren, was geschehen war, sondern von einem Reporter, der sich womöglich einen Kommentar erhoffte. Andere erfuhren es von Freunden, die am frühen Morgen bereits auf die »Eilmeldung« aufmerksam geworden waren.

Ob die Informationen, die die Presse über Paul erhalten hatte, aus dem Krankenhaus oder von der Polizei stammten, weiß ich nicht, aber für viele Mitglieder unserer Familie hatte das schreckliche und schwere Folgen. Die Berichte waren häufig falsch und unvollständig, und es wurde schlimmer, je mehr Zeit verging. Ich kann nicht einmal ansatzweise beschreiben, wie schmerzhaft und niederschmetternd es für unsere Lieben war, auf diesem Weg von dem gewaltsamen Angriff auf ihren Vater oder Großvater zu erfahren. Ganz zu schweigen davon, dass wir keine Zeit hatten, das Geschehene im Familienkreis zu verarbeiten, und auch über keine Möglichkeit verfügten, zu erfahren, wie es Paul ging. Er war 82 Jahre alt und dreimal mit einem Hammer am Kopf getroffen worden. Da konnte alles geschehen, und das wussten wir. Wir konnten nicht sicher sein, dass Paul überleben würde.

Unsere jüngste Tochter Alexandra musste ich an jenem schrecklichen Morgen nicht anrufen, sie meldete sich bei mir aus New York. Sie dreht Dokumentarfilme und hat viele Freunde bei den Nachrichtenmedien, die sie über den Angriff auf Paul informiert und ihr gesagt hatten, was sie wussten. Zon (so ihr Spitzname) war bestürzt.

Sie schrie mich erst einmal an und schimpfte, sie »habe genug von alldem«. Mit »alldem« meinte sie die Politik, den Kongress, mein Sprecheramt und alles, was mit einem politischen Leben in der Öffentlichkeit zu tun hatte. Zwischen Wut, Trauer und Angst wechselnd, fragte sie mich: »Was hat bei den Sicherheitskameras nicht funktioniert? Wie konnte das geschehen? Das ist nicht fair. Dad hat das nicht verdient.«

Die Nachricht verbreitete sich schnell in den Medien. Alexandra konnte nachverfolgen, wie eine Medienplattform nach der anderen sie brachte und sich ihr Mobiltelefon mit Hunderten Anrufen und Textnachrichten füllte. Sie wollte sofort zum Flughafen und bat ihren Mann Michiel, einfach in Richtung eines Flughafens, LaGuardia oder Kennedy, zu fahren, während sie versuchte, den frühesten Flug nach Washington oder San Francisco zu bekommen. Am Ende nahm sie den ersten Flug nach Washington, damit wir gemeinsam gen Westen weiterfliegen konnten.

Als die Abgeordnete Sala Burton mich gebeten hatte, mich für ihren Sitz im Kongress zu bewerben, hatte ich Alexandra um Erlaubnis gefragt, bevor ich antwortete. Sie war damals sechzehn Jahre alt, besuchte die Highschool und wohnte als einziges unserer Kinder noch zu Hause – ihre Geschwister waren alle schon auf dem College. Ich sagte ihr, dass ich während der Sitzungsperioden des Kongresses drei Abende pro Woche in Washington wäre, wenn ich gewänne. »Mutter«, meinte sie, »mach endlich was aus deinem Leben!« Welcher Teenager will denn nicht, dass die Mutter an drei Abenden die Woche außer Haus ist? Doch als wir nach dem Angriff bei Paul in der Intensivstation waren, sagte sie zu mir: »Wenn ich damals gewusst hätte, auf was wir uns da einlassen, wenn ich gewusst hätte, dass es so enden würde, dann hätte ich dir vor 35 Jahren niemals meinen Segen gegeben.«

Christine hatte sofort einen Gruppenchat mit all ihren Geschwistern eingerichtet, als sie das Krankenhaus erreichte, aber nicht einmal der war schneller als die Nachrichtenmedien.

Unsere Tochter Jacqueline war in Texas früh am Morgen zum Sport gefahren. Vier Straßen von ihrem Haus entfernt musste sie an einer roten Ampel halten und sah, dass auf ihrem Mobiltelefon eine Nachricht von Christine angezeigt wurde. Jacqueline erzählte mir später, sie habe Glück gehabt, dass sie im Auto gesessen und die Nachricht dort gelesen habe, weil sie sonst aus den Eilmeldungen vom Angriff auf ihren Vater erfahren hätte, was traumatisch für sie gewesen wäre. »Die Nachrichten berichteten bemerkenswert schnell über diesen Albtraum«, sagte sie. »Es brach mir das Herz, mir vorzustellen, dass ich das, wenn ich zu Hause gewesen wäre, auf CNN oder NBC gesehen hätte, bevor ich es von meiner Familie hören konnte.«

Noch aus dem Auto rief Jacqueline Christine umgehend zurück, die bemerkenswert ruhig mit der Situation im Krankenhaus umging. Christine versprach, sofort Bescheid zu geben, wenn sie mehr erfuhr. Jacqueline wendete ihren Wagen und fuhr die vier Straßen zurück nach Hause. Fast augenblicklich strömten auch auf ihrem Telefon Nachrichten von Freunden herein. Um acht Uhr morgens – immer noch erst sechs Uhr in San Francisco – kamen auch viele Freunde zu Jacquelines Haus, um sie zu unterstützen, während sie auf Anrufe und Textnachrichten ihrer Geschwister und Berichte von den Ärzten wartete.

Als ich endlich meine Tochter Nancy Corinne in Arizona erreichte, sagte sie mir, Alexandra habe sie schon angerufen. Unsere fünf Kinder telefonierten miteinander, schrieben sich Textnachrichten und hatten fürchterliche Angst. Während Paul im OP war, buchten sie Flüge nach San Francisco, doch sie fürchteten, nicht rechtzeitig anzukommen. Für die von ihnen, die sofort nach San Francisco aufbrechen konnten, war es ein schwieriger Flug. Im Flugzeug hingen viele Passagiere an ihren Mobiltelefonen, iPads oder Laptops und sahen sich die grausigen Nachrichten an. Unsere Töchter hingegen vermieden das, so gut es ging, ignorierten die Eilmeldungen und beteten. Direkt nach der Landung fuhren sie zum Krankenhaus.

Unseren fünf Kindern davon zu erzählen, war schwierig, aber bei unseren Enkeln war es furchtbar.

Während Christine im Krankenhaus ausharrte, weckte ihr Mann Peter ihre Tochter Bella und deren älteren Bruder Octavio und erzählte ihnen, was mit ihrem Opa geschehen war. Aber er kam zu spät. Bellas Schulfreunde hatten bereits davon gehört, und ihre Textnachrichten und Kommentare füllten Bellas Handy. Bella und ihre Eltern entschieden, dass sie nicht zu Hause bleiben sollte, wo sie nur warten und sich Sorgen machen konnte, sondern zur Schule ging. Doch zuvor bastelte sie noch eine Karte für ihren Opa und schrieb ihm, er solle ganz schnell wieder gesund werden. Wie muss sie sich dabei wohl gefühlt haben, nachdem sie diese schreckliche Neuigkeit erfahren hatte?

Alexandras Sohn, der wie sein Opa Paul heißt, war in der Highschool und wurde wütend, als er von der Tat erfuhr, riss sich aber zusammen. Sein jüngerer Bruder Thomas war bereits auf dem Weg zur Xavier High School. Ein Schulpsychologe erwartete ihn dort und brachte ihm unter vier Augen bei, dass sein Großvater angegriffen worden und nun im Krankenhaus sei, auf dem Weg in den OP. Danach ging Thomas mit Freunden und dem Rektor in die Schulkapelle, um für Paul zu beten.

Jacqueline musste ihren Mann Michael und die drei Söhne – Liam, Sean und Ryan, von denen zwei auf dem College waren – telefonisch über die Geschehnisse informieren und konnte, während sie die Nummern wählte, nur hoffen, dass sie nicht schon die Nachrichten gesehen hatten.

Alexandra sprach vom Flughafen LaGuardia aus mit ihrer Nichte Madeleine, Nancy Corinnes Tochter. Madeleine studierte und am Telefon weinte sie jetzt hysterisch, wie Alexandra es noch nie von ihr gehört hatte. Immer wieder fragte sie, wie jemand ihrem Opa das habe antun können. In jenen Stunden war es fast unmöglich, diese Kinder und jungen Leute zu trösten, die todunglücklich waren, weil ihrem Opa etwas so Schreckliches zugestoßen war.

Unterdessen war Alexander, Nancy Corinnes erwachsener Sohn, nach Washington zu meiner Wohnung geeilt und wartete mit mir auf Alexandra. Weinend, betend, schockiert, fassungslos und wütend, waren unsere Kinder und Enkel tief getroffen von der Ungerechtigkeit dieses Angriffs. Alle fragten sich: Wer konnte ihrem Vater und Großvater so etwas antun? Warum hatten wir ihn nicht vor diesem Mann beschützen können?

EILENDS ZURÜCK NACH SAN FRANCISCO

Präsident Biden rief mich umgehend an, als er am frühen Morgen die Nachricht hörte. Er sprach sehr anteilnehmend, freundlich und gedankenvoll über Paul.

Kurz bevor die OP meines Mannes begann, bekam ich einen Anruf aus dem Krankenhaus, und ich war selig, Pauls Stimme zu hören, auch wenn sie etwas verwaschen klang. Ich sagte ihm, dass wir alle ihn liebten, Präsident Biden ihn herzlich grüßen ließ und ich so schnell wie möglich bei ihm wäre. Als ich Paul erzählte, wie freundlich Joe Biden gewesen war, fragte er: »Wie hat der Präsident überhaupt davon erfahren?« Paul konnte sich nicht vorstellen, dass jemand wusste, was geschehen war – schon gar nicht, dass man im ganzen Land und in der ganzen Welt Anteil an seinem Schicksal nahm und für ihn betete.

Die fünfeinhalb Stunden Flug von einem Ende des Landes zum anderen erschienen Alexandra und mir endlos und quälend. Wir waren beide wie betäubt, aber in Gedanken versunken, klammerte ich mich an mein kurzes Telefonat mit Paul. Seine Stimme zu hören, so schwach und benommen sie auch geklungen hatte, hatte mir sehr geholfen.

Cynthia Birmingham, eine gute Freundin der Familie, war gleich nach Christine zum Krankenhaus gekommen – fürsorglich, wie sie ist, hatte sie dicke Socken, einen warmen Pullover und eine weiche Decke für Paul mitgebracht. Sie war auch vorher bei Christine zu Hause vorbeigefahren und hatte Bellas Genesungskarte mitgenommen, sodass Paul sie gleich sehen würde, wenn er aufwachte. Christine und Cynthia sahen Paul als Erste, als er nach der OP an seinem Schädel aus dem Aufwachraum kam. Er war gleich wieder ganz er selbst, stoisch und selbstlos. Er ahnte nichts von dem Wirbel in den Nachrichten und der öffentlichen Wirkung des Angriffs auf ihn und dachte erst einmal daran, unsere Familie zu beruhigen.

Die Decke, die Cynthia ihm brachte, nahm er aber dankbar an – und ließ sie mindestens eine Woche lang nicht mehr los. Paul jr. rief seinen Vater an, um ihm zu sagen, dass ich »auf dem Weg« sei, und der erste Kommentar meines Mannes war: »Sie wird sich freuen, dass die Ravens gestern Abend gewonnen haben.« Er weiß, dass ich eine fast ebenso große Schwäche für alle Sportmannschaften aus Baltimore – wo ich aufgewachsen bin – habe wie für die Teams aus San Francisco.

Paul schien bei klarem Verstand zu sein, doch Cynthia erzählte mir später, sie habe sehen können, dass er hinter dieser Maske sehr erschüttert und bedrückt gewesen sei – und immer noch wusste niemand genau, wie weit er sich erholen würde. Seine Verletzungen waren schwer, und niemand konnte sagen, was die nächsten Stunden und Tage bringen würden.

Abgesehen von den Schädelverletzungen, musste noch sein rechter Arm mit zwölf Stichen genäht werden, und seine linke Hand war so stark geschädigt, dass plastische Chirurgen sie rekonstruieren mussten.

Als ich am Nachmittag ins Krankenhaus kam, lag Paul auf der

Intensivstation. Alexandra erschrak bei seinem Anblick und sagte, er sehe aus wie Frankenstein mit den tiefen Wunden und Verbänden an Kopf, Händen und Armen. Dreimal hatte der Angreifer ihn an verschiedenen Stellen auf den Kopf geschlagen. Es war ein Wunder, dass die Schläge nicht bis zum Gehirn vorgedrungen waren. Die Chirurgen hatten einen Teil seines Schädelknochens entfernt und neu geformt und nach größeren Blutungen und Hirnschwellungen gesucht. In den folgenden Tagen und Monaten musste Paul noch mehrfach an der Hand und am Arm operiert werden. Dort war nicht nur die Haut verletzt; Sehnen und andere Strukturen waren schwer geschädigt. Um die volle Funktionalität seiner Hand wiederzuerlangen, musste sie wie gesagt rekonstruiert werden. Im Februar 2024 wechselte ich immer noch die Verbände an seinem Arm, nachdem er ein weiteres Mal operiert worden war.

Während wir in jenen Stunden und Tagen ängstlich auf der Intensivstation Wache hielten, war die Fürsorge, die das SF General wie all seinen Patienten auch Paul zukommen ließ, ein Segen und beruhigte uns. Die Ärzte Michael Huang, Geoff Manley und John Rose, die Paul an jenem Tag behandelten, retteten sein Leben. Wir sind ihnen und den Pflegekräften, Physiotherapeuten und anderen Mitarbeitern sowie dem medizinischen Personal, den Rettungssanitätern und Ersthelfern, die sich um ihn kümmerten, sehr dankbar.

An jenem Abend erlebten wir so viele Emotionen: Tränen, Segenswünsche und Gebete von so vielen Freunden und Verwandten, Liebe für Paul, Freundschaft von den Menschen in unserem Leben und so vielen anderen, die an uns dachten.

Paul jr. verließ als Einziger das Krankenhaus wieder, nachdem er seinen Vater gesehen hatte. Gegen 16.45 Uhr – nachdem die

Polizei Haus und Garten nach Bomben und Sprengkörpern abgesucht hatte, ein Durchsuchungsbeschluss ausgeführt und Beweise gesichert waren – ging Paul jr. ins Haus, um aufzuräumen. Ihm fiel an jenem Nachmittag die grausige Aufgabe zu, den Tatort zu reinigen. Er beseitigte eine Million winzige Glassplitter von den eingeschlagenen Fensterscheiben und hob den Pyjama seines Vaters auf, der stundenlang in dessen Blut gelegen hatte. Ich kann mir nicht einmal vorstellen, wie das für ihn gewesen sein muss. »Entsetzlich« scheint kaum ausreichend, um auszudrücken, was Paul jr. in unserem Haus durchmachen musste. Auch Cynthia fuhr schließlich hin und unterstützte ihn. Sie brachte einen Industriestaubsauger und eine Assistentin mit, die später besorgt sagte: »Ich hoffe, Paul jr. fühlt sich wieder besser. Er war so verzweifelt – es wird dauern, bis er sich von dem Trauma erholt hat.«

In unserem Haus war immer noch viel Polizei, und es war auch immer noch ein Tatort. Selbstverständlich konnte unsere Familie dort nicht übernachten. Wir wollten es auch gar nicht. An diesem Abend luden Cynthia und ihr Mann Rob uns zum Abendessen und Übernachten ein, damit wir uns nicht dem Trauma bei uns zu Hause stellen und die zerschlagenen Fenster und die Blutflecken sehen mussten, die uns an das Grauen erinnert hätten, das sich dort weniger als 24 Stunden zuvor ereignet hatte.

Am nächsten Abend waren die zerstörten Fenster bereits mit Brettern vernagelt; so gut er konnte, hatte Paul jr. Glasscherben und Blut entfernt. Wir konnten nach Hause gehen, aber es war ein seltsames Gefühl, in dem Zimmer zu Bett zu gehen, in das 36 Stunden zuvor ein Gewalttäter eingedrungen war und gerufen hatte: »Wo ist Nancy? Wo ist Nancy?«

Aber hier war unser Zuhause, in das Paul, so Gott es wollte, nach seiner Entlassung aus dem Krankenhaus zurückkehren würde. Wir waren uns der Verantwortung bewusst, dieses Haus wirklich wieder zu einem Zuhause für Paul zu machen, schoben unsere Zweifel und Ängste beiseite und nahmen das Haus wieder an – trotz allem, was sich in diesen vier Wänden ereignet hatte, trotz der Schmerzen der letzten Nacht, die wir noch lange in uns tragen werden.

NACH DER OPERATION

Paul wollte wie gesagt nie darüber sprechen, was in jener Nacht geschehen war. »Ich will das nicht noch einmal durchleben und bemühe mich sehr, es nicht zu tun«, sagt er immer. Wir erfuhren erst ein Jahr später, in welcher Gefahr er tatsächlich gewesen war, als ein Arzt im Prozess vor dem Bundesgericht aussagte, der Angreifer habe, als er Pauls Schädel brach, eine wichtige Vene *(Sinus sagittalis superior)*, die über die interne Drosselvene *(Vena jugularis interna)* vom Gehirn zum Herzen führt, nur um wenige Zentimeter verfehlt. Dieser Schlag hätte lebensgefährlich sein können. Nach dieser Gewalttat hatte der Einbrecher geglaubt, er habe Paul getötet. Vor dem Bundesgericht sagte er aus, er sei überrascht gewesen, dass Paul überlebt habe.

In den folgenden Tagen erkannten wir, dass Paul eine lange Genesungszeit vor sich hatte – aber zum Glück würde er sich erholen. Viele Monate lang trug Paul einen Hut, um die grotesken Wunden an seinem Kopf zu verdecken, und einen Handschuh, der seine schwer verletzte Hand schützte und verdeckte. Wegen der Schläge gegen den Kopf litt Paul auch an einem postkommotionellen Syndrom. Er wurde schnell müde und litt unter Schwindelattacken. Die Ärzte ermahnten uns, er solle unbedingt helles Licht, Lärm und vor allem elektronische Bildschirme meiden.

Paul durfte das Krankenhaus am 3. November verlassen. Doch statt bei uns zu Hause Frieden und Ruhe zu finden, wartete vor unserer Tür ein großes Medienaufgebot auf ihn: Reporter, Kameras, sogar Hubschrauber kreisten über dem Haus. Er wurde mit Licht und Lärm bombardiert, hell und laut – genau das, was er auf ärztlichen Rat vermeiden sollte. Die Medien belagerten unser Haus tagelang.

Die Geschichte vom Angriff auf Paul hielt sich lange in der Öffentlichkeit. Und von dem Moment an, als darüber berichtet wurde, fand so etwas wie ein zweiter Angriff auf Paul und unsere Familie statt. Zusätzlich zu dem tiefen Schrecken und der Trauer mussten wir uns jetzt auch noch mit Lügen und Fehldarstellungen herumschlagen.

Besonders furchtbar waren die entmenschlichenden »Witze«. Es war mehr als beleidigend, wenn hochrangige Republikaner grausame Witze und Fehldarstellungen über den Mordanschlag auf Paul verbreiteten – vom ehemaligen Präsidenten und seinen Kindern bis zu Gouverneuren, Parteiführern und anderen hochrangigen Republikanern und Republikanischen Kandidaten, die sich billig profilieren wollten, indem sie darüber »scherzten«, dass sie mich nach San Francisco zurückschicken wollten. Zu den Schlimmsten gehörte Donald Trump jr. Auf Twitter (heute X) teilte er das Bild eines Hammers mit der Nachricht: »Mein Paul-Pelosi-Kostüm für Halloween liegt bereit.« Menschenmengen bei diesen grausamen Bemerkungen lachen, jubeln und klatschen zu hören oder zu sehen, dass sie diese »likten«, war genauso schrecklich, weil sie die verabscheuungswürdige Gewalt damit noch befeuerten. Mehr als 22 000 Menschen gefiel der Post von Trump jr.; andere hingegen verurteilten ihn als »widerwärtig«. Während wir an seinem Bett wachten, war dieser Spott über Paul und unsere Familie zutiefst verletzend, auch wenn wir uns bemühten, diese Grausamkeiten von ihm fernzuhalten.

Immer wieder erfüllte es mich mit tiefer Trauer für unser Land, dass diese Menschen mit hoher Sichtbarkeit die Lügen wiederholten und sich dabei so weit von den Fakten und der Wahrheit entfernten. Aber unsere Familie kümmerte sich um Pauls unmittelbare Bedürfnisse, und die zahlreichen Sympathie- und Unterstützungsbekundungen trösteten uns.

Stunden nach dem Angriff gab der Einbrecher gegenüber der Polizei freiwillig zu, er habe eine »Liste mit Zielen«, und »Sprecherin Pelosi« stehe darauf. Er habe sie verhören wollen und hätte »Nancy« gehen lassen, wenn sie ihm die »Wahrheit« gesagt hätte, aber ihr die »Kniescheiben zertrümmert«, hätte sie »gelogen«. Danach hätte Nancy mit zertrümmerten Kniescheiben im Rollstuhl in den Kongress gefahren werden müssen, und das hätte den anderen Abgeordneten gezeigt, dass ihr Handeln Konsequenzen habe. Hass auf mich war seine Begründung für den gewaltsamen Angriff auf meinen Mann.

Paul war nicht das geplante Ziel in jener Nacht, aber er bezahlte physisch den Preis und tut es immer noch. Emotional bezahlt unsere ganze Familie mit ihrem Trauma.

GENESUNG

Seit Jahren sagen Gäste, die in unser Haus kommen, – so auch der Zeitungskolumnist Herb Caen aus San Francisco – beim Anblick der steilen Treppen: »Ihr Haus ist für Bergziegen gemacht, weil nur Bergziegen freiwillig diese Treppen rauf- und runterspringen würden.« Viele fragen auch, ob wir einen Aufzug haben. Nach der Operation trug Paul wie geschildert noch dicke Verbände um den Kopf, die linke Hand und den rechten Arm. Daher wäre es sehr viel einfacher für ihn gewesen, mit dem Aufzug hoch- und runterzufahren, als er aus dem Krankenhaus kam. Doch er nahm lieber langsam und vorsichtig die Treppe. Er ging nicht einmal in die Nähe des Aufzugs, zu dem er sich geflüchtet hatte, bevor er von dem Angreifer dort erwischt wurde.

Auch einen weiteren Ort mied Paul monatelang – einen seiner früheren Lieblingsplätze im Haus: das Gartenzimmer. Er hatte dafür die alte Waschküche und einen Teil des Kellers umgebaut. Dort hatte er sich früher die Spiele der 49ers, der Giants und der Warriors angeschaut und gelegentlich eine Zigarre geraucht (was er nur durfte, wenn die Türen zum Garten offen waren). Aber über diesen Raum war der Angreifer eingedrungen, nachdem er die Scheiben eingeschlagen hatte.

Unser Alltagsleben spielte sich nun also vor allem im Wohnzimmer im ersten Stock ab. Dort arbeiteten wir, entspannten uns und sahen Sportübertragungen auf dem iPad an. Dieser Raum war immer noch ein sicherer Zufluchtsort, während in anderen Teilen des Hauses böse Erinnerungen lauerten.

Mir fällt es weiterhin schwer, durch den Eingangsbereich zu gehen, wo Paul mit dem Hammer niedergeschlagen wurde.

Ich werde nie verstehen, wie er wieder in unserem Schlafzimmer Ruhe finden konnte, nachdem der Angreifer ihn dort überrascht hatte. Aber meine Kinder erzählten mir, dass er lange Zeit nur dort schlief, wenn ich zu Hause war. Wenn ich in Washington übernachtete und er allein war, schlief er in einem anderen Zimmer.

Monatelang merkte ich deutlich, dass Paul sorgfältig die Bereiche im Haus mied, in denen die wichtigsten Szenen des Angriffs stattgefunden hatten. Doch eines Tages schlug er vor: »Lass uns das Spiel unten anschauen.« Diese sechs Worte waren ein großer Schritt, ein Zeichen, das Hoffnung machte, dass Paul diese schreckliche Nacht wirklich verarbeitete und hinter sich lassen wollte.

Wir sind alle sehr stolz auf Pauls Stärke, Mut, Disziplin und Widerstandskraft. Er klagt nicht. Gewissenhaft macht er jeden Tag seine Bewegungsübungen, die die beschädigten Muskeln und Sehnen kräftigen und die Funktionsfähigkeit von Hand und Arm wiederherstellen sollen. Und er hält sich an die Anweisungen der Ärzte. Er ermutigt uns stets, daran zu glauben, dass er wieder gesund wird. Aber ein Jahr nach dem Angriff muss Paul täglich auch immer noch Gleichgewichtsübungen durchführen. Er hat weiterhin Kopfschmerzen und Schwindelanfälle, auch wenn sie inzwischen seltener auftreten. Wenn wir zu einer Veranstaltung gehen, bleiben wir meist nur kurz. Wir trinken ein Glas Wasser und setzen uns, damit Paul länger durchhält und ihm nicht schwindelig wird. Und wir sind zuversichtlich, dass es ihm immer besser gehen wird.

Wir sind nicht nur für die schrittweise Genesung Pauls dankbar, sondern auch für die Gebete und guten Wünsche, die uns von so vielen Menschen in dieser schwierigen Zeit erreicht haben. Sie waren für seine – und unsere – Genesung sehr wichtig.

Paul ist ein sehr lieber und sanfter Mensch, da wirkt das, was ihm geschehen ist, besonders unfair. Bei unserer Hochzeit vor sechzig Jahren konnte er nicht wissen, wie politisch unser Leben werden würde. Er war ein wunderbarer Vater für unsere fünf Kinder, die alle innerhalb von sechs Jahren und einer Woche zur Welt kamen. Jahre später, als ich gebeten wurde, für den Kongress zu kandidieren – auch wenn ich das nie zuvor in Erwägung gezogen hatte und es auch nie Teil unseres gemeinsamen Lebensplans gewesen war –, unterstützte er mich bereitwillig, ohne zu fragen oder sich zu beklagen. Er wollte mir ermöglichen, meine Leidenschaft für den Dienst an der Öffentlichkeit auszuleben. Er war mein größter Unterstützer.

Aus der Hausfrau Nancy Pelosi wurde zunächst eine Kongressabgeordnete und schließlich sogar die Sprecherin des Repräsentantenhauses. Ohne Pauls Unterstützung, Ermutigung und Liebe hätte ich diesen historischen Durchbruch niemals geschafft.

Und ich hätte es nie gemacht, wenn ich geahnt hätte, dass ich damit eines Tages sein Leben gefährden würde.

Ein Kapitel unserer Leidensgeschichte endete im Mai 2024, als ein Bundesgericht den Angreifer zu dreißig Jahren Gefängnis verurteilte. Aber die Narben werden nie völlig verheilen. Vor dem Urteil schrieb ich an das Gericht: »Auch achtzehn Monate nach dem Einbruch in unser Haus und dem Angriff lassen sich die Blut- und Einbruchspuren nicht vermeiden. Unser Zuhause ist immer noch ein Tatort, und es zerreißt uns das Herz.«

Pauls Brief an das Gericht war für mich allerdings noch schmerzhafter zu lesen. Er schrieb, der Angreifer »hielt mich in meinem eigenen Haus als Geisel« und »sagte immer wieder, er könne mich ›beseitigen‹«. Paul schrieb auch, seine linke Hand sei »enthäutet« worden, Nerven und Blutgefäße hätten offen gelegen. »Durch Operationen und Behandlungen ist die Haut größtenteils nachgewachsen, aber darunter spüre ich die eingeklemmten Nerven in meiner linken Hand. Schon einfachste Handgriffe, etwa einen Knopf zu schließen, Besteck oder einfache Werkzeuge zu benutzen, werden so erschwert.«

Bis heute hat Paul wie gesagt Kopfschmerzen und Schwindelanfälle. Zweimal sah ich ihn wegen Schwindels stürzen. Bei sozialen Anlässen muss er besonders vorsichtig sein, darf sich weiterhin nicht lange hellem Licht oder lauten Geräuschen aussetzen und sollte die meiste Zeit sitzen.

Ich weiß nicht, ob wir uns je wieder sicher fühlen werden. In seinem Brief wies Paul auch darauf hin, dass ich nach wie vor rund um die Uhr von Personenschützern begleitet werde. Er schrieb: »Wir gehen nicht ans Festnetztelefon oder an die Haustür, wenn es klingelt, weil die Bedrohung weiterhin besteht. Die Blutflecke im vorderen Eingangsbereich, wo ich lag, werden wir nie mehr ganz aus dem Boden entfernen können.« Zu sagen, unser Leben habe sich »für immer verändert«, ist noch fast eine Untertreibung. Dieser Angriff hatte verheerende Auswirkungen auf drei Generationen unserer Familie.

WIR MÜSSEN DER POLITISCHEN GEWALT EIN ENDE SETZEN

Der brutale Angriff auf Paul verhieß Böses für die Zukunft, nicht nur für die Familie Pelosi, sondern für die gesamten Vereinigten Staaten. Unsere Familie war natürlich voll auf Pauls Genesung konzentriert. Es war so unfair, weil Paul ein perfekter Gentleman ist. Er streitet sich nie über Politik. Es muss schrecklich für ihn gewesen sein zuzusehen, wie die Republikanische Partei aus mir einen Langzeitbösewicht machte. Das begann im Jahr 2010, als die Partei mehrere Millionen Dollar dafür ausgab, mich zu verteufeln. Es gab zahllose Werbeanzeigen, bei denen mein Bild von Höllenfeuer umgeben war. Diese persönlichen und dämonisierenden Angriffe, die mich zur Zielscheibe machten, gingen jahrelang weiter. Der damalige Republikanische Oppositionsführer Kevin McCarthy schlug im Jahr 2021 »spaßeshalber« vor, man könne mich ja mit dem Hammer des Sprechers auf den Kopf schlagen. Und auch im Wahlkampf 2022 schalteten die Republikaner millionenschwere Anzeigen mit persönlichen Angriffen gegen mich. Damals sah ich häufig Bilder von mir, in denen ich mit Teufelshörnern oder Schlimmerem »verziert« war.

Am 6. Januar 2021 hallten die höhnischen Rufe »Wo ist Nancy? Wo ist Nancy?« durch die heiligen Hallen des Kapitols, und keine zwei Jahre später fanden sie ihr Echo im Haus meiner Familie. Das muss uns allen als Warnung vor einer Politik der persönlichen Vernichtung dienen. Die Republikaner wandten diese gefährliche Taktik bei mir an – doch sie ist der Partei, die wir einst die »Grand Old Party« nannten, die »große alte Partei«, unwürdig und auch respektlos gegenüber unserer Demokratie.

Das aktuelle Klima der Bedrohungen und Angriffe muss aufhören.

Wir müssen unsere Meinungsverschiedenheiten über Politik und bestimmte Themen austragen können, ohne dass sie sofort zu persönlichen Angriffen und wütenden Gewaltdrohungen eskalieren. Die neue Taktik kam in den 1990er-Jahren auf, als der damalige Sprecher des US-Repräsentantenhauses Newt Gingrich sie gegen Präsident Bill Clinton und die First Lady Hillary richtete. Seither haben sich die Methoden aber erheblich verschärft, insbesondere seit der Wahl 2016 und dem Vorgehen von Donald Trump und seinen Helfershelfern.

In meiner ersten Wahlperiode in Washington gab es nur überschaubare Sicherheitsvorkehrungen im Kapitol. Personenschutz für einzelne Abgeordnete und Senatoren gab es praktisch nicht, auch nicht für hochrangige Vertreter. Nach dem 11. September 2001 änderte sich das, und die Führungsebene von Repräsentantenhaus und Senat bekam, wie der Sprecher auch, eigene Personenschützer. Einzelne Abgeordnete oder Senatoren, die gezielte Drohungen erhalten, können ebenfalls zeitweilig Personenschutz bekommen. Häufig muss die Kapitolpolizei mit der örtlichen Polizei im Wahlkreis eines Abgeordneten zusammenarbeiten. Während der Debatte um die neuen Gesetze zur Gesundheitsversorgung erhielt beispielsweise ein Drittel bis die Hälfte der Demokratischen Abgeordneten Drohungen, und manche von ihnen brauchten Polizeischutz vor Ort, wenn sie Bürgersprechstunden zu diesen Gesetzen abhielten.

Der Personenschutz ist für die drei Organe der Bundesregierung nicht einheitlich geregelt. Im Kongress wissen wir nicht einmal genau, wie umfangreich die Schutzmaßnahmen sind, die Vertretern der Judikative oder Exekutive und ihren Familien angeboten werden. Man kann aber durchaus sagen, dass der Kongress bisher den wenigsten Personenschutz erhalten hat, auch wenn die Bedrohungsanalysten der Kapitolpolizei jedes Jahr Tausende Fälle von »glaubwürdigen Bedrohungen« gegen Abgeordnete und Senatoren untersuchen.

Vor meinem Haus in San Francisco fanden schon seit langer Zeit alle möglichen Proteste statt, angefangen bei Demonstrationen gegen den Irakkrieg 2007 – obwohl ich damals für die Demokraten im Repräsentantenhaus die Opposition gegen den Krieg anführte. Doch Ton und Inhalt der Proteste sind in den vergangenen Jahren deutlich aggressiver und wütender geworden. Heute sind es nicht mehr nur lautstarke Sit-ins auf der Straße. In der Nacht des 1. Januar 2021 wurde unsere Garage mit Graffitis besprüht, »Wir wollen alles« und »Erlasst die Mieten«, die sich offenbar auf die Gesetze zu Finanzhilfen in der Corona-Krise bezogen. Für den Fall, dass die Graffitis noch nicht deutlich genug waren, hinterließ jemand vor unserer Garage einen Schweinskopf und eine rote Farbspur, die wie Blut aussah. Bei der Verhandlung gegen Pauls Angreifer vor dem Bundesgericht 2023 sagte ein FBI-Agent aus, »Schweinskopf« sei eine der beliebtesten Suchanfragen für Bilder im Zusammenhang mit »Pelosi« auf dem Computer des Einbrechers gewesen.

Fünf Tage nach dem Zwischenfall mit dem Schweinskopf erlebte die gesamte Nation die schamlosen und zerstörerischen Vorgänge des 6. Januar auf dem Capitol Hill. Nach diesen Angriffen wurde der Kapitolpolizei und dem Kongress klar, dass auch die Privathäuser von Abgeordneten zu Zielen werden konnten. Nach einer Debatte und nachdem die wichtigsten Erfordernisse eingeschätzt worden waren, stellte William J. Walker, einer der beiden für die Sicherheit zuständigen Sergeant-at-Arms des Repräsentantenhauses, allen Abgeordneten bis zu 10 000 Dollar für die Sicherheitsausstattung ihrer Privatwohnungen zur Verfügung, für Bewegungssensoren, Videorekorder, Sicherheitskameras drinnen und draußen, Türschlösser und eine professionelle Sicherheitsüberprüfung. Tatsächlich kostet der Schutz für Abgeordnete, die besonders im Blick der Öffentlichkeit stehen, deutlich mehr. Zusätzlich investieren Abgeordnete auch privat Geld oder setzen Wahlkampffonds, sofern zulässig, für ihre eigene Sicherheit und die ihrer Familien ein. So persönlich und brutal ist die politische Sprache inzwischen geworden. Bisher war nur das Äußere meines Hauses ständig angegriffen worden, daher konzentrierten sich alle auch nur auf außen – und zogen nicht die Möglichkeit in Betracht, dass jemand mit dem Plan, mich oder meine Familie zu verletzen, sich gewaltsam Zutritt verschaffen könnte.

In den vier Jahren zwischen 2017 und 2021 hatte sich die Anzahl der Bedrohungen und besorgniserregenden Äußerungen gegen Kongressabgeordnete verdoppelt – auf fast 10 000. In dem Jahr nach den Angriffen vom 6. Januar 2021 verzeichnete die Kapitolpolizei einen Anstieg der Drohungen gegen Abgeordnete und Senatoren um 107 Prozent. Mein Haus ist immer noch ein Angriffsziel. Demonstranten bespritzen unsere Garage regelmäßig mit roter Farbe oder verunstalten sie anderweitig, sie entleeren ihren Darm vor unserem Haus, hämmern an die Tür und schreien auf der Straße herum. Und das geht nicht nur mir so; ähnliches Verhalten nimmt vor den Häusern von gewählten und ernannten Staatsvertretern im ganzen Land zu. Ich bin sehr dafür, dass Menschen ihre Meinung zum Ausdruck bringen, aber ich frage mich doch, ob sie tatsächlich glauben, dass sie mit diesen Gewalttaten einem Thema mehr Bedeutung verleihen oder ihrer Sache nützen.

Inmitten all dieser toxischen Äußerungen und Vorgänge vermisse ich auch ernst gemeinte, nachhaltige Aussagen der anderen Seite, dass politische Gewalt und persönliche Dämonisierung nicht akzeptabel sind. So sollte unser Land nicht sein – wer sich in einem öffentlichen Amt engagiert, sollte nicht zur Zielscheibe werden, und auch die Familie sollte kein Angriffsziel sein. Wenn ich mit tatkräftigen jungen Menschen darüber spreche, ob sie sich nicht für ein Amt bewerben wollen, höre ich, vor allem von jungen Frauen, sie wollten ihre Familien nicht in Gefahr bringen. Inzwischen nennen sie als Beispiel für ihre größte Angst den Angriff auf Paul – und dass so etwas auch bei ihnen zu Hause geschehen könnte.

Wir können von niemandem erwarten, dass er oder sie ein Leben in der Öffentlichkeit führt, wenn sie damit die Sicherheit ihrer Familien und Liebsten riskieren. Doch ich glaube, dass wir Amerikaner Besseres wollen und besser sind als das. Ich bete, dass keine andere Familie jemals die Angst und den Schmerz durchleiden muss, die wir an jenem Morgen erlebten, als ich von dringlichem Klopfen an meiner Tür geweckt wurde.

AN DER SPITZE DES KONGRESSES

»WIR HABEN GESCHICHTE GESCHRIEBEN, JETZT MÜSSEN WIR FORTSCHRITTE MACHEN«

Eine meiner ersten internationalen Reisen als Sprecherin des Repräsentantenhauses führte mich Ende Januar 2007 nach Kuwait, in den Irak, nach Pakistan, Afghanistan und Deutschland. US-Truppen waren im Irak und bei zunehmenden Aufständen, die von den Taliban unterstützt wurden, in Afghanistan in tödliche Konflikte verwickelt. Ich reiste gemeinsam mit einer Delegation führender Abgeordneter aus den außen- und verteidigungspolitischen Ausschüssen sowie mehreren Vorsitzenden von Unterausschüssen und einem ranghohen Republikanischen Abgeordneten. Wir wollten mit eigenen Augen sehen, was vor Ort geschah, mit führenden Politikern, aber vor allem mit unseren US-Truppen sprechen und sie unterstützen. In Kuwait redeten mich die Regierungsvertreter mit »Eure Exzellenz« an – wie sie es bei dem Sprecher ihres eigenen Parlaments taten.

Danach saßen wir gedrängt in einem riesigen, kalten Transportflugzeug des Militärs, während wir die hohen, zerklüfteten Berge mit ihren Schneekappen umkreisten, die Pakistan und Afghanistan voneinander trennen. Beim Blick aus dem Fenster sah es aus, als flöge unsere Maschine über das Dach der Welt.

Die Vorsitzende des Haushaltsausschusses des Repräsentantenhauses Nita Lowey und ich saßen im Cockpit, und ich hörte, wie der Pilot den Fluglotsen mitteilte, wir planten den Anflug auf Kabul, die Hauptstadt Afghanistans. Da mischte ich mich ein: »Nein. Geplant war, dass wir in Bagram landen. Ich will zuerst die Truppen sehen.« Ein Besuch dieser riesigen US-Militärbasis war der Hauptgrund für unsere Reise, und ich wusste aus Erfahrung, dass jederzeit alles Mögliche geschehen konnte. Manchmal erlaubten Wetter und andere Probleme einer Delegation nur eine Landung und einen Start in Afghanistan.

Der Militärpilot widersprach: »Wir wurden von der Botschaft in Pakistan angewiesen, Sie nach Kabul zu fliegen.« Doch ich ließ nicht locker: Wir flogen nach Bagram. So stand es in unserem Reiseplan, darauf hatten wir uns bei der Organisation der Reise geeinigt. Für unsere Delegation kamen die Truppen zuerst. Der Pilot griff wieder zum Funkgerät: »Die Botschaft hat uns angewiesen, zuerst nach Kabul zu fliegen; das Ladegut verlangt aber, nach Bagram geflogen zu werden.« Offenbar war »Ladegut« mein Codename für den Flug. Innerhalb kürzester Zeit war ich von einer »Exzellenz« zu »Ladegut« geworden.

Und das »Ladegut« landete tatsächlich zuerst in Bagram.

»WER HAT IHR ERLAUBT ANZUTRETEN?«

Vor dem Sprecheramt stand einer der härtesten politischen Wahlkämpfe, die ich je bestreiten musste. Es gab nur 215 Stimmberechtigte, und die Wahl fand am 10. Oktober 2001 statt, weniger als einen Monat nach den Attentaten vom 11. September. Es war eine besondere Wahl: Unser damaliger Whip[1] David Bonior trat

---

1   Der für die interne Disziplin zuständige Stellvertreter des Fraktionsvorsitzenden. Der Begriff geht auf den Meutenführer zurück, der bei Hetzjagden zu Pferd die eingesetzten Hunde mit einer Peitsche (engl. *whip*) lenkt. [Anm. d. Red.]

zurück, um sich als Gouverneur von Michigan zur Wahl zu stellen, und mein Gegenkandidat war Steny Hoyer, ein langjähriger Freund. Einige sehr mächtige Männer im Kongress hätten es nicht nur gerne gesehen, dass ich die Wahl verlieren würde – sie wollten nicht einmal, dass ich mich zur Wahl stelle. Als ich meine Kandidatur als Whip der Demokraten im Repräsentantenhaus bekannt gab, also für das zweithöchste Amt in der Fraktionsführung der Demokraten, fragte einer meiner männlichen Kollegen unverblümt: »Wer hat ihr erlaubt anzutreten?« Er erklärte mir, es gebe eine Hackordnung im Repräsentantenhaus, manche männliche Abgeordnete hätten geduldig darauf gewartet, dass ein Posten in der Führungsebene frei werde, ich würde mich vordrängeln und die etablierte Ordnung über den Haufen werfen. Wenn weibliche Abgeordnete sich dafür aussprachen, eine Frau in die Führungsebene der Demokraten aufzunehmen, sagte derselbe Kollege: »Warum erstellt ihr nicht einfach eine Liste der Dinge, die ihr machen wollt, und wir machen sie dann für euch?«

Meine Antwort: nein danke. Ich entgegnete ihm, Frauen warteten bereits seit mehr als 200 Jahren und stünden damit erheblich länger als die Männer in der Warteschlange. Aber ich sagte meinen Kollegen und Kolleginnen auch, ich wolle nicht, dass irgendjemand nur für oder gegen mich stimme, weil ich eine Frau sei. Tatsächlich hatten mich Abgeordnete schon vor Jahren gebeten, mich für eine Führungsposition zu bewerben, woran ich ursprünglich aber kein Interesse hatte. Mir gefiel meine Arbeit in den Haushalts- und Geheimdienstausschüssen, und ich saß sogar sieben Jahre lang im Ausschuss für Ethikstandards, ein Rekord. Jedoch änderte ich meine Meinung, nachdem die Demokraten bei vier Wahlen hintereinander, zwischen 1994 und 2000, Stimmen verloren hatten. Ich wollte, dass die Demokraten endlich wieder Wahlen gewannen für unser Land und die Kinder unseres

Landes. Das Repräsentantenhaus unter der Leitung des Republikanischen Sprechers Newt Gingrich war kein guter Ort für Kinder und andere Lebewesen. Daher präsentierte ich meinen Kollegen aus der Demokratischen Fraktion meine Vision und politischen Prioritäten und erklärte, wie uns beides meiner Meinung nach zu politischem Erfolg führen könnte.

Im Rückblick auf diesen Tag der entscheidenden Wahl muss man anerkennen, dass die schwierigste Entscheidung von Abgeordneten darin besteht, zwischen Kollegen wählen zu müssen. Daher begann ich meinen Wahlkampf mit der Zuversicht, dass ich gewinnen würde. Ich wollte den Abgeordneten keine schwierige Entscheidung zumuten, wenn ich keine guten Erfolgschancen hatte. Schon vor dem Tag der Abstimmung wusste ich, dass ich genügend Stimmen beisammenhatte. Wenn sich Abgeordnete öffentlich für einen Kandidaten aussprechen, halten sie ihr Wort. Wenn die Gespräche allerdings vertraulich stattfinden, versprechen sie manchmal mehr als einem Kandidaten die Unterstützung. Daher berücksichtigte ich 20 Prozent »Schummelfaktor« bei meiner Zählung – und war zuversichtlich, dass jene, die das eine sagten und dann etwas anderes taten, nicht ins Gewicht fallen würden. Zudem wusste ich ungefähr, welche Abgeordneten zu so einem Verhalten neigten. Ich wusste schon immer, wie man Stimmen zählt und wem ich vertrauen kann.

Doch ein Tag vor der Whip-Abstimmung in der Fraktion erzählte ein Abgeordneter, der für den Gegenkandidaten warb, anderen Abgeordneten, das Rennen sei noch offen. Und er tat das in meiner Hörweite. Er behauptete, der Vorsprung liege bisher nur bei einer Stimme. Das war sicherlich Taktik – denn ich wusste, dass es nicht stimmte. Mit Selbstvertrauen, doch ohne arrogant zu wirken, betrat ich am Morgen der Abstimmung das Fraktionszimmer im Cannon House Building mit seinen kunstvoll verzierten Decken und Wänden. Man spürte, dass hier wahrscheinlich Geschichte geschrieben wurde. Mein Team war vorbereitet – und wir gewannen.

Mein Sieg war nicht nur bemerkenswert, weil ich eine Frau bin, sondern auch, weil kein Fraktionsführer der Demokraten im Repräsentantenhaus mich vorher je zu Meetings des Führungsstabs eingeladen oder mir eine Position in der Fraktion angeboten hatte, sodass die Hackordnung der Männer intakt blieb. Bis ich zur Sprecherin gewählt wurde. Ich hatte noch nie einen Fuß in das Büro der Sprecher der Demokraten gesetzt oder war dorthin eingeladen worden. Ich betrat den Raum nach meiner Wahl zum ersten Mal.

Nach der Whip-Abstimmung öffnete die kalifornische Abgeordnete Anna Eshoo, eine langjährige Freundin, die schweren Holztüren und rief den draußen wartenden Mitarbeitern und Reportern zu: »Pelosi ist gewählt!« Ein paar Männer maulten, da hätten »Geschlecht und Geografie« gewonnen – weil Kalifornien so viele Abgeordnete stellt und alle außer einem mich unterstützten. Meine Antwort war einfach: »Wir haben Geschichte geschrieben, und jetzt müssen wir Fortschritte machen.«

Ein Jahr später, am 14. November 2002, wählten mich die Demokraten zur Fraktionsführerin, nachdem Dick Gephardt zurückgetreten war, um sich auf den Wahlkampf um eine Präsidentschaftskandidatur vorzubereiten. Diese Abstimmung gewann ich 177 zu 29, also mit deutlicher Mehrheit. Wichtiger Kern meiner Botschaft dabei waren die grundlegenden Werte unserer Demokratischen Fraktion im Repräsentantenhaus: Ich sah uns als Quelle intellektueller, legislativer und politischer Stärke. Ideen waren unser Antrieb, uns war bewusst, dass unsere Ideen auch durch den Gesetzgebungsprozess umsetzbar sein mussten, und wir hatten das notwendige politische Können, um unsere Ideen der US-Bevölkerung zu verkaufen. Ich wollte diese Fähigkeit nut-

zen, um das Repräsentantenhaus für die Demokraten zurückzugewinnen.

Das Schicksal hat es gefügt, dass ich für die folgenden fast
zwanzig Jahre entweder als Fraktionsführerin der Demokraten
oder als Sprecherin des Repräsentantenhauses diente, durch mehrere Kriege und internationale Konfrontationen, Wirtschaftskri-
sen, eine globale Pandemie, die historische Neuordnung des US-
Gesundheitssystems und einen Angriff auf das Kapitol hindurch
sowie während eines Angriffs auf mein Privathaus und meinen
Mann, wie es ihn noch nie gegeben hatte. Mehr als zwei Jahrzehnte lang diente ich neben vier Präsidenten. Während meiner Amtszeiten sah ich 105 wichtige Minister, darunter Vertei-
digungs-, Justiz- und Außenminister, sowie zwölf Stabschefs im
Weißen Haus kommen und gehen.

Die Gründerväter sahen das Sprecheramt im Repräsentantenhaus als wichtigste gewählte Position in der Legislative unserer
Regierung vor; dieses Amt wird als einzige Führungsposition im
Kongress in der Verfassung genannt. Die Mehrheits- und Oppositionsführer im Senat kommen in der Nachfolgeregelung für das
Präsidentenamt nicht vor (der zeremonielle Posten des Senatsprä-
sidenten pro tempore allerdings schon). Aber der Sprecher oder
die Sprecherin steht in der Rangfolge direkt hinter dem Vizepräsidenten oder der Vizepräsidentin.

Ich übernahm das Sprecheramt am 4. Januar 2007, nachdem
die Demokraten nach zwölf Jahren in der Opposition wieder die
Mehrheit im Repräsentantenhaus innehatten. Wir gewannen
damals 31 Sitze dazu, mehr als doppelt so viele, wie wir für die
Mehrheit gebraucht hätten, und so viele wie nie mehr seit 1974
in der Folge des Watergate-Skandals. Wir traten mit einem positiven Wahlprogramm an, »Six for '06«, und warben mit einer
Anhebung der Mindestlöhne, Gesundheitsversorgung für alle

und niedrigeren Zuzahlungen für Medikamente, dem Abzug von US-Truppen aus dem Irak, dem Schutz des Sozialversicherungssystems, niedrigeren Studiengebühren und Energieunabhängigkeit. Wir wussten, dass die breite Bevölkerung mit der Richtung, die wir beim Irakkrieg einschlugen, nicht einverstanden war, aber in der Wahlperiode warteten noch andere große Herausforderungen auf uns, zum Beispiel eine globale Wirtschaftskrise.

DER WEG ZUM SPRECHERAMT

Bei meiner Amtseinführung als Sprecherin war ich von meinen Enkeln umgeben – und den Kindern und Enkeln meiner Kollegen aus beiden Parteien. Vom Sprecherpult aus sah ich auch Paul und meine grauhaarigen Unterstützer: meinen Bruder Tommy – ehemaliger Bürgermeister von Baltimore, der mir zum ersten Mal das Kapitol gezeigt hatte, als ich sechs war – und meine Freunde Tony Bennett und Richard Gere, die zusahen, als ich diese historische Position übernahm.

In meiner Rede dankte ich meinen Kollegen dafür, dass sie mich gewählt hatten – dass sie uns dem Ideal der Gleichheit näher gebracht hatten, das Amerikas Erbe und Hoffnung ist. Ich wollte heilende und einende Worte sprechen. Allen Versammelten sagte ich: »Ich nehme dieses Amt im Geiste der Partnerschaft an, nicht der Parteilichkeit«, und fügte hinzu: »In diesem Haus gehören wir vielleicht unterschiedlichen Parteien an, aber wir dienen einem Land. [...] Diese Offenheit erfordert Respekt für jede Stimme im Kongress. Thomas Jefferson sagte: ›Dass man unterschiedlicher Meinung ist, bedeutet nicht, dass man unterschiedliche Prinzipien hat.‹ [...] Lassen Sie uns gemeinsam dieses Land voranbringen und für das Gemeinwohl nach Gemeinsamkeiten suchen.«

Ich kündigte an, das Haus überparteilich, transparent und verantwortungsvoll zu leiten. Diese Grundsätze haben mich geleitet, seit ich Fraktionsführerin der Demokraten war: »Wo wir bei der Wirtschaft und anderen innenpolitischen Themen einen gemeinsamen Standpunkt finden können, werden wir ihn suchen.« Aber ich wies auch darauf hin: »Wo wir diesen gemeinsamen Standpunkt nicht finden, müssen wir uns behaupten.«

Die Arbeit als Sprecherin ist eine große Herausforderung. Aber ich trat sie zuversichtlich an, weil ich bereits Erfahrung mit den innenpolitischen und globalen Problemen hatte, vor denen unser Land stand, und ich war mir der Möglichkeiten bewusst, wie man es besser machen konnte. Es führt ganz einfach kein Weg daran vorbei, dass man sich vorbereitet und seine Hausaufgaben macht. Ich war die erste Abgeordnete des Repräsentantenhauses in der jüngeren Geschichte, die in eine Führungsposition aufstieg und bereits Erfahrungen im Bereich nationale Sicherheit gesammelt hatte, beginnend mit meinen ersten Jahren im Kongress. Ich war die hochrangigste Demokratin im Appropriations Subcommittee on Foreign Operations, dem Unterausschuss für Ausgaben für Auslandsoperationen, wie es in den 1990ern hieß, der die Gelder für Auslandshilfen (oder internationale Unterstützung, wie ich es lieber nenne) und gewisse militärische Unterstützung bereitstellte. Der Ausschuss beschäftigte sich auch mit globalen Umweltthemen, Gesundheit und Menschenrechten. Danach wurde ich die wichtigste Demokratin im Geheimdienstausschuss, dem ich mich im Jahr 1993 anschloss, um die Bürgerrechte zu schützen und die Verbreitung von Nuklearwaffen zu stoppen. Im Rahmen meiner Tätigkeit im Kongress bin ich in 87 Länder gereist: in manche einmal, in andere viele Male, vor allem zu Besuchen bei unseren Truppen in Kriegsgebieten. Ich habe mit vielen wichtigen Persönlichkeiten der internationalen Politik gesprochen und einige von ihnen auch als Gäste im Kongress begrüßt, wo sie zu Abgeordneten des Repräsentantenhauses und Senatoren sprachen.

Schon immer war ich dankbar, dass meine Wählerinnen und Wähler mir die Freiheit gaben, mich in der internationalen Politik zu engagieren, blieb aber stets auch bei innenpolitischen Themen aktiv, ob als normale Abgeordnete, Whip, Fraktionsführerin oder Sprecherin.

Als erste Frau im Sprecheramt musste ich mich in einem wichtigen Punkt deutlich positionieren: Diversität. Bei meiner ersten Besprechung mit allen Ausschussvorsitzenden im Repräsentantenhaus, die ich respektierte, legte ich meine Pläne in puncto Diversität dar – dass unsere Fraktion die Diversität der Vereinigten Staaten widerspiegeln und diesen Grundsatz ehren sollte. Die US-Amerikaner sollten Diversität bei unseren Abgeordneten und Mitarbeitern sehen. Das setzte ich um, indem ich weibliche Vorsitzende für drei Ausschüsse ernannte, bei denen ich sie kraft meines Amtes einsetzen durfte: Louise Slaughter im Regelausschuss, Juanita Millender-McDonald im Verwaltungsausschuss und Stephanie Tubbs Jones im Ausschuss für Ethikstandards. Nydia Velázquez wurde aufgrund des Senioritätsprinzips Vorsitzende des Ausschusses für kleine und mittlere Unternehmen. Auf der Unterausschussebene waren mehr als hundert Führungspositionen für Frauen, People of Color, LGBTQ+-Personen und andere Abgeordnete zu vergeben. Später schuf ich in Zusammenarbeit mit unseren Kollegen und Kolleginnen das Amt der Gleichstellungsbeauftragten. Fünfzehn Jahre später besteht unsere Fraktion zu 70 Prozent aus Frauen, People of Color und LGBTQ+-Personen – seit meiner Ankunft im Kongress 1987 als eine von zwölf demokratischen Frauen haben wir einen weiten Weg zurückgelegt.

Als Sprecherin und Fraktionsführerin der Demokraten war ich

stolz auf die Gesetze, die unsere Fraktion gemeinsam auf den Weg brachte, aber auch auf die Erweiterung unseres Führungsteams. Wir hatten es neu zusammengesetzt, erweitert und dafür gesorgt, dass die Auswahl »demokratischer« wurde, wir gestalteten die Führung der Demokraten im Repräsentantenhaus repräsentativer und inklusiver. Bei meinem Amtsantritt als Sprecherin 2007 bestand die Führung der Demokraten aus acht Abgeordneten (drei dieser Positionen hatte ich selbst zeitweise inne: Sprecherin, Whip und Fraktionsführerin). Außerdem gab es einen Vorsitzenden und einen Vizevorsitzenden der Demokratischen Fraktion, zwei Co-Vorsitzende des Lenkungs- und Politikausschusses und einen Vorsitzenden des Democratic Congressional Campaign Committee (DCCC), das Wahlkampfkomitee der Demokraten im Repräsentantenhaus.

Als wir dort 2010 die Mehrheit verloren, führte ich die Position eines stellvertretenden Fraktionsführers der Demokraten ein (der später stellvertretender Sprecher wurde, als wir die Mehrheit zurückgewannen), um einen Kampf um das Whip-Amt zwischen Steny Hoyer und Jim Clyburn zu verhindern. Ich erweiterte den Vorsitz des Lenkungs- und Politikausschusses auf drei Personen und berief Barbara Lee zur ersten Schwarzen Frau in der Demokratischen Fraktionsführung. Dann schlugen unsere neu gewählten Kollegen einen Führungsposten für Abgeordnete vor, die höchstens fünf Wahlperioden im Repräsentantenhaus saßen, damit jüngere Abgeordnete eine wichtige Stimme bei den Diskussionen und Entscheidungen unserer Fraktionsführung bekamen. Um die Reichweite unserer Fraktion und ihrer Botschaften zu erweitern, schuf ich 2015 das Democratic Policy and Communications Committee (DPCC) mit vier Co-Vorsitzenden. Zusätzlich vergab ich einen Sitz in der Fraktionsführung an einen Parlamentarier, der sich gut mit den Regeln des Repräsentantenhauses auskannte und helfen sollte, Meinungsverschiedenheiten zwischen Abgeordneten zu schlichten.

Am Ende meiner Amtszeit als Sprecherin im Januar 2023 hatten wir unser Führungsteam von acht auf achtzehn Abgeordnete erweitert – und diese Entwicklung wird sich fortsetzen, da bin ich sicher.

Neben dem Umbau unserer Führung startete ich eine weitere Initiative, die ich »Crescendo« nannte, um damit anzudeuten, dass sie den Einfluss unserer Demokratischen Politik im Repräsentantenhaus verstärken sollte. Diese Gruppe setzte sich aus acht gewählten Vorsitzenden zusammen (vom Black Caucus, Hispanic Caucus, Asian Pacific American Caucus, Equality Caucus und dem Progressive Caucus sowie den drei Koalitionen Freshmen Class, New Democrats und Blue Dogs), die sich wöchentlich mit der Sprecherin treffen, um sich auszutauschen. Auf allgemeinen Wunsch der Kongressabgeordneten und auf Vorschlag der Abgeordneten Joe Kennedy und Derek Kilmer richteten wir außerdem einen Sonderausschuss ein, in dem sich Abgeordnete über einen Kongress der Zukunft austauschen können. Ich glaube an offene Türen und eine offene Kommunikation im Büro der Sprecherin.

Sprecherin des Repräsentantenhauses ist wahrscheinlich die herausforderndste Position in der Regierung. Man muss sich mit derselben riesigen Bandbreite an Themen beschäftigen wie der Präsident (kann aber in der Exekutive keine Posten vergeben oder Kandidaten fürs Richteramt vorschlagen). Als Sprecherin hat man auch sehr viel weniger Mitarbeiter und nicht den Vorteil einer Super-Plattform. Man führt nicht nur die eigene Partei an, sondern ist verantwortlich für die Leitung des gesamten Repräsentantenhauses mit seinen 435 stimmberechtigten Abgeordneten und sechs nicht stimmberechtigten Delegierten. Die Arbeit als Sprecherin unterscheidet sich stark von der Tätigkeit der einfachen Kongressabgeordneten; in dieser Position müssen wir oft schlussfolgernd handeln: Wir stellen unsere Ideen bei Anhörungen, Bürgersprechstunden mit unseren Wählern und anderen Formen des öffentlichen Diskurses vor. Abgeordnete können einen Vorschlag beurteilen oder verfeinern, während er das Ausschussverfahren durchläuft und schließlich im Plenum diskutiert wird.

Bei einer Sprecherin ist das anders. Sie hat einzigartig viel Macht und eine Leitungsposition inne, die eine Kombination aus politischem Hintergrund, strategischem Wissen und vor allem Intuition erfordert. Eine erfolgreiche Sprecherin darf nie überrascht werden. Man muss stets über alle Möglichkeiten Bescheid wissen, zum Beispiel wie alle Abgeordneten der Fraktion abstimmen werden, wo man bei Verhandlungen mit dem Senat oder dem Weißen Haus bereit wäre nachzugeben und wo nicht und was bei der US-Bevölkerung ankommt und was nicht. Jede Herausforderung, vor die man gestellt wird, erfordert eine Entscheidung, und oft hat man nicht viel Zeit, um sie zu treffen. Man muss vorausschauend arbeiten, sofort eine Antwort auf Fragen nach dem Was, Warum und Wie parat haben. Man muss einen Plan vorweisen und ohne Zögern handeln. Sobald man zögert, verringern sich die Optionen. Je länger man wartet, umso mehr Optionen fallen weg. Jeder mit einer eigenen Agenda wird bei einer verzögerten Entscheidung die Möglichkeiten einengen.

Eine Sprecherin muss intuitiv handeln und schnelle Erfolge vorweisen, aber das allein reicht nicht aus. Die Intuition einer Sprecherin muss durch strategisches und respektiertes Denken gestützt sein. Darum halte ich es für unverzichtbar, einen ständigen Kontakt mit den Abgeordneten aufrechtzuerhalten – ich muss wissen, was sie denken. Dieser Kontakt ist für alle zweifach nützlich: Die Sprecherin lernt von den Abgeordneten, und wenn die Abgeordneten merken, dass man sich um sie bemüht, gibt ihnen das Vertrauen in das Wissen und die Urteilsfähigkeit der Sprecherin, und das ist wichtig. Der Rat, sich auf sein Bauchgefühl zu verlassen, funktioniert nur, wenn der Bauch von Kopf und Herz unterstützt wird.

Seit zwanzig Jahren sind mein Umgang und meine Arbeit mit den Kollegen vor allem von einem geprägt: Respekt. Unsere Arbeitsbeschreibung und unsere Tätigkeitsbezeichnung sind dieselben: Wir sind Repräsentanten. Wir Demokraten haben starke gemeinsame Werte und sind sehr divers, was ethnischen Hintergrund, Geografie, Generation, Geschlecht, Geschlechtsidentität und manchmal auch Philosophie betrifft. Wir respektieren diese Diversität sehr, aber sie führt manchmal zu Meinungsverschiedenheiten. Ich sage immer zu unseren Abgeordneten: »Unsere Diversität ist unsere Stärke, Einigkeit gibt uns Macht.«

Oft werde ich gefragt: »Wie haben Sie die Fraktion zusammengehalten?« Dann antworte ich stets: »Durch Respekt.« Macht fließt nicht von oben nach unten, sondern von unten nach oben. Stets habe ich gegenüber allen demokratischen Abgeordneten Respekt bewiesen. Ich habe mir ihre Ansichten angehört; ich wollte ihnen bewusst machen, dass wir eine Gemeinschaft sind und ihre Zeit wertvoll ist. Wir wollten im Dienst an unserem Land Dinge umsetzen. Ich würde auch keine Abgeordneten bitten, bei einer Sache mit mir abzustimmen, wenn ich nicht glauben würde, dass wir gewinnen könnten.

Ich erkenne die Unterschiede zwischen unseren Fraktionsmitgliedern an und sehe mich dabei als Weberin am Webstuhl. Jede Abgeordnete, jeder Abgeordnete ist ein wichtiger Faden im Wandteppich, die unsere Fraktion webt. Die Mischung macht seine Schönheit aus. Daher müssen wir respektvoll zu einem

Konsens finden. Wir sind uns vielleicht bei manchen Themen nicht immer einig. Doch als verantwortungsbewusste Fraktionsführerin war es meine Aufgabe, jene Abgeordnete, die anderer Meinung waren oder eine andere Sichtweise für ihre Wähler repräsentieren mussten, darum zu bitten, den größeren Konsens zu respektieren. Zum Beispiel hat die überwältigende Mehrheit in unserer Fraktion schon immer das Selbstbestimmungsrecht der Frauen unterstützt, aber erst bei der Wahl 2018 hatten wir so viele Unterstützer für diese Position gewonnen, dass wir eine Mehrheit im Repräsentantenhaus hatten. Bei umstrittenen Themen innerhalb der Fraktion oder im Umgang mit Republikanischen Abgeordneten wende ich immer denselben Respekttest an: Ich bin davon überzeugt, dass man auch mit Menschen, die anderer Meinung sind, lange befreundet sein kann. Ich glaube, dass wir langjährige Feindschaft mit jenen, die anderer Meinung sind, vermeiden können.

Das führt von meiner Vision mit dem Webstuhl zu einer weiteren wichtigen Metapher für meine Arbeitsweise: das Kaleidoskop. Ich habe immer die Meinung vertreten, dass der Tag nach einer Abstimmung im Kongress ein neuer Tag ist. Wie bei einem Kaleidoskop muss die Koalition, die in der einen Variante funktioniert, nicht notwendigerweise in einer anderen Kombination repliziert werden. Eine wichtige Kaleidoskopvariante ergab sich, als das Repräsentantenhaus die historische Entscheidung traf, die bisherige »Don't ask, don't tell«-Politik zu beenden, nach der offen lebende LGBTQ+-Personen nicht beim Militär Dienst tun durften. Der Grundsatz »Frage nicht und erzähle auch nichts« wurde 1993 eingeführt, aber wir konnten diese Vorschrift erst mit unserer Mehrheit 2010 kippen. Doch die Sache hatte einen Haken. Der Widerruf der »Don't ask, don't tell«-Vorschrift wurde als Anhang zum Jahresetat für Verteidigung zur Abstimmung gestellt. Die überwiegende Mehrheit der Demokraten jubelte, als dieser Zusatz dem Verteidigungsetat zugefügt wurde.

»Sie schreiben heute Geschichte!«, sagte ich zu unseren progressiven Fraktionsmitgliedern.

»Ja«, antworteten sie, »wir schaffen endlich die ›Don't ask, don't tell‹-Vorschrift ab.«

»Ja«, bestätigte ich und fügte dann hinzu: »Sie schreiben auch deshalb Geschichte, weil manche von Ihnen zum ersten Mal für einen Verteidigungsetat stimmen werden.«

»Oh nein«, jammerten sie daraufhin. »Verlangen Sie das nicht von uns!« Viele unserer progressiven Abgeordneten hatten tatsächlich nie für einen Verteidigungsetat gestimmt – und sie sagten mir, sie könnten es auch an diesem Tag nicht tun.

Ich entgegnete, dass die Abschaffung von »Don't ask, don't tell« gestorben wäre, wenn der Verteidigungsetat nicht beschlossen würde. »Oh nein«, klagten die Abgeordneten wieder. »Die Republikaner stimmen immer für den Verteidigungsetat. Sie werden den Gesetzesvorschlag durchbringen.«

»Nein«, erwiderte ich. »Nicht heute. Heute brauchen wir Ihre Stimmen.« Viele Abgeordnete spotteten offen über mich und fragten: »Woher wollen Sie das wissen?«

»Ich bin Sprecherin«, rief ich ihnen in Erinnerung. »Ich sehe die Augen der Republikaner, und ich kann Lippen lesen. Die Republikaner werden nicht für dieses Gesetz stimmen. Warten Sie also wenigstens ab, bevor Sie abstimmen, ob Ihre Stimmen gebraucht werden, um das Gesetz und damit den Zusatz durchzubringen.«

Zum Glück erfüllten die Abgeordneten meine Bitte. Sie hielten sich bei der Abstimmung zurück. Die Zeit verging, und die Stimmenzahl stieg immer weiter – aber die meisten stimmten gegen das Gesetz. Die progressiven Abgeordneten sahen, dass nur neun Republikaner mit Ja stimmten – 160 sagten Nein.

Ich werde nie den Anblick von John Lewis, Barney Frank, Barbara Lee, Anna Eshoo, Dennis Kucinich und allen anderen Demokraten vergessen, die bis zu jenem Tag immer gegen jeden Verteidigungsetat gestimmt hatten. Aber viele von ihnen halfen uns nun dabei, letztendlich die Mehrheit für den Beschluss zu bekommen: 220 Demokraten stimmten dafür. Das Gesetz wurde beschlossen, aber unsere progressiven Abgeordneten reagierten nicht begeistert, als ich ihnen dazu gratulierte, dass sie an einem Tag gleich zweimal Geschichte geschrieben hätten.

Doch das war ein echtes Kaleidoskop. An jedem Tag bringen wir neue Elemente und neue Allianzen zusammen. Wir können nie davon ausgehen, dass wir die Unterstützung von jemandem bekommen, weil wir sie bei einem anderen Thema hatten. Die Führung unserer Fraktion muss immer miteinander im Gespräch bleiben, mit den Ausschussvorsitzenden und mit den Abgeordneten. Wir wollen niemanden schwächen oder ablehnen, weil er oder sie eine bestimmte Meinung hat. Denn diese Person kann für ein anderes Thema oder eine andere Abstimmung entscheidend sein – und zwar bald.

Der Kongress hat verschiedene Aufgaben, die in der Verfassung umrissen sind und zu denen Steuererhebungen, die Bewilligung von Geldern, Kriegserklärungen, Gesetzgebung und eine Aufsichtsfunktion zählen. Doch weil wir – laut Artikel 1 der US-Verfassung – zur Legislative gehören, ist eine unserer Hauptaufgaben, Gesetze auszuarbeiten und dann darüber abzustimmen. Aber bevor eine Sprecherin zur Abstimmung aufrufen kann, müssen viele Schritte vorausgehen. Eine erfolgreiche Gesetzesinitiative beginnt damit, dass man die Erfahrungen und Werte der anderen Abgeordneten respektiert und gemeinsam mit ihnen den Menschen Vorrang vor der Politik gibt.

Die meisten Gesetze entstehen in Ausschüssen, wo jeder Vorschlag genau unter die Lupe genommen und immer weiter verbessert wird. Wenn ein Gesetzesvorschlag im Ausschuss angenommen wurde, kann er dem gesamten Repräsentantenhaus zur Abstimmung vorgelegt werden. Doch vor einer Abstimmung wird eine erfolgreiche Sprecherin sicherstellen, dass die Abgeordneten wissen, was genau in dem Gesetz drinsteht. Darüber informieren die betreffenden Ausschussvorsitzenden und das Präsidium die Abgeordneten, bevor diese abstimmen. Danach müssen die Abgeordneten entscheiden, wie sie abstimmen, und zwar auf der Basis dessen, was ich als die vier C bezeichne: Sie sollten die Verfassung *(Constitution)* ehren, ihre Wähler *(Constituents)* repräsentieren, ihrem Gewissen *(Conscience)* folgen, und manchmal brauchen sie Mut *(Courage)*.

Bei einigen der folgenreichsten Abstimmungen während meiner Zeit im Repräsentantenhaus brauchte es die Verfassung, die Wähler, ein Gewissen und Mut. Der Affordable Care Act (ACA) ist ein solches Beispiel. Die Entscheidungen zum Irakkrieg und die Finanzkrise von 2008 ebenfalls. Manchmal ist auch gar nicht die Stimmenzahl bei einer einzelnen Abstimmung wichtig, sondern viele Abstimmungen und Bemühungen über viele Jahre, wie etwa bei der Frage der Menschenrechte in China. In jüngerer Zeit haben die Unterstützung für die Ukraine und der Kampf um die Rettung unseres Planeten die Kongressabgeordneten vereint oder entzweit.

Zur Gesetzgebung braucht es eine breite Debatte, nicht nur innerhalb der Demokratischen Fraktion, sondern parteiübergreifend, mit dem Senat und dann auch mit dem Weißen Haus. Manchmal finden wir Gemeinsamkeiten. Manchmal finden wir keine und holen uns dann die Unterstützung der Bevölkerung. Wir zerbrechen uns nicht den Kopf, sondern organisieren – wir machen für den Erfolg mobil, wie bei der Graswurzelbewegung zur Unterstützung des ACA.

Eine Sprecherin des Repräsentantenhauses soll und muss in all diesen Arenen Führungsstärke beweisen. Wie ihr das gelingt, bestimmt häufig den Erfolg oder Misserfolg eines Gesetzesvorhabens – und der Sprecherin selbst. Ein Erfolg im Repräsentantenhaus ist allerdings nur der erste Schritt. Eine Sprecherin muss sich noch zwei weiteren Respekt einflößenden Institutionen stellen: eben dem Senat und dem Weißen Haus.

REPRÄSENTANTENHAUS VERSUS SENAT VERSUS WEISSES HAUS

Es gibt ein altes geflügeltes Wort bei den Demokraten im Repräsentantenhaus, das der mittlerweile verstorbene John Dingell, Vorsitzender des Ausschusses für Energie und Handel und Kongressabgeordneter mit der längsten Dienstzeit in der Geschichte, häufig sagte: »Die Republikaner sind unsere Opposition, aber der Senat ist unser Feind.« Der Spruch ist alt und wird häufig zitiert, was zeigt, wie frustriert das Repräsentantenhaus vom Senat ist.

Repräsentantenhaus und Senat haben sehr unterschiedliche Herangehensweisen an die Gesetzgebung. Im Repräsentantenhaus regiert die Mehrheit. Man bildet eine Koalition innerhalb einer Partei oder parteiübergreifend, findet eine überwältigende Mehrheit oder hat nur eine Stimme mehr, und das Gesetz geht durch. Im Senat hingegen reicht auch die Unterstützung von 99 der 100 Senatoren nicht. Die Senatsregeln schreiben Einstimmigkeit vor (es müssen sich also alle Senatoren einig sein), bevor man im Senat einen Antrag stellen kann, und ein einzelner Senator kann einen Gesetzesvorschlag oder eine Ernennung stoppen. Und die Kollegen dieses Senators wollen die Regeln nicht ändern, vermuten manche, weil jeder von ihnen vielleicht das nächste Mal die 99 Kollegen ausbremsen will. Einmal ging es so weit, dass ich beantragte, 100 gepuderte Perücken an den Senat zu schicken, weil dieses sogenannte »beratende Organ« ein solches Schneckentempo an den Tag legte, dass es besser ins 18. statt ins 21. Jahrhundert passte.

Ein weiterer deutlicher Unterschied ist der Dialog mit den Wählern. Abgeordnete müssen sich alle zwei Jahre den Wählern stellen, Senatoren nur alle sechs Jahre. Abgeordnete des Repräsentantenhauses kehren in ihre Wahlbezirke zurück, halten Bürgersprechstunden ab und dürfen auch keine Angst vor deutlichem Feedback der Wähler haben. Im Repräsentantenhaus haben wir die Erfahrung gemacht, dass Senatoren weniger direkten Kontakt zu ihren Wählern haben. Dennoch kommt das Weiße Haus meiner Erfahrung nach eher dem Senat entgegen als uns. Manchmal liegt es daran, dass unsere Präsidenten selbst Senatoren waren und eine natürliche Affinität zu dieser Institution hegen: Es herrscht ein Ungleichgewicht zugunsten des Senats, und viele Mitarbeiter im Weißen Haus haben vorher im Senat gearbeitet. Aber wenn ein Präsident einen Vorschlag durchbringen will, für den Gelder genehmigt werden müssen, dann muss das Gesetz erst durch das Repräsentantenhaus.

Ich habe oft erlebt, wie sich verschiedene Präsidenten für die Senatsversion eines Gesetzesvorschlags starkmachten oder Senatoren lobten und die Vorsitzenden der Ausschüsse im Repräsentantenhaus ignorierten, die dafür gesorgt hatten, dass wichtige Gesetze dort beschlossen wurden – und manchmal um jede Stimme dafür kämpfen mussten.

Irgendwann will sich jeder Präsident (manche mehr als andere) einfach nur durchsetzen. Wenn sie ihr Amt antreten, sind sie alle überzeugt, mehr zu wissen als der Kongress, und bringen dessen großer Bedeutung nicht die angemessene Wertschätzung entgegen. Manchmal witzeln wir im Kongress, dass irgendetwas in der Belüftung des Weißen Hauses stecken muss. Es scheint, als würden sie alle dieselbe berauschende Luft atmen.

Während der Finanzkrise 2008 glaubte Präsident George W. Bush, es sei sehr viel einfacher, einen Beschluss für das Troubled Asset Relief Program (TARP) zu bekommen, als es tatsächlich war. Am Ende musste er direkt mit dem Kongress zusammenarbeiten, um Erfolg zu haben. Und mit allem gebührenden Respekt gegenüber Präsident Obama war der Erfolg der Gesundheitsreform 2009/10 in allererster Linie der Tatsache zu verdanken, dass der Kongress den Affordable Care Act formuliert hat. Als Vertretungsorgan arbeitet der Kongress inklusiver und von der Basis aus.

Kongressabgeordnete verfügen oft auch über wertvolles Fachwissen. Regierungsbeamte messen ihre Beschäftigungsdauer in Monaten – 12, 24, 36. Ein Stabschef des Präsidenten hält sich im Durchschnitt zwei Jahre in dieser Position, was einer Wahlperiode im Kongress entspricht. (Trump brachte es in vier Jahren auf vier Stabschefs.) Nach einem Regierungswechsel hat die Exekutive manchmal kein Verständnis dafür, vor welch einzigartigen Herausforderungen die Abgeordneten im Repräsentantenhaus stehen. Im Jahr 2009 gab es im Kongress einige schwierige Abstimmungen, bevor der American Recovery and Reinvestment Act (ARRA) beschlossen wurde, um so weiterhin auf die Finanzkrise von 2008 und ihre Folgen für unsere Wirtschaft zu reagieren. Die Demokraten im Repräsentantenhaus wunderten sich, als ein hoher Beamter in der Obama-Regierung sagte, er habe nicht erwartet, dass unsere Abgeordneten von den Kabelsendern, vor allem Fox News, solche Prügel beziehen würden, weil sie das Gesetz unterstützten. Haben die in ihren Büros keine Fernseher?, fragte ich mich.

Natürlich ist die Zusammenarbeit mit den Präsidenten eine der wichtigsten Aufgaben einer Sprecherin des Repräsentantenhauses. In dieser Position habe ich mit vier Präsidenten gearbeitet und als Abgeordnete mit weiteren drei. Jeder Präsident brachte seinen eigenen Ansatz und Führungsstil mit, und daraus, wie sie Probleme angehen, kann man vieles lernen – von manchen Gutes, von einem Schlechtes –, und man versteht besser, wie die Regierungsabläufe bei uns funktionieren. Man muss auch akzeptieren, dass manchmal ein Sprecher des Repräsentantenhauses und der Präsident verschiedenen Parteien angehören.

Seit 1969 hatte nur in acht Kongresswahlperioden, also sechzehn Jahren, dieselbe Partei die Mehrheit im Repräsentantenhaus, der auch der Präsident angehörte. Eine geteilte Regierung ist eher die Norm, und das bedeutet, dass beide Seiten zusammenarbeiten können müssen. Wichtig ist außerdem, mit wem man zusammenarbeitet – und bei einer geteilten Regierung, insbesondere in Krisenzeiten, ist die Beziehung zur Opposition und ihre Vertrauenswürdigkeit von entscheidender Bedeutung.

George W. Bush und ich kamen aus politischen Familien, und ich hatte ein besonders herzliches Verhältnis zu seinen Eltern. Bei der Chinapolitik waren Präsident George H. W. Bush und ich zwar verschiedener Meinung, aber ich empfand immer größten Respekt vor ihm und seiner Frau Barbara. Zu meinem 25-jährigen Jubiläum im Kongress (ich war damals Sprecherin) baten sie mich, am Wochenende des Presidents' Day im Februar einen Vortrag in der Bush Presidential Library im texanischen College Station zu halten. Barbara Bush begrüßte mich herzlich an der Eingangstür der Präsidentenbibliothek. Es war eine sehr freundliche Geste, und mit dem für sie typischen Humor sagte sie, sie sei »enttäuscht«, weil sie »sehr viel mehr Demonstranten erwartet hatte«. Damit meinte sie die Menschenmenge mit Schildern vor dem Gebäude. Ich verbrachte eine schöne Zeit in der Wohnung der Bushs in der Präsidentenbibliothek. Zu diesem Anlass hatten sich circa 1100 Zuhörer eingefunden – etwa tausend von ihnen Republikaner, denke ich. Aber es war eine tolle Veranstaltung und ein nettes Abendessen mit der Familie und ihrer Stiftung.

Meine vielleicht schönste Erinnerung an Präsident Bush senior ist wohl die Weihnachtsparty des Weißen Hauses für den Kongress, nachdem ich zur Sprecherin gewählt worden und als sein Sohn Präsident war. Wir unterhielten uns ein paar Minuten über Weihnachten und unsere Familien. Am Ende unseres Gesprächs sagte er mit einem Augenzwinkern: »Hey, Madam Speaker, können Sie meinem Sohn eine Chance geben?« Als fünffache Mutter konnte ich genau nachfühlen, warum er das sagte. Es ist eine schöne Erinnerung daran, dass wir heute zwar in einer Zeit mit großer Spaltung und viel Unhöflichkeit leben, es aber nicht immer so war.

Wir hatten viele politische Meinungsverschiedenheiten, aber die Arbeit mit der Regierung unter George W. Bush war einfacher, weil jeder, der im Auftrag der Regierung mit uns verhandelte, auch wirklich für den Präsidenten sprach. Er vertraute seinen Leuten und verschwendete nicht unsere Zeit. Wenn ich ihm einen wirtschaftspolitischen Vorschlag unterbreitete, sagte er immer: »Überzeugen Sie Paulson« – weil er seinem Finanzminister Hank Paulson voll vertraute. Tatsächlich verbuchte ich einen meiner größten Erfolge bei der überparteilichen Arbeit früh in meiner Amtszeit als Sprecherin mit Präsident Bush.

Im Jahr 2007 versuchte die Demokratische Mehrheit im Repräsentantenhaus, Bush davon zu überzeugen, ein Konjunkturpaket zu unterstützen. Wir drängten auf ein Infrastrukturpaket, das Jobs schaffen und das Wirtschaftswachstum ankurbeln würde. Bush hatte kein Interesse an einem Konjunkturpaket, vor allem an keinem, das über die Infrastruktur lief. Doch eines Tages rief er mich an und sagte, er werde ein Konjunkturpaket unterstützen, das über die Steuerordnung funktioniere. Daraufhin bestimmte er den Finanzminister als Kontaktperson für die Verhandlungen. Wir verglichen die Vorteile unserer verschiedenen Ansätze, aber der Präsident machte deutlich, dass er ein Gesetz wollte, das über das Steuersystem ging. Daher machten wir den Vorschlag, wir würden bei bestimmten Infrastrukturprojekten nachgeben, wenn die Regierung im Gegenzug mehr Maßnahmen zuließe, die US-Familien und -Arbeitern helfen würden.

Hank Paulson und ich hielten den Verhandlungsort vor der Presse geheim, um unsere Beratungen in Schweigen zu hüllen und zu verhindern, dass etwas durchsickerte. Das steigerte das gegenseitige Vertrauen. Ich erinnerte Hank, dass ich der Fraktionsführung der Demokraten Fortschritte nachweisen musste; wir brauchten einen Plan, dem sie zustimmen konnte. Als Sprecherin musste ich sicherstellen, dass ich die notwendige Stimmenmehrheit für etwas hatte, das wie ein Vorschlag von Bush aussah, und ich musste hören, was die Fraktionsführung dazu sagte. Außerdem wollte ich wissen, inwieweit die Bush-Regierung zu Kompromissen bereit war, und Hank und ich wollten beide, dass auch der Oppositionsführer im Repräsentantenhaus John Boehner das Gesetz abnickte.

Die Steuerreform, so wie die Regierung sie vorsah, hätte nur Arbeitnehmern genutzt, die mindestens 27 000 Dollar im Jahr verdienten. Die Demokraten wollten jedoch Steuervergütungen auch für Geringverdiener. Bei einer Steuervergütung bekommt ein Steuerpflichtiger keine »Gutschrift« auf seine Einkommensteuer angerechnet, sodass sich die Einkommensteuer de facto verringert, sondern die Regierung zahlt Geld zurück – man erhält also auch dann Geld, wenn man gar nicht genug verdient, um eine Rückerstattung zu bekommen. Bei meinen Gesprächen mit Hank Paulson waren Zahlungen an Familien mit Kindern ein wichtiges Thema. Unser Steuerrecht sieht bereits Steuergutschriften für jedes Kind vor, die je nach Einkommen berechnet werden. Aber mit diesem Gesetzesvorschlag würden die Familien Geld zurückerhalten. Die entscheidende Frage lautete: Wie weit konnten wir die Regierung herunterhandeln? Wie wenig durfte eine Niedrigverdienerfamilie verdienen und trotzdem eine Steuervergütung bekommen? Die Demokratische Abgeordnete aus Connecticut Rosa DeLauro hatte dies zur zentralen Frage in unserer Fraktion gemacht. Sie hatte als Erste eine erweiterte Steuergutschrift für Kinder gefordert. Hank gab mir schließlich das äußerste Limit an: Im ersten Anspruchsjahr müsste das Jahreseinkommen mindestens 3000 Dollar betragen. Damit wären sehr viel mehr Menschen mit sehr niedrigem Einkommen anspruchsberechtigt. Und wegen der wirtschaftlichen Not würden viele Empfänger dieses Geld sofort wieder in die Wirtschaft zurückstecken: Mit den Steuervergütungen würden Lebensmittel, Schulkleidung und andere Güter bezahlt werden. Das Konjunkturpaket mit Steuerkürzungen war eine erfolgreiche Verhandlung. Für jeden Infrastrukturbereich, für den die Bush-Regierung unseren Vorschlag ablehnte, handelte ich in einem anderen Bereich etwas heraus, das einkommensschwachen Familien half.

Als ich den Abschlussentwurf mit der 3000-Dollar-Einkommensgrenze für eine Steuervergütung der Demokratischen Fraktionsführung vorlegte, sprang Rosa DeLauro vor Freude in die Luft. Anfang 2008, als das Gesetz beschlossen wurde, sagte der Abgeordnete Barney Frank, es sei »das progressivste Stück Steuerpolitik in der US-amerikanischen Geschichte«, weil es Milliarden Dollar in die Geldbeutel einkommensschwacher Amerikaner brachte. Hank Paulson hatte redlich für das Weiße Haus verhandelt, und das ist unverzichtbar für eine erfolgreiche Regierungspolitik, unabhängig davon, wie die Parteienverhältnisse sind.

DIE TRUMP-ABWEICHUNG

Meine Karriere in der Legislative hat viele Facetten, aber ich bin immer wieder überrascht, bei wie vielen Gesprächen ich nur zu einem Thema gefragt werde: Donald Trump.

Meine erste Interaktion mit Donald Trump fand 2016 statt, nachdem er zwar die Wahl gewonnen, aber nicht, wie ich betonen möchte, die Mehrheit der Wählerstimmen erhalten hatte. Nachdem Hillary Clinton seinen Sieg anerkannt hatte, rief ich Trump an, um ihm zu gratulieren. Das Telefon klingelte, und als jemand antwortete, sagte ich: »Hier spricht Nancy Pelosi. Ich möchte gerne den designierten Präsidenten Trump sprechen.« Sofort kam die Antwort: »Hier ist Donald Trump.« Dann begann er, ohne Atem zu holen, einen kurzen Monolog darüber, wie ich an seine Mobiltelefonnummer gekommen sei. Er dachte wohl, er habe mir diese Nummer zehn Jahre zuvor einmal gegeben, und wollte wissen, ob ich sie all die Jahre gespeichert hatte. Schließlich konnte ich ihm antworten: »Nein, ich hatte Ihre Nummer nie. Meine Mitarbeiter haben sie von Ihren Mitarbeitern bekommen.«

Ich versuchte, dem Gespräch eine andere Wendung zu geben, den Wahlkampf hinter uns zu lassen und das zu tun, was ich bei jedem neuen Präsidenten getan habe: Gemeinsamkeiten suchen. Er hatte Erfahrung als Bauunternehmer, daher hielt ich die Infrastruktur für ein geeignetes Thema. Ich verwies dann auf die menschliche Infrastruktur, wie bezahlbare Kinderbetreuung. Er unterbrach mich: »Ach ja, Ivanka interessiert sich dafür«, und gab das Telefon prompt an seine Tochter weiter. Sie »interessierte sich« tatsächlich dafür, und ich führte ein sehr positives Gespräch mit ihr über Kinderthemen. Ich war vorsichtig optimistisch, dass die Trump-Regierung und die Demokraten im Repräsentantenhaus vielleicht bei manchen Themen zusammenarbeiten konnten.

Doch Donald Trump widerlegte diese Hoffnung an fast jedem einzelnen Tag in den folgenden vier Jahren.

Doch ich wünsche mir immer, dass ein Präsident der Vereinigten Staaten erfolgreich regiert, daher erhielt ich meine Hoffnungen bei unserem ersten Treffen im Weißen Haus nach der Amtseinführung Trumps bestmöglich aufrecht. Das erste Treffen eines neuen oder wiedergewählten Präsidenten mit der politischen Führung im Kongress ist äußerst bedeutsam: Dort präsentiert der neue Präsident uns seine Vision. Viele im Repräsentantenhaus und im Senat waren durch Trumps groteske Antrittsrede bereits schockiert, in der er von einem »amerikanischen Gemetzel« und »Grabsteinen« sprach, aber wir hofften bei diesem symbolträchtigen Treffen auf eine erwachsenere Vorstellung. Ich wollte glauben, dass er sich der Situation gewachsen zeigen und der Ehre des Präsidentenamts bewusst sein werde. In den Wochen zuvor hatten viele von uns ihm bereits gratuliert und Erfolg gewünscht, unsere Zusammenarbeit bei Gesundheitsversorgung, Infrastruktur, globaler Sicherheit und anderen Themen angeboten. Ich sprach mit Präsident Trump, wie ich es mit den Präsidenten Bush und Obama getan hatte. Mir war klar, dass jeder Präsident seine eigene Agenda und politischen Bedürfnisse hat, und ich bot meine Unterstützung bei Themen an, bei denen wir Gemeinsamkeiten finden könnten, etwa bei einer Reform des Affordable Care Act.

Vielleicht hätte ich meine Erwartungen nicht ganz so hoch stecken sollen. Der Ort, an dem unser erstes Treffen stattfand, war schon eine deutliche Abweichung, verglichen mit den ersten Gesprächen mit früheren Präsidenten. Es fand nicht im West Wing, im Cabinet Room oder Roosevelt Room statt, wie bei Bush und Obama, sondern im East Wing, der sonst nur für gesellschaftliche Zwecke genutzt wird und generell keine typische Arbeitsumgebung ist. Der neue Präsident ließ außerdem Würstchen im Schlafrock servieren (kleine, in Blätterteig eingebackene Würstchen), die »koscher« seien, wie er dem Demokratischen Fraktionsführer im Senat Chuck Schumer versicherte. Ich war enttäuscht, was weniger an der Örtlichkeit lag, sondern an Trump.

Als wir herumstanden und darauf warteten, dass die Gespräche begannen, kam Jared Kushner, Trumps Schwiegersohn, der bereits als Berater des Präsidenten benannt worden war, zu mir, der Oppositionsführerin im Repräsentantenhaus, und sagte etwas, das ich so nicht erwartet hatte: »Hi. Finden Sie das alles auch so aufregend? Finden alle so aufregend, was gerade geschieht?« Er meinte die Wahl Donald Trumps zum Präsidenten. Ich antwortete, alle, die ich kennen würde, seien »aufgeregt wegen des Women's March« – den weltweiten Demonstrationen für Frauenrechte, die als unmittelbare Reaktion auf Trumps Aussagen über Frauen am Tag nach der Amtseinführung stattgefunden hatten. Doch Jared Kushner schien gar nicht wahrzunehmen, was er selbst oder ich gesagt hatte. Ich fragte mich, was wohl als Nächstes kommen würde.

Bei den entsprechenden Anlässen im Januar 2005, 2009 und 2013 hatten die Präsidenten Bush und Obama die Gelegenheit genutzt, um zu inspirieren und die große Ehre und Chance anzuerkennen, die man ihnen mit diesem Amt im Weißen Haus erwiesen hatte. Wie würde Trump wohl dieses Treffen beginnen? Würde er aus der Bibel zitieren, eine persönliche Geschichte über Amerika zum Besten geben oder auf einen wichtigen historischen Moment verweisen, wie andere Präsidenten es vor ihm getan hatten? Feierlich erwarteten wir Donald Trumps inspirierende Worte, mit denen er dieses Treffen eröffnen würde.

Wir nahmen Platz. Donald Trump lehnte sich, mit den Ellbogen auf dem Tisch, nach vorn und sagte: »Sie wissen, dass ich die Mehrheit der Stimmen bekommen habe.« Dann zählte er Beispiele für Nichtstaatsbürger auf, die, wie er behauptete, illegal gewählt hatten. Trump benannte sogar einen mutmaßlichen Zeugen – den es erwiesenermaßen nicht gab. Das war höchst enttäuschend – sogar von ihm.

Es gibt ein gewisses Protokoll für die Gesprächsführung bei diesen Treffen. Ich sah mich um und wurde mir bewusst, dass unser Fraktionsführer Chuck Schumer, der Sprecher des Repräsentantenhauses Paul Ryan und andere noch nie bei einem solchen Treffen anwesend gewesen waren und dass niemand aus dem Team des Präsidenten das Protokoll kannte oder sie sich einfach nicht daran hielten. Nur Mitch McConnell und ich waren bereits bei einem solchen Treffen gewesen. Daher ergriff ich das Wort: »Mr. President, das ist nicht wahr. Sie hatten nicht die Mehrheit der Stimmen.« Er entgegnete nur: »Und Kalifornien habe ich noch nicht einmal mitgezählt.«

Ich blieb hartnäckig: »Wenn wir zusammenarbeiten sollen, müssen wir uns an die Fakten halten. Meine Kollegen hier können Ihnen bestätigen, dass wir uns am Anfang jeder Diskussion auf eine Tatsache einigen – den Umfang eines Budgets zum Beispiel –, bevor wir fortfahren. Wenn wir zum Beispiel bei der Infrastruktur zusammenarbeiten wollen, müssen wir eine Zahl als Ausgangspunkt haben.«

Darauf Trump: »Oh ja, Infrastruktur. Hab ich alles hier.« Ich sah nicht genau, ob er eine Serviette oder ein Taschentuch in der Hand hielt, aber er wedelte mit seinem mutmaßlichen Vorschlag zur Infrastruktur in der Luft herum und sagte: »Hier steht es, eine Billion Dollar, die direkt genehmigt werden können.« Dann sah er zum Fraktionsführer der Republikaner im Senat Mitch McConnell hinüber: »Richtig, Mitch?« McConnell antwortete trocken: »Nur, wenn das Geld dafür bereitgestellt wird, Mr. President.« Und damit war die Diskussion beendet.

Ich musste das Treffen vor dem offiziellen Ende verlassen, weil im Repräsentantenhaus eine Abstimmung stattfand. (Paul Ryan konnte bleiben, weil Sprecher bei einzelnen Gesetzen nicht mit abstimmen müssen.) Als ein Republikanischer Senator ebenfalls ging, teilte er der wartenden Presse mit, der Präsident habe gesagt, er habe die Mehrheit der Wählerstimmen bekommen. Vielleicht dachte er, es klinge besser, wenn es von einem Republikaner komme, als von einem Demokraten entsprechend dargestellt zu werden. Später kam auch Chuck Schumer heraus und wurde prompt von der Presse gefragt, ob Trump das tatsächlich gesagt hatte. Chuck entgegnete: »Ja, hat er, und Nancy Pelosi hat ihm gesagt, dass es nicht stimmt.«

Zu der Zeit war ich bereits wieder im Kapitol, und die Presse bat mich um einen Kommentar. Ich sagte, ich würde für Trump beten – vor allem aber würde ich für die Vereinigten Staaten von Amerika beten.

Bei diesem Treffen hatte Donald Trump selbst den Ton für seine erste Amtszeit vorgegeben. Ich hoffte immer noch, dass er sich des Amtes würdig erwies und die Beleidigungen – »irre Nancy« und »Ganoven-Hillary« – aufgab, doch bald wurde klar, dass der Mann im Oval Office sogar noch schlimmer war, als wir ihn bereits im Wahlkampf erlebt hatten. Trump tat vieles nur wegen des Showeffekts. Er versuchte immer, sich selbst oder seine Beleidigungen in den Mittelpunkt zu stellen. Kein Thema war ihm zu gering dafür. An einem Dezembertag sah Trump mich an und meinte: »Ihr Liberalen seid gar nicht wirklich religiös. Nancy, Sie sagen nicht ›Schöne Weihnachten‹, Sie sagen ›Schöne Feiertage‹.« Ich erwiderte seinen Blick und meinte: »Nun ja, Mr. President, ich habe kürzlich die Einladung zu Ihrer ›Feiertagsparty‹ für den Kongress im Weißen Haus erhalten. Auf der Karte stand ›Feiertagsparty‹, nicht ›Weihnachtsfeier‹.« Als Antwort plapperte er etwas von »Mitarbeitern im Weißen Haus«.

Aber wir hätten uns diese kindischen Geplänkel sparen können, wenn Trump auch nur annähernd ein Präsident gewesen wäre, dessen Aussagen man hätte vertrauen können. War er aber nicht.

Bei allen Meinungsverschiedenheiten, die bei Debatten über Gesetze auftreten, sollte man auf jeden Fall die Sichtweisen der anderen respektieren – aber dafür muss man sich darauf verlassen können, dass die Menschen, mit denen man zusammenarbeitet, die Wahrheit sagen. »Wahrheit« wird von Donald Trump als Wort gerne benutzt, aber er hält sich nie daran. Besonders deutlich wurde das, als die Demokraten 2018 die Mehrheit im Repräsentantenhaus zurückgewannen und ich ins Sprecheramt zurückkehrte.

Bevor ich meinen Amtseid ablegte, hatte Trump die Bundesregierung wegen der Gelder für seine Grenzmauer in einen teilweisen Shutdown getrieben, der 35 Tage andauerte, der längste Shutdown in der US-Geschichte. Flüge wurden mangels Fluglotsen abgesagt, Bundesbeamte erhielten wochenlang keine Gehälter. Ende Januar kapitulierte der Präsident schließlich, und die Bundesregierung nahm ihre Arbeit wieder auf. Danach begann die Kongressführung hoffnungsvoll die Arbeit an einem Infrastrukturgesetz mit dem Weißen Haus, bei dem es um Straßen- und Brückenbau, die Wasserversorgung und Breitbandinternet ging. Gleichzeitig führte das Repräsentantenhaus mehrere Ermittlungsverfahren gegen Trump durch, auch betreffend persönlicher Geldeinkünfte durch unangemessene Einflussnahme aus dem Ausland. Ganze drei Ausschüsse hatten die Herausgabe seiner Steuer- und Finanzunterlagen beantragt. Und Trump hatte das jedes Mal verweigert.

Vor diesem Hintergrund fand jedoch am 30. April 2017 ein produktives Gespräch über Infrastrukturmaßnahmen im Wert von zwei Billionen Dollar statt. Repräsentantenhaus, Senat und Weißes Haus hatten in monatelanger Arbeit die Details ausgearbeitet. Nur eine letzte Frage galt es noch zu klären: wie die Maßnahmen finanziert werden sollten – durch Umwidmung von Geld, das bereits anderswo im Bundesbudget eingeplant war, und/oder neue Einnahmen (Steuern). Ende Mai kehrten die Kongressführung und unsere Ausschussvorsitzenden zu einem hoffentlich letzten Gespräch in das Weiße Haus zurück, um einen Schlussstrich unter die Vereinbarung zu ziehen. Trump betrat den Raum und beschuldigte mich wütend, ich hätte ihn öffentlich beleidigt. Er bezog sich auf meine Äußerung, er müsse den Herausgabeforderungen des Kongresses Folge leisten. Außerdem hatte ich gesagt, die Demokraten im Repräsentantenhaus »glauben, dass der Präsident der Vereinigten Staaten etwas vertuscht«. Trump verkündete, wegen meiner Aussagen werde er nicht an dem Infrastrukturgespräch teilnehmen. Und das tat er auch nicht. Nach weniger als drei Minuten stürmte er aus dem Raum. Ich fragte mich, ob er überhaupt wollte, dass Infrastrukturmaßnahmen durchgeführt wurden. Ganz offensichtlich war er nicht bereit, dafür zu bezahlen.

In dem Moment erinnerte ich mich an eine Trauerfeier, an der ich wenige Wochen vorher teilgenommen hatte. Sie galt Dr. David Hamburg, einem angesehenen Psychiater, der, neben vielen weiteren Funktionen, auch Vorsitzender der Stiftung Carnegie Corporation und dort eine wichtige Stimme für den Frieden gewesen war. Bei der Feier traten Ärzte und Psychologen unaufgefordert an mich heran und sagten, sie befürchteten, dass mit dem Präsidenten etwas nicht stimmte und seine mentale und psychische Gesundheit nachließ. Ich bin keine Ärztin, aber auch ich fand sein Verhalten schwer nachvollziehbar.

Bei früheren Regierungen hatten die Präsidenten, wenn sie nicht persönlich an Gesprächen teilnehmen wollten, Mitarbeiter bevollmächtigt, in ihrem Namen zu sprechen. Trump tat das nicht. Mein Team und ich vermuteten schließlich, dass er die Diskussionen heimlich verfolgte. Der Stabschef Mark Meadows und seine Mitarbeiter hielten stets eine Telefonverbindung zum Weißen Haus offen, wenn sie sich mit uns trafen, berichteten per Textnachrichten eifrig, was wir sagten, in den West Wing und antworteten uns erst, wenn sie selbst eine Nachricht bekommen hatten. Oder sie riefen direkt im West Wing an und gaben jedes Wort unserer vertraulichen Gespräche weiter, bei denen das Weiße Haus so heimlich mithörte. (Dieses Verhalten zeigte sich nicht nur bei unseren Gesprächen. Offenbar hatte Trump den Oppositionsführer im Repräsentantenhaus Kevin McCarthy beauftragt, dasselbe auch bei den dortigen Fraktionssitzungen der Republikaner zu machen. Die damalige Fraktionsvorsitzende Liz Cheney erzählte, Trump habe über McCarthys Mobiltelefon mitgehört.) Trumps »Repräsentanten« stellten sich aber schließlich so ungeschickt dabei an, dass ich in meinem Büro auf dem Capitol Hill alle Mobiltelefone aus dem Raum verbannte, wenn hochrangige Mitarbeiter des Weißen Hauses zum Gespräch kamen. Im Büro der Sprecherin konnten wir den Vertretern des Weißen Hauses ganz einfach nicht mehr vertrauen.

John Kelly, der achtzehn Monate und damit am längsten Stabschef von Trump war, wies mich deutlich darauf hin, er habe den Amtseid auf die Verfassung abgelegt, nicht auf einen Menschen. Das sagte alles.

Trotz allem hatten wir am Ende ein Gesetz inklusive Finanzierung. Aber im Verlauf der Verhandlungen wurde von Regierungsseite häufig mit der Faust auf den Tisch gehauen und Türen hinter sich zugeschlagen – es sei denn, die Regierung wollte das, was geschah, ebenfalls. Im Herbst 2020 hatten wir gerade erst einen Haushalt verabschiedet. Trumps Hauptforderung war gewesen, dass darin keine weiteren Auslandshilfen enthalten sein sollten. Der Entwurf war vollständig, die Abstimmung stand bevor, als Finanzminister Steve Mnuchin mich anrief. Er kam direkt zur Sache: Wir sollten 700 Millionen Dollar zusätzlich einplanen für den »Sudan«, damit der sudanesische Staatschef das Abraham-Abkommen unterschrieb, das die Beziehungen zwischen Israel und verschiedenen islamischen Ländern, einschließlich der Vereinigten Arabischen Emirate und Bahrain, normalisieren sollte. Im Gegenzug für die Unterschrift des Sudan versprach die Trump-Regierung, das Land von der Liste der staatlichen Unterstützer des Terrorismus zu streichen und einen Kredit von 1,2 Milliarden Dollar bereitzustellen. Die 700 Millionen waren Teil der Zahlung.

Dieser Betrag kam überraschend für mich. Mnuchin drängte, er habe dem Sudan das Geld bereits »versprochen«. Ich wollte das Abkommen nicht torpedieren, erinnerte Mnuchin aber daran, dass wir keine weiteren Auslandshilfen vereinbart hatten. Dasselbe hatte ich auch schon zu Bono, Elton John, Bill Gates und anderen Vertretern von weltweit arbeitenden Hilfsorganisationen gesagt. Wenn wir das Gesetzespaket wieder öffneten, um Auslandshilfen zu berücksichtigen, erläuterte ich Mnuchin, dann müssten wir auch weitere vier Milliarden Dollar für die Weltgesundheit bereitstellen, die vor allem Gavi zugutekommen sollten, der internationalen Allianz, die Impfstoffe für Kinder in den ärmsten Ländern der Welt zur Verfügung stellt. Wir einigten uns auf beides.

Nicht bei allen Zusammentreffen ging es um Gesetze. Donald Trump liebte offenbar Telefonate. Am 6. April 2017 war ich gerade in Boston, als die ersten Anrufe kamen: zunächst vom Vizepräsidenten Mike Pence, der mich darüber informierte, dass das Weiße Haus als Reaktion auf den Einsatz von Chemiewaffen durch das Regime Baschar al-Assads einen Raketenangriff auf Syrien durchführen würde. Danach rief der Heimatschutzminister an, die Tomahawk-Raketen seien gestartet. Um Mitternacht schließlich meldete sich Präsident Trump. Ich war in meinem Hotelzimmer, als meine Personenschützer mir sagten, der Präsident sei am Telefon.

Wenn jemand um Mitternacht anruft, bedeutet es meistens etwas Ernstes. Dieses Mal berichtete mir der Präsident, er habe den Abschuss von 59 Marschflugkörpern auf einen syrischen Militärflugplatz befohlen. Ich war beunruhigt, weil den Flugplatz auch das russische Militär nutzte und ich nicht wollte, dass die Russen noch mehr in Syrien Fuß fassten. Ich sagte Trump, ich wisse bereits von dem Angriff, befürchtete aber, dass er am Ende den Russen nutzen werde. (Tatsächlich übernahmen die Russen zweieinhalb Jahre später einen Flugplatz, den US-Truppen aufgegeben hatten.) Trump machte Präsident Obama für diese Folgen und die Notwendigkeit eines US-Angriffs verantwortlich, weil er sich geweigert hatte, militärisch in Syrien einzugreifen, nachdem die Assad-Regierung Berichten zufolge im Jahr 2013 bereits Chemiewaffen eingesetzt hatte. Ich hörte Trump erst einmal zu, unterbrach ihn dann aber: »Mr. President, wir beide waren gegen den Krieg im Irak. Da sind wir uns einig. Und Sie wissen, dass die amerikanische Bevölkerung nicht in den Krieg in Syrien hineingezogen werden will. Sie wissen, dass es hier anders ist.« Dann fügte ich hinzu: »Es ist Mitternacht. Ich denke, Sie sollten schlafen gehen.«

Am 24. September 2019 rief er mich um 8.16 Uhr morgens besonders streitlustig an: Er sei »hier bei der UN«, dann meinte er: »Wir machen Fortschritte bei den Waffen. Nächste Woche steht etwas Großes bevor. Wir machen gute Fortschritte ... manche auf meiner Seite, manche auf Ihrer.« Ich antwortete: »Ich hoffe doch, dass die Position der Demokraten im Repräsentantenhaus auch vertreten wird«, und wies darauf hin: »Mir ist nicht bekannt, dass unsere Abgeordneten bei Ihren Gesprächen anwesend waren.«

»Gute Entwicklung im Namen vieler Leute«, erwiderte Trump. Von Überparteilichkeit konnte natürlich keine Rede sein – und sie war auch nicht der eigentliche Grund seines Anrufs. Trump wollte ein anderes, sehr viel schwerwiegenderes Telefonat kleinreden, das er mit dem neu gewählten Präsidenten der Ukraine, Wolodymyr Selenskyj geführt hatte. An jenem Morgen wollte ich bekannt geben, dass das Repräsentantenhaus eine Untersuchung für ein Amtsenthebungsverfahren gegen Trump einleiten würde, weil er versucht hatte, Selenskyj zu einem politischen Gefallen zu zwingen, indem er Zahlungen, die vom Kongress bereits genehmigt waren, zurückhielt, bis Selenskyj einlenkte. Tatsächlich hatte ich vorgehabt, Trump anzurufen, aber er war mir zuvorgekommen.

Während unseres mehr als 20 Minuten dauernden Telefonats wiederholte Trump ständig: »Es war ein perfekter Anruf. ... Der Anruf war so perfekt. Sie wären beeindruckt, wie wenig Druck ich gemacht habe.« Daraufhin versuchte ich, ihm das Whistleblower-Gesetz zu erklären – wir hatten einen Tipp bekommen, dass dieser Anruf stattgefunden hatte – und dass der Kongress automatisch verpflichtet war, eine Untersuchung einzuleiten. Ich wies auf meine Erfahrung mit Nachrichtendiensten hin, die Regularien des Repräsentantenhauses und die Bundesgesetze, die für die Auswertung der Anschuldigungen galten, während Trump sich verteidigte. »Der Anruf war schon alles. ... Ich habe niemandem gedroht«, behauptete er. »Es gibt keinen Grund für eine Amtsenthebung.« Das ging eine Weile so hin und her, und Trump klang zunehmend weinerlich. »Ich mache einen tollen Job als Präsident«, sagte er und wiederholte dann mehrfach: »Das ist sehr, sehr ungerecht.«

Trump beschwerte sich auch über das Timing, weil ich an diesem Tag die Untersuchung bekannt geben wollte, an dem er vor der UN-Vollversammlung sprechen sollte. Ich dachte mir nur: Schön für Sie. Das haben Sie für heute geplant. Und ich sage Ihnen, was ich für heute geplant habe. Ich beendete das Telefonat mit: »Die Wahrheit wird herauskommen.« Ich habe viele Gespräche mit diesem Mann geführt, und bei fast allen dachte ich mir: Entweder sind Sie dumm, oder Sie halten den Rest von uns für dumm.

Mitte Dezember stimmte das Repräsentantenhaus für ein Amtsenthebungsverfahren. Am 16. Januar 2020 begann das Verfahren im Senat, aber skandalöserweise verweigerten die Republikaner, dass Zeugen vorgeladen oder Dokumente beschlagnahmt wurden. Am 4. Februar hielt Donald Trump seine Rede zur Lage der Nation vor den Abgeordneten des Repräsentantenhauses und den Senatoren. Sein Amtsenthebungsverfahren war gerade erst beendet worden. Am folgenden Tag stimmten die Republikanischen Senatoren geschlossen dafür, ihn von Machtmissbrauch und Behinderung des Kongresses freizusprechen. Als einziger Republikaner dagegen stimmte Senator Mitt Romney, der beim Vorwurf des Machtmissbrauchs für schuldig stimmte.

An jenem Abend herrschte eine angespannte Atmosphäre im Plenarsaal des Repräsentantenhauses. Bei seiner Ankunft weigerte sich der Präsident, mir die Hand zu geben. Seine Rede war eine Ansammlung von Lügen: Er behauptete, fast die dreifache Menge an Jobs geschaffen zu haben, als tatsächlich durch ein Handelsabkommen mit Mexiko und Kanada entstanden waren; er habe das »Fangen und Freilassen« an der Grenze beendet, obwohl er in Wahrheit Tausende Migranten freigesetzt hatte; er rechnete sich die Öl- und Gasproduktion, die unter Präsident Obama begonnen hatte, als eigenen Verdienst an; und er verkündete ein Wachstum bei der Produktion, das es nicht gab. Aber er ging mit seinen Lügen noch weiter. Der Mann, der versprochen hatte, den Affordable Care Act abzuschaffen, versprach nun, Menschen mit Vorerkrankungen zu schützen – obwohl seine Aufhebungsgesetze das nicht beinhalteten. Ich hatte vorgehabt, jede Seite seiner Rede, die eine Lüge enthielt, mit einem Eselsohr zu markieren, damit ich die Stellen später leichter fand. Aber die Rede enthielt nicht nur ein, zwei, drei oder auch vier Seiten mit Lügen. Sie war voll davon. Am Ende widerte mich das, was ich gehört hatte, so sehr an, dass ich die Seiten einmal quer durchriss. Für mich war die Rede das Papier nicht wert, auf das sie gedruckt war. Der Presse gegenüber äußerte ich, sie sei ein Manifest der Lügen, und als mich Reporter fragten, warum ich sie so nannte, antwortete ich: »Weil ich höflich war.«

Aber das Schlimmste kam noch. Am 4. Februar hatte ich seine Rede zerrissen, aber am 12. März schlug ich auf das Telefon ein, als ich hörte, wie Trumps erste Covid-Pläne aussahen. Sein Extremismus und seine Taktik des Leugnens und Verzögerns im Zusammenhang mit der Corona-Pandemie sollten bald Leben und Existenzgrundlagen vernichten.

Am 12. März saß ich mit Taoiseach Leo Varadkar, dem irischen Premierminister, beim Dinner der Organisation Ireland Funds, als wir über unsere Mobiltelefone von der wichtigen Nachricht erfuhren: Die US-Regierung verweigerte Reisenden aus bestimmten europäischen Ländern die Einreise in die Vereinigten Staaten, weil sie das Corona-Virus einschleppen könnten.

Daraufhin telefonierte ich mit Dr. Anthony Fauci, der in der Leitung der National Institutes of Health (NIH) saß. Vier Jahre lang hatte ich mit ihm bei Themen rund um HIV/AIDS zusammengearbeitet. Präsident George H.W. Bush hatte ihn im Zusammenhang mit HIV/AIDS als Helden bezeichnet – das sah ich genauso und war besonders dankbar für seine kluge Führung gewesen. Bei unserem Telefonat bat ich Dr. Fauci, sich nicht neben Trump zu stellen, wenn dieser seinen unwissenschaftlichen Quatsch verbreitete. »Legitimieren Sie nicht seine Quacksalberei«, warnte ich ihn – weil ich wusste, dass die Öffentlichkeit ein falsches Bild bekäme, wenn der Leiter der NIH bei den Pressekonferenzen des Präsidenten im Weißen Haus neben Trump stand, selbst wenn er die Augen bei dessen unvernünftigen Kommentaren verdrehte.

Bei der Politik in der Corona-Krise unterschied sich Trump sehr von einem anderen republikanischen Präsidenten, mit dem ich gedient hatte. Im Februar 2023 waren zwanzig Jahre seit dem Emergency Plan for AIDS Relief des Präsidenten vergangen, dem besser als PEPFAR bekannten Notfallplan, der die Ausbreitung von HIV/AIDS in Afrika deutlich eingeschränkt hatte – und ein erfolgreiches Beispiel für überparteiliche Zusammenarbeit in einer gesundheitlichen Notlage ist. Dr. Fauci hatte viel zu PEPFAR beigetragen. In meiner Dankesrede für die Anerkennung, die ich für die wichtige Rolle erhalten hatte, die Demokratische Kongressabgeordnete bei der Verabschiedung von PEPFAR gespielt hatten, wies ich auch auf Dr. Fauci hin, als wir Präsident Bush und seiner Frau für ihre visionäre und wissenschaftsbasierte Politik Anerkennung zollten. Ich bin sehr stolz auf die zwanzig Jahre der Zusammenarbeit mit Präsident Bush, in denen wir die lebensrettende PEPFAR-Mission ermöglicht und unterstützt haben. Im Jahr 2024 arbeiteten wir wieder zusammen, um die weitere Finanzierung des Programms durch die US-Regierung zu sichern.

Zwei unterschiedliche Präsidenten, zwei unterschiedliche Ergebnisse.

Präsident Bush und PEPFAR retteten 26 Millionen Leben. Die Verzögerungs- und Leugnungspolitik von Präsident Trump in der Corona-Pandemie kostete unzählige Leben und zerstörte viele weitere.

Man könnte die Trump-Jahre folgendermaßen zusammenfassen: Ich gab ihm jede Chance zur Zusammenarbeit, und er ließ mir keine andere Wahl, als ein Amtsenthebungsverfahren gegen ihn einzuleiten.

Mehr als die persönlichen Beleidigungen, die ich gut wegstecken kann, die Theatralik und die Doppelzüngigkeit, die Trumps Präsidentschaft prägten, fand ich besonders abstoßend, dass Donald Trump mehrfach völlige Respektlosigkeit gegenüber Amerika und den Amerikanern bewies. Ich kann mir nicht vorstellen, dass irgendein anderer Präsident oder führender Politiker je so etwas über seine Unterstützer sagen würde, wie Donald Trump es im Februar 2024 tat: »Die Russen, was haben die getan? Sie haben Hitler besiegt.« Nein, die USA und Großbritannien haben den größten Anteil am Sieg über Hitler. Die Sowjetunion war mit Hitler verbündet, bis die Nazis sie im Juni 1941 angriffen. Erst dann kämpften die Sowjets gegen Hitler, und nach Kriegsende beanspruchten sie Osteuropa als Beute und zwangen Millionen Menschen hinter den Eisernen Vorhang.

Das Amerika, in das Trump hineingeboren wurde, retteten junge Männer wie mein Onkel Johnny D'Alesandro, den ich nie kennengelernt habe, weil er bei den Kämpfen der Ardennenoffensive gefallen war. Er liegt auf dem großen US-Soldatenfriedhof in Lothringen in Frankreich begraben, der letzten Ruhestätte für die meisten gefallenen US-Soldaten in Europa. Johnny war der jüngere Bruder meines Vaters, und mein Vater hat sein Leben lang um ihn getrauert. Welch ein Affront Trumps gegen alle Familien, die ein geliebtes Kind, einen Bruder, einen Ehemann oder Vater an den Stränden der Normandie, in den Wäldern Frankreichs, in Nordafrika, Italien oder im Pazifik verloren haben. Der Sieg über Hitler ist nicht der Sowjetunion zu verdanken. Für Trump mögen die Amerikaner, die im Krieg starben, »Trottel« und »Loser« sein, wie er seinem damaligen Stabschef John Kelly gegenüber sagte, nachdem er sich geweigert hatte, einen US-Friedhof bei Paris zu besuchen. Dabei ist er selbst der Loser.

In gewisser Hinsicht jedoch ist Trump nur die Manifestation eines größeren Problems in unserem politischen Leben, das sich langsam ausgebreitet hat: Gier. Trump giert nach Macht, aber seit meinen Anfangstagen im Kongress musste ich miterleben, dass die Gier nach Märkten auf Kosten von Menschenrechten und unmenschlicher Zwangsarbeit unsere Chinapolitik geprägt hat. Bei der Wirtschaftskrise 2008 brachte die Gier zweier Finanzinstitute mit ihrer Profitsucht das Leben und die Häuser vieler durchschnittlicher Amerikaner in Gefahr. Im Vorfeld des Affordable Care Act hatte die Gier von Versicherungs- und Pharmaunternehmen Millionen Amerikaner in eine gesundheitliche und wirtschaftliche Krise gestürzt. Und nach der Präsidentschaftswahl 2020, als Randalierer am 6. Januar 2021 das Kapitol angriffen, zeigten sich Trumps selbstsüchtige Gier und sein Anspruchsdenken.

Immer wieder waren viele von uns gezwungen, gegen diese Gier und für das Gute einzutreten, von dem ich weiß, dass es in vielen Teilen Amerikas steckt. Deswegen verbrachte ich viel Zeit meines Lebens in Flugzeugen, habe meinen Koffer immer wieder ein- und ausgepackt und oft mehrmals die Woche die Zeitzone gewechselt. Ich kann es mir nicht leisten, jedes Mal aufzustehen und wütend aus dem Raum zu stampfen, wenn jemand etwas Unfreundliches über mich äußert. Ich höre nicht einmal mehr hin, weil ich weiß, dass es mehr über diese Person aussagt als über mich. Ich konzentriere mich auf das, was wichtig ist: Menschen – insbesondere unseren Kindern – Vorrang vor Politik einzuräumen.

POLITIK IN ZEITEN GLOBALER KRISEN

»WIR HABEN KEINE HINWEISE AUF EINE BEDROHUNG«

Der 19. März 2003 sollte ein ganz normaler Mittwoch werden. Die Sitzungsperiode des Kongresses lief seit gut zwei Monaten. Die Demokratischen Abgeordneten hatten mich zur Fraktionschefin gewählt. Unsere Fraktion traf sich zum Abendessen, um für die nächste Sitzungsperiode und die Zukunft vorzuplanen. Auch im katholischen Kirchenkalender ist der 19. März ein hoffnungsvoller Tag, nämlich das Hochfest des heiligen Josef. Doch an jenem Mittwoch zogen die Vereinigten Staaten in den Krieg.

Unser Fraktionsdinner hatte eben erst begonnen, als einer meiner Mitarbeiter mir mitteilte, Condoleezza Rice, die Nationale Sicherheitsberaterin von Präsident George W. Bush, sei am Telefon. Rice sagte, sie rufe im Auftrag des Präsidenten an. Sie solle mich darüber in Kenntnis setzen, dass die USA und ihre Koalitionspartner um 21 Uhr Ostküstenzeit mit Kampfhandlungen im Irak beginnen würden.

FALSCHE BEWEISE FÜR DEN IRAKKRIEG

Wie kam es dazu, dass die Vereinigten Staaten einen Krieg gegen den Irak begannen? Die kurze Antwort lautet, dass die US-Bevölkerung traditionell vertrauensvoll und patriotisch ist. Die Bush-Regierung erzählte der Öffentlichkeit eine Geschichte, die gut zu ihren Plänen passte. Im August 2002 sagte Vizepräsident Cheney vor der Veteranenvereinigung Veterans of Foreign Wars: »Es steht ganz einfach ohne jeden Zweifel fest, dass Saddam Hussein inzwischen im Besitz von Massenvernichtungswaffen [MVW] ist. Zweifellos hat er sie sich beschafft, um sie gegen unsere Freunde, gegen unsere Verbündeten und gegen uns einzusetzen.« In einem nächsten Schritt werde er, so die US-Regierung, sich voll funktionsfähige Atomwaffen beschaffen. Tatsächlich machte die Regierung viele Menschen glauben, der Irak besitze bereits Atomwaffen – oder stehe kurz davor, welche zu besitzen. Am 8. September 2002 sagte Condoleezza Rice in einem CNN-Interview: »Wir wollen nicht, dass der rauchende Colt zum Atompilz wird.« Sie meinte damit, es könne womöglich erst dann einen endgültigen Beweis für ein erfolgreiches irakisches Atomprogramm geben, wenn der Irak eine Atomwaffe zündete. Viele weitere Regierungsvertreter deuteten an, die irakische Bevölkerung werde die US-Truppen als Befreier sehen. Der stellvertretende Verteidigungsminister Paul Wolfowitz fasste den Standpunkt der Regierung im Februar 2003 vor dem Kongress weitgehend zusammen, als er sagte, der Großteil der Iraker werde die US-Soldaten als »Befreier begrüßen«, und er fügte hinzu: »Millionen Menschen werden unsere Zeugen sein.« Wolfowitz behauptete außerdem öffentlich, die Folgen des Krieges würden mit irakischen Erdöleinnahmen bezahlt, und erklärte: »Wir haben es hier mit einem Land zu tun, das seinen eigenen Wiederaufbau finanzieren kann.« Keine dieser Aussagen erwies sich als wahr, wie die Welt später erkannte. In den folgenden Jahren waren die Wege unserer Truppen nicht mit Blumen bestreut, sondern mit tödlichen, selbst gebauten Sprengsätzen. Und die Kosten stiegen ins Unermessliche, unzählige Soldaten verloren ihr Leben, wurden verletzt oder verstümmelt.

Im Sommer und Frühherbst 2002 mehrten sich die Gründe für einen Krieg, und unsere Fraktion im Repräsentantenhaus diskutierte hitzig über die bevorstehende Resolution zum Irakkrieg. Einer der Autoren der Resolution, der Demokratische Fraktionsführer Dick Gephardt, hatte George Tenet, den Direktor des Auslandsgeheimdiensts CIA, gefragt, ob Saddam Hussein »Massenvernichtungswaffen, insbesondere Komponenten für Atomwaffen« besitze und ob er, Tenet, befürchte, »dass einige dieser Komponenten in die Hände von Terroristen gelangen könnten«. Tenet und andere hochrangige Geheimdienstmitarbeiter beantworteten diese Fragen, und Dick Gephardt erinnert sich: »Sie sagten, die anderen Nachrichtendienste der Welt hätten bestätigt, dass er [Saddam] diese Waffen besitzt.« Das war nicht notwendigerweise die volle Wahrheit.

Als der Irakkrieg begann, hatte ich bereits zehn Jahre Erfahrung darin gesammelt, wie man Nachrichtendienstberichte liest und beurteilt. Wegen meiner Ausschussarbeit und weil ich in der Fraktionsführung war, hatte ich auch Zugang zu Berichten und Besprechungen aller Nachrichtendienste mit der höchsten Sicherheitsstufe, die Kongressabgeordneten zur Verfügung standen. Auf der Grundlage all dessen, was ich gesehen, gelesen oder gehört hatte, glaubte ich nicht, dass der Präsident und seine Regierung ganz ehrlich zum US-amerikanischen Volk waren, was den Irak betraf. Mein Standpunkt war: »Wir haben keine Hinweise auf eine Bedrohung.« Und das sagte ich zwischen September und Anfang Oktober 2002 auch mehrfach bei Besprechungen, in Interviews und zu Abgeordneten im Plenarsaal des Repräsentantenhauses bei der Debatte über das Mandat zum Irakkrieg.

In meiner Rede vor der Abstimmung widersprach ich unserem Fraktionsführer Dick Gephardt, den ich sehr schätze, obwohl ich Whip der Demokraten war und an zweiter Stelle in der Fraktionsführung stand. Ich sagte meinen Kollegen, ich könne und würde nicht für die Resolution stimmen.

Führende Fraktionsmitglieder (nicht Dick Gephardt) warnten mich, dass ich keine Zukunft in der Demokratischen Partei hätte, wenn ich gegen den Krieg stimmte. Ihre Warnung verhallte wirkungslos, weil ich niemals für diesen Krieg im Irak gestimmt hätte. Jede Abstimmung im Kongress ist eine Gewissensentscheidung, aber wenn es um Krieg geht, ist das noch einmal anders. Ich würde niemals einen Abgeordneten bitten, für oder gegen einen Krieg zu stimmen, aber ich fühlte mich verpflichtet, meinen Kollegen zu sagen, warum ich dagegen war. Jeden, der für ein Kriegsmandat im Irak stimmte, hätte eine wichtige Tatsache irritieren müssen: Es gab kein NIE (National Intelligence Estimate). Ein NIE ist eines der wichtigsten Geheimdienstdossiers. Es handelt sich dabei um das verbindlichste Dokument, das die Nachrichtendienste zu einer bestimmten Bedrohung erstellen können. Für ein vollständiges NIE werden die Informationen von sechzehn Nachrichtendiensten zusammengefasst. Doch bei einer nicht öffentlichen Anhörung des Geheimdienstausschusses im Senat am 5. September 2002 unter dem Vorsitz des Demokraten Bob Graham aus Florida wurde der CIA-Direktor George Tenet nach dem NIE gefragt, das eine Analyse der Gründe für eine Invasion in den Irak enthielt und mögliche militärische Besatzungsszenarios untersuchen sollte. Tenet sagte aus, es gebe kein NIE. Das Weiße Haus hatte nie ein solches Dossier angefordert, und die Nachrichtendienste hatten aus eigenem Antrieb keines erstellt.

Das war ein Schock. Direktor Tenet sagte, er könne kein umfassendes Dossier vorlegen, nur ein eingeschränktes, das sich auf das Programm zur Entwicklung von Massenvernichtungswaffen im Irak konzentriere. Kurze Zeit später lieferte die CIA dem Kongress ein beschränktes, geheimes NIE mit rund neunzig Seiten. Die

Abgeordneten, die in den Geheimdienstausschüssen arbeiteten, sahen aber sofort, dass dieses Dokument eine Bedrohung durch den Irak nicht schlüssig bewies. Wir forderten die Regierung auf, das NIE zu veröffentlichen, wobei die Quellen und Methoden, die darin genannt wurden, geschützt bleiben sollten.

Diesmal reagierte die Regierung sehr viel schneller als bei unserer ursprünglichen Anfrage nach einem NIE. Innerhalb weniger Tage enthielten wir das neue 25-seitige Dossier. Aber es war nicht die Freigabeversion des ursprünglichen Dokuments. Stattdessen enthielt es eine völlig andere Darstellung der Geheimdiensterkenntnisse zur Gefahr, die durch den Irak drohte – und sie stimmte nicht! Dieses Dokument lieferte Argumente für den Krieg, während das vorherige Dossier eine Analyse der Absichten Saddam Husseins enthalten hatte und weit weniger eindeutig gewesen war.

Diese Diskrepanz beunruhigte den Vorsitzenden des Geheimdienstausschusses Bob Graham aus dem Senat und mich als Vertreterin des Repräsentantenhauses sehr. Der Vorsitzende des Verteidigungsausschusses im Senat, Carl Levin, hatte ebenfalls zunehmende Bedenken, dass die Regierung die nachrichtendienstlichen Erkenntnisse derart wenig beachtete. Wenn die Amerikaner das ursprüngliche NIE gesehen hätten, wäre ihnen der Unterschied zwischen dem aufgefallen, was die Regierung als Kriegsgrund präsentierte, und dem Mangel an Fakten, die diese Einschätzung stützten.

Während dieses Hin und Hers mit der CIA wusste allerdings niemand im Kongress, dass Verteidigungsminister Donald Rumsfeld am 9. September, vier Tage nach der Anhörung mit CIA-Direktor Tenet, eine achtseitige Zusammenfassung an U.S. Air Force General Richard Myers geschickt hatte, der damals Vorsitzender der Joint Chiefs of Staff, der Stabschefs der Streitkräfte, und hochrangigster Militärberater war. Das Dokument trug die Überschrift »Status des irakischen Massenvernichtungswaffen-Programms«. Rumsfeld hatte eine eigene Notiz an Myers beigefügt: »Sehen Sie sich bitte dieses Material darüber an, was wir nicht über die MVW wissen. Das ist eine große Sache.« Der für den Bericht verantwortliche Generalmajor der Air Force hatte geschrieben: »Vor zwei Jahren fragte der SECDEF[2] mich, wie viel wir (in Prozent) nicht über das irakische MVW-Programm wissen. Das Unbekannte einzuschätzen, war nicht einfach [...] Wir liegen bei verschiedenen Aspekten des Programms mit unseren Erkenntnissen zwischen 0 und 75 Prozent.« Der Bericht kam zu dem Schluss: »Unsere Einschätzungen stützen sich stark auf analytische Annahmen und Beurteilungen, nicht so sehr auf stichhaltige Beweise. Für die irakischen Atomprogramme ist die Beweislage besonders dünn.« Weiterhin heißt es dort: »Unser Wissen über das irakische Atomwaffenprogramm basiert überwiegend – zu etwa 90 Prozent – auf der Analyse unpräziser Informationen.« Dieser Bericht wurde zu keiner Zeit ins NIE aufgenommen, weder in geheimer noch freigegebener Form. Stattdessen zog die Regierung auf der Grundlage anderer Modelle und Quellen ihre Schlussfolgerungen.

Normalerweise glauben Mitglieder beider Kammern im Kongress der Regierung, wenn sie etwas sagt. In diesem Fall war das bedauerlich. Vor der Abstimmung gingen nur wenige Senatoren und Abgeordnete des Repräsentantenhauses zum SCIF (Sensitive Compartmented Information Facility, ein Hochsicherheits-Lesebereich für Geheiminformationen), um sich die geheimen Nachrichtendienstberichte anzusehen.

Bob Graham forderte alle Kollegen im Senat dazu auf, diese Geheimdienstberichte zu lesen, »die sehr viel genauer sind als

---

2 Abkürzung für »Secretary of Defense«, den Verteidigungsminister [Anm. d. Ü.]

die freigegebenen Versionen«. Er fragte außerdem: »Was ist die drängendste Gefahr für unseren Frieden und unsere Sicherheit? Meiner Meinung nach sind es die im Schatten agierenden internationalen Terroristen, die über die notwendigen Fähigkeiten, das Material und konventionelle sowie Massenvernichtungswaffen verfügen, die ausgebildeten Fanatiker, deren Hass auf die Vereinigten Staaten sie eint. Und die vielen Bombenattentäter, die unerkannt unter uns leben und auf den Befehl zum Angriff warten.« Und dann habe er »die Fassung verloren«, wie er selbst sagt. Im Senatssaal erklärte er seinen Kollegen gegenüber: »Wenn Sie diese [Prämisse] ignorieren und glauben, die Gefahr für die US-amerikanische Bevölkerung werde nicht größer werden, dann werden Sie, meine Freunde, Blut an den Händen haben.«

Wir konnten den Krieg nicht verhindern, doch ich war stolz, dass die Demokraten im Repräsentantenhaus am 10. Oktober zu 60 Prozent gegen die Resolution stimmten, mit 126 Nein- gegenüber 81 Jastimmen. Doch die Republikaner stimmten mit überwältigender Mehrheit, nämlich 214 Ja- und 6 Neinstimmen, dafür, sodass der Antrag durchging. Am frühen Morgen des 11. Oktober sprach sich der Senat mit 77 zu 23 Stimmen für die Kriegsresolution aus, wobei 29 Demokraten dafür und 21 dagegen stimmten.

Danach war der Krieg nicht mehr aufzuhalten.

Nachdem die Regierung also das Kriegsmandat erhalten hatte, versuchte sie, die US-Bevölkerung und die internationale Gemeinschaft zu überzeugen. George W. Bush und zwei angesehene Politiker aus dem Bereich der nationalen Sicherheit – Außenminister Colin Powell und CIA-Direktor George Tenet – beteiligten sich an den Falschdarstellungen zum Irak. Drei Termine waren dabei besonders wichtig: Der erste war eine Besprechung Ende Dezember im Oval Office, bei dem Präsident Bush die Rede prüfte, die Colin Powell vor den Vereinten Nationen halten sollte. George

Tenet soll dabei gesagt haben, ihr Plädoyer zum irakischen MVW-Programm und für den Krieg sei eine »todsichere Sache«. (Tenet behauptete später, er sei falsch zitiert worden – er habe nur gesagt, »dass wir es für die Öffentlichkeit besser darstellen können«, und mit »todsichere Sache« habe er nur die stärkeren öffentlichen Argumente gemeint.)

Der zweite Termin war Bushs Rede zur Lage der Nation im Kongress am 28. Januar 2003. Der Präsident plädierte für den Krieg und stellte sehr konkrete Behauptungen zum MVW-Programm des Irak auf: Saddam Hussein habe versucht, »erhebliche Mengen Uran in Afrika« zu beschaffen, das atomwaffenfähig sei. Bush sprach von *Yellowcake*, leicht angereichertem Uran, das der Irak im Niger versucht habe zu kaufen, ebenso wie spezielle Aluminiumröhren, mit deren Hilfe das Uran weiter angereichert werden könne.

Ich wusste, wie eine solche Rede zur Lage der Nation im Vorfeld überarbeitet wurde. Die Abschnitte über das Uran mussten vorher von den Nachrichtendiensten abgesegnet worden sein. Doch der Präsident widersprach zum Teil geheimen Nachrichtendienstberichten, obwohl diese Rede vorher unter anderem von der CIA überprüft worden sein musste, bevor er sie hielt. Tatsächlich teilte das Außenministerium sieben Tage später, am 4. Februar 2003, der Internationalen Atomenergiebehörde (IAEA) mit, es könne die Berichte über Uran aus Afrika »nicht bestätigen« und es gebe »Zweifel an bestimmten Behauptungen«. Doch diese Zweifel änderten nichts daran, dass die Regierung einen bewaffneten Konflikt mit dem Irak anstrebte.

In seiner Rede widersprach der Präsident auch dem, was internationale Inspektoren im Irak gefunden hatten. Fast vier Monate lang, ab Herbst 2002, hatten Waffeninspektoren und Experten der IAEA mehr als 500 Anlagen im Irak besucht und nach Beweisen für ein Atomwaffenprogramm Saddam Husseins gesucht. Doch wie die überparteiliche Arms Control Association schrieb, fanden sie nach 900 Inspektionen keine Hinweise für ein aktives Atomprogramm. Der IAEA-Inspektor Robert E. Kelley schrieb später: »Zu Jahresbeginn 2003 wussten wir mit hoher Sicherheit, dass es im Irak keinerlei Bemühungen gab, Atomwaffen herzustellen, und wir gaben diese Informationen regelmäßig an den UN-Sicherheitsrat weiter.«

Der dritte Termin war für mich der wohl traurigste, und ich werde auch nie verstehen, warum Außenminister Powell in seiner Rede vor den Vereinten Nationen am 5. Februar sagte, was er sagte. Siebzehnmal verwendete Powell dabei das Wort »Massenvernichtungswaffen«. Er hatte im Vietnam gedient und war zum Viersternegeneral aufgestiegen. In der Reagan-Regierung war er Nationaler Sicherheitsberater und unter George H.W. Bush während des Golfkrieges Vorsitzender der Joint Chiefs gewesen. Beim Zuhören dachte ich, das Sicherheitsteam des Außenministers habe ihm einen schlechten Dienst erwiesen, weil die Leute doch wissen mussten, dass diese Beweise, von denen er sprach, nicht existierten.

Doch es gab andere, die die Wahrheit sagten. Am 25. Februar 2003, weniger als einen Monat bevor die USA den Irak angriffen, sagte der Stabschef der Armee Eric K. Shinseki mutig vor dem Verteidigungsausschuss des Senats aus, im Irak würden »mehrere Hunderttausend Soldaten« gebraucht, insbesondere für die Besatzung, die nach den Kampfhandlungen unweigerlich folgen würde. Das Pentagon widersprach umgehend, Shinseki liege mit seinen Zahlen »weit daneben«. Doch sie waren korrekt, wie wir später alle wussten. Leichtsinnigerweise hatte Verteidigungsminister Donald Rumsfeld bereits im April 2002 angekündigt, General Shinseki werde ersetzt, vierzehn Monate bevor seine reguläre

Amtszeit als Stabschef endete, und ihm so jeden Rückhalt im Pentagon entzogen. Mich beunruhigte aus mehreren Gründen, dass Shinsekis Stellung derart untergraben wurde, weil ich den General respektierte. In den 1990er-Jahren war ich mit einer Abordnung des Kongresses zu einem Kriegsschauplatz auf den Balkan gereist, um aus erster Hand zu erfahren, vor welchen Herausforderungen unsere Truppen dort standen und was sie brauchten. Der Besuch fand nachts statt, damit wir die nächtliche Kriegsführung beobachten und besser verstehen konnten, warum Nachtsichtausrüstung gebraucht wurde. General Shinseki hatte unsere Delegation vor Ort begrüßt und großen Eindruck hinterlassen. Ganz offensichtlich respektierten die Truppen – und unsere Delegation – ihn wegen seines Patriotismus und Muts.

Ende Februar 2003, einen Monat bevor die ersten US-Raketen und Bomben über Bagdad explodierten, reiste ich mit dem Abgeordneten Jack Murtha, dem hochrangigsten Demokraten im Unterausschuss für Verteidigungsausgaben im Repräsentantenhaus, und dem Abgeordneten David Hobson, einem Republikaner aus Ohio aus demselben Ausschuss, nach Kuwait. Jack Murtha war ein respektierter Marineveteran und ein großer Verfechter nationaler Sicherheit. Er hatte die Truppen immer unterstützt, sich darüber informiert, welche Ausrüstung sie benötigten, wie es um die Kampfmoral stand. Außerdem hatte er für ein Kriegsmandat gestimmt.

Kuwait grenzt an den Irak – und der Irak hatte bereits Anspruch auf kuwaitisches Gebiet erhoben, was zum Golfkrieg 1991 geführt hatte. In erster Linie flogen wir nach Kuwait, um unsere dort stationierten Truppen zu unterstützen. Die Regierung glaubte, der Irak werde Chemiewaffen gegen unsere Truppen einsetzen, und wir waren sehr um ihre Sicherheit besorgt.

Es war ein bemerkenswerter Besuch. Aber besonders bemerkenswert war die Größe der US-Militärbasis. Sie schien 30 Prozent von Kuwait einzunehmen. Vom ersten Augenblick nach unserer Ankunft an fragte ich mich, wie all das in den weniger als fünf Monaten, seit das Kriegsmandat erteilt worden war, hatte errichtet werden können. Ich fragte die Militärführung vor Ort, wie das möglich war. Die Antwort: Wir haben uns seit mehr als einem Jahr vorbereitet und gebaut, seit Bush Präsident wurde. Der Großteil der Truppen und Waffen wurde zwar erst nach der Abstimmung im Oktober hierher abkommandiert beziehungsweise hertransportiert worden, aber der Bau der Infrastruktur, um sie aufzunehmen, hatte offenbar lange vorher begonnen. Die Bush-Regierung war folglich schon lange entschlossen gewesen, ihren Willen durchzusetzen, und wenig später fand ich weitere Beweise dafür, dass der 11. September nur als Vorwand gedient hatte, um den Krieg zu beginnen.

Viele im Kongress sahen es bereits mit Sorge, dass die Regierung ihr Augenmerk von Afghanistan weggelenkt hatte. Bob Graham hatte ausgesagt, dass General Tommy Franks, der Truppenkommandeur in der Region, ihn bereits im Februar 2002 darauf hingewiesen hatte, dass US-Soldaten und Nachrichtendienstler »abgezogen« worden seien, um »Kampfhandlungen im Irak vorzubereiten«. Präsident Bush hatte zwar gesagt, US-Truppen und Verbündete hätten die Taliban »verjagt«, aber verjagen ist bei den Taliban nicht dasselbe wie besiegen. Tatsächlich versteckten sich ihre Kämpfer im ganzen Land und warteten nur darauf, wieder an die Macht zurückzukehren, wie es 2021 dann auch geschah.

Damals hatten Bob Graham, ich und andere Kongressabgeordnete einige wichtige Fragen: Warum zog die Regierung US-Truppen aus Afghanistan ab? Warum hatte sie es so eilig, in den Irak zu kommen, dass sie unseren Einsatz in Afghanistan verkürzte und einschränkte? Diese Fragen hatte ich im Kopf, als ich sah, in welchem Umfang das US-Militär in Kuwait präsent war. Die Größe der US-Basis machte auch deutlich, dass die Regierung einen Kriegseinsatz im Irak geplant hatte, lange bevor sie die Zustimmung des Kongresses eingeholt oder auch nur triftige Gründe vorgelegt hatte.

Jack Murtha, Dave Dobson und ich frühstückten mit General David Petraeus. Er war erst kürzlich in Kuwait angekommen und sollte die 101. Luftlandedivision kommandieren. Auf der Basis gingen Gerüchte um, die Iraker planten den Einsatz chemischer und biologischer Waffen gegen unsere Truppen. In der Region war es ohnehin schon sehr heiß, trotzdem würden die Soldaten bei einem Angriff schwere Schutzausrüstung tragen müssen. Wir verbrachten möglichst viel Zeit mit den Soldaten vor Ort und hörten ihnen zu. Ich fragte sie: »Wie stehen Sie zu diesem Krieg?«

Die Soldaten sagten, sie seien hoch motiviert: »Ma'am, sie haben uns wehgetan, jetzt werden wir ihnen wehtun.«

»Wann haben Sie uns wehgetan?«, wollte ich wissen.

»Am 11. September«, lautete die Antwort.

Das hatten die Generäle und anderen Offiziere den Soldaten erzählt: »Sie haben uns am 11. September wehgetan.«

Ich war erschüttert, dass unsere militärischen Anführer die Truppen so ausnutzten, indem sie ihnen etwas vorgaukelten, für das es keine Beweise gab. Wir verfügten über keine nachrichtendienstlichen Hinweise, dass der Irak etwas mit dem 11. September zu tun hatte, und dennoch sollten diese jungen Männer und Frauen in Gefahr gebracht werden mit dem 11. September als Motivation.

Als Jack und ich mit ein paar Nationalgardisten zusammensaßen, die in den aktiven Dienst versetzt worden waren, ging ich herum und fragte die jungen Männer, welchen Beruf sie vor der Einberufung gehabt hätten. Ein paar sagten, sie seien Feuerwehrmänner gewesen, ein anderer war Polizist gewesen, und wieder ein anderer kam direkt von der Highschool.

Die Regierung war zum Krieg entschlossen.

Am späten Abend des 19. März, als der Angriff begann, konnte ich meine Enttäuschung nicht verbergen. Ich hatte viele offene Fragen, aber bei einem kurzen Telefonat konnte ich Condoleezza Rice nur eine stellen: »Wie können Sie den Irak angreifen, obwohl die Waffeninspektionen noch gar nicht beendet sind?« Ihre Antwort: »Wenn wir jetzt reingehen, retten wir Leben.«

»Ich weiß, dass der Präsident gut überlegt, bevor er das Leben von Menschen in Gefahr bringt, Amerikanern wie Irakern, aber ich verstehe nicht, warum Sie jetzt angreifen, obwohl wir noch nicht alle anderen Möglichkeiten ausgeschöpft haben. Ein Krieg sollte die allerletzte Option sein«, entgegnete ich.

»Jetzt ist es halt so«, antwortete sie und meinte, sie könne über eine ungeschützte Telefonverbindung nicht mehr dazu sagen.

Später erfuhr die Kongressführung, dass die Regierung glaubte, sie habe eine verlässliche menschliche Informationsquelle gefunden (eine HUMINT, wie es bei den Nachrichtendiensten heißt). Wir vermuteten, dass dieser Informant der Regierung mitgeteilt hatte, Saddam Hussein verstecke sich auf dem Gelände eines Bauernhofs. Basierend auf dieser mutmaßlichen Information, hatten die Kriegsplaner erklärt, wenn die USA jetzt angriffen, könne beim Erstschlag die politische Führung des Irak erfolgreich enthauptet werden. Dazu sollten wohl im Rahmen einer größeren Militäraktion namens »Shock and Awe« (Schock und Ehrfurcht) bunkerbrechende Waffen eingesetzt werden, die schwere Schäden verursachen können.

Die Truppen der USA und ihrer Verbündeten schafften es aber keineswegs, den Irak in einem Streich zu »enthaupten«. Wie wir inzwischen wissen, wurde Saddam Hussein nicht auf diesem

Bauernhof getötet. Er wurde erst im Dezember 2003 in einem Loch im Boden eines völlig anderen Bauernhofs in seiner Heimatregion Tikrit aufgespürt und gefangen genommen. In der Zwischenzeit starben Tausende Menschen, und viele Tausend weitere wurden während des langen Konflikts später noch getötet oder verletzt. Unsere Truppen kämpften jahrelang erbittert gegen Aufständische und lieferten sich zähe Häuserkämpfe in den irakischen Straßen.

WIE KONNTE ES DAZU KOMMEN?

Ein erheblicher Teil der Begründung für den Irakkrieg von 2003 lässt sich auf den unfassbar tragischen Morgen des 11. September 2001 zurückführen.

An diesem Tag stellten die US-Amerikaner schockiert und verzweifelt fest, dass unser Land angegriffen wurde. Zwei Verkehrsflugzeuge brachten die Zwillingstürme des World Trade Center in New York City zum Einsturz. Ein drittes entführtes Flugzeug wurde ins Pentagon gesteuert, und ein vierter Jet stürzte auf einem Feld in Pennsylvania ab, nachdem mutige Passagiere sich gegen die Flugzeugentführer zur Wehr gesetzt hatten. Fast 3000 Amerikaner und Bürger anderer Länder verloren an jenem Morgen ihr Leben.

Um 8.46 Uhr befand ich mich im Büro unseres langjährigen Fraktionsführers Dick Gephardt bei einem Planungstreffen des Haushaltsausschusses. Dick saß am Kopfende des Konferenztischs. Im Hintergrund lief im Fernsehen eine Nachrichtensendung – der Ton war auf stumm gestellt, aber man sah die Bilder. Wenige Minuten vor neun Uhr wurde plötzlich gezeigt, wie Flammen und Rauch aus einem der Türme des World Trade Center quollen. Es hieß, ein Flugzeug sei in das Gebäude gekracht.

Der erste Gedanke von uns allen in jenem Raum war natürlich, dass es sich um einen tragischen Unfall handelte. Wir waren betroffen, dachten aber nicht an einen Terrorangriff. Wir fragten uns nur, wie so etwas geschehen konnte. Dick bat seine Mitarbeiter, ihm mehr Informationen zu beschaffen, als wir um 9.03 Uhr sahen, wie ein weiteres Flugzeug in den zweiten Turm flog. Wir starrten einige Sekunden lang ungläubig auf den Fernseher. Erst dachten wir, es seien Bilder vom ersten tragischen Unfall, die erneut gezeigt wurden. Doch man sah deutlich Rauch vom ersten Turm aufsteigen, bevor das zweite Flugzeug einschlug. Fassungslos wurde uns klar, dass unser Land angegriffen wurde.

Wahrscheinlich gibt es niemanden, der sich nicht genau erinnert, wo er in diesem Moment am 11. September 2001 war, als die schockierende Nachricht eintraf.

Gedrückt verließen wir den Besprechungsraum und kehrten in unsere eigenen Büros im Kongressgebäude zurück. Kurze Zeit später sahen wir am anderen Ufer des Potomac, wo das Pentagon lag, Rauch aufsteigen. Die Kapitolpolizei stürmte herein, sagte etwas von einem weiteren entführten Flugzeug und wies uns an, das Gebäude zu verlassen. Meine Mitarbeiter und ich eilten die Treppen hinunter zu den Ausgängen und blickten nicht zurück. Das entführte Flugzeug stürzte am Ende Hunderte Meilen vom Kongress entfernt in Pennsylvania ab – nachdem wie gesagt tapfere Passagiere sich gewehrt und das Cockpit gestürmt hatten. Wegen des Heldenmuts der Besatzung und Passagiere von Flug 93 gab es keinen möglichen vierten Angriff auf das Kapitol oder das Weiße Haus.

Ab jenem Morgen befand sich unser Land im Krieg.

Wegen meiner Führungsposition im Geheimdienstausschuss wurde ich mit anderen Kongressmitgliedern sofort an einen sicheren Ort gebracht. Dort warteten wir angespannt auf Neuigkeiten, aber es gab nur wenige Informationen. Fast alles, was wir erfuhren, wurde in Echtzeit der Öffentlichkeit mitgeteilt. Wir wussten kaum mehr als ein normaler Fernsehzuschauer. Präsident Bush besuchte zu der Zeit eine Grundschule in Florida und saß mit kleinen Kindern in einem Klassenzimmer. Er gab eine kurze Stellungnahme ab und wurde dann zu seinem Flugzeug Air Force One gebracht, das Berichten zufolge aus Sicherheitsgründen in die Mitte des Landes flog, während die verschiedenen Nachrichtendienste und das FBI herauszufinden versuchten, was geschehen war. Meine Kollegen sahen die Bilder der Zerstörungen in New York City und Nordvirginia, und was wir sahen, war schockierend und unverzeihlich.

Uns im Kongress war klar, dass unsere oberste Aufgabe nun darin bestand, uns für das Wohl unseres Landes zu versammeln. An dem Abend, als die Sonne gerade hinter dem Washington Monument und dem Lincoln Memorial unterging, standen wir gemeinsam auf den Treppen zum Kapitol. Nach ein paar kurzen Reden führender Politiker und einer Schweigeminute für die Opfer sangen alle Anwesenden, Demokraten wie Republikaner, gemeinsam »God Bless America«. Danach umarmten sich viele. Es war ein patriotischer und einigender Moment.

Unsere wichtigste Aufgabe war nun, wie Abraham Lincoln es einst formuliert hatte, die Wunden der Nation zu verbinden. Insgeheim stellte ich mir, wie zahlreiche meiner Kollegen, viele schockierte, nachdenkliche und endlose Fragen: Wie konnte das geschehen? Wer sind diese Feinde? Wie sollten wir reagieren? Nur eines stand für mich fest: Wir mussten vereint handeln. Ich kontaktierte die Vertreter der hauptsächlich betroffenen Distrikte, in denen die Angriffe stattgefunden und die meisten Menschen ihr Leben verloren hatten. Sie brauchten sofort unsere Unterstützung, um den Familien der Opfer zu helfen.

Drei Tage später, am 14. September, besuchte Präsident Bush

den Ort, an dem die Zwillingstürme gestanden hatten und der jetzt Ground Zero hieß. Er fand schöne Worte und versuchte, das Land zu einen und ihm Sicherheit zu geben. Während der Rede rief jemand aus der Menge: »Wir können Sie nicht hören« – und er antwortete darauf entschlossen: »Ich kann *Sie* hören.« Ein solch beispielloser Angriff wie am 11. September wäre für jeden Präsidenten eine riesige Herausforderung gewesen. Bush war zu diesem Zeitpunkt keine neun Monate im Amt.

Anfang Oktober besuchte ich mit einer Abordnung des Kongresses Ground Zero. Ich erinnere mich noch genau, wie wir auf den Ort zugingen. Es herrschte vollkommene Stille. Man verhielt sich auf Ground Zero mit derselben Pietät wie auf einem Friedhof, aber der rauchende, staubige Trümmerhaufen mit dem starken und unbeschreiblichen Geruch nach Flugzeugbenzin, menschlichen Überresten sowie verbrannten Gebäudeteilen sah aus, klang und roch wie die Vorstellung eines Filmemachers von der Hölle. Wir wussten, dass die Menschen, die hier jeden Tag arbeiteten, nach Leichenteilen und winzigsten DNA-Fragmenten suchten. Oft denke ich daran, dass die Suchmannschaften um die 200 irische Claddagh-Ringe fanden, deren Gravur zwei Hände zeigt, die ein Herz mit einer Krone umfassen, ein Symbol für Liebe, Freundschaft und Loyalität. Als die Türme zusammenbrachen, wurden diese Ringe von ihren Trägern getrennt. In manchen Fällen blieb von den Menschen nur dieser Ring.

Der 11. September 2001 war ein Wendepunkt. Er zwang unser Land über eine Schwelle, von der wir nie geträumt hatten, dass wir sie überschreiten müssten. Als Amtsträger im Kongress war es unsere Aufgabe, unser Land zu beschützen, sicherzustellen, dass dieser schreckliche Tag sich niemals wiederholen würde, und die Familien zu unterstützen, die von diesen Anschlägen betroffen waren.

Als Erstes mussten wir uns überlegen, wie wir auf diese Angriffe gegen unser Land reagieren sollten, und das bedeutete eine Kriegserklärung.

DIE WAR POWERS RESOLUTION

Viele Leute in unserer Fraktion, auch ich, sind überzeugt, dass es die Aufgabe und Pflicht des Kongresses ist, einen Krieg zu erklären. Die Bedeutung der Rolle des Kongresses wird in der War Powers Resolution anerkannt, die im Jahr 1973 im Zuge des Vietnamkrieges vom Kongress verabschiedet wurde. Präsident Richard Nixon legte damals gegen den Gesetzesentwurf Veto ein, aber der Kongress überstimmte letztlich sein Veto, und die Resolution wurde Gesetz, nachdem die Vereinigten Staaten ihre Kampftruppen aus Vietnam abgezogen hatten. Die War Powers Resolution definiert ganz klar die Rolle des Kongresses bei Kriegserklärungen anhand des Wortlauts in Artikel 1, Abschnitt 8 der Verfassung. Insbesondere schränkt das Gesetz unmittelbar die Vollmacht des Präsidenten ein, ohne Beteiligung des Kongresses einen Krieg zu erklären. Allerdings heißt es in der Resolution auch, dass in dem Fall, dass unser Land angegriffen werde – »ein durch einen Angriff auf die Vereinigten Staaten ausgelöster nationaler Notfall« –, die gesamte unmittelbare Vollmacht, darauf zu antworten, beim Präsidenten liege.

Als wir uns im Kongress dem Nachspiel des 11. September widmeten, hatten wir also eine beträchtliche Zahl Mitglieder, die das Vorrecht des Kongresses unbedingt schützen wollten und fest von dessen Richtigkeit überzeugt waren. Allerdings wussten sie auch, dass die War Powers Resolution besagte, der Präsident habe die alleinige Vollmacht, auf einen Angriff zu antworten. Die zentrale Frage, die wir uns im Kongress stellen mussten, lautete folglich: Wie weit reicht diese Vollmacht? In der Vergangenheit waren Kriege gegen Nationalstaaten, Deutschland und Japan, oder aufständische Streitkräfte wie den Vietcong in Vietnam geführt worden. Es war klar, gegen wen wir kämpften. Jetzt hatten wir es mit Terroristen zu tun, die möglicherweise staatliche Sponsoren hatten. Gab es irgendwelche Grenzen, wo und wie der Präsident einen »Krieg« gegen den Terror führen konnte? Und wie konnte der Kongress die Reichweite der Rolle des Präsidenten klären – in diesem Fall die Reaktion auf den Anschlag vom 11. September? Das war die Prämisse, von der wir ausgingen, und auch dafür, wie wir genau vorgingen: Wir konzentrierten unsere Reden und Reaktionen insbesondere auf die Rolle des Präsidenten bezüglich des 9/11-Anschlags auf die Vereinigten Staaten. Und wir taten es überparteilich, mit einer überparteilichen Übereinkunft.

Das Weiße Haus sah das ganz anders und wollte vom Kongress ein viel breiteres Mandat – mit offenem Ende. Am 12. September schlug die Administration mit einem im Kongress eingebrachten Gesetzesentwurf die weitestmögliche Interpretation der War Powers Resolution vor. Die Vorlage hätte den Präsidenten nicht nur autorisiert, militärische Aktionen »gegen jene Nationen, Organisationen oder Personen [zu ergreifen], die nach seinem Beschluss die Anschläge planten, genehmigten, schürten, begingen oder bei der Planung und Verübung unterstützten«, sondern ihm auch die Vollmacht erteilt, »von sämtlichen künftigen Akten des Terrorismus oder der Aggression gegen die Vereinigten Staaten abzuschrecken und sie zu verhindern«. Der Wortlaut des Entwurfs hätte zusammengenommen den Effekt gehabt, dass das gegenwärtige Weiße Haus, und vermutlich jede künftige Administration, einen Blankoscheck bekommen hätte, ohne Autorisierung durch den Kongress oder dessen Konsultation in neue Konflikte einzugreifen, solange die Regierung der Meinung war, es bestünde auch nur eine potenzielle Bedrohung für die Vereinigten Staaten.

In beiden Lagern des Kongresses würde dieser weitreichende Wortlaut auf keinen Fall durchgehen. Die Anhänger der Resolution waren überzeugt, dass es unsere Aufgabe sein sollte, dem Präsidenten nicht einfach mehr Vollmacht zu geben, sondern die verantwortliche Befugnis, sie im Namen der Nation einzusetzen. Fraktionschef Dick Gephardt im Repräsentantenhaus und Mehrheitsführer Tom Daschle im Senat präsentierten, für die Demokraten sprechend, sorgfältig vorbereitet eine Resolution, die sich insbesondere den Geschehnissen vom 11. September und der Frage widmete, welche militärischen Ziele sich daraus ergeben sollten. Senator Daschle und Senator Trent Lott, der Republikanische Minderheitsführer, befürworteten gemeinsam die Resolution. Ihr Wortlaut stellte klar, dass diese Autorisierung keinesfalls die War Powers Resolution überflüssig machte oder in irgendeiner Form ablöste.

Der endgültige Wortlaut der Post-9/11-Resolution zeigt, wie wichtig schon wenige Worte bei der Ausarbeitung bedeutsamer Gesetze sein können: »... dass der Präsident autorisiert ist, alle notwendige und angemessene Gewalt gegen jene Nationen, Organisationen oder Personen einzusetzen, die nach seinem Beschluss die Terroranschläge, die am 11. September 2001 erfolgten, planten, genehmigten, begingen oder unterstützten oder solchen Organisationen oder Personen Unterschlupf gewährten, *um alle künftigen Akte des internationalen Terrorismus gegen die Vereinigten Staaten durch solche Nationen, Organisationen oder Personen zu verhindern*«. Der Kongress sorgte dafür, dass der Fokus auf 9/11 und dem »internationalen« Terrorismus blieb; das Wort »Aggression« wurde gestrichen, und wir legten fest, dass die Ziele Personen, Organisationen oder Nationen bleiben müssten, die man direkt mit dem 11. September in Verbindung bringen konnte.

Die Vorlage wurde im Senat und Repräsentantenhaus einstimmig verabschiedet, bis auf eine Ausnahme: Meine Kollegin Barbara Lee wollte nicht für die Autorisierung eines Krieges stimmen. Wenige Wochen später befanden sich die Vereinigten Staaten im Krieg mit al-Qaida und ihren Gastgebern, den Taliban, in Afghanistan. Es herrschte große Einigkeit in unserem Land; die meisten Menschen glaubten, es dürfe für Osama bin Laden und al-Qaida keinen sicheren Unterschlupf geben. Ein Jahr später sollte sich die Stimmung dramatisch wenden.

DIE UNTERSUCHUNG ZUM 11. SEPTEMBER

Von den ersten Stunden nach den Anschlägen vom 11. September an begannen viele Amerikaner und viele im Kongress, Fragen zu stellen: Sie wollten wissen, wie es überhaupt zu der Katastrophe kommen konnte. Senator Bob Graham, der neue Vorsitzende des Geheimdienstausschusses des Senats, schlug eine vom Kongress durchgeführte Untersuchung vor. Er war seit über sieben Jahren im Geheimdienstausschuss und kannte das Terrain. Er plädierte für eine Joint Inquiry, eine Gemeinsame Untersuchung des Kongresses, die von den vier Führern der Geheimdienstausschüsse im Senat und im Repräsentantenhaus geleitet werden sollte, zwei Demokraten und zwei Republikanern. Aus dem Senat: Graham und der republikanische Vizevorsitzende Richard Shelby; aus dem Repräsentantenhaus: der Republikanische Vorsitzende Porter Goss und ich (als ranghöchstes Mitglied der Demokraten). Unsere Rollen im Komitee wurden unter der Bezeichnung »Gang of Four« bekannt, Viererbande,[3] und eine Führungsposition in

---

3   Anspielung auf das Führungsquartett, das sich im Rahmen der chinesischen Kulturrevolution (1966–1976) etablierte. [Anm. d. Red.]

solchen Ausschüssen bedeutete, dass wir Zugang zu den geheimsten Informationen unserer Nation hatten.

Ich bin stolz auf meine vielen Jahre in der Geheimdienstaufsicht. Wie Bob Graham begann ich im Jahr 1993 meinen Dienst im Ständigen Geheimdienstausschuss des Repräsentantenhauses. Als ich zur Fraktionsvorsitzenden der Demokraten gewählt wurde, war ich eines der wenigen Mitglieder der Führung, das bereits hochgradige Sicherheitsreferenzen vorzuweisen hatte. (Tatsächlich war meine erste Abstimmung als Kongressmitglied nach meiner Vereidigung eine Entscheidung darüber, das jährliche Geheimdienstbudget in das Repräsentantenhaus zu holen.) Als ich als Sprecherin des Repräsentantenhauses zurücktrat, hatte ich dreißig Jahre lang auf dem Feld der Nachrichtendienste gearbeitet, zunächst als Mitglied des Geheimdienstausschusses und dann als führendes Mitglied der Demokraten, sowie als Fraktionsvorsitzende und Sprecherin des Repräsentantenhauses. Wegen meiner Führungspositionen verbrachte ich 22 Jahre davon als Mitglied der »Gang of Eight«, der Achterbande (der Spitzname, den die Kombination der vier obersten Demokratischen und Republikanischen Führer im Haus und im Senat bekam, samt den Vorsitzenden und ranghöchsten Mitgliedern oder Senatoren der Geheimdienstausschüsse), und erhielt Briefings und Berichte auf der höchsten Geheimdienstebene. Außerdem reiste ich in 87 Länder, in ein paar nur einmal, aber in die meisten mehrmals. Insgesamt besuchte ich sechzehnmal allein Afghanistan und den Irak.

Ursprünglich strebte ich aus zwei Gründen einen Sitz im Geheimdienstausschuss an: erstens, um die Verbreitung von Atomwaffen zu stoppen. Zweitens wollte ich im Einklang mit dem Gesetz dafür sorgen, dass wir die bürgerlichen Freiheiten der Amerikaner schützten, damit sie nicht in ihrem eigenen Land ausspioniert wurden.

Während meiner Anfangszeit im Geheimdienstausschuss lag einer unserer primären Schwerpunkte auf dem Schutz der Streitkräfte. Wir wandten uns an die Nachrichtendienstgemeinschaft, um aufkommende Gefahren zu erkennen, damit wir imstande wären, einen Konflikt zu vermeiden. Aber wenn eine Vermeidung nicht möglich war, wünschten wir uns von den Geheimdiensten eine möglichst gute Kenntnis unseres Gegners – damit wir die Stärke der anderen Seite kannten, um unsere Truppen zu schützen und zu siegen.

Je weiter wir uns vom Ende des Kalten Krieges entfernten und je unwahrscheinlicher ein herkömmlicher, konventioneller Krieg schien, desto mehr weitete sich das Augenmerk des Ausschusses auf Felder wie Geldwäsche und Drogenschmuggel aus, die für terroristische Bewegungen die Hauptgeldquellen waren. Als das Jahr 2000 näher rückte, verstärkte sich mit Blick auf den Bombenanschlag auf das World Trade Center 1993 und den Bombenanschlag auf die Khobar Towers in Saudi-Arabien (wo US- und Koalitionstruppen nach dem Ersten Golfkrieg untergebracht waren) sowie die Anschläge auf US-Botschaften in Kenia und Tansania 1998 unser Fokus auf die Spionageabwehr.

Von dem Moment an, als ich in den Geheimdienstausschuss aufgenommen wurde, als noch relativ junge Gesetzgeberin, las ich fast täglich alles, was es für die Ausschussmitglieder zu lesen gab. Es wurde mir zur zweiten Natur, einen Geheimdienstbericht in meinen Tagesablauf zu integrieren. Ich informierte die Leute im Hochsicherheitsbereich SCIF, dass ich in Kürze vorbeikäme, um die tägliche Gefahreneinschätzung zu lesen – jenes Material, das die vereinten Nachrichtendienste ihren »Kunden« zur Verfügung stellten. Diese »Kunden« sind ausgewählte Nutzer von Nachrichtendiensten in der Exekutive, Legislative und Teile der Nachrichtendienstgemeinschaft selbst. Wenn ich oder ein anderes Mitglied

Fragen oder bestimmte Interessenbereiche hatte, konnte das Personal im SCIF zusätzliche Informationen beschaffen, bis hin zu verschiedenen Geheimhaltungsgraden. Es war uns erlaubt, während des Aufenthalts im Saal handschriftliche Notizen zu machen, aber nichts, was wir lasen oder schrieben, durfte den hermetisch abgeriegelten sicheren Raum verlassen. Stattdessen wurden die Notizen samt den Briefing-Materialien in dem jedem Mitglied zugewiesenen »sicheren Ort« aufbewahrt – dem Äquivalent einer verschlossenen Hightech-Abstellkammer oder eines entsprechenden Aktenschranks.

Im Nachspiel des verheerendsten Angriffs auf die Vereinigten Staaten seit Pearl Harbor galt die unmittelbare überparteiliche Sorge der Viererbande dem Verständnis, was zum 11. September geführt hatte. Die Bush-Administration wollte nicht, dass wir eine Untersuchung durchführten; ihre offizielle Haltung war, dass wir wichtige Arbeitszeit des Personals beanspruchten, die man für den Krieg gegen den Terror nutzen könnte, darüber hinaus bestehe die Gefahr eines Lecks und potenziell kompromittierender Informationen. Aber der 11. September war ein unkonventioneller Terroranschlag, und der Kongress wollte unverzüglich wissen, ob es ein Versagen der Geheimdienste gegeben oder man wichtige Warnsignale nicht erkannt habe. Und das galt auch für die amerikanische Öffentlichkeit.

Wir richteten eine Joint Inquiry ein – eine absolut neuartige, außergewöhnliche und historische Maßnahme. Sie war nur deshalb autorisiert, Geheimdienstmaterial zu prüfen, weil sie vom Geheimdienstausschuss einberufen worden war; doch der Ausschuss stellte ein ganz eigenes Team zusammen: Wie aus dem Recherchedienst des Kongresses hervorgeht, gehörten ihm 24 Experten aus den Feldern Nachrichtenbeschaffung, Analyse, Management, Strafvollzug, Ermittlungen und Aufsicht an. Die Joint Inquiry bildete anschließend fünf Ermittlungsteams. Drei Arbeitsgruppen konzentrierten sich auf den Auslandsgeheimdienst CIA, die Bundespolizei FBI und die Nationale Sicherheitsagentur NSA. Darüber hinaus prüften Arbeitsgruppen Dokumente und führten Befragungen im Finanz-, Verteidigungs-, Außen-, Justiz-, Verkehrs- und Energieministerium sowie mit bestimmten Personen und Organisationen des privaten Sektors durch.

Als die Joint Inquiry im September 2002 ihre öffentlichen Anhörungen begann, hatten die Mitarbeiter, wie die hervorragende Stabsleiterin des Ausschusses Eleanor Hill anmerkte, mehr als 400 000 Seiten an Dokumenten geprüft, mehr als 66 000 Seiten an Aufzeichnungen ermittelt und rund 400 Befragungen und Fachgespräche durchgeführt. Es war ein Privileg, als einer der vier Kongressführer die Untersuchung gemeinsam zu leiten. Zudem schmerzte die Erkenntnis sehr, wie anfällig unser Land für einen Anschlag gewesen war. Und es lohnt sich, das, was wir erfahren haben, zu prüfen, weil diese Informationen nicht nur lebenswichtig für den Schutz der Vereinigten Staaten in der Zukunft sein werden, sondern auch, weil sie tragischerweise unmittelbaren Einfluss sowohl auf die irrige Entscheidung der Regierung hatte, gegen den Irak Krieg zu führen, als auch auf die mehrheitliche Abstimmung im Kongress, diesen Krieg zu autorisieren.

WARNSIGNALE

Mitte der 1990er-Jahre warf eines der NIE genannten Geheimdienstdossiers ein Schlaglicht auf eine neue Art von Terroristen. Laut des NIE hatten diese Terroristen keinen bestimmten staatlichen Sponsor, waren lose organisiert, besaßen einen, wie es in der Joint Inquiry hieß, »Hang zur Gewalt« und bisweilen zum Dschihad, einem sogenannten »Heiligen Krieg«. Im Jahr 1996 richtete die Nachrichtendienstgemeinschaft bereits verstärkt ihr Augenmerk auf einen bestimmten Terroristen und eine spezielle Terrororganisation: Osama bin Laden und al-Qaida, die nach dem Sudan inzwischen von Afghanistan aus operierten. Im August 1996 rief bin Laden in einer Fatwa zu einem Heiligen Krieg gegen die Vereinigten Staaten auf. Mitte und Ende der 1990er schufen Geheimdienst- und Strafverfolgungsbehörden auf Bundesebene Spezialeinheiten, um Terroristen aufzuspüren, mit ausländischen Regierungen zusammenzuarbeiten und die Auslandspräsenz des FBI zu erweitern.

Im Frühjahr und Sommer 2001 gab es weitere Warnungen vor möglichen (und konkreteren) Anschlägen. In ihrer Aussage vor der Joint Inquiry informierte Stabsleiterin Eleanor Hill über ein Briefing, das Anfang Juli 2001 für hohe Regierungsvertreter verfasst worden war: »Aufgrund einer Prüfung der Berichte aller Quellen aus den letzten fünf Monaten sind wir überzeugt, dass UBL [bin Laden] in den kommenden Wochen einen bedeutenden Terroranschlag gegen die US-amerikanischen und/oder israelischen Interessen starten wird«, hieß es dort. »Der Anschlag wird spektakulär sein und so angelegt, dass er massenhafte Verluste gegen US-Einrichtungen oder Interessen erzielen wird. Vorbereitungen auf einen Anschlag sind bereits erfolgt. Der Anschlag wird mit wenig oder gar keiner Vorwarnung stattfinden.« Doch das herkömmliche Denken ging immer noch davon aus, dass der Anschlag im Ausland stattfinden werde. Tatsächlich, und unglücklicherweise, zählte zu den Erkenntnissen der Gemeinsamen Untersuchung, dass niemand in den Geheimdienstkreisen eine umfassende Liste von Terrorbedrohungen innerhalb der Vereinigten Staaten vorbereitet hatte. Und es hatte auch keine ernsthaften Anstrengungen gegeben, die amerikanische Öffentlichkeit über die Gefahren und Möglichkeit eines Terroranschlags im eigenen Land zu informieren.

Wir erfuhren jedoch, dass einzelne FBI-Agenten im Sommer 2001 sehr besorgt waren. Die Untersuchung konzentrierte sich auf eine Nachricht vom Juli 2001 aus der FBI-Dienststelle in Phoenix, Arizona, eine Botschaft, die später als das »Phoenix Memo« bekannt wurde. Man hatte es an das FBI-Hauptquartier in Washington weitergeleitet. Darin hatte ein Agent seine Behörde über die Anwesenheit von Auslands-»Studenten« informiert, die mögliche Verbindungen zu ausländischen Terrororganisationen hatten und kommerzielle Flugschulen in den USA besuchten. Das Memorandum begann mit der Feststellung, dass es sein »Zweck« sei, »über die Möglichkeit einer koordinierten Anstrengung durch Osama bin Laden zu informieren, Studenten in die Vereinigten Staaten zu schicken, damit sie zivile Flugausbildungskurse besuchten«.

Im August 2001 nahmen FBI-Agenten aus Minneapolis Zacarias Moussaoui in Gewahrsam, einen ursprünglich aus Marokko stammenden französischen Staatsbürger, der in den USA die Bedienung eines kommerziellen Linienflugzeugs lernen wollte. Ein Mitarbeiter der Flugschule in Minnesota, an der Moussaoui eingeschrieben war, hatte dessen »ungewöhnlich« spezielle Bitten um eine Ausbildung an einer Boeing 747 gemeldet, insbesondere sein Interesse für die Protokolle bei der direkten Kommunikation mit dem Tower. Moussaoui interessierte sich auch sehr stark dafür, wie der Autopilot und die Kabinentüren funktionierten, und gab an, er würde »liebend gerne« einen simulierten Flug vom Heathrow Airport in England zum John F. Kennedy Airport in New York machen, samt der zugehörigen Navigation und Kommunikation. In Befragungen durch das FBI erklärte Moussaouis Zimmergenosse – der aus Saudi-Arabien stammte –, dass Moussaoui sich »auf den Kampf vorbereite und in der Vergangenheit eine Billigung der ›Märtyrer‹ geäußert habe«.

Lokale FBI-Agenten aus Minnesota beantragten einen dringenden Durchsuchungsbefehl, um Moussaouis Notizen und Computerdisks zu überprüfen, doch das FBI-Hauptquartier in Washington war, wie der Generalinspektor des Justizministeriums später schlussfolgern sollte, »nicht der Meinung, dass ausreichende Gründe für einen Haftbefehl vorlägen, und gelangte auch zu dem Schluss, dass ein Haftbefehl nach dem FISA [Foreign Intelligence Surveillance Act, Gesetz über die Überwachung der Auslandsnachrichtendienste] nicht erwirkt werden könne, weil Moussaoui nicht mit einer ausländischen Macht in Verbindung gebracht werden konnte, wie es nach dem FISA erforderlich sei«. Von den Vorgesetzten ausgebremst, leiteten die Agenten aus Minneapolis das Verfahren für eine Abschiebung Moussaouis nach Frankreich ein, damit französische Regierungsvertreter seine Sachen durchsuchen und ihre Ergebnisse den Vereinigten Staaten mitteilen konnten; aber bevor Moussaoui abgeschoben werden konnte, stand der 11. September 2001 auf dem Kalender.

Eine dritte verpasste Gelegenheit war die Erkenntnis, dass die CIA zwei Entführer von Flug 77, der in das Pentagon stürzte, zuvor bereits als Teilnehmer an einem al-Qaida-Treffen in Malaysia im Jahr 2000 identifiziert hatte; doch die beiden Männer waren nie auf eine der Fahndungslisten gesetzt worden, die das Außenministerium, die Behörde für Einwanderung und Einbürgerung sowie der Zoll führten. Die CIA setzte die Namen der beiden erst mit einiger Verzögerung auf eine Fahndungsliste, im August 2001, und dann war es zu spät. Die Männer waren bereits in die Vereinigten Staaten eingereist und bereiteten sich auf den 11. September vor.

Ein Hauptthema der Erkenntnisse der Untersuchung war die unzureichende Kommunikation zwischen und unter den verschiedenen Geheimdienst- und Strafverfolgungsbehörden.

Es gab jedoch noch ein zweites Hauptthema, das wir anfangs

nicht der Öffentlichkeit präsentieren durften: die Verbindung nach Saudi-Arabien, insbesondere eine eindeutige Spur von Geldern und Unterstützung für diese Terroristen, die saudische Bürger beigesteuert hatten, vor allem saudische Diplomaten und Mitglieder der Königsfamilie. Im Rückblick war es eine fast schon naheliegende Verbindung. Fünfzehn der neunzehn Flugzeugentführer kamen aus Saudi-Arabien, und Osama bin Laden war ein Angehöriger einer der reichsten Familien des saudischen Königreichs. Wir fanden vielfältige Verbindungen zwischen den Entführern und saudischen Bürgern, die in den USA lebten. Und selbst wenn wir keine direkte Verbindung zu saudischer Unterstützung finden konnten, so gab es doch unzählige Warnsignale und komplexe Verflechtungen.

Omar al-Bayoumi, ein in San Diego lebender saudischer Staatsbürger (der auch wiederholt als möglicher saudischer Agent im Gespräch war), bot zwei Entführern beträchtliche Unterstützung an, darunter auch die Unterschrift unter ihren Mietvertrag. Und Bayoumi erhielt Geld von einem saudischen Unternehmen mit Verbindungen zum saudischen Verteidigungsministerium. Seine Frau versuchte außerdem, drei von Prinzessin Haifa bint Faisal, der Frau von Prinz Bandar bin Sultan, dem saudischen Botschafter in den USA, ausgestellte Schecks einzulösen. Aber weil die drei Schecks auf den Namen einer anderen saudischen Bürgerin ausgestellt waren, der Frau eines gewissen Osama Bassnan (sie erhielt regelmäßig von der Prinzessin Geld, und Bassnan selbst hatte, wie unser Ausschuss herausfand, »enge« Verbindungen zu anderen Personen im Umfeld der Entführer), wollte die Bank sie nicht annehmen.

In Minnesota entdeckten FBI-Agenten, dass Moussaoui bei der Ankunft in den Staaten 32 000 Dollar in bar auf ein Bankkonto eingezahlt und seine Flugstunden in bar bezahlt hatte; jemand musste auch ihm finanziell unter die Arme gegriffen haben. Bei einem weiteren hohen al-Qaida-Funktionär, der in Pakistan verhaftet worden war, stellte sich später heraus, dass er private Telefonnummern besaß, die eng mit einem führenden saudischen Diplomaten und dem Botschaftspersonal in Washington in Verbindung standen. Aber die Nachrichtendienste weigerten sich, diesen Abschnitt unseres Berichts freizugeben. Erst vierzehn Jahre später, 2016, wurde es dem Kongress erlaubt, einige unserer Erkenntnisse bezüglich einer möglichen Beteiligung Saudi-Arabiens an 9/11 zu veröffentlichen.

Eine weitere beunruhigende Tatsache kam während unserer Anhörungen ans Licht. An einem Punkt während seiner Aussage führte der ehemalige Assistant Special Agent des FBI für San Diego, wo zwei der Terroristen gelebt hatten, aus, dass Saudi-Arabien kein Land sei, »welches das Außenministerium als staatlichen Sponsor von Terrorismus bezeichnete«. Und deshalb, so erklärte die frühere Nummer zwei des FBI-Büros in San Diego, gehe die Bundespolizei saudischen Spuren nicht nach. Es gab zwar vermutlich noch andere Verbündete, bei deren Vorgehensweise unsere Geheimdienst- und Strafverfolgungsbehörden wegsahen, doch hier, im Falle Saudi-Arabiens, hätten uns auffällige Hinweise auf ein zutiefst beunruhigendes Verhalten vorgelegen. Verdächtige Verhaltensweisen und finanzielle Transaktionen seien im Wesentlichen jedoch abgetan oder als Handlungen saudischer Vertreter entschuldigt worden, deren »Hauptziel es sei, Dissidenten im Interesse des Schutzes der Königsfamilie zu überwachen. Folglich wurden sie nicht als feindliche Gefahr für die nationale Sicherheit angesehen«, wie der ehemalige leitende FBI-Agent aus San Diego in seiner Aussage erklärte. Während einer geschlossenen Anhörung am 9. Oktober 2002 sagte auch der geschäftsführende Vizedirektor der Bundespolizei aus: »Das FBI behandelte die Saudis vor dem 11. September 2001 nicht als konterterroristische [geschwärzt] Gefahr.«

Und bei der gleichen Anhörung enthüllte der damalige FBI-Direktor Robert Mueller auf Fragen des Republikanischen Senators Mike DeWine aus Ohio, dass er selbst »einige Fakten« erst »als Ergebnis des Nachbohrens« durch die Mitarbeiter der Joint Inquiry erfahren habe. Mueller fügte hinzu, dass diese Fakten »womöglich nicht ans Licht gekommen wären, wenn die Mitarbeiter nicht nachgebohrt hätten«. Direktor Muellers Worte waren eine sehr bürokratische Weise zuzugeben, dass das FBI erst durch die Arbeit der Gemeinsamen Untersuchung das Ausmaß der saudischen Rolle bei der Unterstützung und Finanzierung einiger Terroristen des 11. September erkannt hatte.

Letztlich erfuhr die Joint Inquiry, dass die vielfältigen Geheimdienst- und Strafverfolgungsbehörden kein gemeinsames, formales System für die Platzierung mutmaßlicher Terroristen auf die Fahndungslisten besaßen. Überdies war im besonderen Fall des FBI diese Behörde hauptsächlich für die Beschaffung von Beweismaterial für Strafprozesse eingerichtet worden, statt sich auf die strategische Analyse von Bedrohungen zu konzentrieren. Folglich hatte das FBI zwar verschiedene Puzzleteile einer Verschwörung aufgedeckt, aber es verfügte über keine organisatorische Option, sie zu verbinden. Darüber hinaus gab es keine designierte Regierungsbehörde, die dafür zuständig war, regelmäßig Bedrohungen des amerikanischen Territoriums zu beurteilen, weil man, wieder einmal, davon ausgegangen war, dass ein Terroranschlag im Ausland stattfinden würde, obwohl das World Trade Center bereits im Jahr 1993 Ziel eines Bombenanschlags durch einen mit Sprengstoff beladenen Van gewesen war. Mit den Worten der Stabsleiterin der Joint Inquiry: »Instrumente der Strafverfolgung wurden zum Hauptinstrument der amerikanischen Terrorabwehrstrategie.« Genau genommen hatten die Vereinigten Staaten Osama bin Laden im November 1998 bereits angeklagt. Das schreckte ihn jedoch keinesfalls von 9/11 ab. Für uns lag auf der Hand, dass es vor allem in dem Jahr vor dem Anschlag eine Fülle von Gelegenheiten für eine bessere Kommunikation zwischen den Kreisen der Strafverfolgung und der Geheimdienste gegeben hätte und dass der Anschlag vom 11. September möglicherweise hätte verhindert werden können, wenn die Informationen ausgetauscht worden wären.

Der Untersuchungsausschuss erlebte wiederholte Verzögerungen bei der Beschaffung von Regierungsinformationen und bisweilen sogar ein Mauern. Manche Verzögerungen waren vermutlich auf die Bemühungen zurückzuführen, Quellen und Methoden zu schützen. Alles in allem war die Regierung sehr zurückhaltend mit dem, was sie enthüllte. Doch in Anbetracht dessen, was für den Irak geplant wurde, wollte sie möglicherweise auch nicht, dass die Untersuchung des Kongresses dem vollständigen Bild, das sich herauskristallisierte, allzu nahe kam. Wir entdeckten massive Hinweise auf etliche besorgniserregende Verbindungen zu Saudi-Arabien, während sich die Regierung alle Mühe gab, 9/11 mit dem Irak und Saddam Hussein in Verbindung zu bringen.

Der Bericht der Joint Inquiry und die wichtigsten Empfehlungen wurden im Dezember 2002 fertiggestellt und den Geheimdiensten zur Freigabe vorgelegt. Doch zu diesem Zeitpunkt hatte der Kongress bereits für den Einsatz von militärischer Gewalt gegen den Irak gestimmt – die Abstimmung im Repräsentantenhaus im Oktober 2002 ging 296 zu 133 Stimmen aus, und sie fand einen Tag nach der hinter verschlossenen Türen gemachten Aussage Direktor Muellers statt.

DIE 9/11-KOMMISSION

Der Missbrauch der Anschläge vom 11. September als Beweggrund für den Krieg im Irak unterstrich die Bedeutung einer weiteren Initiative des Kongresses: der 9/11-Kommission. Schon früh wünschten sowohl das Repräsentantenhaus als auch der Senat – und ein großer Teil des Landes – eine breitere 9/11-Kommission mit einem umfassenderen Mandat als die Joint Inquiry (die wie gesagt geheimdienstliche Informationen lediglich einsehen durfte). Ich hatte einen Gesetzesentwurf ausgearbeitet, um sofort eine Kommission im Geheimdienstausschuss des Repräsentantenhauses einzurichten. Der Entwurf wurde im Ausschuss gebilligt. Aber als wir diesen Schritt ins Plenum einbrachten, erklärten Republikaner, die im Ausschuss noch dafür gestimmt hatten, nunmehr, dass wir keine externe Kommission bilden sollten, weil das den Eindruck erweckte, wir würden gegen den Präsidenten ermitteln. Das war nicht unser Ziel. Wir wollten einfach versuchen, das, was geschehen war, und dessen Gründe ganz zu verstehen. Doch unser Schritt wurde abgelehnt.

Wir gaben unsere Bemühungen jedoch nicht auf. Im Sommer 2002 schlossen sich uns die 9/11-Familien an, die ihre tiefe Trauer in eine energische Initiative verwandelten. Sie wollten eine externe Kommission. Für diejenigen, die dies unterstützten, glich die Arbeit mit den 9/11-Familien fast schon dem Beschreiten von heiligem Boden. Von ihrer Fürsprache angespornt, nahmen wir einen neuen Anlauf. Mit ihrer Hilfe und unter der Führung des Abgeordneten Tim Roemer, eines Demokraten aus Indiana und Mitglieds des Geheimdienstausschusses, brachten wir eine neue Eingabe ins Plenum ein, um eine sogenannte »Nationale Kommission« zu Terroranschlägen gegen die Vereinigten Staaten zu bilden. Die Republikaner waren immer noch skeptisch oder lehnten den Schritt rundweg ab. Am Ende jedoch, nach vielfältigen Vorschlägen und Abstimmungen im Repräsentantenhaus und Senat, unterzeichnete Präsident Bush am 27. November das Gesetz. Mehr als vierzehn Monate nach dem Anschlag hatten wir endlich eine 9/11-Kommission.

Sie war überparteilich. Der ehemalige Republikanische Gouverneur von New Jersey Thomas Kean hatte den Vorsitz, und das ehemalige Demokratische Kongressmitglied Lee Hamilton aus Indiana, der frühere Vorsitzende des außenpolitischen Ausschusses des Repräsentantenhauses, war sein Stellvertreter. Kean und Hamilton respektierten sich gegenseitig und arbeiteten gut zusammen. Die Erkenntnisse, die bei den Anhörungen zutage kamen, sollten erhebliches Gewicht haben.

Die Kommission hielt ihre Anhörungen vor dem Hintergrund des Irakkrieges ab. Kean, Hamilton und die übrigen angesehenen Mitglieder des Gremiums eröffneten am 31. März 2003 die erste öffentliche Anhörung der Nationalen Kommission. Nach mehreren Monaten stellten sie fest, dass ihre Arbeit verzögert werde, hauptsächlich weil die Bush-Administration sich Zeit bei der Beschaffung des relevanten und unerlässlichen Materials ließ oder sich sogar geweigert hatte, es herauszugeben. Im Januar 2004 bat die Kommission um eine Verlängerung der Frist für die Abgabe ihres Abschlussberichts. Aber obwohl die Herausgabe des Geheimdienstmaterials monatelang verzögert worden war, sagten Republikaner im Kongress und die Regierung anfangs, sie würden die Gewährung einer zusätzlichen Frist für den Abschluss der Kommissionsarbeit ablehnen.

Als Reaktion gab ich folgende Stellungnahme ab: »Der Widerstand Präsident Bushs gegen die Verlängerung der Kommission steht im Widerspruch zu der gewaltigen Tragödie, die wir am 11. September erlitten haben, und zu der Notwendigkeit, alles in unserer Macht Stehende zu tun, um die Wahrscheinlichkeit zu verringern, dass wir einen weiteren entsetzlichen Anschlag erleben.« Unsere Verantwortung gelte den Familien der 9/11-Opfer, den Ersthelfern, dem Militär und der künftigen Sicherheit unseres Landes. Die Familien verdienten Antworten, und wir müssten das amerikanische Volk schützen. Die Mehrheit derjenigen, die in der besten Position seien, dies zu wissen, die Republikaner und Demokraten in der Kommission, hätten erklärt, sie würden mehr Zeit benötigen, und wir seien überzeugt, dass es lebenswichtig sei, dieser Bitte nachzukommen. Anfang Februar korrigierte sich die Regierung und befürwortete eine zweimonatige Verlängerung der Frist.

Als die Kommission im Juli 2004 ihren Abschlussbericht veröffentlichte, kamen der Vorsitzende Kean und der Vizevorsitzende Hamilton in mein Büro und präsentierten ihn vor unserer Demokratischen Führung. Es war ein Präsidentschaftswahljahr, und der Nationalkonvent der Demokraten sollte in Boston stattfinden. Unmittelbar nach dem Konvent forderte ich die Demokratischen Kongressmitglieder auf, nach Washington zurückzukehren und auf eine Autorisierung der Maßnahmen zu drängen, die die 9/11-Kommission empfohlen hatte. Diese Empfehlungen enthielten Veränderungen bei der Organisation der inneren Sicherheit, Verbesserungen beim Nachrichtendienst und bei unseren Bemühungen, globale Reisende auszusieben, eine Modernisierung der Visavergabe, eine umfassendere Überwachung im Hinblick auf Bioterrorismus sowie weitere wichtige Vorkehrungen, um die Regierung ins 21. Jahrhundert zu befördern und besser für die neuen Gefahren, die uns drohen, gewappnet zu sein. So gut wie alle Demokratischen Kongressmitglieder gingen zurück an die Arbeit. Damals hatten wir eine große Zahl an Veteranen in unserer Fraktion, und sie konnten es kaum erwarten, diese Empfehlungen zum Schutz des amerikanischen Volkes zu verabschieden. Die Re-

publikaner hingegen zögerten: Sie zögerten so sehr, dass erst zweieinhalb Jahre später – im Januar 2007, als die Demokraten wieder
die Kontrolle des Kongresses übernahmen – die abschließenden
Empfehlungen der 9/11-Kommission zur Abstimmung kamen. Als
die neue Legislaturperiode im Repräsentantenhaus begann, war
unsere erste Eingabe H.R.1, der Implementing Recommendations
of the 9/11 Commission Act – also das Gesetz zur Umsetzung
der Empfehlungen der 9/11-Kommission –, den wir am 9. Januar
verabschiedeten. Der Senat brachte seine Version jedoch erst am
9. Juli ein. Nach der Klärung der Unterschiede zwischen unseren Entwürfen wurden die Empfehlungen der 9/11-Kommission
endlich Gesetz und traten mit Präsident Bushs Unterschrift am
3. August 2007 in Kraft – fast sechs Jahre nach dem Anschlag auf
unser Land und fast viereinhalb Jahre nach der Invasion im Irak.

Als Präsident Bush das Gesetz unterzeichnete, befanden sich
die Vereinigten Staaten mitten in einem Wandel ihrer Kriegsführung im Irak, weil sie zu einer Maßnahme übergingen, die man
»die Aufstockung« nannte – der Plan sah vor, über 30 000 Mann
zusätzlich aufs Schlachtfeld zu schicken. Der Krieg, der laut den
Versprechungen der Regierung in einem Land, wo unsere Truppen angeblich als »Befreier« empfangen würden, schnell und fast
kostenlos geführt werden sollte, war in bittere Terroranschläge
gegen unsere Soldaten und blutige Straßenkämpfe ausgeartet.

JACK MURTHA: »EINE IN EINEN WUNSCHTRAUM VERPACKTE FEHLERHAFTE POLITIK«

Präsident Bush hatte zwar am 1. Mai 2003 unter einem Banner
mit der Aufschrift »Mission Accomplished« das Ende der großen
Kampfhandlungen im Irak verkündet, aber viele Iraker betrachteten den Konflikt anders. Sie begannen einen Aufstand, der

mit Bombenanschlägen anfing und zu Straßenüberfällen auf US-Truppen sowie Hinterhalten gegen und Morden an Auftragnehmern der USA eskalierte. Saddam Hussein wurde im Dezember 2003 endlich gefasst. Einen Monat später wurde der Bush-Administration mitgeteilt, dass Inspekteure keine massiven Vorräte an chemischen, biologischen und vor allem nuklearen Waffen sowie deren Komponenten im Irak gefunden hätten. David Kay, der ehemalige oberste US-Waffeninspekteur, sagte am 28. Januar 2004 vor dem Kongress aus: »Wir irrten uns in fast allen Punkten.« Trotz der sinkenden öffentlichen Unterstützung für den Krieg gewann Präsident Bush dennoch die Wiederwahl im selben Jahr gegen Senator John Kerry, einen dekorierten Veteranen des Vietnamkrieges.

Im Jahr 2005 fanden im Irak zwar Wahlen statt, doch die Gewalt ging weiter. Am 17. November 2005 hielt Jack Murtha, ein langjähriger Fürsprecher der Streitkräfte im Repräsentantenhaus, vor der Fraktion der Demokraten und dann vor der Presse einen Vortrag. Murtha war ein stolzer Marine und dekorierter Kriegsheld mit zwei Purple Hearts für seine Leistungen in Vietnam. Er hatte als oberster Demokrat im Unterausschuss für Rüstungsbeschaffung gedient und suchte regelmäßig die Soldaten am Kriegsschauplatz und in Militärkrankenhäusern in den USA und im Ausland auf. Er war ein überzeugter Unterstützer des Ersten Golfkrieges gewesen und hatte im Oktober 2002 für die Autorisierung des Irakkrieges gestimmt.

Mit diesen Referenzen verkündete Jack Murtha im November 2005, dass er eine Eingabe machen werde, die US-Truppen aus dem Irak abzuziehen. Seine Worte waren unverblümt und beeindruckend: »Der Krieg läuft nicht so, wie er angekündigt wurde. Es handelte sich um eine in einen Wunschtraum verpackte fehlerhafte Politik. [...] Es ist Zeit für einen Kurswechsel. Wir dürfen den derzeitigen Kurs nicht beibehalten. Der Hauptgrund für den Beginn des Krieges ist zunichtegemacht worden.« Murtha sprach traurig und ausführlich über die verwundeten Soldaten, mit denen er gesprochen hatte, über die Auswirkungen auf deren Familien und die »Kampfmüdigkeit«, wie er es nannte, oder posttraumatische Belastungsstörung. Er verwies auf die Misshandlung irakischer Häftlinge in Abu Ghraib, dem von den USA geleiteten Gefängnis, und erklärte, dass sich die Zahl der Anschläge auf unsere Truppen verdoppelt habe, seit Folter und Misshandlung von Gefangenen enthüllt worden sei. Laut einer britischen Umfrage wünschten 80 Prozent der Iraker unseren Abzug aus ihrem Land, und etwa 45 Prozent seien überzeugt, dass die Anschläge auf US-Truppen gerechtfertigt seien. Ferner erklärte er, die amerikanische Öffentlichkeit sei den Mitgliedern des Kongresses mit ihrer Ablehnung des Krieges bereits weit voraus.

Die öffentliche Reaktion auf Murthas Äußerungen und seinen Plan war überwältigend. Er konnte kaum einen Flughafen aufsuchen, ohne dass ihm gedankt und Beifall geklatscht wurde. Seine Anwesenheit war im ganzen Land gefragt. Gerade wegen seiner Glaubwürdigkeit in Sachen nationale Sicherheit verlieh er den Menschen die Zuversicht, dass ein neuer Weg für unser Militär gefunden werde, und Hoffnung auf Frieden.

Nicht lange nach Murthas eindrucksvoller Rede veranstaltete der legendäre *Star Wars*-Filmemacher George Lucas eine Gala in San Francisco, die von der National Basketball Association (NBA) gesponsert wurde. Es war die erste private Veranstaltung, um Gelder für das vorgeschlagene Denkmal für Martin Luther King an der National Mall in Washington zu sammeln. Als das Programm begann, sagte der Moderator, er wolle seinen Helden Jack Murtha würdigen – und die Menge brüllte zustimmend. Vor Jacks Stellungnahme zum Krieg hätte wohl kaum jemand der Anwesenden gewusst, wer er war. Doch jetzt wurde seine Bedeutung allgemein anerkannt, obwohl Jack nicht einmal anwesend war.

Ich war sehr froh, weil ich Jack und seine Frau Joyce mag – er war Vorsitzender meiner Kampagne gewesen, als ich mich zum ersten Mal um die Führung im Repräsentantenhaus beworben hatte –, aber vor allem, weil er so großen Mut bewiesen hatte.

Jack hatte viele Kongressdelegationen geleitet, die unsere Streitkräfte besuchten, und wir statteten häufig unseren Truppen einen Besuch ab, wenn sie nach Hause zurückkehrten, insbesondere unseren schwer verwundeten Soldaten. Ich erinnere mich an einen Besuch im Walter Reed National Military Medical Center, dem Militärkrankenhaus der U.S. Army in Maryland. Wir waren im Begriff, das Zimmer eines Patienten zu betreten, als wir gebeten wurden, einen Augenblick zu warten. Das war nicht ungewöhnlich – doch in diesem Fall wollte der Soldat etwas Zeit, um Jack Murtha gebührend zu begrüßen. Als die Tür aufging, sah Jack den jungen Mann in einem Football-Trikot der Pittsburgh Steelers aufrecht vor dem Bett stehen und salutieren. Jack repräsentierte West-Pennsylvania, und die Steelers waren seine Heimmannschaft.

Kein Mensch machte mehr Besuche bei Soldaten in Krankenhäusern als Jack, bemühte sich mehr, die Patienten und Familien zu trösten, ihre Genesung zu verfolgen und ihre Probleme zu verstehen. Jack spornte uns alle an, ihn zu begleiten. Bei einem Besuch sprach ich mit einem zwanzigjährigen Soldaten, und als er seine Verwundungen beschrieb, sagte er: »Und Madam, von hier an habe ich nichts mehr.«

Für ihn und so viele andere junge Männer ein entsetzlicher Preis des Krieges.

GEGEN DEN KRIEG – FÜR DIE SOLDATEN

Im Jahr 2006 waren wieder Zwischenwahlen zum Kongress. Als wir uns den Wahlen widmeten, arbeiteten Harry Reid, der Führer der Demokraten im Senat, und ich eine politische Strategie aus, um den Kongress zurückzugewinnen. Die Demokraten hatten seit 1994 nicht mehr die Mehrheit in beiden Häusern gehabt. Doch 2005 hatte Präsident Bush uns ein Geschenk gemacht, als er erklärte, er werde die soziale Absicherung privatisieren. Unser Widerstand gegen Bushs Privatisierungsplan und unsere moralische Kampagne unter dem Wahlspruch »Den Sumpf trockenlegen« führten uns zum Sieg. Im November errangen wir bei sinkender Beliebtheit von Präsident Bush und mit der Propagierung unserer eigenen »Neuen Richtung für Amerika« – sowie mit der vereinten Unterstützung der Demokraten für unsere Agenda »Six for '06« – die Mehrheit sowohl im Repräsentantenhaus als auch im Senat. Wir hatten beschlossen zu gewinnen – und wir gewannen.

Doch der Irakkrieg hatte ebenfalls maßgeblich Anteil. Während der Wahl und nach unserem Sieg gingen Tausende auf die Straße und forderten ein Ende des Krieges. Einige riefen wegen Bushs Rolle bei dessen Beginn und wegen der falschen Darstellungen seiner Regierung im Umfeld der Invasion sogar zu einem Amtsenthebungsverfahren gegen den Präsidenten auf.

Es gab zwar größere Meinungsverschiedenheiten bezüglich des wegen seiner Folgen meiner Meinung nach schwersten destabilisierenden Fehlers in der jüngsten amerikanischen Geschichte, doch ich wehrte mich gegen die Rufe nach einer Amtsenthebung. Aufgrund der nicht existierenden Atomwaffen des Irak und des zu frühen Abzugs aus Afghanistan hatte Senator Bob Graham in seinem Buch *Intelligence Matters* massiv für ein Impeachment plädiert. Obwohl ich eine starke Gegnerin des Krieges war – und unablässig auf die falschen Aussagen der Regierung hinwies –, war ich doch der Auffassung, dass wir, solange amerikanische Soldaten im Kampf waren, die Verantwortung hatten, sie zu unterstützen.

Im Dezember 2006 begann eine überparteiliche Arbeitsgruppe zum Irak unter dem Vorsitz des ehemaligen Republikanischen Außenministers James Baker und des ehemaligen Demokratischen Kongressmitglieds Lee Hamilton (zuvor in der 9/11-Kommission) ihren zusammenfassenden Bericht mit den Worten: »Die Lage im Irak ist ernst und verschlechtert sich. Es gibt keinen Weg, der einen Erfolg garantiert, aber die Aussichten können verbessert werden.« Aufgrund dieser Aussage einer weitgehend konservativen Arbeitsgruppe hätten bei der Regierung die Alarmglocken genauso läuten müssen, wie das beim amerikanischen Volk der Fall war. In einem Versuch, die Dynamik im Irak und auf dem Schlachtfeld zu verändern, empfahlen erste Militär- und Außenpolitikexperten, dass die USA zusätzliche Truppen in den Irak entsenden sollten. Präsident Bush hatte sich mit einer Reihe von Beratern getroffen, und als Ergebnis stimmte er dem Plan zu, zusätzliche Truppen zu entsenden.

Als ich knapp vier Jahre nach der Invasion im Irak Sprecherin des Repräsentantenhauses wurde, luden George und Laura Bush Paul und mich zu einem privaten Dinner im Speisesaal im ersten Stock des Weißen Hauses ein. Vor dem Dinner setzten sich der Präsident und ich eine Stunde lang zusammen, nur wir zwei. Er fragte mich, was ich über ein Festhalten an der US-Präsenz im Irak dächte, die vergleichbar mit der in Südkorea seit dem Ende des Koreakrieges im Jahr 1953 ist. Sosehr ich beim Irak anderer Meinung als Präsident Bush war, blieb ich doch respektvoll, wenngleich ich auch sehr ehrlich zu ihm war. Ich riet ihm definitiv von einer weiteren Präsenz ab – ich war gegen den Versuch der Staatenbildung im Irak. Ebenso respektvoll legten wir unsere Meinungsverschiedenheiten beim Dinner beiseite.

Es gab zwei unmittelbare institutionelle Schwierigkeiten bei dieser erweiterten US-Kampf- und Besatzungstruppe im Irak: Das US-Militär musste seine Rekrutierungsbemühungen steigern, um die Truppenziele für die Aufstockung zu erreichen. Und das Pentagon brauchte mehr Geld, um die Aufstockung zu bezahlen.

Im Frühjahr 2007 drehte sich die zentrale Debatte im Kongress über den Krieg in erster Linie um die Finanzierung, einschließlich der Maßnahmen zur Rechenschaftspflicht und um Fristen. Der erste Entwurf, den die Demokraten des Repräsentantenhauses im Plenum einbrachten, betraf sowohl die Finanzierung des Krieges als auch eine Frist bis zum August 2008 für den Abzug der US-Kampftruppen aus dem Irak. Der Senat hatte Schwierigkeiten, eine Vorlage zu verabschieden, die ein genaues Datum für den vollen Abzug der Truppen enthielt, konnte jedoch einem Zeitpunkt für den Beginn des Abzugs zustimmen. Stattdessen präsentierten die Senatoren als »Ziel« für ein Ende des Einsatzes von US-Kampftruppen im Irak den März 2008. Daraufhin verabschiedete das Repräsentantenhaus die vom Senat abgeschwächte Vorlage – doch selbst gegen diese legte Präsident Bush sein Veto ein.

Damit mussten wir noch mal von vorn anfangen. Und was den Bedarf an Geldern anging, so hatten wir es nicht nur mit dem Irak zu tun. Louisiana, Mississippi und Alabama hatten immer noch Mühe, sich von dem verheerenden Wirbelsturm Katrina im Jahr 2005 zu erholen. Das Repräsentantenhaus wurde aufgefordert, eine zusätzliche Bewilligungsvorlage zu verabschieden, um die Bewältigung von Katrina, andere innenpolitische Erfordernisse und nun auch den anhaltenden Krieg zu finanzieren.

Als alle drei Themen zusammengelegt wurden, war in unserer Fraktion die Hölle los.

Die Mitglieder waren überwiegend gegen eine Finanzierung des Irakkrieges – und sie lehnten es vehement ab, für den Krieg und Katrina in der gleichen Bewilligungsvorlage zu stimmen. Es war unabdingbar, dass jede Eingabe, die ich vorschlug, es den Mitgliedern ermöglichte, für Katrina-Hilfe und innenpolitische Angelegenheiten zu stimmen, ohne dass sie zugleich die Finanzierung des Irakeinsatzes billigten. Diese Formel hatte zur Folge, dass ich Republikaner überreden musste, gemeinsam mit uns für die Bewilligung von mehr Geld für die Finanzierung der Truppen im Irak zu stimmen, weil so viele Demokraten gegen den Krieg waren, dass ich nicht garantieren konnte, dass die Eingabe allein mit den Stimmen unserer Partei durchgehen würde.

Persönlich sympathisierte ich mit der Mehrheit der Demokratischen Fraktion, aber ich meinte zu meinen Mitgliedern: Wenn wir sagten, wir unterstützten die Streitkräfte, so gelte dies, wenn es schwierig sei, genauso, wie wenn es einfach sei, indem wir es dem Repräsentantenhaus ermöglichten, seinen Willen durchzusetzen.

Eine finanzielle Unterstützung der Streitkräfte hieß, dass ich immer noch einen Nachtragshaushalt für Verteidigung durchbringen musste. Folglich war es notwendig, das Verfahren in zwei verschiedene Eingaben im Plenum zu splitten, die anschließend zusammengeführt und an den Senat weitergeleitet würden. Dave Obey aus Wisconsin, der Vorsitzende des Haushaltsausschusses – der raffinierteste und am stärksten strategisch denkende Abgeordnete, der die Eingaben steuern sollte –, äußerte die Besorgnis, dass die Republikaner beschließen könnten, nicht für zusätzliche Mittel im Irak zu stimmen, um die Demokraten in Zugzwang zu bringen und uns als rücksichtslos gegenüber den Soldaten darzustellen. Aber dazu kam es nicht.

Im Mai verabschiedeten wir im Plenum des Repräsentantenhauses die Eingaben mit den sehr spezifischen Bezeichnungen U.S. Troop Readiness, Veterans' Care, Katrina Recovery Act, 2007 – also Gesetz zur Truppenbereitschaft, Veteranenfürsorge und zum Wiederaufbau nach Katrina – und Iraq Accountability Appropriations Act, 2007 – das Rechenschafts- und Beschaffungsgesetz für den Irak. Die Vorlage war sehr klar in ihrer Unterstützung für unsere im Dienst befindlichen Militärangehörigen und unsere Veteranen. Viele Bestimmungen waren auf ihr Wohl und ihre Absicherung ausgerichtet. Der Abgeordnete Ike Skelton aus Missouri, der Vorsitzende des Streitkräfteausschusses, schlug eine Erhöhung des Soldes um 3,5 Prozent und einen Anstieg der Zuwendungen für Überlebende um monatlich 40 Dollar vor. (Die Regierung erklärte, diese Anhebung sei überflüssig.) Der Abgeordnete John Spratt aus South Carolina, der Vorsitzende des Haushaltsausschusses, brachte ebenfalls ein Budget ins Plenum ein, das eine Anhebung der Mittel zur Versorgung unserer Veteranen um 6,7 Milliarden Dollar vorsah. Der Abgeordnete Chet Edwards aus Texas, der Vorsitzende des Bewilligungsunterausschusses für militärisches Bauwesen, Veteranenangelegenheiten und zugehörige Behörden, präsentierte die höchste Anhebung des Budgets für Veteranenangelegenheiten in der 77-jährigen Geschichte des betreffenden Ministeriums.

Folglich lag auf der Hand, dass es in unserer Debatte nicht darum gehen würde, ob wir unsere Truppen unterstützten oder nicht. Das taten wir selbstverständlich. Es ging um den Widerstand gegen den Krieg.

In meiner Rede am 24. Mai sagte ich: »Wir sind der Meinung, es sollte eine neue Richtung geben [...] Viele Generäle im Ruhestand, darunter General William Odom, haben erklärt, dass jede Strategie für einen Erfolg im Irak mit einer Verlegung von Truppen aus dem Irak beginnen müsse [...] Genau das schlagen wir vor: eine Veränderung der Mission. Eine Truppenverlegung zu einem anderen Zweck.«

Wir verabschiedeten beide Eingaben, kombinierten sie miteinander, und danach billigte der Senat das Gesetzespaket. Mit der Unterschrift von Präsident Bush trat es in Kraft. Die Finanzierung der Streitkräfte war gesichert – auch wenn ich persönlich anfangs gegen die Finanzierung der Kriege im Irak und in Afghanistan gestimmt hatte. Der Gesetzestext enthielt zwar keinen Zeitplan für einen Truppenabzug, doch wir hofften immer noch, dass die große Mehrheit der Streitkräfte in den kommenden Monaten aus dem Irak verlegt würde.

Im September 2007 legten General David Petraeus, inzwischen der Befehlshaber der Streitkräfte im Irak, und der dortige US-Botschafter Ryan Crocker einen Bericht vor, der sich gegen einen vorzeitigen Abzug aussprach und für eine Fortsetzung der Aufstockung der Kampftruppen bis Sommer 2008 plädierte. Der Bericht traf uns schwer. Die Demokraten schäumten vor Wut – im Kongress ebenso wie außerhalb. Im Repräsentantenhaus hatte sich unsere »Raus aus dem Irak«-Fraktion klar, entschlossen und eindringlich gegen den Krieg ausgesprochen. Und sie hatte recht. Ich werde Kongressmitglied Lynn Woolsey aus Kalifornien nie vergessen, die sich fast täglich im Plenum zu Wort meldete, um über die Unwahrheit und Versäumnisse des Krieges zu sprechen. Externe Gruppen, allen voran MoveOn, äußerten unablässig und hartnäckig ihren lautstarken Protest. Parallel zur Veröffentlichung des Petraeus-Crocker-Berichts gab MoveOn dem General den Spottnamen »General Betray Us«[4].

Nach dem Bericht traf sich die Führung des Kongresses im

---

4 Ein Wortspiel mit dem im Englischen ähnlichen Klang von »Petraeus« und »Betray Us«, was »uns verraten« bedeutet. [Anm. d. Red.]

Weißen Haus mit Präsident Bush, um über die Truppenaufstockung zu sprechen. Der Präsident sagte, er wolle unsere Ansichten über die Strategie hören. In Wahrheit wollte er uns bitten, unsere Kritik sechs Monate lang zurückzuhalten.

Ich vertrat den Standpunkt, dass der Krieg beendet werden müsse. Ich fragte den Präsidenten, weshalb er denn glaube, die Aufstockung werde Erfolg haben, da doch so viele seiner Kriegsinitiativen gescheitert seien. Er gab zurück: »Weil sie muss.« Meine Abschiedsbotschaft an ihn lautete, dass ohne eine Ausstiegsstrategie die Enkelkinder Amerikas noch in zehn Jahren im Irak dienen würden. Wir konnten uns auf keine gemeinsame Basis einigen.

IRAK: DIE KONSEQUENZEN

Als Präsident Bush etwas über ein Jahr später aus dem Amt schied, hatte er eine Vereinbarung über den Status der Streitkräfte ausgehandelt (auf Englisch kurz SOFA), die auf Drängen der Iraker hin die Bedingungen für den Abzug der US-Streitkräfte aus dem Irak formulierte. Mit dieser Vereinbarung wurde zugleich ein Termin für den Abzug festgelegt.

Es gibt zwar Stimmen, die behaupten, die Aufstockung habe Erfolg gehabt, aber meiner Ansicht nach funktionierte sie, wenn man sich die Fakten näher betrachtet, nur vorübergehend, und dann verschlechterten sich die Bedingungen innerhalb des Landes erneut dramatisch. Die irakische Regierung wurde unzuverlässig, und neue Formen des Terrors kamen auf.

Abgesehen von dem enormen Verlust an Menschenleben und dem bitteren Leid im Irak, lag auch auf der Hand, dass die Aufnahme von Feindseligkeiten durch unsere Streitkräfte gravierende, nachhaltige Konsequenzen für die Region hatte. Viele Jahre lang hatten sich der Irak und sein Nachbar Iran gegenseitig im

Auge behalten. Die beiden Länder hatten einen langen Krieg gegeneinander geführt. Sie waren stark auf ihre extreme gegenseitige Feindschaft fixiert geblieben.

Jetzt war der Irak jedoch massiv geschwächt, litt unter dem Konflikt zwischen Sunniten und Schiiten und hatte zudem eine sehr anfällige Regierung. Damit hatte der Iran einen größeren Spielraum, um seine Terroraktivitäten und allgemeine Unterstützung für Terrorgruppen im Nahen Osten zu verstärken. Überdies konnte der Iran unbehelligt an einer Kernwaffe arbeiten. In dem Streben nach Massenvernichtungswaffen forderte der Iran Komponenten und Wissenschaftler aus China an und wurde zunehmend zu einer Gefahr für die ganze Welt. Darüber hinaus war der Iran imstande, sein Geld für die Unterstützung der Hisbollah im Libanon sowie der Hamas in Gaza zu nutzen, und sogar, um in Afghanistan seinen Einfluss geltend zu machen.

Der Wechsel des militärischen Fokus und der Ressourcen schon im Jahr 2002 von Afghanistan hin zum Irak – unter der Behauptung, wir hätten die Taliban ausgerottet – zählt eindeutig zu den größten strategischen Fehlern in der Geschichte der nationalen Sicherheit. Nur »die Taliban auszurotten« garantierte keineswegs, dass Afghanistan nicht eines Tages wiederum zu einem Unterschlupf für al-Qaida und andere Terrorgruppen wurde. Nur »die Taliban auszurotten« hieß mitnichten, dass sie endgültig besiegt waren – sie warteten lediglich auf die Gelegenheit, an die Macht zurückzukommen.

Wir wollen auf keinen Fall, dass unsere Soldaten glauben, ihr Schutz unserer Freiheit werde nicht respektiert oder sei vergeblich. Doch der Verlust von Menschenleben – amerikanischen ebenso wie afghanischen und irakischen – war tragisch. Und die Bedingungen für Frauen und Kinder sowohl in Afghanistan als auch im Irak blieben eine tiefe Quelle der Besorgnis für Amerikaner allgemein und für viele von uns im Kongress. Die Geschichte des 11. September und der Kriege in Afghanistan und im Irak ist traurigerweise noch nicht zu Ende. Ebenso wenig wie die Konsequenzen für uns, die Region und die ganze Welt.

LANGFRISTIGE LEHREN DES 11. SEPTEMBER BIS ZUM IRAK

Wie gesagt war ich schon damals und bin noch heute fest überzeugt, dass der Irakkrieg der schwerste destabilisierende Fehler in der jüngsten amerikanischen Geschichte war. Einige wichtige Fragen bezüglich der letztlichen Entscheidung, in den Krieg zu ziehen, wurden nie zufriedenstellend beantwortet: Warum gab sich die Regierung überhaupt die Mühe, die Aussichten auf nukleare Kapazitäten des Irak falsch darzustellen? Warum führte sie die amerikanische Bevölkerung bezüglich der erforderlichen Truppen, um das Land zu besetzen, in die Irre? Und warum zogen wir aus Afghanistan ab, bevor die Mission dort wirklich erfüllt war?

Ich habe Verständnis dafür, weshalb verschiedene Abgeordnete des Repräsentantenhauses und Senatoren zum Irak so abstimmten, wie sie es taten. Viele Republikaner verließen sich auf ihren Präsidenten und gaben ihm einen Vertrauensvorschuss. Aber eine Abstimmung über einen Krieg erfordert letztlich, dass man seinem eigenen Urteilsvermögen vertraut. Ich forderte nie jemanden auf, zusammen mit mir zu stimmen; ich erklärte schlicht, weshalb ich mich so oder so entschied.

Letztlich bin ich der Auffassung, dass die Fehler, die zu 9/11 führten, organisatorischer Natur und unbeabsichtigt waren. Aber die Versäumnisse der Nachrichtendienste, die zur Invasion im Irak führten, waren bürokratisch bedingt und beabsichtigt. Was den 11. September angeht, hatten wir viele einzelne Punkte, schafften es aber nicht, sie miteinander zu verbinden; unsere nachrichtendienstliche Gemeinschaft war nicht so strukturiert, dass sie das Ausmaß dieser neuen Gefahr erfasst und die neuen Muster, die sich herausbildeten, erkannt hätte. Im Fall des Irak gab es eine konzertierte Bestrebung, unbequeme Analysen zu ignorieren (und sogar zurückzuhalten) und künstlich Nachrichten aufzublähen oder aufzuwerten, die für eine Invasion sprachen: also nur einen Teil der Punkte zu verbinden und andere auszulassen. Wie die Arbeitsgruppe zum Irak in ihrem Bericht kommentierte: »Ein außerordentlich großes Opfer ist unseren Männern und Frauen in Uniform und deren Familien abverlangt worden.« Aber dem Ausmaß des Opfers muss stets auch das gleiche Ausmaß an Planung des Krieges oder dessen Nachspiels entsprechen. Als Institution trägt der Kongress eine Verantwortung dafür, das Opfer unserer Soldaten zu würdigen, während wir für den Schutz unserer Nation arbeiten.

Die Welt bleibt gefährlich. Wir haben noch genauso die Verantwortung wie an jenem sonnigen, wunderschönen und dann tragischen Morgen des 11. September 2001.

VON TIANANMEN
NACH TAIWAN

Die Verfolgung unseres Flugzeugs begann in dem Moment, als es am 2. August 2022 kurz vor 16 Uhr Ortszeit von der malaysischen Hauptstadt Kuala Lumpur aus abhob. Die U.S. Air Force C-40 mit dem Decknamen SPAR19 hatte fünf Mitglieder des Kongresses plus meine Wenigkeit an Bord. In den folgenden sieben Stunden, während wir Südasien überquerten und dabei sorgsam das Südchinesische Meer mieden, beobachteten auf der ganzen Welt rund 2,92 Millionen Menschen einen Teil unseres Fluges. Als unsere Maschine in Taipeh, der Hauptstadt Taiwans, landete, verfolgten mehr als 708 000 Menschen SPAR19 und machten ihn zum damals meistbeobachteten Liveflug in der Geschichte der Flug-App Flightradar24.

Taiwan ist die Insel, auf die die Gegner des strengen Kommunismus Mao Zedongs im Jahr 1949 flüchteten, als Mao die Macht übernahm. Die chinesische Regierung hat von Anfang an Taiwans Souveränität bedroht, und eine militärische Invasion zählt zu den größten Bedrohungen der globalen Sicherheit.

Kurz bevor unsere mutige Crew die Landung der Maschine begann, hatte die Volksrepublik China Kampfjets in die schmale Straße von Formosa entsandt, die den Rand von Taiwans Luftraum streiften – das charakteristische Säbelrasseln. Außerdem hatte das chinesische Militär bekanntgegeben, dass es in Kürze

Übungen im Gefechtsschießen durchführen und scharfe Munition in der Nähe Taiwans einsetzen werde.

Unsere Delegation war von der Regierung Taiwans eingeladen worden. Ursprünglich hatten wir vor, im April zu reisen, mussten den Besuch aber verschieben, nachdem mein Corona-Test positiv ausgefallen war. Als ich die anderen Mitglieder der Delegation fragte, ob wir die Reise dennoch machen sollten, stimmten sie ebenso eifrig wie energisch zu. Die Abgeordneten Gregory Meeks, der Vorsitzende des außenpolitischen Ausschusses im Repräsentantenhaus, Mark Takano, der Vorsitzende des Veteranenausschusses, Suzan DelBene, die Vorsitzende der Gruppe New Democrat Coalition, Raja Krishnamoorthi aus dem Geheimdienstausschuss des Repräsentantenhauses und Andy Kim vom Ständigen Streitkräfteausschuss und Außenpolitischen Ausschuss des Repräsentantenhauses sollen hier für ihre feste Entschlossenheit gelobt werden.

Ich stand damals und stehe noch heute auf folgendem Standpunkt: Trotz der Tobsuchtsanfälle Xi Jinpings durften wir nicht zulassen, dass Peking Taiwan isolierte. Als unsere Wagenkolonne den Flughafen von Taipeh verließ, hatten wir keine Ahnung, dass zu dieser späten Stunde Tausende Menschen die Straßen der Hauptstadt säumen würden, um unsere Ankunft zu bejubeln und zu feiern. Das höchste Gebäude der Stadt war von Scheinwerfern angestrahlt und leuchtete von Willkommensbotschaften. Ich konnte die Buchstaben *U-S-A* in den Scheiben gespiegelt sehen, während wir vorüberfuhren.

Die kommunistische Regierung Chinas verurteilte sofort unseren Besuch. Aber ich war überzeugt, dass wir Taiwans Demokratie stärken mussten, vor allem angesichts der verschärften Repression innerhalb Chinas. Wie ich am Morgen unseres Besuches schrieb: »Die Welt steht vor der Wahl zwischen Autokratie und Demokratie […] Es ist unerlässlich, dass Amerika und unsere Verbündeten deutlich machen, dass wir niemals gegenüber Autokraten klein beigeben.« Ich habe mich 35 Jahre lang bemüht, Chinas Autokraten zur Rechenschaft zu ziehen, insbesondere für ihre Behandlung der Bürger ihres eigenen Landes: in Tibet, beim Genozid an der muslimischen Minderheit der Uiguren im Nordwesten Chinas und bei der Zerschlagung der Demokratie in Hongkong.

Im öffentlichen Leben gibt es Themen, die ich für Gewissensfragen halte, die aus den Tiefen unserer gemeinsamen Humanität zu uns sprechen. Das sind Fragen, bei denen unser Gewissen es uns nicht gestattet, untätig zuzusehen oder zu schweigen. Sie fordern uns heraus, im Namen derjenigen zu handeln, die dazu nicht imstande sind. Seit ich in den Kongress einzog, hat das Fehlen der elementaren Menschenrechte in der Volksrepublik China und Tibet meinem Gewissen keine Ruhe gelassen. Mit Blick auf Handel und Gewinne haben wir die Behandlung der eigenen Bürger durch die chinesische Regierung, nicht zuletzt der Bürger Hongkongs und Tibets, ignoriert. Dabei wissen wir, dass Peking unablässig Taiwan bedroht. Die Vereinigten Staaten haben die religiöse und ethnische Verfolgung der chinesischen Regierung innerhalb der eigenen Grenzen ignoriert und nicht erkannt, wie Peking andere Teile der Welt destabilisiert hat. Im Fall des Iran hat die chinesische Regierung dem iranischen Regime ihre Technologie – einschließlich Ringmagneten, um Uran anzureichern –, ihre Wissenschaftler und ihre Trägersysteme geschickt und damit das Risiko nuklearer Kampfhandlungen für die ganze Welt erhöht.

Das ist auch keineswegs eine neue Geschichte; sie spielt sich schon seit Jahrzehnten ab. Die chinesischen Herrscher verheimlichen gar nicht, was sie tun. Es war schlicht so, dass zu viele von uns beschlossen haben, ihr Vorgehen zu entschuldigen oder zu ignorieren oder davor die Augen zu verschließen.

Am 4. Juni 1989 hatte die ganze Welt gesehen, wie die chinesische Regierung ihre Volksbefreiungsarmee aussandte, um friedliche, wehrlose Bürger, zum großen Teil junge Studierende, zum
Schweigen zu bringen, die auf Pekings Tiananmen-Platz Grund-
rechte einforderten. Die Demonstranten hielten den Platz fast zwei
Monate lang besetzt, seit Mitte April, seit dem Tod Hu Yaobangs,
der als Generalsekretär der Kommunistischen Partei Chinas zu
demokratischen Reformen aufgerufen hatte und zum Rücktritt
gezwungen worden war. Im Mai waren bereits knapp eine Million Menschen auf den Tiananmen geströmt, und viele andere
hatten sich in mehr als 400 Städten in ganz China versammelt.
Auf dem Tiananmen errichteten die Demonstranten eine Göttin
der Demokratie nach dem Vorbild unserer Freiheitsstatue und
zitierten die Gründerväter der Vereinigten Staaten. Studierende
und ihre Unterstützer kämpften für Redefreiheit, Pressefreiheit,
Transparenz, Rechenschaftspflicht und ein Ende der grassieren-
den Korruption. Stattdessen erwartete diese tapferen Seelen, die
für die Freiheit aufgestanden waren, ein Kugelhagel und eine noch
härtere Ära der Repression. Hunderte, womöglich Tausende chinesische Bürger kamen bei dem Massaker auf dem Tiananmen-
Platz ums Leben. Viele weitere wurden verwundet, ins Gefängnis
gesteckt oder waren gezwungen, aus China zu fliehen.

So entsetzlich die Ereignisse vom 4. Juni waren, noch bestür-
zender war die amerikanische Reaktion darauf. Im Juli, kaum
einen Monat nach den Morden, nachdem chinesische Truppen
junge Menschen unter Panzerketten zerquetscht hatten und nach
der öffentlichen Ankündigung, dass er Begegnungen auf höchster Ebene mit China aussetzen werde, erlaubte Präsident George
H. W. Bush es Brent Scowcroft, seinem nationalen Sicherheitsberater, und Vizeaußenminister Lawrence Eagleburger, zu einem
geheimen Treffen nach China zu reisen, auf dem sie versprachen,

niemals zuzulassen, dass sich jemand zwischen die beiden Länder dränge. Interne Dokumente, die später veröffentlicht wurden, zeigen, dass Scowcroft und Eagleburger gegenüber chinesischen Funktionären einräumten, dass es »selbstverständlich eine innere Angelegenheit« sei, wie sie ihre eigenen Bürger behandelten. Die beiden Politiker kehrten im Dezember nach China zurück, um die dortigen Führer bei einem Bankett bei Kerzenlicht in einem Trinkspruch »als Freunde, mit denen wir unseren wichtigen Dialog wiederaufnehmen wollen«, zu preisen.

Im Gegensatz zu diesen Äußerungen wollten wir im Kongress die chinesische Regierung zur Rechenschaft ziehen. Wir begannen im Juni mit der einstimmigen – von allen Demokraten und Republikanern getragenen – Verabschiedung einer Resolution, die das harte Vorgehen und die anschließenden Hinrichtungen der demokratischen Aktivisten verurteilte. Eine überparteiliche Gruppe des Kongresses marschierte sogar bei Regen vor die chinesische Botschaft, um unser Entsetzen über das, was geschehen war, auszudrücken.

Es folgten Eingaben zum Schutz chinesischer Studierender in den Vereinigten Staaten, die in die Proteste für Demokratie verwickelt gewesen waren. Nur zwei Wochen nach dem Massaker auf dem Tiananmen brachte ich den Emergency Chinese Adjustment of Status Facilitation Act von 1989 ein, der den Studierenden eine längere Frist für einen neuen Visaantrag oder den Antrag auf dauerhaften Aufenthaltsstatus einräumte, ohne dass sie Angst haben mussten, nach China zurückzukehren. Diese Studierenden wurden von der chinesischen Regierung ausspioniert. Agenten filmten sie auf Veranstaltungen in den USA und zeigten das Material ihren Familien in der Heimat, um sie einzuschüchtern und ihre Stimmen zum Schweigen zu bringen. In enger Zusammenarbeit mit der chinesischen Studierendengemeinde, darunter auch Zhao Haiqing und die Independent Federation of Chinese Students and Scholars, mobilisierten wir externe Fürsprecher und lavierten im Kongress, um Gesetzesentwurf Nr. 403-0 im Repräsentantenhaus und einen Tag später dank der Leitung des Mehrheitsführers George Mitchell per Akklamation im Senat durchzubringen. Doch dann legte der Präsident in einer schockierenden Entwicklung sein Veto dagegen ein, als der Gesetzesentwurf bei ihm auf den Schreibtisch kam. Der Senat hatte genügend Stimmen, um das Veto zu überstimmen, aber Bush senior appellierte an die Senatoren und versprach, den Schutz für die Studierenden mithilfe einer Verfügung des Präsidenten zu erweitern. Er schrieb sogar persönliche Noten an unsichere Senatoren und einige ihrer Frauen, wiederum mit dem Versprechen, er werde eine Verfügung zum Schutz chinesischer Studierender erlassen. Der Senat überstimmte sein Veto nicht. Man teilte uns mit, die Verfügung werde im Bundesregister bekannt gegeben werden.

Wochenlang checkten wir sorgfältig das Register und hielten nach der Verfügung Ausschau, aber es wurde nichts bekannt gegeben. Schließlich wurde uns, als sich eine Gruppe ans Weiße Haus wandte, mitgeteilt, dass es keine Verfügung geben werde – wir hatten gar nichts erreicht. Zum Glück gelang es mir, Zugang zu einer persönlichen Note des Präsidenten zu erhalten, die an einen Senator verschickt worden war. Wir ließen den Wortlaut in der *Washington Post* abdrucken. Dieser Beweis zwang das Weiße Haus zu einem Kurswechsel, um chinesische Studierende über eine Verfügung des Präsidenten zu beschützen. Im Jahr 1992 wurde der Chinese Student Protection Act verabschiedet, der letztlich über 54 000 chinesischen Staatsbürgern einen dauerhaften Aufenthaltsstatus gewährte. Im Lauf der Jahre bin ich vielen Nutznießern dieser Gesetzgebung und deren Familien begegnet, die imstande waren, sich der Unterdrückung seitens der chinesischen Regierung zu entziehen und Wissenschaftler, Ingenieure und Unternehmenschefs in unserem Land wurden.

Aber es muss mehr getan werden.

Als Hintergrund: In den Jahren 1974/75 verbrachte George H. W. Bush fünfzehn Monate als Direktor des Verbindungsbüros in der Volksrepublik China, des Vorläufers unserer Botschaft. Er hatte eine persönliche Vorliebe für China und dachte womöglich, eine Öffnung Chinas für den Handel werde zu einer offeneren Gesellschaft im Land führen. Gleichzeitig wollten viele Interessen der großen Finanzwelt die amerikanisch-chinesischen Handelsbeziehungen ausweiten. Für sie waren die Demonstranten für Demokratie eine Behinderung ihrer langfristigen Geschäftsinteressen. Gemeinsam mit einer überparteilichen Kerngruppe an Kollegen missbilligte ich diese Interessen der großen Tiere und deren Wunsch, die Freiheit der Finanzwelt unterzuordnen.

Während meiner gesamten Zeit im Kongress vertrat ich konsequent die gleiche Auffassung: Ja, China ist ein sehr wichtiges Land. Die Beziehung zwischen unseren beiden Ländern ist in wirtschaftlicher Hinsicht ebenso wie in Fragen der Sicherheit, des Klimawandels, der Kultur und in so gut wie jeder Beziehung außerordentlich wichtig. Aber die Größe der Volkswirtschaft, die Größe des Landes und die Bedeutung der Beziehung heißen keineswegs, dass wir nicht für die Menschen in China sprechen dürfen, die in ihrem Land keine Stimme haben. Weil Menschenrechte in China ein überaus wichtiges Thema sind. Wenn wir als Amerikaner uns wegen kommerzieller Interessen nicht zur Menschenrechtslage in China äußern, dann verlieren wir auch unsere gesamte moralische Autorität, über Menschenrechtsverstöße in einem anderen Land der Welt zu sprechen.

Mit dieser Haltung stand ich mit jeder Regierung, die ins Weiße

Haus einzog, auf Kriegsfuß, mit Republikanern ebenso wie mit Demokraten. Ich stand auch mit Mitgliedern meiner eigenen Partei auf Kriegsfuß. Bisweilen vertrat ich die gleiche Linie wie eingefleischte Republikaner; tatsächlich kam eine der stärksten Bekundungen der Unterstützung für meine überparteiliche Reise nach Taiwan 2022 vom Senatssprecher der Republikaner Mitch McConnell und 25 weiteren republikanischen Senatoren, die sofort eine überaus positive Stellungnahme zu unserem Besuch veröffentlichten, kaum dass unser Flugzeug in Taipeh gelandet war.

Nach dem Massaker auf dem Tiananmen-Platz erfuhr unsere Gesetzgebung zur amerikanischen Chinapolitik im Kongress und im ganzen Land enorme Unterstützung. Sie konzentrierte sich auf drei Punkte:

An erster Stelle, selbstverständlich, auf die Zeit um das Massaker an womöglich Tausenden friedlichen Demonstranten auf dem Tiananmen und die Verhaftungen unzähliger weiterer bei Demonstrationen auf dem Platz und in ganz China. Die Unterdrückung in Tibet war bereits allgemein bekannt, folglich standen Menschenrechte ohnehin schon oben auf der Agenda. Zweitens erweiterte die Frage des Handels – die Verknüpfung von Menschenrechten mit Handelsbeziehungen – enorm die Optionen unserer Fürsprache. Die Handelsfrage hatte mehrere wichtige wirtschaftliche Komponenten: Marktzugang für amerikanische Hersteller, die Nutzung von Zwangsarbeit in China und Raubkopien von US-amerikanischem geistigem Eigentum.

Damals verweigerte die chinesische Regierung amerikanischen Produkten den Zugang zum chinesischen Markt. Kleinen und mittleren Herstellern wurde gesagt, wenn sie Zugang zu chinesischer Produktion und Niedriglohnarbeitern wollten, müssten sie ihre Produktpläne vorlegen. Sobald die Regierung die Pläne hatte, teilte sie den US-Betrieben mit: Wir brauchen euch nicht.

Ihr dürft hier produzieren, aber ihr könnt keinen Zugang zum chinesischen Markt bekommen. Die US-Unternehmen mussten daraufhin auf den Weltmärkten mit chinesischen konkurrieren, die in vielen Fällen Gefangenenarbeit und die amerikanischen Pläne nutzten. Der Einsatz von Gefangenenarbeit ist sowohl ein Menschenrechtsthema als auch eine unfaire Handelspraxis. Die amerikanischen Gewerkschaften waren sich sehr wohl darüber im Klaren, inwiefern unsere Produktion dadurch massiv gegenüber der chinesischen benachteiligt wurde.

Eine weitere unfaire Handelspraxis waren Raubkopien unseres geistigen Eigentums. In den 1990er-Jahren, als der chinesische Parteichef Deng Xiaoping seine Politik einer größeren wirtschaftlichen Offenheit propagierte, die US-amerikanische Unternehmen begrüßte, hieß es, dass er in einer Fabrik gesprochen habe, die US-amerikanisches geistiges Eigentum raubkopierte. Ich erfuhr außerdem von meiner Tochter, dass einer ihrer Filme, schon einen Tag nachdem er in New York Premiere gehabt hatte, auf den Straßen Chinas zum Verkauf angeboten wurde. Man stelle sich vor, wie schnell sie reagieren können, aber das war nicht anders zu erwarten.

Drittens wurde unsere Koalition, neben den Menschenrechten und Handelsverstößen, auch durch Sicherheitsbedenken gestärkt – vor allem durch Chinas Verkauf von Raketen und Technologie an Pakistan und Schurkenstaaten. Als wir die Exekutive aufforderten, diese Bedrohung unserer Sicherheit zu beenden, wurde uns mitgeteilt, dass sie den Käufer von Waren und Militärausrüstung bestrafe – nicht den Verkäufer. Die Vereinigten Staaten ließen diese Verstöße zu, weil sie den US-Konzernen verpflichtet waren. Versicherungsunternehmen und Finanzinstitute hatten das Sagen: Zum großen Teil ihretwegen litten unsere kleinen und mittleren Betriebe. Und wegen der Drehtür in der Regierung und im großen Geschäft ritten wir den Drachen auf Kosten unserer eigenen Werte – und heute zahlen wir immer noch den Preis dafür.

DAS RINGEN UM DIE MEISTBEGÜNSTIGUNGS-KLAUSEL

Im Juli 1989, in der Folge des Tiananmen-Massakers, befürwortete ich ein Paket von Sanktionen gegen die chinesische Regierung. Diese Sanktionen schränkten internationale Darlehen ein und untersagten oder begrenzten Waffenverkäufe, den Transfer von Technologie und Überwachungsausrüstung zur Verbrechensbekämpfung, die die chinesische Regierung für die Überwachung ihrer Bürger einsetzte. Es gab jedoch einen weiteren Weg, den der Kongress nicht genutzt hatte, um die chinesische Führung mit Konsequenzen zu konfrontieren, ein zentrales Merkmal der amerikanisch-chinesischen Beziehungen: das Handelsdefizit.

Seit 1951 pflegten die beiden Nationen mehr als zwanzig Jahre lang eine feindliche Beziehung, bis Präsident Richard Nixon 1972 China besuchte. Die diplomatischen Beziehungen zwischen den USA und China wurden im Jahr 1979 wiederaufgenommen, und noch im selben Jahr wurde ein Handelsabkommen vereinbart. Ein Jahrzehnt lang hatten die beiden Präsidenten Ronald Reagan und George H. W. Bush gegenüber der chinesischen Regierung eine Handelspolitik verfolgt, die mit der Gewährung der Meistbegünstigung einherging. Tatsächlich war die jährliche Erneuerung des Meistbegünstigungsstatus für Chinas Handel bis 1991 eine Formalität gewesen. Diese Linie gestattete es China, die gleichen Handelsprivilegien in den USA wie jedes andere Land zu genießen. Aber 1991 arbeiteten George Mitchell und ich ein Gesetz aus, das diese Privilegien an die Bedingungen knüpfte, dass über die Opfer vom Tiananmen-Platz Rechenschaft abgelegt wurde, dass diejenigen, die damals inhaftiert worden waren, auf freien Fuß kamen und dass »signifikante Fortschritte« bei den Menschenrechten in China und Tibet erzielt wurden. Damals argumentierte ich, die Verabschiedung dieses Gesetzes werde an die jüngere Generation chinesischer Politiker, die in Kürze von den betagten Führern des Landes das Heft übernehmen würden, das richtige Signal aussenden. Der Entwurf wurde im Repräsentantenhaus mit einer überwältigenden Mehrheit – 409 zu 21 – verabschiedet und ging später auch durch den Senat. Präsident Bush legte dagegen sein Veto ein und warf dieses Bestreben zurück, wo er doch realen Druck hätte ausüben und den Einfluss der Reformer hätte stärken können. Aus heutiger Sicht zeigt sich nur noch deutlicher, dass eine Gelegenheit nach der anderen verpasst wurde in diesen entscheidenden Jahren, die den Lauf der Geschichte veränderten und die Bühne für die Herausforderungen und Bedrohungen bereiteten, mit denen wir uns heute seitens der chinesischen Regierung konfrontiert sehen.

Im selben Jahr, am 5. September 1991, wenige Monate nach dem zweiten Jahrestag des Tiananmen-Massakers, reiste ich als Mitglied einer überparteilichen Delegation nach Peking. Zwei Tage lang wurde unserer Delegation auf privaten Begegnungen mit chinesischen Regierungsvertretern mitgeteilt, es gebe »keine Einschränkung der Redefreiheit in China«. Drei von uns machten die Probe aufs Exempel, indem wir den Tiananmen-Platz aufsuchten. Der Ort zog uns geradezu magnetisch an; auf keinen Fall konnten wir Peking einen Besuch abstatten, ohne diesen weiten, ikonischen Platz gesehen zu haben.

Gemeinsam standen Ben Jones, ein Demokrat aus Georgia, John Miller, ein Republikaner aus dem Staat Washington, und ich auf dem Tiananmen-Platz und entfalteten ein kleines, handgemaltes Stoffbanner mit den Worten auf Englisch und Chinesisch: »All denen, die in China für die Demokratie starben«. Es war ein schlichter, stiller Protest, aber es waren Journalisten anwesend, die über das, was wir taten, berichteten und es aufnahmen. Das Banner hatten uns Martin Lee und andere demokratische Führer zugesteckt, als er unsere Delegation in Hongkong bewirtete. Chinesische Polizeibeamte traten unverzüglich auf den Plan, umzingelten uns drei und verjagten uns von dem Platz. Die Polizisten nahmen sogar die Journalisten in Gewahrsam, die vor Ort waren, um den Moment aufzuzeichnen, und schlugen einen Kameramann. Chinesische Regierungsvertreter waren zwar wütend, doch das ließ mich kalt. Sie waren außerdem nicht die einzigen Regierungsvertreter, die wütend waren. Am selben Abend nahmen wir an einem offiziellen Bankett der Regierung mit köstlichem Essen und verbitterten Gesichtern teil. Der damalige US-Botschafter in China und herausragende Beamte des Auswärtigen Dienstes J. Stapleton Roy musste ausbaden, dass wir unbedingt die Demonstranten von Tiananmen hatten unterstützen wollen.

Als unsere Delegation nach Hongkong zurückkehrte, das damals noch unter britischer Kontrolle stand, applaudierten die Bewohner uns. Arbeiter im Hotel und in den Verkehrsbetrieben, Ladenbesitzer und alle möglichen anderen Leute kamen zu uns und sagten uns, wie dankbar sie dafür seien, dass wir an die Opfer des Tiananmen-Platzes erinnert hätten.

Nach 1989 lernte ich sowohl in Asien als auch in den USA viele chinesische Dissidenten kennen, die als Studierende auf dem Tiananmen so großen Mut bewiesen hatten und gezwungen gewesen waren, aus dem Land zu fliehen. Manche können noch heute nicht zurück – und wir bedauern, dass so wenige der Reformen, für die sie gekämpft hatten, die chinesische Regierung veranlasst haben, sich zum Bessern zu wandeln.

In den ersten Jahren ihres Zwangsexils riefen mich Studierende manchmal mitten in der Nacht an, um mich um Rat zu fragen. Sie erklärten mir, sie wüssten nicht, wie sie anderer Meinung sein und am Ende doch zu einem Kompromiss gelangen könnten – und sie wollten das unbedingt lernen. Ich sagte ihnen, es sei völlig in Ordnung, eine andere Meinung zu haben – das sei Demokratie. Sie waren fest entschlossen, ein besseres Land aufzubauen. Es waren fantastische und brillante Individuen, eine Explosion von Licht und Hoffnung, und sie verdienten unsere Unterstützung.

Im Kongress versuchten Demokraten und Republikaner 1992 erneut, sich auf gesetzlichem Weg für die chinesischen Dissidenten einzusetzen, aber mit dem gleichen Ergebnis. Unsere Eingabe, um Chinas Status als meistbegünstigte Nation an Bedingungen zu knüpfen, ging durch beide Häuser des Kongresses, nur um von Präsident Bush durch ein Veto blockiert zu werden. Aber China blieb ein wichtiges Thema, weil in diesem Jahr Präsidentschaftswahlen anstanden. Die Clinton-Kampagne lud demokratische chinesische Aktivisten zum Nationalkonvent der Demokraten ein.

Im Jahr 1993 erzielten wir gewisse Fortschritte, als Präsident Clinton mithilfe einer Verfügung die Bedingungen für eine Erneuerung der Meistbegünstigungsklausel festlegte. Unter anderem musste China folgende Auflagen erfüllen: Einhaltung eines amerikanisch-chinesischen Abkommens über Gefangenenarbeit – wiederum weil viele chinesischen Exportartikel unter entsetzlichen Bedingungen von Zwangsarbeitern hergestellt wurden –, Achtung der Allgemeinen Erklärung der Menschenrechte, Erlaubnis der Ausstrahlung internationaler Fernseh- und Rundfunksender, Freilassung von Staatsbürgern, die als politische oder religiöse Häftlinge festgehalten wurden, sowie die Erlaubnis für internationale Menschenrechts- und humanitäre Organisationen, sich Zugang zu Gefangenen zu verschaffen. Die Verfügung forderte auch den Schutz des religiösen und kulturellen Erbes von Tibet. George Mitchell und ich waren die Fürsprecher von Maßnahmen, welche die Meistbegünstigung an Bedingungen knüpften, und wir waren beide der Meinung, dass die in der Verfügung genannten Bedingungen und Schutzmechanismen hilfreich sein könnten. Der Präsident hatte darüber hinaus versprochen, dass er China zur Rechenschaft ziehen werde, ehe er den Handel ausweite. Wie George Mitchell zu mir sagte: »Der Präsident hat Ihnen sein Wort gegeben.«

Ich war immer noch voller Hoffnung, als ich mich im April 1994 auf ein Duell im National Press Club gegen den demokratischen Senator Max Baucus aus Montana vorbereitete. Senator Baucus war ein vehementer Befürworter der Meistbegünstigung für China. Er räumte ein, dass in dem Land gegen Menschenrechte verstoßen würde, argumentierte aber, dass wirtschaftliche Reformen auch politische Reformen vorantreiben würden. Wie Senator Baucus selbst sagte: »Es gibt Menschenrechtsverstöße« – dann aber fügte er hinzu: »Darum geht es nicht«, und behauptete, durch eine Gewährung der Meistbegünstigung werde China »die große, respektierte, demokratische Nation werden, die wir uns alle wünschen«. Senator Baucus und sein Lager plädierten für das Prinzip der »friedlichen Entwicklung« – demnach führten wirtschaftliche Beziehungen zu größeren demokratischen Freiheiten. Doch die chinesische Regierung widersetzte sich dem Ansatz der friedlichen Entwicklung.

Ich vertrat eine völlig andere Ansicht. Während meiner Äußerungen im Presseclub merkte ich an, dass sich die Überzeugung, wirtschaftliche Reformen würden als Katalysator für politische Reformen dienen, »keineswegs unweigerlich« erfülle, und setzte hinzu: »So etwas wie eine ›tröpfchenweise Freiheit‹ gibt es nicht.« Ich zitierte den chinesischen Dissidenten Fang Lizhi, der gesagt hatte: »Die chinesische Führung mag diese Theorie eindeutig, weil sie mit ihrer Hilfe die eigene Liste an Menschenrechtsverstößen vertuschen kann.« Und genau das war auch der Fall. Als Nächstes zitierte ich Deng Xiaoping, der gesagt hatte, dass politische Reformen »Generationen« dauern würden, sowie den Schwur, dass die chinesische Regierung »sämtliche Versuche zerschlagen werde, diesen Prozess zu beschleunigen«.

China hatte es auch nicht sonderlich eilig, seine Märkte für US-Waren zu öffnen; es hatte unzählige Hemmschuhe eingeführt, um unsere Produkte nicht ins Land zu lassen. Tatsächlich machten die amerikanischen Exporte nach China 1993 lediglich 2,12 Prozent unserer gesamten Exporte weltweit aus. Unser Handelsdefizit mit China – die Summe unserer Importe im Vergleich zu unseren Exporten – stieg jedoch von unter 6 Milliarden Dollar im Jahr 1989 auf 26,1 Milliarden Dollar 1993, das Vierfache. Und es waren nicht nur einfache Billigwaren wie Spielzeug und Kleidung, die in Containerschiffen über den Pazifik in unsere Läden kamen. Es waren Gewehre, insbesondere tödliche Sturmgewehre, hergestellt von der Volksbefreiungsarmee (die das Massaker auf dem Tiananmen verübt hatte), die in den Vereinigten Staaten zu Dumpingpreisen von 55,95 Dollar für ein halbautomatisches SKS-Gewehr verschleudert wurden.

Von 1987 bis 1994 kamen 42 Prozent aller Gewehre, die in die Vereinigten Staaten importiert wurden, aus China. Tatsächlich exportierte China, wenn man die Zahlen aufaddierte, fast eine Million Gewehre in die USA – mehr als die Gesamtzahl dieser Waffen, die sämtliche amerikanischen Hersteller im Jahr 1992 produzierten. Ich erklärte, dass sich die Vereinigten Staaten in der Chinapolitik zu entscheiden hätten – »Ideale versus Deals« –, und ich war überzeugt, dass die USA standhaft bleiben mussten. Am Ende der Diskussion zwischen Senator Baucus und mir, als der Vorsitzende des Presseclubs uns jeweils einen »Thank you«-Kaffeebecher für die Teilnahme überreichte, sagte er im Scherz: »Sie können [sie] sich entweder gegenseitig an den Kopf werfen oder einander zuprosten.« Das gab die Meinungsverschiedenheit treffend wieder.

Ende Mai 1994 änderte Präsident Clinton urplötzlich den Kurs und beschloss, Handel und Fortschritte in Menschenrechtsfragen nicht miteinander zu verknüpfen – eine herbe Enttäuschung. Der Präsident erneuerte Chinas Handelsprivilegien trotz der Tatsache, dass es so gut wie keine Fortschritte in Sachen Menschenrechte gemacht hatte (auch wenn er den Import von in China produzierten Waffen und Munition verbot). Aber abgesehen von Waffen nannte er nicht einmal Produkte, die eindeutig durch Gefangenenarbeit hergestellt worden waren, was schlicht falsch und gegenüber den amerikanischen Arbeitern unfair war.

Alles war, wie es schien, Freiwild, wenn es um den Handel ging. Nicht genug damit, dass die Wirtschaftsberater des Präsidenten argumentierten, Handel und Menschenrechte sollten nicht miteinander verknüpft werden, sie erklärten hartnäckig – aber zu Unrecht – im Wesentlichen weiterhin, eine Öffnung der US-Märkte für chinesische Waren werde den freien Markt und die Demokratie fördern und den chinesischen Militarismus abschwächen. Man wollte uns weismachen, dass bessere Handelsbeziehungen zu weniger Diebstahl geistigen Eigentums führten, obwohl die chinesische Regierung immer noch zu den größten Übeltätern in dieser Beziehung zählte. Man redete uns ein, die Führung in Peking werde bei der Eindämmung irgendwelcher Bedrohungen aus der streng kommunistischen, geschlossenen Volksrepublik Nordkorea helfen, gerade weil das Land zu einer Atommacht werde. Dreißig Jahre später liegt allzu deutlich auf der Hand, dass diese Aussichten auf einen grundlegenden Wandel nicht mehr als eigennützige rationale Erklärungen seitens der amerikanischen Wirtschaft waren.

Was die Befürworter eines uneingeschränkten Chinahandels außer Acht ließen, war der Umstand, dass der Handel sehr einseitig war. Chinas Hersteller dominierten unsere Märkte; die Vereinigten Staaten bezahlten China in US-Dollars, um Waren zu kaufen – und die chinesische Regierung wandte sich dann ab und nutzte die Fremdwährung, um sich Unterstützung von anderen Ländern zu verschaffen. Beispielsweise kaufte Peking mit US-Dollars europäische Produkte. Dann, nachdem sich die Regierung die europäischen Nationen für den Chinahandel »geangelt« hatte, änderte sie schlagartig den Kurs und fing an, weit mehr nach Europa zu verkaufen, als China von europäischen Nationen kaufte, sodass auch mit diesen Nationen ein stetig wachsendes Handelsdefizit entstand. Im Vergleich dazu jammerten Kritiker, als Japans Außenhandel mit den Vereinigten Staaten ein Defizit im Verhältnis von zwei oder gar drei zu eins aufwies, sofort über Japans unfaire Dominanz. Aber als China während der gesamten 1990er-Jahre ein weitaus größeres Defizit einfuhr – von vier bis fünf zu eins –, dröhnte einem das Schweigen der amerikanischen Wirtschaft geradezu in den Ohren.

Das jüngste Handelsabkommen, das die Trump-Administration aushandelte, verpflichtete China, bis 31. Dezember 2021 zusätzliche 200 Milliarden Dollar an Exporten einzukaufen. Laut dem Peterson Institute for International Economics ist jedoch kein einziger dieser Käufe jemals erfolgt; stattdessen kaufte China letztlich noch weniger von den USA als noch vor Trumps Handelskrieg von 2018.

Im Kongress drängte unsere Koalition Jahr um Jahr auf Konsequenzen für den Handel als Reaktion auf die Behandlung der eigenen Bürger durch die chinesische Regierung, einschließlich der Menschen in Tibet. Wir brachten zu diesem Zweck unzählige Eingaben ein. Außerdem wollten wir auch die chinesischen Dissidenten ins Scheinwerferlicht rücken. Repressive ebenso wie autoritäre Regime erzählen politischen Gefangenen unter anderem gerne, dass sich kein Mensch an sie erinnere, niemand sich um sie schere. Sie sollten doch einfach aufgeben und die gefälschten Anklagen gestehen. Wir wollten, dass die chinesischen Dissidenten und die Welt wussten, dass wir sie nicht vergessen hatten. Diejenigen von uns, die sich leidenschaftlich mit den Menschenrechten in China befassten, zählten im Plenum des Repräsentantenhauses und an öffentlichen Veranstaltungsorten die Namen der Dissidenten auf, um ihnen Sichtbarkeit zu verleihen und zu sagen: Wir kümmern uns. Und wir versäumten es auch nie, chinesischen Regierungsvertretern eine Liste der Gefangenen zu übergeben, wenn wir das Land besuchten oder sie in die USA kamen.

Trotz anhaltender Menschenrechtsverstöße hielt die Umarmung Chinas durch wichtige Sektoren des offiziellen Washington an. Im Jahr 1998 stimmte der Kongress, angespornt von der Regierung, für die Änderung des Handelsstatus Chinas von »meistbegünstigt« in »normal«. Es wurde nicht zuletzt damit argumentiert, dass ich jedes Jahr, wenn die Meistbegünstigungsklausel erneuert werden musste, die Unterstützung des Kongresses für eine Aufhebung gewonnen hatte, und zwar teils wegen der nach einem Sonderprivileg klingenden Bezeichnung – eine Änderung der Bezeichnung für diesen Handelsstatus würde folglich dazu beitragen, die alljährliche Opposition im Kongress zu neutralisieren. Immerhin war »normal« ein längst nicht so beeindruckendes Wort wie »meistbegünstigt«. Zwei Jahre später ließ sich eine Mehrheit im Kongress überreden, der chinesischen Regierung »permanent normale Handelsbeziehungen« zu gewähren. Diese neue Bezeichnung hatte zur Folge, dass es keine jährliche Debatte über den Handelsstatus des

Landes mehr gab. Die Fragen der Menschenrechte für chinesische Bürger und nach einer Beendigung der Unterdrückung in Tibet wurden ignoriert.

Diese Änderung des Handelsstatus bewirkte jedoch mehr als den schlichten Versuch, jede Akzentuierung der Menschenrechte zu mindern. Wie mehrere Wirtschaftsexperten und Analysten argumentierten, leitete die Gewährung normaler Handelsbeziehungen den Prozess ein, der es vielen amerikanischen Lieferketten, von der Pharmazie bis hin zur Elektronik und Technologie, ermöglichte, die Staaten zu verlassen und nach China zu wechseln. Durch die permanent normalen Beziehungen wurden größere Sektoren der US-Wirtschaft und Unternehmen direkt mit China verknüpft. Gleichzeitig floss ein Großteil der wirtschaftlichen Gewinne aus den neuen Märkten und dieser neue Wohlstand, statt den chinesischen Durchschnittsbürger zugutezukommen, in die Taschen einer kleinen, privilegierten und politisch vernetzten Klasse in China. Und ein weiteres Mal blieben die versprochenen und angekündigten Öffnungen und Liberalisierungen des Landes aus.

DIE TRAURIGE UNTERDRÜCKUNG HONGKONGS

Zu den tragischsten Episoden dieser Geschichte zählen die Ereignisse, die sich auf dem Territorium von Hongkong abspielten, das die Briten im Jahr 1997 der Kontrolle der chinesischen Regierung übergaben, nachdem ihre 99-jährige Pacht über den größten Teil abgelaufen war. Die chinesische Regierung hatte versprochen, in Hongkong eine Nation und zwei Systeme beizubehalten – damit hätten die von den Briten eingeführten Freiheiten und das sogenannte »Basic Law« weiterhin Bestand gehabt. Aber stattdessen ging Peking hart vor, schränkte die Rede-, Presse- und Versammlungsfreiheit ein – und nahm sich jeden Einzelnen vor, der versuchte, eine andere Meinung zu verbreiten. Wie Chris Patten, der letzte britische Gouverneur Hongkongs, in einem Interview mit Radio Free Asia im Jahr 2022 sagte: »Die chinesische Regierung hatte versprochen, dass es [das Basic Law] weitere fünfzig Jahre bestehen bliebe. Sie haben ihr Wort gebrochen, wie sie es, nach meiner Befürchtung, regelmäßig tun. Sie brechen ihre Versprechen. Sie brechen internationale Verträge, wann immer es ihnen passt.«

Am Ende lag auf der Hand, dass Chinas Führung Hongkong herabstufen wollte, insbesondere als Handelszentrum. Stattdessen war geplant, dass diese Rolle künftig die Großstadt Schanghai auf dem Festland übernehmen sollte – als Quelle des nationalen Stolzes. Der Effekt war jedoch eine Abwanderung hochqualifizierter Arbeitskräfte aus Hongkong nach Singapur und in andere Teile der Welt. Selbst jene, die in Hongkong geblieben waren, hielten sich häufig andere Optionen offen.

Im Jahr 2019 spitzte sich die Lage für die Bewohner Hongkongs noch weiter zu. Sage und schreibe zwei Millionen Bewohner gingen aus Protest gegen chinesische Gesetzesänderungen auf die Straße. Die Polizei setzte Tränengas und Gummigeschosse ein und prügelte mit Schlagstöcken auf die Demonstranten ein. Gerade in dem Moment, als die Proteste zunahmen, war ein Treffen von Präsident Donald Trump mit Präsident Xi Jinping in Japan vorgesehen, anlässlich des G20-Gipfels der Industrienationen in Osaka. Aus einem anderen Grund rief Präsident Trump mich an, als er in Asien gelandet war. Ich fragte ihn: »Haben Sie gesehen, was in Hongkong gerade passiert? 25 Prozent der Bevölkerung Hongkongs sind auf die Straße gegangen.« (Donald Trump interessierte sich immer für die Größe der Menschenmengen.) Ich hütete mich, ihn direkt aufzufordern, die Proteste in Hongkong gegenüber Xi zur Sprache zu bringen, bat den Präsidenten jedoch,

Xi mitzuteilen, dass sich im Repräsentantenhaus und im Senat Demokraten und Republikaner in ihrer Sorge um die Minderheit der Uiguren im Nordwesten Chinas einig seien. Rund eine Million Uiguren waren im Zuge einer ethnischen Säuberung von der chinesischen Regierung zusammengetrieben und in Lager interniert worden. Nach der Begegnung berichtete Präsident Trump mir, Xi habe, als er ihn nach den Uiguren gefragt habe, erwidert: »Diese Leute sind gerne in solchen Lagern.« Worauf ich zurückgab: »Das sagen autoritäre Herrscher immer.«

Im Jahr 2020 hatten die chinesischen Behörden dann die Demonstranten in Hongkong zum Schweigen gebracht. Nach dem neuen nationalen Sicherheitsgesetz von Hongkong kann man für einen Prozess nach Peking deportiert werden, wenn man eines Verbrechens angeklagt wird. Das Gesetz ist weitreichend und wirkt sich auf die elementarsten Grundsätze der freien Meinungsäußerung aus; Menschen, die dagegen verstoßen, werden in Einzelhaft genommen. (Im März 2024 passten die Behörden das Gesetz dahingehend an, dass es die Beschränkungen und Strafen verschärfte, bis hin zu lebenslanger Haft. Das Versprechen »ein Land, zwei Systeme« bleibt ausgelöscht.)

Die chinesische Regierung verlor keine Zeit, die harten neuen Gesetze in der Praxis anzuwenden. Im Januar 2021 wurden 53 prodemokratische Politiker wegen des »Verbrechens« der »Subversion« verhaftet. Sie waren an einer öffentlichen Umfrage beteiligt gewesen. Es fällt mir schwer, das nationale Sicherheitsgesetz als ein Gesetz zu bezeichnen – es ist so schlimm, wie ein Edikt nur sein kann, und sein Effekt auf Hongkong ist beängstigend. Häufig denke ich an die einfachen Bürger, die unserer Delegation so überschwänglich dankten, weil wir die Demonstranten auf dem Tiananmen-Platz gewürdigt hatten – sechs Jahre vor dem Machtwechsel. In nur zwanzig Jahren hatte die chinesische Regierung die internationale Gemeinschaft hinters Licht geführt und die Rechtsstaatlichkeit und die Achtung der Menschenrechte demontiert, die in diesem Territorium lange Zeit gegolten hatten. Aber täuschen Sie sich nicht, der Geist der Demokratie bleibt in Hongkong stark, während so viele tapfere Menschen weiterhin unter großem Risiko im Kleinen protestieren, etwa mit Nachtwachen bei Kerzenlicht zum Gedenken an die Opfer von Tiananmen.

FÜRSPRACHE FÜR TIBET

Das Leid in Hongkong ist tragischerweise für jene, die die Unterdrückung in Tibet beobachtet haben, keine Überraschung. Als ich frisch in den Kongress gewählt worden war, hatte ich die große Ehre, dem Dalai Lama persönlich zu begegnen, dem spirituellen Führer der tibetischen Buddhisten. Die Geschichte Tibets bricht einem das Herz.

Nach über siebzig Jahren der militärischen Besetzung kämpft Tibet darum, die eigene Kultur, Sprache und Religion zu bewahren. Im Jahr 1959 war der Dalai Lama im Alter von 23 Jahren gezwungen, aus Tibet nach Indien zu fliehen, als chinesische Soldaten auf den Potala-Palast vorrückten, seit Mitte des 17. Jahrhunderts die Winterresidenz des Dalai Lama, in einer Höhe von weit über 3700 Metern der höchste Palast auf der Welt. In den folgenden Jahren wurden Tausende Klöster zerstört. Über eine Million Tibeter kamen unter dem Vorsitzenden Mao während der Kulturrevolution ums Leben, und heute werden tibetische Mönche und Nonnen vom chinesischen Staat massiv überwacht. Wer der offiziellen Parteilinie widerspricht, wird Folter und Haft unterworfen.

Nach dem Tiananmen-Massaker führten wir chinesische Studierende und tibetische Dissidenten zusammen, damit sie zu

Partnern wurden. Die chinesischen Studierenden wussten aus ihrer Erziehung kaum etwas über Tibet, aber nach der Begegnung stellten viele Aktivisten fest, dass sie mit den Tibetern viel gemeinsam hatten. Beide Seiten strebten das gleiche Ziel an: Meinungsfreiheit. Prominente Schauspieler und Musiker – Richard Gere, die Beastie Boys und andere – nahmen sich der Sache an. Ich erinnere mich an einen Flug in Air Force One mit Präsident Clinton, auf dem ich ihn sagen hörte: »Wir müssen etwas wegen Tibet unternehmen – Hollywood liegt mir regelrecht in den Ohren.« Von 1996 an rüttelten die Beastie Boys (allen voran Adam Yauch, der verstorbene Sänger der Band) andere Spitzenmusiker wach, um sie auf Konzerten auf der ganzen Welt für Freiheit in Tibet zu begleiten. T-Shirts mit dem Aufdruck »Free Tibet« waren in Colleges allgegenwärtig, und Tibet war in vielen Teilen der Vereinigten Staaten eine bedeutsame Gewissensfrage, wobei Washingtons Korridore der Macht und das Weiße Haus bezeichnende Ausnahmen bildeten.

US-Präsidenten haben eine lange Tradition der Begegnung mit dem Dalai Lama, und Bill Clinton hielt daran fest. Der Präsident versprach Seiner Heiligkeit, dass er eine Begegnung zwischen ihm und der Führung Chinas arrangieren werde. Im Gegenzug wünschte er, dass der Dalai Lama jede Unterstützung für das Knüpfen des bevorzugten Handelsstatus Chinas an eine Achtung der Menschenrechte aufgebe. Die chinesischen Studierenden waren über diese Entwicklung schwer enttäuscht, und es war ein verheerender Schlag gegen jeden Versuch, Peking zur Verantwortung zu ziehen. Ebenso enttäuschend war, dass dieses versprochene Treffen zwischen dem Dalai Lama und chinesischen Führern niemals stattfand. Stattdessen beschränkten sich die Chinesen auf Gespräche auf unterer Ebene, die bislang zu nichts führten.

Ich bin stolz, dass der Kongress im Oktober 2007, nachdem

ich Sprecherin geworden war, dem Dalai Lama die Congressional Gold Medal verlieh, die höchste zivile Auszeichnung, die wir vergeben können. Senatorin Dianne Feinstein, meine teure Freundin und Kollegin aus Kalifornien, unterstützte die Resolution. Präsident George W. Bush kam in die Rotunde des Kapitols, um an der Überreichung der Auszeichnung teilzunehmen. Wir waren sehr erfreut, dass er dabei war, insbesondere weil First Lady Laura Bush ihn begleitete. In seiner Rede merkte Bush an: »Als kleiner Junge in Tibet hatte Seine Heiligkeit ein Modell der Freiheitsstatue neben dem Bett stehen. Jahre später, bei seinem ersten Besuch in Amerika, ging er zum Battery Park in New York City, um die echte Statue aus der Nähe zu sehen. Bei seiner ersten Reise nach Washington schritt er durch das Jefferson Memorial.« Er fügte hinzu: »Wir fühlen uns alle zu einem edlen und spirituellen Führer hingezogen, der in einer anderen Welt lebt. Heute ehren wir ihn als ein universales Symbol des Friedens und der Toleranz, als Hirten für die Gläubigen und als Hüter der Flamme für sein Volk.« Bush sprach mit echtem Respekt und zog den Zorn der chinesischen Regierung auf sich. Er hat mir einmal gesagt, dass ihm noch Jahre danach von China »eingeheizt« worden sei, weil er an der Übergabe der Medaille teilgenommen hatte. Herzlichen Dank dafür, Präsident Bush.

In Tibet wurden buddhistische Mönche, die die Auszeichnung des Dalai Lama feierten, von den Chinesen in Gewahrsam genommen.

Der Auszeichnung kam eine besondere Bedeutung zu, weil sie im Vorfeld der Olympischen Sommerspiele 2008 verliehen wurde, die in Peking stattfanden. Abgeordneter Tom Lantos, der Vorsitzende des außenpolitischen Ausschusses, Abgeordneter Chris Smith und ich hatten gegen die Wahl des Austragungsortes protestiert. Wir wollten unsere Stellungnahmen, Reden und Resolutionen um die Olympischen Spiele als Ermahnung verstehen, dass wir China nicht aus dem Fokus nehmen würden. Um dies zu unterstreichen, reiste ich im März 2008 nach Dharamshala in Indien, wo der Dalai Lama und rund 100 000 tibetische Flüchtlinge im Exil lebten. Obwohl dieser Besuch seit Monaten geplant war, brachen am Freitag vor meiner Ankunft in der tibetischen Hauptstadt Lhasa Proteste aus; die chinesischen Behörden gingen skrupellos gegen die Protestierenden vor. Sage und schreibe 140 Menschen kamen um. Der chinesische Ministerpräsident gab dem Dalai Lama die Schuld an den »Unruhen« und schäumte vor Wut über meinen anschließenden Besuch in der »Hauptstadt im Exil« der tibetischen Flüchtlinge in Indien.

Als ich das Amt der Sprecherin übernahm, wandte sich die chinesische Führung an mich und erklärte, sie wünsche sich einen Neuanfang. Ich wurde zu einem Besuch eingeladen. (Ich hatte darauf bestanden, in Indien dem Dalai Lama zu begegnen, bevor ich nach China reise, um mich mit der chinesischen Führung zu treffen.) Ich nahm die Einladung im Jahr 2009 an und reiste eine Woche vor dem zwanzigsten Jahrestag des Tiananmen-Massakers nach China. Die Hauptthemen unserer Gespräche in Peking waren der Klimawandel und die Bedeutung der amerikanisch-chinesischen Zusammenarbeit. Unsere Gastgeber behandelten die Delegation, als wäre es der Besuch eines Staatsoberhaupts. Sie sperrten Straßen und bewirteten uns mit exklusiver Gastfreundschaft in der Verbotenen Stadt, dem weitläufigen Kaiserpalast mit seinen üppigen Gärten, der Anfang des 15. Jahrhunderts für die chinesischen Kaiser gebaut worden war. Ich übergab persönlich einen Brief an den damaligen Präsidenten Hu Jintao, in dem die Freilassung politischer Gefangener gefordert wurde, und traf mich in Hongkong mit Dissidenten. Und bei den Gesprächen mit chinesischen Führern sprach ich das Thema Tibet an.

Aber als die chinesische Regierung anfing, Hongkong stärker einzuschränken, galt dies auch für Tibet. Im Jahr 2010 hatte Peking angefangen, den Lehrplan in Tibet zu überarbeiten, und versuchte so, die tibetische Sprache auszulöschen. Der nächste Schritt, um die Kultur auszuradieren, war die Propagierung von gemischten Ehen zwischen Tibetern und Han-Chinesen, die die Regierung in großer Zahl nach Tibet schickte. Aus Protest gegen diese Politik fingen tibetische Mönche an, sich selbst in Brand zu stecken. Chinas Führung antwortete damit, dass sie mehr Truppen in die Region entsandte.

Als Präsident Xi Jinping im Jahr 2015 in die Vereinigten Staaten reiste, traf er sich im Kapitol mit einer Gruppe von Führungspersonen. Senatorin Feinstein und ich nahmen an dem Treffen teil, und wir sprachen das Thema Tibet an.

Präsident Xi teilte uns mit, dass in Tibet alles in Ordnung sei, die Tibeter seien sehr glücklich über die Entwicklung der Lage. Womöglich um jeder weiteren Kritik zuvorzukommen, schlug er vor, dass ich die Region besuchte und mir selbst ein Bild machte. Ich antwortete: »Mr. President, vielen Dank. Ich versuche seit 25 Jahren, ein Visum nach Tibet zu bekommen. Ich werde gerne hinfahren.«

Der Begriff »Potemkinsche Dörfer« stammt aus dem 18. Jahrhundert während der Herrschaft der Zarin Katharina die Große: Grigori Potjomkin war ein russischer Militärbefehlshaber und Liebhaber Katharinas. Als die Zarin und eine Gruppe Diplomaten der Region »Neurussland« einen Besuch abstatten wollten, gab Potjomkin angeblich den Befehl, die Dörfer, die sie aufsuchten, zu schmücken und nach außen hin zu verschönern, um die Würdenträger zu beeindrucken. In vieler Hinsicht entsprach mein Besuch in Tibet dem Betreten eines chinesischen Potemkinschen Dorfes. Als wir das Haus einer Familie betraten, war eins der ersten Dinge, die ich sah, ein riesiges Porträt von Präsident Xi, das fast die ganze Wand einnahm. Wir hörten uns höflich an, wie das ältere Paar, das vermutlich in dem Haus wohnte, uns erzählte, wie »wunderbar« doch alles in Tibet sei. Im ganzen Haus sahen wir auch Fotos von Enkelkindern. Als die erwachsene Tochter des Paares nach Hause kam und wir sie nach den Kindern auf den Fotos fragten, war ihre Antwort: »Welche Kinder? Ich habe keine Kinder.« Die Fotos waren gefälscht. Diese Bilder waren eine treffende Metapher für den ganzen Besuch. Xi war sehr stolz, als er mir mitteilte, dass die Behörden das Dach des buddhistischen Tempels neu vergoldet hätten. Was Xi nicht wahrhaben wollte, war der Umstand, dass es mir egal war, wie schön das Dach eines Tempels glänzte. Mir geht es um die Herzen und Sinne der tibetischen Kinder. Es brach mir das Herz, zu sehen, wie diese wunderschöne Region und Kultur so zerstört wurden.

Im Potala-Palast, wo Seine Heiligkeit aufgewachsen war, und in den Tempeln und Klöstern, wo wir Lamas, tibetische Mönche, beim Studium sahen, gab es kein einziges Buch von oder über den Dalai Lama. Unsere chinesischen Aufpasser folgten uns auf Schritt und Tritt; dennoch legten wir, wohin wir auch gingen, Wert darauf, den Dalai Lama zu erwähnen. Später dankte Kongressmitglied Jim McGovern aus Massachusetts, den ich den geistigen Führer unseres Besuches nannte, Präsident Xi und sagte ihm, dass man uns »ein hübsches Potemkinsches Dorf« gezeigt habe.

Jahre später, bei einem meiner Besuche in Peking, veranstaltete das außenpolitische Komitee des Volkskongresses (der zentralistischen Legislative Chinas) zu Ehren unserer Delegation ein offizielles Mittagessen. Als Ort wählten sie den Tibet-Saal in der Großen Halle des Volkes. Jeder Zentimeter der Wände ist von einer Facette der tibetischen Kultur bedeckt. In meiner Ansprache wies ich darauf hin, wie dieser Saal die Kultur Tibets feierte und würdigte – und welche Ironie es doch sei, dass außerhalb dieses hübschen Saales die Regierung danach trachte, die tibetische Kultur zu zerstören. Es wäre eine Untertreibung zu sagen, dass meine Worte nicht gut ankamen, aber ich hatte meinen Standpunkt deutlich gemacht. Mein Bruch mit der chinesischen Führung wegen Tibet ist eine langjährige Angelegenheit.

Warum hat der Dalai Lama seit mehr als sechs Jahrzehnten auf der ganzen Welt eine solche Hingabe erfahren? Jetzt, wo er inzwischen auf die neunzig zugeht, muss ich an einen Besuch in Indien im Jahr 2017 zurückdenken. Eine große überparteiliche Delegation begleitete uns. Seine Heiligkeit lud mich ein, ihm Gesellschaft zu leisten, während er sich Berichte von Tibetern anhörte, die in dieser Woche über die indische Grenze geflohen waren. Gemeinsam erfuhren wir Geschichten über die Folterungen der Nonnen und Mönche und hörten, wie die neuen Flüchtlinge weinten und Zeugnis ablegten. Als ich zu der draußen versammelten Menge sprach, äußerte ich Kritik an China. Ich ging darauf ein, wie bewegend es gewesen sei, die Aussage der Tibeter zu hören, die in die Sicherheit im Exil geflüchtet waren. Dann zog sich unsere Delegation ins Innere zurück, zu einem privaten Mittagessen mit mehr als hundert jungen Mönchen.

Beim Mittagessen sprach der Dalai Lama. »Wir haben einen Konflikt mit China, doch wir respektieren sogar die eingefleischten Kommunisten – wir betrachten sie mit Mitgefühl«, sagte er. »Wir können der Welt ein Beispiel geben, dass gewaltloser Kampf etwas bewirken kann. Wenn wir unseren Kampf mit Gewalt ausgetragen hätten, dann hätten wir nicht so viele Freunde wie jetzt.« Er stellte mich vor, und ich wiederholte einige meiner Äußerungen zur Grausamkeit der chinesischen Regierung, stellte unsere überparteiliche Delegation vor und versprach, dass wir den Tibetern helfen würden. Ein weiteres Mal sagte ich zu ihnen: Wenn wir uns wegen kommerzieller Interessen nicht gegen Menschenrechtsverstöße in China aussprächen, dann verlören wir die gesamte moralische Autorität, uns gegen Menschenrechtsverstöße irgendwo auszusprechen.

Nach meiner Rede dankte Seine Heiligkeit mir und fügte für jeden im Saal vernehmlich hinzu: »Wir müssen für Nancy beten, damit wir sie von ihren negativen Einstellungen befreien.« Dieser eine Satz spricht Bände darüber, warum so viele auf der ganzen Welt weiterhin die Friedensbotschaft des Dalai Lama begrüßen: Er glaubt an Frieden und Mitgefühl selbst für seine Gegner. Er möchte, dass Taten von positiven Assoziationen motiviert werden, nicht von negativen. Aber sosehr ich mich auch bemühen mag, seiner Leitung zu folgen, mich von meinen negativen Einstellungen zu befreien, auf positive Weise für Tibet zu kämpfen, kann ich doch nicht darüber schweigen, wie die chinesischen Behörden wirtschaftliche Druckmittel und Brutalität einsetzen, um die Stimmen der Freunde Tibets zum Schweigen zu bringen.

Wie ich während des Besuches sagte: »Wir werden uns nicht abwenden. Wir können das langsam tun. Wir können es lange durchhalten. Wir können nicht zum Schweigen gebracht werden. Der Dalai Lama wird nicht zum Schweigen gebracht werden.«

Aus diesem Grund wusste ich, dass es, trotz allen Drucks, so wichtig war, im Jahr 2022 nach Taiwan zu reisen – die erste Reise eines Sprechers des Repräsentantenhauses seit 25 Jahren.

STANDHAFT AN DER SEITE TAIWANS

Taiwan ist wirklich wunderschön. Es ist ein dynamischer, junger, lebendiger, fabelhafter Ort, dessen Bewohner großen Wert auf Umweltschutz legen. Das Land hatte auch Probleme, die eigene diktatorische Vergangenheit zu überwinden und eine repräsentative, demokratische Regierung aufzubauen.

Ich erinnere mich noch an meinen ersten Besuch im Jahr 1999, zum zwölften Jahrestag der Verabschiedung des Taiwan Relations Act durch den Kongress. Besonders denkwürdig war er wegen der unglaublich köstlichen Speisen, denn viele großartige Küchenchefs waren vom Festland geflohen, um der eisernen Herrschaft des Vorsitzenden Mao zu entrinnen. Als ich damals in die Vereinigten Staaten zurückkehrte, gab ich eine Pressekonferenz. Ich war schockiert über die Zahl der anwesenden Pressekanäle. Aber die Reporter waren nicht gekommen, weil sie sich um das Wohlergehen der taiwanesischen Bevölkerung nach dem jüngsten verheerenden Erdbeben sorgten, vielmehr drehten sich ihre Fragen hauptsächlich darum, wann Fabriken und zentrale Fertigungszweige wieder aufgebaut wären und den Betrieb wiederaufnähmen.

Die Fabriken kehrten zurück, und heute ist Taiwan ein dynamischer, wirtschaftlicher Motor. Dieses kleine Land produziert mehr als 90 Prozent der fortschrittlichsten Halbleiter-Chips weltweit. Tatsächlich versprach die Taiwan Semiconductor Manufacturing Company, nachdem der Kongress im Juli 2022 den CHIPS Act zur Förderung unserer eigenen Technologiebetriebe verabschiedet hatte, rund 40 Milliarden Dollar in eine amerikanische Chip-Fabrik zu investieren, mit dem Unternehmer Morris Chang an der Spitze, der bei einem Mittagessen, das die damalige Präsidentin Tsai Ing-wen für unsere Delegation gab, als Sondergast anwesend war.

Präsidentin Tsai begrüßte herzlich unsere ganze Delegation und verlieh mir eine hübsche Auszeichnung: den Orden der günstigen Wolken mit besonders großer Kordel. Tsai ist so stark und außergewöhnlich, und sie hat sich von chinesischen Drohungen nicht einschüchtern lassen. Sie arrangierte Treffen zu den Themen Sicherheit und Wirtschaft für uns. Und wir sprachen auch mit der Opposition. Einige Verfechter der Demokratie wollten, dass unsere Delegation das Nationale Menschenrechtsmuseum besuchte. Anfangs hatte Taiwan seinerseits Schwierigkeiten mit der Unterdrückung der Demokratie. Die Insel verbrachte 38 Jahre unter dem Kriegsrecht. Wir sahen die Gefängniszellen, wo die Behörden Menschen festgehalten hatten, die sich für Demokratie aussprachen. Unsere Führer verteilten Bücher und sprachen über den Kampf, um die Regierung zu demokratisieren. Im Museum hatte ich auch Gelegenheit, meinen alten Freund Wu'er Kaixi zu treffen, einen der Studentenführer der Proteste von 1989 auf dem Tiananmen-Platz. Ich traf auch Lam Wing-Kee, einen Buchhändler aus Hongkong, der Werke veröffentlicht hatte, die die Kommunistische Partei Chinas kritisierten; Lee Ming-che, einen taiwanesischen Aktivisten, der fünf Jahre in China im Gefängnis gesessen hatte, und Chen Chu, die 1979 bei einer Razzia verhaftet worden war und zur Vorsitzenden der Menschenrechtskommission von Taiwan und Leiterin des Kontroll-Yuans, eines Ablegers der taiwanesischen Regierung, aufsteigen sollte.

Es ist wichtig, sich vor Augen zu führen, dass Taiwan, wie in der Frage der Menschenrechte in China, überparteilich unterstützt wird. Als Präsidentin Tsai 2023 in die Vereinigten Staaten reiste, lud Kevin McCarthy, der neue Sprecher des Repräsentantenhauses, sie zu einem Treffen ein. Er organisierte eine überparteiliche Veranstaltung in der wunderschönen Ronald Reagan Presidential Library in Simi Valley, Kalifornien. Wieder einmal ließ Chinas Führung die Säbel rasseln, beschwerte sich, drohte und verhängte Sanktionen gegen die Veranstaltung.

Aber die Mitglieder des Kongresses, denen Taiwan am Herzen liegt, wissen, wie wichtig unsere Stimmen und Unterstützung sind. Auf der Reise im August 2022 auf die Insel war jedes Mitglied der Delegation überaus dankbar für den Empfang, den man uns bereitet hatte. Eine überparteiliche Delegation aus Senatoren war kurz vor uns nach Taiwan gereist. Doch die chinesischen Behörden starrten geradezu gebannt auf meine Gruppe, nicht zuletzt, weil ich seit Jahrzehnten gegen so viele ihrer Aktionen und politischen Maßnahmen protestiert hatte. Nach meinen Anstrengungen, China ins Rampenlicht der Weltöffentlichkeit zu rücken, hoffte Peking, es könne den Spieß umdrehen und mich zum Wegschauen zwingen.

Im Januar 2024 stellte Taiwan die Vitalität seiner Demokratie unter Beweis, indem es freie und faire Wahlen abhielt. Es gab eine starke Wahlbeteiligung, und die Bürger wählten Lai Chingte zum neuen Präsidenten. Taiwans Bedeutung und Wert kann man auch an den vielen Spenden von Taiwanesen in den Staaten ablesen, darunter Morris Chang und Nvidia-Mitgründer Jensen Huang, einem führenden Kopf bei der Entwicklung künstlicher Intelligenz.

Einigen Regierungsvertretern in der Außenpolitik bin ich immer noch ein Dorn im Auge, was China angeht. Andererseits haben die Anwälte und Lobbyisten in Washington – von denen viele auf der Gehaltsliste der chinesischen Regierung stehen – mir dafür gedankt, dass ich ihre Kinder aufs College schickte. Jedenfalls brauche ich, wenn ich das so unbescheiden sagen darf, mich mit meinem Wissen über China im Kongress vor keinem zu verstecken: Ich widme mich seit drei Jahrzehnten täglich mindestens eine Stunde meinen Hausaufgaben zu China, indem ich Berichte lese und mich über Themenfelder von den Menschenrechten über die Verbreitung von Kernwaffen bis hin zum Handel informiere. Einmal schlug mein teurer Kollege Jack Murtha sogar vor, dass ich vormittags und nicht nachts lesen sollte, weil ich dessentwegen, was ich lese, zu schlecht schlafen würde. Aber jede Stellungnahme, die unsere Koalition abgab, jede Rede, die wir hielten, jedes Gesetz, für das wir kämpften, jede Reise, die wir unternahmen, und jeder Name eines Dissidenten, den wir jemals ausgesprochen haben – all dies macht einen Unterschied aus.

Allerdings war ich mir nicht darüber im Klaren, wie stark, bis ich im November 2023 zu einem Dinner in San Francisco eingeladen wurde. Am Vorabend hatte ein großes Bankett für Präsident Xi stattgefunden, der Kalifornien besuchte, um an dem Gipfeltreffen der Asia-Pacific Economic Cooperation teilzunehmen, und die Gästeliste las sich wie ein Who's who der amerikanischen Technologie- und Industriegiganten, von denen manche 50 000 Dollar gezahlt hatten, um mit Xi am Tisch zu sitzen.

Doch dieses zweite Dinner in San Francisco fand statt, nachdem Xi die Stadt wieder verlassen hatte. Es wurde von Marc Benioff veranstaltet, dem Chef des Softwareunternehmens Salesforce, und zum Teil nahmen dieselben Industriemanager wie am Vortag teil. Die Sprecherin des Abends war Dr. Fei-Fei Li von der Stanford University, eine in China geborene Amerikanerin und hochangesehene Expertin für künstliche Intelligenz.

Nachdem sie sich erhoben hatte, begann sie – zum großen Erstaunen Marcs und meiner Wenigkeit – mit den Worten: »Bevor ich zu meinem Vortrag komme – ich sehe, dass Sprecherin Pelosi hier ist, und ich möchte an dieser Stelle anmerken, dass ich ohne die von Sprecherin Pelosi verabschiedeten Gesetze nicht in den Staaten und heute Abend nicht hier wäre.« Dann führte sie aus, dass meine Initiativen, um chinesische Bürger nach Tiananmen in den USA zu begrüßen und zu beschützen, es ihr und ihrer Mutter ermöglicht hätten, auszuwandern und sich wieder mit ihrem Vater zu vereinen, als sie sechzehn gewesen sei. »Unsere Familie ist ihr so dankbar«, sagte sie.

Nach dem Vortrag ging ich zu ihr, um ihr zu danken, und fragte sie, ob sie Außenminister Antony Blinken kennenlernen wolle. Sie erzählte Minister Blinken ihre ausführliche Geschichte, machte deutlich, wie wichtig meine Unterstützung für Chinesinnen im Exil und für die Menschenrechte gewesen sei, und fügte erneut hinzu: »Wir sind ewig dankbar.« Ich wandte mich an Minister Blinken und sagte: »Jetzt wissen Sie, warum die Chinesen mich nicht mögen.«

Und ich war noch nie stolzer darauf, die Verachtung einer ganzen Regierung auf mich gezogen zu haben, weil das heißt, dass ich etwas im Leben einzelner Menschen bewegt habe, die es verdienen, zu reden, zu schreiben, zusammenzukommen, zu denken, Gott anzubeten und vor allem ohne Angst zu leben.

Das Massaker auf dem Tiananmen-Platz ist ein Moment, der das Gewissen der ganzen Welt herausforderte, und das noch heute – über 35 Jahre danach. Der Geist von Tiananmen, des 4. Juni 1989, lebt noch – in den Herzen und Köpfen und Aktionen derjenigen, die den Kampf fortsetzen, sowohl in China als auch auf der Welt. Wir wissen, dass der Geist von Tiananmen lebt, nicht zuletzt deshalb, weil Chinas Führer tagtäglich in der Angst vor ihm leben. Aus diesem Grund haben sie ihre Überwachungskameras, die Zensur des Internets und versuchen geradezu manisch, das chinesische Volk davon abzuhalten, die Wahrheit zu erfahren.

Tiananmen hinterließ uns eines der einprägsamsten Bilder des 20. Jahrhunderts, ein Bild, das für immer in unser kollektives Gedächtnis eingebrannt sein wird: das Bild eines einsamen Mannes vor einem Panzer am 5. Juni, dem Tag nach dem Massaker. Er vollbrachte eine unvergessliche Tat der Courage, des Opfers und der Verteidigung der Menschenwürde. In meinem Büro im Kongress habe ich ein großes Plakat von dem »Panzermann«, das ich bei Reden im Plenum regelmäßig nutze, um an Tiananmen zu erinnern. Es wurde von den Dissidenten unterzeichnet, denen ich während meiner Zeit im Kongress begegnet bin, und es ist eins der Symbole für unsere gemeinsame Arbeit zu Menschenrechten in China, das ich am meisten schätze.

INNENPOLITISCHE HERAUSFORDERUNGEN

»AM MONTAG HABEN WIR KEINE WIRTSCHAFT MEHR«

»WIESO RUFE *ICH* DANN *SIE* AN?«

Die Führung der Demokraten im Repräsentantenhaus traf sich für gewöhnlich montags, um über wichtige Gesetzesentwürfe, die ins Plenum eingebracht wurden, und Themen für diese Woche zu sprechen: Gesundheitsfürsorge oder Steuerpolitik oder die Kriege in Afghanistan oder im Irak. Doch am Donnerstag, dem 18. September 2008, beriefen wir eine Sondersitzung ein. Unsere Augen waren unablässig auf die Turbulenzen an der Wall Street gerichtet.

Nur vier Tage zuvor, am Sonntag, dem 14. September, waren zwei große Wall-Street-Firmen zusammengebrochen. Die Bank of America hatte formal zugesagt, Merrill Lynch, die größte private Kapitalanlagegesellschaft der Welt, für 50 Milliarden Dollar zu kaufen und auf diese Weise zu retten. Aber Lehman Brothers, die viertgrößte Investmentbank der Vereinigten Staaten, hatte, weil sie keinen Käufer finden konnte, in den Morgenstunden des 15. September Konkurs angemeldet. Am Dienstagnachmittag bot die Federal Reserve, die US-Zentralbank, dem Versicherungsgiganten AIG einen Überbrückungskredit in Höhe von 85 Milliarden Dollar über zwei Jahre an in der Hoffnung, dessen Insolvenz abzuwenden. Die Rettungsaktion sollte am Ende über 180 Milliarden Dollar kosten.

Als ich mich mit meinem Team im Konferenzsaal des Sprechers, eines imposanten Eckzimmers im ersten Stock des Kapitols, traf, waren die neuesten Nachrichten vom Finanzmarkt das einzige Thema, das allen durch den Kopf ging. Da das Finanzministerium die Leitung dieses Vorgehens übernommen hatte, wollte jeder im Raum direkt von Finanzminister Hank Paulson Auskunft bekommen.

Minister Paulson war einige Monate vor der Wahl von 2006, bei der die Demokraten die Kontrolle im Repräsentantenhaus und im Senat übernahmen, in die Bush-Administration eingetreten. Als ich zur Sprecherin des Repräsentantenhauses gewählt wurde, informierte er mich regelmäßig, schickte mir Neuigkeiten über die Finanzmärkte und das Finanzsystem allgemein. Wie berichtet hatten wir auch an einem umfassenden Steuerreformpaket zusammengearbeitet, das die Not der Amerikaner mit sehr niedrigen Einkommen lindern sollte. Während dieser Zusammenarbeit hatten wir gegenseitiges Vertrauen aufgebaut. Bei den Erwägungen im Umfeld der Finanzkrise von 2008 wusste ich stets, dass Hank Paulson für den Präsidenten sprach, was ich sehr begrüßte.

Da ich sah, wie rasch sich die Lage verschlechterte, und mir über das potenzielle Risiko im Klaren war, dass ein unbesonnener Kommentar eines Kongressmitglieds die Börse noch stärker diskreditieren könnte, sagte ich zu meinem Führungsteam, dass ich den Minister anrufen und bitten würde, die Demokratische Führung am kommenden Vormittag zu informieren. Als ich anrief, sah ich auf meine Armbanduhr – es war genau 15 Uhr. In Anbetracht des Chaos und des vollen Kalenders bei allen beschloss ich, für neun Uhr am nächsten Morgen ein Treffen zu vereinbaren.

Der Minister nahm meinen Anruf sofort entgegen, und Hanks Antwort war nichts weniger als bestürzend: »Madam Speaker, morgen Vormittag wird es zu spät sein.« Worauf ich erwiderte: »Wieso rufe *ich* dann *Sie* an?«

Warum hatte er nicht mich angerufen? Aus seiner Antwort gewann ich den Eindruck, dass das Weiße Haus nicht gerade erpicht darauf oder nicht dazu bereit war, den Kongress darüber zu informieren, wie ernst die finanzielle Lage des Landes wirklich geworden war. Womöglich glaubten sie, sie könnten den Schaden begrenzen und die Probleme in aller Stille beheben, möglichst ohne das wahre Ausmaß des Zusammenbruchs bis nach den Präsidentschaftswahlen im November zu enthüllen.

Zu seiner Ehrenrettung sei gesagt, dass Minister Paulson meiner Frage keineswegs auswich. »Sie sind die Sprecherin des Repräsentantenhauses. Ich bin Finanzminister. Sie fragen mich, und ich sage Ihnen, was gerade passiert.« Wir stünden vor einem Crash des ganzen Systems, sagte er. Wenn ich zu Beginn unseres Gesprächs noch geglaubt hatte, das schlimmste Szenario sei möglicherweise der Zusammenbruch einer Bank, wusste ich am Ende, dass es weit schlimmer aussah.

Es lag auf der Hand, dass wir ein Treffen einberufen mussten – und zwar sofort. Hank und ich vereinbarten, er solle um 17 Uhr ins Kapitol kommen. Als Nächstes rief ich den Vorsitzenden der Federal Reserve Ben Bernanke an, der sofort einverstanden war, an dem Treffen teilzunehmen. Offenbar war das Weiße Haus alles andere als erfreut. Wenig später hörte ich, die interne Reaktion an der Pennsylvania Avenue 1600 habe gelautet: »Wer sagte, *sie* könne ein Treffen einberufen?« Ich ließ das Weiße Haus wissen, die Sprecherin des Repräsentantenhauses habe gesagt, sie könne das Treffen einberufen – und sie könnten schicken, wen immer sie wollten. In Washington gibt es das ungeschriebene Gesetz, dass der Führer, der die meisten Treffen veranstaltet, auch die Agenda kontrolliert. Wenn wir uns im Weißen Haus träfen, würden Mitglieder des Kongresses in der Regel nur dann sprechen, wenn man sie aufforderte. In den Hallen des Kapitols hätten die Mitglieder jedoch mehr zu sagen.

Als das Treffen Gestalt annahm, wuchs die Liste der Teilnehmer. Die Administration fügte noch Chris Cox hinzu, den Vorsitzenden der Wertpapier- und Börsenaufsicht (Securities and Exchange Commission, SEC), sowie Mitarbeiter aus dem Finanzministerium, die über dessen eilends ausgearbeitete Pläne berichten sollten. Der Kongress würde von den Führern der Demokraten und Republikaner vertreten sein. In Anbetracht dessen, was Hank Paulson mir gesagt hatte, wusste ich, dass wir so schnell wie möglich gesetzliche Regelungen verabschieden mussten; und damit es dazu kam, brauchten wir eine überparteiliche Zustimmung.

Also waren Führer beider Parteien des Kongresses anwesend. Aber es ging mir nicht darum, dass die Leute nur deshalb teilnahmen, weil wir Stimmen benötigten. Wir brauchten weit mehr – überparteiliche Vorschläge von Abgeordneten und Senatoren mit jahrelanger Erfahrung und Fachkenntnis bei der Ausarbeitung maßgeblicher Gesetze: die Führer John Boehner und Steny Hoyer und, aus dem Senat, Harry Reid und Mitch McConnell. Wir hatten die maßgeblichen Ausschussvorsitzenden und deren rechte Hand, aus dem Repräsentantenhaus etwa Barney Frank und den Republikaner Spencer Bachus und aus dem Senat den Demokraten Chris Dodd und den Republikaner Richard Shelby.

Auf Wunsch der weiteren Teilnehmer verschoben wir den Beginn des Treffens auf 19 Uhr. Es hätte kaum mehr auf dem Spiel stehen können.

Nach der Eröffnung der Sitzung im Konferenzsaal dankte ich zuerst Minister Paulson und bat ihn, uns einen Bericht über den Crash zu geben. Ich kannte die Neuigkeiten bereits, die kommen würden, und wollte, dass die Teilnehmer sie, so wie ich, direkt von Hank erfuhren. Er beschrieb eine Finanzkrise von abgrundtiefem Ausmaß. Dante persönlich hätte sich keinen so tiefen und schrecklichen Höllenschlund ausdenken oder benennen können. Wieder war nicht die Rede vom Zusammenbruch einer oder zweier Banken, sondern von einem Crash des ganzen Systems.

Ich wandte mich an Ben Bernanke, den Vorsitzenden der Fed, und fragte, was er von der Schilderung des Ministers halte. Er erwiderte: »Wenn wir morgen nichts unternehmen, werden wir am Montag keine Wirtschaft mehr haben – auch keine Commercial Paper.« Ein Commercial Paper ist ein kurzfristiges Anleiheinstrument mit mehrfachen Einsatzoptionen, etwa der Möglichkeit für Unternehmen, ihre Gehälter zu finanzieren oder Inventarkosten und kurzfristige Rechnungen zu decken. Es wird häufig vom Geldmarkt aufgekauft und ist für die Wirtschaft unverzichtbar. Wenn Unternehmen kein Geld bewegen können, ist unsere Wirtschaft tot.

Ben teilte uns auch die ernste Botschaft mit, dass es nur noch eine Frage von Tagen bis zum weltweiten Finanzcrash sei.

Ich persönlich kam mir vor, als hätte mir ein Maultier in den Hintern getreten. Das war eine Krise von schier unvorstellbaren Ausmaßen, eine Krise, die nicht nur für die Investmentfirmen der Wall Street katastrophal wäre, sondern auch für Millionen Amerikaner und unzählige andere Menschen auf der ganzen Welt.

Zur Erinnerung: Das war am Donnerstagabend. Und die »Montagsprognose« stammte von Ben Bernanke, dem Vorsitzenden der Federal Reserve, einem hochangesehenen Experten in Sachen Weltwirtschaftskrise. Tatsächlich heißt es, dass Bernanke am selben Nachmittag bei einem Treffen im Weißen Haus zu Präsident Bush gesagt habe: »Was das Finanzsystem angeht, haben wir etwas Vergleichbares seit den 1930er-Jahren nicht mehr erlebt, und es könnte durchaus noch schlimmer werden.«

Bis zu diesem Moment hatte ich mich weitgehend auf Hank und Ben konzentriert, doch als ich jetzt den Blick durch den Saal schweifen ließ, sah ich die schockierten und aschfahlen Gesichter meiner Kollegen. Nach so verheerenden Aussagen zu unserer Wirtschaft meldete sich keiner, der eine andere Meinung zu der Krise hatte. Es war nicht die Zeit für Kritik im Nachhinein oder Schuldzuweisungen. Die einzige Frage, die wir stellen durften, lautete: Was unternehmen wir, um voranzukommen?

Fast zwei Stunden lang war das die Frage, die uns alle beschäftigte.

WARNSIGNALE

Das hatte es noch nie gegeben, dass der Finanzminister von einem systemweiten Crash sprach und der Vorsitzende der Federal Reserve ausdrücklich erklärte, dass wir Gefahr liefen, »am Montag keine Wirtschaft mehr [zu] haben«. Aber in Wirklichkeit ereignete sich dieser finanzielle Kollaps nicht über Nacht. Im Zuge der Finanzkrise von 2008 sollten mehrere Autopsien des Systems durchgeführt werden. Bei der ganzen Geschichte der Ursprünge verschlägt es einem die Sprache.

Der erste Teil beginnt auf dem Wohnungsmarkt. Nach der Weltwirtschaftskrise und dem Zweiten Weltkrieg wurde der Hausbesitz zunehmend zu einem festen Bestandteil des amerikanischen Traums. Anfang der 2000er-Jahre gerieten Millionen Hauskäufer ins Visier verbrecherischer Kreditgeber, die sie überredeten, Schulden aufzunehmen, die sie sich gar nicht leisten konnten, zum großen Teil in Form von Hypotheken mit flexiblen Tilgungsraten, deren Zinssätze und monatliche Raten beträchtlichen Steigerungen unterlagen. Manche Hypotheken waren so angelegt, dass die Schuldner in den ersten Jahren den Geldgebern lediglich die Zinsen zahlten, statt die Schuldsumme zu tilgen, mit der sie die von ihnen gekauften Häuser belastet hatten. Viele dieser Darlehen gehörten in die Kategorie der sogenannten »Subprime-Hypotheken«. Sie waren auch Teil der folgenden verblüffenden Statistik: Die Kredite, die in den Jahren 2001 bis 2007 an amerikanische Haushalte vergeben wurden und diese belasteten, waren fast genauso hoch wie die gesamte Hypothekenschuld, die von US-Haushalten in der ganzen vorherigen Geschichte unserer Nation angehäuft wurde, von der Zeit, als 1766 zum ersten Mal Hypotheken eingeführt wurden, bis zum Jahr 2000. Von der Geburt der Vereinigten Staaten an dauerte es über 200 Jahre, bis die ausstehende Hypothekenlast Ende der 1990er die Marke von 5 Billionen Dollar überschritt. Im Jahr 2007 hatte die Gesamtschuld der USA den Stand von 14,62 Billionen Dollar erreicht und stieg immer noch an.

Im Vorfeld von 2008 änderten viele Hypothekenanbieter darüber hinaus das Verfahren, wie Amerikaner ein Haus erwarben. Jahrelang beantragte ein Kaufinteressent vor Ort eine Hypothek, wo er den Bankier häufig persönlich kannte. Doch inzwischen waren diese Darlehen zur Ware geworden und wurden an unbekannte Käufer weiterverkauft. Als Folge hatten manche Hausbesitzer keine Ahnung, wer ihr Bankier war, und die Bankiers, die in der Gemeinschaft nicht verwurzelt waren, wollten einfach eine möglichst hohe Rendite für ihren Kauf – oder ihn wieder loswerden, wenn sie nicht genug daran verdienten. Ein Ausfall einer Hypothek und eine Zwangsvollstreckung waren Probleme, die lediglich die Bilanzen des Geldgebers belasteten.

Verbrecherische Methoden bei der Kreditvergabe brachten Hauseigentümer erheblich in Gefahr, und das Risiko wurde im ganzen Finanzsystem vervielfacht, als immer mehr Wall-Street-Firmen anfingen, diese riskanten Hypotheken aufzukaufen und sie in Finanzinstrumente zu bündeln, die man hypothekenbesicherte Wertpapiere nannte. Diese Produkte verkauften die Banken an Anleger in den USA und auf der ganzen Welt weiter, wobei sie betrügerisch das, was sie verkauften, als Produkt mit »hohem Ertrag, geringem Risiko« bezeichneten – während die schädlichen zugrunde liegenden Hypotheken die Wertpapiere in Wahrheit zu Papieren von geringem Ertrag und hohem Risiko machten. Die Wall Street verschärfte das Problem noch, indem sie sogenannte »besicherte Schuldverschreibungen« (Collateralized Debt Obligations, CDO) ins Leben rief. CDOs bündelten separate, niedrig eingestufte, hypothekenbesicherte Wertpapiere zu einem Produkt – und bisweilen entstanden durch diese Bündelung auf wundersame Weise AAA-eingestufte Wertpapiere. Wie Michael Mayo, ein ehemaliger Mitarbeiter der Federal Reserve und Analyst für Finanzdienstleistungen, später der Untersuchungskommission zur Finanzkrise erklärte: Es handelte sich um »einen Haufen billiger Zutaten, die neu verpackt wurden, um sie zu einem Premiumpreis zu verkaufen«.

Doch das skrupellose Gebaren hörte damit nicht auf. Die Wall Street schuf und verkaufte separate Produkte, sogenannte »Credit Default Swaps« oder »Kreditderivate«. In der Theorie sollten sie vor einem Wertverlust schützen, aber sie ließen auch Spekulationen zu – also eine Geldanlage für den Ausfall dieser hypothekenbesicherten Wertpapiere –, was letztlich das Risiko nur noch erhöhte.

Als dieser finanzpolitische Drahtseilakt ins Wanken geriet, verloren Leute ihre Jobs – und damit ihr Einkommen, um die Schulden zurückzuzahlen. Zudem waren die Kosten für viele dieser Hypotheken gestiegen, weil die Federal Reserve von 2004 bis 2006 die Zinssätze erhöht hatte, eine Standardmaßnahme, um einer Inflation entgegenzuwirken. Aber durch die Anhebung der Zinssätze wurden Hypotheken mit flexiblen Zinsen teurer, was wiederum Tilgungsrückstände zur Folge hatte. Banken blieben auf Immobilien sitzen, die sie nicht verkaufen konnten, und das führte zu Verlusten und einer bedrohlichen Lage für Darlehen und Kredite, was der Wirtschaft zusätzlich schadete.

Zynischerweise machten, sobald der Immobilienmarkt schwächelte und die Ausfälle von Hypothekenzahlungen begannen, einige der großen Verfechter und Verkäufer dieser Instrumente prompt eine Kehrtwende. Goldman Sachs war federführend bei diesem üblen und womöglich gesetzwidrigen Verhalten. Sie begannen mit Short-Spekulationen im Umfeld der Credit Default Swaps – anders gesagt, sie setzten darauf, dass hypothekenbesicherte Wertpapiere ausfielen, häufig sogar gegen ihre eigenen Klienten. Die herrschende Einstellung an der Wall Street lautete: IB-GYBG *(I'll be gone, you'll be gone)*, sprich: Schnapp dir den großen Gewinn und verabschiede dich rechtzeitig vor den kommenden großen Verlusten.

Wie konnten solche betrügerischen Praktiken erlaubt sein? In Anbetracht des sogenannten »Wegsehens der staatlichen Regulierungsbehörden und Führer der Finanzbranche« hatte ein verbreitetes Ethos der Deregulierung in die Finanzsysteme Einzug gehalten. Im Rückblick erfolgte eine der verheerendsten Veränderungen im April 2004, als die Börsenaufsicht die sogenannten »Nettokapitalanforderungen« lockerte.

Zuvor mussten Finanzinstitute, die als Makler und Händler eingestuft wurden, sowie Investmentbanken bei ihren Investitionen ein Verhältnis von 12 zu 1 der Gesamtschulden zum Eigenkapital einhalten – das hieß, sie durften keine Schuldenbilanz aufweisen, die das Zwölffache der eigenen Vermögenswerte oder des Kapitals überstieg. Nunmehr verschafften sich Firmen mit über 5 Milliarden Dollar an Vermögenswerten ein unbegrenzt Vielfaches an Fremdkapital. Fünf der Firmen, die diese neue Regulierung nutzten, waren Bear Stearns, Lehman Brothers, Merrill Lynch, Goldman Sachs und Morgan Stanley – und sie fingen an, das Fremdkapitalverhältnis bei ihren Investitionen auf 30 zu 1 (oder noch höher) zu schrauben. Das hätte womöglich auch funktioniert, wenn die Investitionen solide gewesen wären, doch das war nicht der Fall. Ein hohes Risiko und äußerst riskante Investitionen waren eine untragbare Kombination. Letztlich überlebte keine dieser fünf Firmen als unabhängige Investmentbank. Sie brachen zusammen, wurden verkauft oder zu Handelsbanken.

Somit hatten im Herbst 2008 die riskanten Entscheidungen, die etliche Finanzinstitute getroffen hatten, und der allmähliche Abbau zentraler Bestandteile einer sinnvollen Regulierung die Integrität unseres Finanzsystems zersetzt und die Vereinigten Staaten auf einen Kurs in die Krise geführt. Über Nacht fingen Geldgeber an, kurzfristigen Darlehen an Finanzinstitute, die solche Vermögenswerte hielten, den Geldhahn zuzudrehen. Den Banken wurde mitgeteilt, sie bräuchten mehr Kreditsicherheit – sonst würden die Darlehen gekündigt.

Was viele von uns erst viel später erfuhren, war der Umstand, dass die Federal Reserve in den Tagen und Wochen vor unserer Sitzung am Abend des 18. September bereits klammheimlich Geld – zig Milliarden Dollar – in die Finanzmärkte gepumpt hatte, um die Märkte zu stützen und weitere Einbrüche an der Börse zu verhindern. Der Kongress hatte keine Ahnung, dass der Fed sogar eigens zu diesem Zweck sowie für die Rettung von AIG Mittel in dieser Höhe zur Verfügung standen.

Minister Paulson sprach zwar von einem Crash des Finanzsektors, aber alle im Konferenzsaal versammelten Teilnehmer wussten wohl, dass die Turbulenzen an der Wall Street in Gemeinschaften und Wohnvierteln im ganzen Land Schaden anrichten würden – und direkt auf dem Küchentisch unzähliger Familien landeten. Und auch wenn die Krise in beträchtlichem Ausmaß auf die Versäumnisse der Bush-Administration bei der Regulierung zurückzuführen war, wussten wir Demokraten doch sehr wohl, dass wir diese Situation gemeinsam, also überparteilich, lösen mussten, um weiteren Schaden für amerikanische Arbeiterfamilien zu vermeiden.

Später mussten wir auch Vorkehrungen treffen, um dafür zu sorgen, dass es nie wieder so weit kam – doch zuerst hatten wir uns der aktuellen Krise zu widmen.

DER LETZTE NOTNAGEL

Als die Abgeordneten und Senatoren allmählich verarbeiteten, was sie soeben erfahren hatten, reagierten sie mit einer Unzahl an Fragen. Als Antwort teilte uns Minister Paulson mit, dass Mitarbeiter des Finanzministeriums bereits verschiedene Modelle geprüft und eine Vorgehensweise ausgearbeitet hätten, die sie den »Break the glass«-Plan, also den letzten Notnagel, nannten. Weil schon der Titel auf einen extremen Notfall schließen ließ, sah ich mich zu der Frage veranlasst, warum sie diesen Krisenplan denn nicht schon längst eingeleitet hätten? An diesem Punkt teilten die Regierungsvertreter uns doch tatsächlich mit, dass sie ihn »für den nächsten Präsidenten aufheben« würden. In weniger als zwei Monaten würden die Wähler an die Urnen gehen, und auf Demokratischer Seite waren wir absolut überzeugt, dass Senator Barack Obama die Wahl gewinnen würde. Ich hatte die große Sorge, dass die Bush-Administration einfach hoffte, die Wirtschaft noch sechs Wochen lang am Laufen zu halten – und wenn dann das große Jammern losginge, würde man dies Obamas Wahlsieg zuschreiben. Die Antwort der Regierung ließ ein beträchtliches Maß an negativer Einstellung in eine Diskussion einfließen, die bislang überparteilich gewesen war.

Dennoch schoben wir die Politik beiseite und hörten uns

den Krisenplan der Administration an. Der renommierte Wirtschaftsexperte und Professor in Princeton Alan Blinder, der in den 1990er-Jahren im Aufsichtsrat der Federal Reserve gesessen hatte, schrieb in seinem Buch über die Krise von 2008, dass der Krisenplan in Wirklichkeit schon im April 2008 von einem Wirtschaftsexperten und einem Investmentbanker ausgearbeitet worden sei. Man hatte ihn als »Notfallplan« in Auftrag gegeben, nachdem Bear Sterns um ein Haar zusammengebrochen wäre. Doch die Bush-Administration schien jede neue Krise als individuelles Problem zu behandeln; später sollte Hank Paulson dies auch zugeben, indem er schrieb, dass sie »versucht« hätten, »mit Isolierband und Bindedraht das System zusammenzuhalten«. Als Minister Paulson uns den Krisenplan erklärte, sagte er, dass das Finanzministerium sowohl das Geld als auch die Vollmacht bräuchte, um insolvente Banken zu retten. Demnach sollten deren »toxische Wertpapiere« mit einem Gesamtwert von Hunderten Milliarden Dollar aufgekauft werden.

»Toxische Wertpapiere«. Diese Bezeichnung kam mir als das schlimmste Oxymoron vor, das ich jemals gehört habe.

Ich eröffnete die allgemeine Diskussion, angefangen mit Harry Reid. Harrys erste Frage – eine, die er in regelmäßigen Abständen immer wieder stellen sollte – lautete schlicht: Wie viel wird dieser Plan kosten: 100 Milliarden Dollar? Nein, wurde ihm mitgeteilt. Zehn Minuten später hakte er nach: Werden es 200 Milliarden Dollar sein? Die Antwort lautete immer noch Nein. Als Senator Reid die Zahl von 400 Milliarden Dollar auf den Tisch brachte, erwiderte Hank Paulson, allmählich werde es »wärmer«.

»Bei allem Respekt, Mr. Secretary«, warf ich ein, »›wärmer‹ ist die Art und Weise, wie ich mit meinen Enkelkindern rede. Das ist nicht gerade die Form, wie der Finanzminister dem Führer des Senats der Vereinigten Staaten antworten sollte.«

Der Minister entgegnete, er werde uns später die Zahl nennen. Am Ende sollten es weit mehr als 400 Milliarden Dollar sein.

Kongressmitglied Spencer Bachus sprach eine wichtige Frage an: Warum können wir nicht einfach direkt Anteile an den Banken kaufen, statt uns deren toxische Papiere aufzuhalsen? Dieser Vorschlag, sprich eine Kapitalisierung, wurde von Barney Frank, dem Vorsitzenden des Finanzausschusses im Repräsentantenhaus, begrüßt und stieß im Saal auf breite überparteiliche Unterstützung. In Anbetracht dessen, was Hank Paulson und Ben Bernanke gesagt hatten, lag auf der Hand, dass der Kongress so schnell wie möglich gesetzliche Regelungen verabschieden musste. Ich sagte, ich würde das in unseren Gesetzesentwurf aufnehmen – allerdings nicht als Bedingung oder als Vorschrift, was das Finanzministerium zu tun habe, sondern als Vollmacht, das Geld, das der Kongress zur Verfügung stellen werde, in dieser Form zu nutzen, falls eine Kapitalisierung die letzte Entscheidung sei.

Die Antwort des Ministers darauf war knapp: »Ich will das nicht in der Gesetzgebung. Ich werde davon keinen Gebrauch machen.« Ich habe nie verstanden, warum sich Hank Paulson so vehement gegen eine Kapitalisierung wehrte. Ironischerweise sollte die Kapitalisierung exakt der Ansatz sein, den die Regierung am Ende nutzte. Bezeichnenderweise warfen andere Anwesende die Frage nach Zwangsvollstreckungen auf und danach, was man für die Hauseigentümer tun könne.

Seitens der Demokraten plädierte Barney Frank für ein Limit auf die Gehälter des Managements bei Unternehmen, die staatliche Gelder bekamen. Führende Angestellte von Spitzeninvestmentbanken erhielten Millionen und sogar Dutzende Millionen an Gehältern und Boni. Barney wollte nicht, dass das schwer erarbeitete Geld der Steuerzahler dafür genutzt wurde, die Gehälter von Personen zu subventionieren, die diese Katastrophe in erster

Linie verursacht hatten, und ich pflichtete ihm bei. Er wies auch darauf hin, dass man, wenn Kongressmitglieder und die Regierung die Öffentlichkeit von der Notwendigkeit eines Rettungsplans überzeugten, einräumen müsse, dass die Kompensation für CEOs und Management ein großes Problem sei.

Zu unserer Enttäuschung widersetzte sich Minister Paulson diesem Vorschlag und erklärte, wenn wir die Managementgehälter begrenzten, dann würden sich manche Banken weigern, bei dem Krisenplan mitzuspielen. Nach meinem Eindruck war das nicht unbedingt die Haltung des Ministers, sondern spiegelte das wider, was er für durchsetzbar hielt. Barney Frank meinte später, die Antwort des Ministers zähle zu den übelsten Äußerungen über die persönlichen Wertvorstellungen der Führer der Finanzwelt, die er jemals gehört habe.

Für alle Teilnehmer am Tisch war der Zweck des Treffens, zu einer Lösung zu gelangen. Welche privaten Bedenken wir auch haben mochten, an jenem Donnerstagabend wussten wir, dass wir uns einig sein mussten – und das waren wir auch. Unter den Führern des Kongresses bestand eine fast einmütige Übereinkunft, und wir stellten uns auch gemeinsam den Medien und gaben eine kurze Stellungnahme ab. Mit der Ausnahme von Senator Richard Shelby aus Alabama, dem zweiten Mann des Bankenausschusses im Senat, waren sich die Demokratische und Republikanische Führung einig: Wir machten Fortschritte.

Als ich an der Reihe war, sagte ich, während im Hintergrund ununterbrochen die Kameras der Fotografen klickten: »Wir hatten soeben ein, wie ich meine, sehr produktives Treffen, auf dem wir von der Regierung und vom Vorsitzenden der Fed von einer Initiative erfuhren, um zur Überwindung der Finanzkrise in unserem Land beizutragen. Es ist unser Ziel, das zu erreichen und dabei die Normalbürger von der Wall Street zu trennen und unsere Verantwortung gegenüber dem Steuerzahler, gegenüber dem Verbraucher und gegenüber den Menschen im ganzen Land anzuerkennen.« Wir alle wussten, dass wir am Ende Erfolg haben mussten. Die einzige Frage war: Wann kam das Ende?

DER VORSCHLAG DER REGIERUNG

Etwa 27 Stunden nach dem Ende der Sitzung, am Freitag gegen Mitternacht, schickte uns Finanzminister Paulson einen dreiseitigen Gesetzesvorschlag, der unter der Bezeichnung Troubled Asset Relief Program (TARP) in die Geschichte eingehen sollte. Seine Kosten beliefen sich auf 700 Milliarden Dollar.

Die Zahl war erstaunlich: mehr als das Doppelte der Summe, die man uns in der Nacht zuvor genannt hatte. Im Jahr 2008 belief sich der gesamte nicht sicherheitsrelevante innenpolitische Jahreshaushalt der amerikanischen Bundesregierung auf etwa 346 Milliarden Dollar, einschließlich der Ausgaben für Bildung, Wohnungswesen, Landwirtschaft, Handel, Arbeit, einen Teil der Gesundheitsversorgung, Forschung, Transport, Rechtswesen, Umwelt und weitere Aufgaben. Die Demokraten hatten nicht die Absicht, der Wall Street einen Blankoscheck über 700 Milliarden Dollar auszustellen und auf einen guten Ausgang zu hoffen.

Zusammen mit der gewaltigen Summe erhielt der Finanzminister laut dem vom Finanzministerium formulierten Gesetzesvorschlag außerdem die umfassende und beispiellose Vollmacht, die Mittel nach Belieben auszugeben. Laut einem Satz des Entwurfs waren die Entscheidungen von Finanzminister Paulson »durch kein Gericht und keine Regierungsstelle überprüfbar«. Dies wirkte wie ein Akt der Arroganz, aber nicht wie ein seriöser Gesetzesvorschlag. Trotz unserer Achtung vor Finanzminister Paulson waren wir nicht bereit, ein Gesetz zu verabschieden, das keine Überprüfung durch die Gerichte oder den Kongress zuließ. Dies hätte gegen grundlegende Verfassungsbestimmungen verstoßen.

Nachdem wir den Vorschlag erhalten hatten, legten wir ihn fast gänzlich beiseite und begannen, überparteiliche Gespräche zwischen dem Kongress und dem Weißen Haus zu führen. Hundertseitige Gesetzesentwürfe sind für den Kongress Routine, und der dreiseitige Entwurf des Finanzministeriums war jämmerlich unzureichend. Die Demokraten waren fest entschlossen, die Normalbürger vor der Krise der Wall Street zu schützen und dafür zu sorgen, dass die Menschen nicht ihre Eigenheime verloren. Deshalb bestanden wir darauf, dass das zu verabschiedende Gesetz in Bezug auf alle vorgesehenen Ausgaben eine größere Rechenschaftspflicht und schärfere Aufsicht als der Entwurf vorsah, damit die Banken aus einer Rettungsaktion keinen Profit schlagen konnten.

Irgendwann dachte ich über die beiden vergangenen Tage nach: Vor meinem Anruf bei Hank Paulson hatte uns kein Mensch in der Regierung über das ganze Ausmaß der Krise informiert. Und weniger als 48 Stunden danach verlangte die Regierung 700 Milliarden Dollar, um den Zusammenbruch der Volkswirtschaft zu verhindern. Wann hatte man uns ursprünglich um das Geld bitten wollen? Was hatte man sich dabei gedacht? Barney und ich haben uns oft gefragt, was in jenem September hätte geschehen können.

An jenem Wochenende war ich daheim in Kalifornien. Paul hatte sich im Stanford University Medical Center einer Hüftoperation unterzogen, und ich war nach Hause geflogen, um bei ihm zu sein. Doch die gesetzgeberische Arbeit duldete keine Unterbrechung. Ich musste mit Regierungsvertretern und Kongressmitgliedern verhandeln und mit Aktionären telefonieren, während ich in einem Zimmer im Krankenhaus saß, wo wie üblich großer Betrieb herrschte: Krankenschwestern kamen und gingen, und

Abb. 1 3. Mai 2024: Verleihung der Medal of Freedom, der höchsten zivilen Auszeichnung der USA, durch Präsident Joe Biden im Weißen Haus.

Abb. 2 und 3 Der Wahlspruch meiner ersten Kampagne für einen Sitz im Kongress 1987 lautete: »A Voice That Will Be Heard«. (»Eine Stimme, die gehört wird)«

Abb. 4 4. September 1991: Mit den Abgeordneten Ben Jones und John Miller auf dem Tiananmen-Platz, um die mutigen Chinesen zu ehren, die ihr Leben für die Freiheit opferten. Als wir unser Spruchband entfalteten, verfolgte uns die chinesische Polizei.

Abb. 5 4. Januar 2007: Nachdem ich als erste Frau zur Sprecherin des Repräsentantenhauses gewählt worden bin, eröffne ich die Sitzung »für die Kinder«.

Abb. 6 23. Januar 2007: Begrüßung Präsident George W. Bushs. Als erste Frau leite ich die Sitzung beider Kammern des Kongresses anlässlich der Regierungserklärung eines Präsidenten.

Abb. 7 Auf Truppenbesuch im Irak 2008. Ich war von Anfang an gegen den Irakkrieg, stehe aber jederzeit zu unseren Soldaten.

Abb. 8 Muttertag 2012 in Afghanistan.

Abb. 9 23. März 2010: Präsident Barack Obama unterzeichnet den Affordable Care Act. Endlich ist medizinische Versorgung ein Recht und kein Privileg mehr.

Abb. 10 (links) 21. März 2010: Arm in Arm mit dem angesehenen Abgeordneten John Lewis auf dem Weg ins Repräsentantenhaus vor der Verabschiedung des Affordable Care Act. **Abb. 11** (rechts) Erfolgreiche Proteste zur Rettung des ACA vor den Angriffen der Republikaner.

Abb. 12 (links) 17. Oktober 2007: Präsident George W. Bush verleiht Seiner Heiligkeit dem Dalai Lama die Congressional Gold Medal **Abb. 13** (rechts) Begegnung mit dem chinesischen Präsidenten Xi Jinping im Kapitol 2015. Senatorin Dianne Feinstein und ich forderten ihn in der Tibetfrage heraus.

Abb. 14 Herzliches Willkommen in Taiwan für die Delegation des Kongresses, während die chinesische Regierung wegen unseres Besuches mit dem Säbel rasselte.

Abb. 15 Mit der damaligen taiwanesischen Präsidentin Tsai Ing-wen. Wir stehen zu unseren Verpflichtungen gegenüber Taiwan.

Abb. 16 5. Februar 2019: Rückkehr ins Amt des Sprechers und Begegnung mit Präsident Trump anlässlich seiner Regierungserklärung.

Abb. 17 (links) 16. Oktober 2019: Auseinandersetzung mit Trump während einer Besprechung mit Kongressabgeordneten im Kabinettssaal des Weißen Hauses. »Mit Ihnen, Herr Präsident, führen alle Wege zu Putin.« **Abb. 18** (rechts) 4. Februar 2020: Ich zerreiße Trumps Manifest der Unwahrheiten auf den Seiten seiner Regierungserklärung.

Abb. 19 (links) 6. Januar 2021: Mit Senator Chuck Schumer und dem Abgeordneten Steny Hoyer an unserem Zufluchtsort in Fort McNair. Wir hörten zunächst, es werde »mehrere Tage« dauern, das Kapitol nach der Erstürmung wieder zu räumen. **Abb. 20** (rechts) Wiedereröffnung der unterbrochenen Sitzung des Repräsentantenhauses am Abend des 6. Januar 2021. Wir waren entschlossen, die Wahl Joe Bidens zu bestätigen und die Demokratie zu bewahren.

Abb. 21 1. März 2022: Feierliche Regierungserklärung Präsident Joe Bidens mit Vizepräsidentin Kamala Harris als Senatsvorsitzender. Zum ersten Mal leiten zwei Frauen die Sitzung.

Abb. 22 30. April 2022: Als Delegationsleiterin eines gefährlichen Geheimbesuches in der Ukraine zur Unterstützung Präsident Wolodymyr Selenskyjs und seiner Nation kurz nach dem russischen Einmarsch.

Abb. 23 21. Dezember 2022: Ich überreiche dem ukrainischen Präsidenten Wolodymyr Selenskyj anlässlich seiner Rede vor dem Kongress eine amerikanische Flagge. Wir sind dafür verantwortlich, dass unsere Flagge ein Symbol der Freiheit bleibt.

ständig piepten und summten Geräte im Hintergrund. Glücklicherweise schlief Paul die ganze Zeit, während das Repräsentantenhaus damit begann, das Rettungspaket für die Weltwirtschaft zusammenzustellen.

Schließlich floh ich mit meinem Handy in die Gänge der Klinik und dann nach draußen. Ich wurde mit Anrufen zahlreicher Giganten der Finanzindustrie überschwemmt, die, insbesondere was die Kapitalisierung betraf, sehr verschiedene Ansichten über die Vorschläge für den Gesetzesentwurf hatten. Inzwischen war durchgesickert, dass ich bei der Sitzung am Donnerstag dafür plädiert hatte, den Finanzminister zu einer Kapitalisierung zu ermächtigen, aber nicht zu verpflichten. Einige Stimmen aus der Finanzindustrie vertraten die Ansicht, dass eine Kapitalisierung in dem Gesetz nicht nur als Möglichkeit, sondern als Empfehlung oder sogar als vorgeschriebenes Verfahren enthalten sein sollte. Andere meinten, es wäre ein Fehler, sie überhaupt in das Gesetz aufzunehmen. Ironischerweise waren sich beide Seiten offenbar stets darin einig, dass die jeweils andere nur ihre eigene Agenda verfolgte und nicht im öffentlichen Interesse handelte. Alle Parteien, mit denen ich telefonierte, behaupteten stets, dass sie das finanzielle Wohl der Allgemeinheit im Auge hätten. Ich hörte mir alle Ansichten respektvoll an und registrierte amüsiert, dass alle Anrufer behaupteten, die andere Seite verfolge ausschließlich ihre persönlichen Interessen, während sie selbst angeblich keine hatten.

Vier Banken hatten ernsthafte Probleme, auch die beiden Investmentbanken Morgan Stanley und Goldman Sachs. An diesem Wochenende wurden sie von Investmentbanken in Bank-Holdinggesellschaften umgewandelt. Durch diese Veränderung waren sie in verschiedener Hinsicht gesetzlich geschützt, so etwa gegen bestimmte finanzielle Verluste, und sie hatten Zugang zu Kapital mit niedrigen Zinsraten, das nur Geschäftsbanken, nicht jedoch Investmentbanken der Wall Street zur Verfügung stand. Außerdem waren sie nun der umfassenderen Aufsicht der Federal Reserve und anderer Regulierungsbehörden der Regierung und nicht mehr der Börsenaufsichtsbehörde SEC unterworfen. Die *New York Times* beurteilte das Verhalten der beiden Banken wie folgt: »Es war das klare Eingeständnis, dass ihr Finanzierungs- und Investitionsmodell zu riskant geworden war.« Solange sie mit riskanten Investitionen große Gewinne gemacht hatten, war es ihnen sehr angenehm gewesen, strenge Überwachung vermeiden zu können und nach extrem laxen Regeln zu spielen. Als sie jedoch in einem großen Finanzloch steckten, kamen sie nach Washington gerannt, damit ihnen die vom Steuerzahler finanzierte Regierung aus der Patsche half und sie vor den Folgen ihres leichtsinnigen Verhaltens bewahrte. Die beiden wichtigen Finanzinstitute drückten sich mit gewaltigen Kosten für den Rest der Volkswirtschaft und für uns alle vor den Folgen ihrer Fehler.

Es war nicht das erste Mal, dass sich die Wall Street so verhielt, nur das Ausmaß war beispiellos. Als Mitglied des damals House Committee on Banking, Finance and Urban Affairs genannten Ausschusses hatte ich immer wieder erlebt, dass die Wall Street nur ihren eigenen Interessen diente, indem sie die Gewinne privatisierte und die Risiken verstaatlichte. Ich will hier nicht alle Banken und Bankiers über einen Kamm scheren, und Finanzdienstleister sind wichtig für die wirtschaftliche Gesundheit Amerikas. Aber wir haben stets die Pflicht, auch die Anleger, Steuerzahler und Wähler zu schützen, deren ökonomische Sicherheit für die wirtschaftliche Stärke und Unversehrtheit Amerikas schon immer von zentraler Bedeutung war und auch weiterhin sein wird. Die Einstufung als *too big* sollte nicht automatisch eine Garantie dafür sein, dass das System einen Konzern nicht scheitern lässt, egal, wie schlecht er gemanagt wird und wie schlecht seine Bilanzbuchhaltung ist. Bedauerlicherweise lautet das Motto dieser Banken inzwischen: *Too big to fail, too big to jail* – zu groß zum Scheitern, zu groß zum Einbuchten.

GESETZGEBUNG IN DER KRISE

Als sich die Krise verschärfte, waren unsere Abgeordneten und Mitarbeiter fest entschlossen, ein Gesetz zu schreiben, das sowohl die notwendigen Mittel zur Verfügung stellte als auch den Umgang mit der Krise regelte. Ich bin eine leidenschaftliche Gesetzgeberin, und der einzige Weg, um eine tragfähige Lösung zu erreichen, besteht für mich in Zusammenarbeit. Es durfte keine überhasteten Maßnahmen zur Eindämmung der durch den Zusammenbruch verursachten Schäden geben, sondern nur ein ordentliches Gesetz. Wir arbeiteten überparteilich und machten Fortschritte. John Boehner und ich formulierten als gemeinsames Ziel die Beachtung der grundlegenden Regeln guter Regierungsführung, einschließlich einer strengen, unabhängigen Aufsicht, strenger Regeln für die Vergütungen von Führungskräften und Maßnahmen zum Schutz der Steuerzahler.

Ich ermahnte meine Fraktion, dass wir es mit einer beispiellosen Krise zu tun hätten. Sie bedeutete den Verlust von Arbeitsplätzen, von häuslichem Vermögen und von Eigenheimen, und sie betraf nicht nur einen Teil der Volkswirtschaft, sondern das ganze System. »Nicht einer von uns hatte Erfahrung mit einer derart großen Sache«, brachte es Barney Frank auf den Punkt. Doch wir alle waren entschlossen, eine Lösung zu finden, und obwohl wir von mehreren Ausschüssen Beiträge für das Gesetz brauchten, war uns klar, dass wir schnell handeln mussten. Die Märkte verfolgten genau, was wir taten.

Am 24. September hielt Präsident Bush eine Rede an die Nation zur Finanzkrise. Ich war erfreut, dass er die Verbesserungen einräumte, die der Kongress am ursprünglichen Entwurf seiner Regierung vorgenommen hatte.

Doch es ging nicht nur um den amtierenden Präsidenten. Die Verhandlungen über das Gesetz fanden mitten im Präsidentschaftswahlkampf zwischen den Senatoren Barack Obama und John McCain statt. Wenige Stunden vor Bushs Rede unterbrach der Republikaner McCain offiziell seinen Wahlkampf und forderte zum Thema Finanzkrise ein Treffen der führenden Politiker im Weißen Haus. Er hatte mich zuvor schon angerufen und gebeten, an dem Treffen teilnehmen zu dürfen, er habe ein paar Vorschläge zu machen. Er und ich hatten 2002 bei der Verabschiedung des McCain-Feingold Campaign Finance Reform Act zusammengearbeitet, meinem ersten wichtigen Projekt als Whip der Demokraten im Repräsentantenhaus, und wir waren Freunde. Zwar sprachen wir nicht immer persönlich miteinander, aber McCain legte tatsächlich Wert darauf, dass in einer Debatte alle Seiten angehört wurden. Auch wenn wir uns in der Öffentlichkeit nicht einig waren, kam er privat regelmäßig auf mich zu und ermutigte mich, »weiterhin gegen diese Typen zu kämpfen«.

Nun jedoch redete er mich am Telefon mit »Madame Speaker« und nicht mit »Nancy« an, da wusste ich, dass das Gespräch kühl werden würde und ich »Senator« und nicht »John« zu ihm sagen musste. Ich versicherte ihm, dass wir uns auf einem sehr positiven Weg zu einem überparteilichen Abkommen befänden. Doch als er das Treffen im Weißen Haus ansprach, sagte ich, dass ich nicht teilnehmen würde. Die Besprechung kam mir unnötig vor. Dann jedoch rief mich wiederholt Bushs Stabschef Josh Bolten an und drängte, es sei dem Präsidenten wichtig, dass ich käme. Also sagte ich widerstrebend zu.

DIE SITZUNG IM WEISSEN HAUS

Die Besprechung fand am 25. September im Cabinet Room des Weißen Hauses statt. Harry Reid und ich entwickelten zuvor eine Strategie, damit ein möglichst verantwortungsvolles Gesetz verabschiedet wurde. Die Republikaner hatten ebenfalls einen Plan; sie sprachen im Oval Office mit Präsident Bush, unmittelbar bevor im Cabinet Room unser größeres überparteiliches Treffen stattfand. Bei der Besprechung im Oval Office war der Präsident sehr deutlich geworden. »Wir müssen das hinkriegen«, hatte er zu allen Anwesenden, einschließlich John Boehner, gesagt. Der jedoch musste einräumen, dass er in seiner Fraktion nicht genug Unterstützung hatte, um den aktuellen Plan des Präsidenten zu verabschieden. Hank Paulson hatte etwas ganz Ähnliches festgestellt, als er sich auf dem Capitol Hill mit den Republikanern traf. So weit die Republikanische Strategie für eine verantwortungsvolle Gesetzgebung. Es sollte die Unterstützung der Demokraten brauchen, um das Gesetz zu verabschieden.

Bei dem Treffen im Cabinet Room waren auch Vizepräsident Dick Cheney, Finanzminister Paulson, John Boehner und Mitch McConnell anwesend. Von den anderen Teilnehmern hatten viele auch schon an dem bahnbrechenden Treffen am Donnerstag teilgenommen, und natürlich waren die beiden Präsidentschaftskandidaten Senator Obama und Senator McCain ebenfalls mit von der Partie.

Präsident Bush eröffnete die Sitzung liebenswürdig wie immer: Er stellte fest, dass wir ein gemeinsames Ziel hätten und die Sache so schnell wie möglich erledigen müssten. Als er fertig war, bat er den Finanzminister, die Lage noch einmal zu beschreiben. Hank schilderte den verheerenden Zusammenbruch und betonte, wie dringlich es sei, eine Lösung zu finden.

Wie es dem Protokoll entspricht, gab der Präsident danach der Sprecherin des Repräsentantenhauses das Wort. Ich dankte ihm, dass er das Treffen einberufen hatte, und fügte hinzu, Harry Reid und ich hätten uns darauf geeinigt, unsere Redezeit wegen der Dringlichkeit der Angelegenheit und um Zeit zu gewinnen, an Senator Obama abzutreten. Alle waren verblüfft. Führende Kongressmitglieder verzichten bei einem Treffen mit dem Präsidenten sonst nie darauf, ihre Ansichten darzulegen.

Überrascht fragte der Präsident: »Stimmt das, Harry?« Reid antwortete einfach: »Ja, Mr. President.«

Obama sprach kurz und überzeugend. Er wandte sich freundlich an Präsident Bush, sprach angesichts der Dringlichkeit der Angelegenheit und unserer großen Verantwortung sehr ernst und machte einige Korrekturvorschläge in Bezug auf den Gesetzesentwurf der Regierung, durch die Steuerzahler und Hausbesitzer besser geschützt würden. Dann schloss er mit den Worten: »Da jedoch Senator McCain dieses Treffen einberufen hat, ist es meiner Ansicht nach wichtig, ihn selbst zu hören.«

Senator McCain nannte ein paar Punkte, was die Bezahlung der Topmanager und die Aufsicht über die Finanzindustrie betraf, und sagte, seiner Ansicht nach könne ein Konsens erreicht werden. Insgesamt jedoch hinterließ er den Eindruck, dass er keinen Plan oder Vorschlag vorzulegen hatte. Angesichts seiner Unschlüssigkeit lief die Sitzung aus dem Ruder. Die Anwesenden wollten sich alle auf einmal Gehör verschaffen und begannen, wild durcheinanderzureden.

Schließlich stand der Präsident auf und sagte: »Ich glaube, ich habe die Kontrolle über den Raum verloren. Das Treffen ist vorüber.«

Ein paar Minuten später versammelten sich die Demokraten im nahegelegenen Roosevelt Room und besprachen, was passiert war.

Finanzminister Paulson schloss sich unserem Demokratischen Beisammensein an. Aus Spaß oder Verzweiflung trat er auf mich zu und machte eine Kniebeuge, wodurch er, wie er sagte, »vor dem Altar der Sprecherin des Repräsentantenhauses niederkniete«.

»Aber Hank«, scherzte ich. »Ich wusste nicht, dass Sie katholisch sind.«

»Bitte lassen Sie den Deal nicht platzen«, flehte er.

»Ich lasse ihn nicht platzen«, sagte ich. »Ihre Seite tut es.«

Ich wusste damals noch nicht, wie prophetisch diese Worte waren, da die Republikaner im Repräsentantenhaus in ihrer überwältigenden Mehrheit gegen TARP stimmen sollten.

Senator McCain hatte in jener Woche Bedenken wegen TARP geäußert, aber am folgenden Freitagabend genau wie Obama genug Verantwortungsbewusstsein gehabt, das Programm in der Debatte der Präsidentschaftskandidaten nicht zu kritisieren. Dennoch standen wir immer noch vor erheblichen Herausforderungen, als wir am Samstag unsere Verhandlungen fortsetzten.

Bei den Demokraten konzentrierte sich das Gespräch auf das Problem, wie man den Hausbesitzern helfen konnte – insbesondere ging es darum, Zwangsvollstreckungen mit ihren katastrophalen Folgen für Familien, Gemeinden und unsere Volkswirtschaft zu verhindern. Die Demokraten des Repräsentantenhauses unter Führung von Barney Frank wollten in ihrem Gesetzesvorschlag die Regierung dazu autorisieren, einen Teil der TARP-Mittel für die Unterstützung der Hausbesitzer zu verwenden. Barney dachte, er habe Paulson davon überzeugt, in der zweiten Tranche der TARP-Mittel die Unterstützung der Hausbesitzer mit einzubeziehen. Leider wurde dem Problem von der Bush-Administration keine große Wichtigkeit beigemessen, und sie leistete gegen eine Modifizierung der Wohnungsbaukredite Widerstand.

Viele Mitglieder meiner Fraktion und ich selbst hatten außerdem einen Insolvenzschutz in den Gesetzestext aufnehmen wollen. Wir dachten, die Möglichkeit, Insolvenz anzumelden, könne den Hauseigentümern gegenüber ihren Banken einen Vorteil im Kampf gegen Zwangsversteigerungen verschaffen. Ohne diese Möglichkeit konnten die inzwischen praktisch anonymen Kreditgeber mit Leichtigkeit und ohne Rücksicht zwangsversteigern. Starker Widerstand aus dem Finanzsektor sorgte letztlich dafür, dass auch dieser Insolvenzschutz aus dem endgültigen Gesetzesentwurf herausgehalten wurde. Die Banken sind auch heute noch dagegen.

Doch wir waren erfahrene Verhandlungsführer und warfen unsere ganze Kompetenz in dem Bewusstsein in die Waagschale, dass wir ein Gesetz verfassen mussten, das seine Aufgabe erfüllte und von beiden Seiten unterstützt wurde, und zwar sofort!

Führende Politiker des Repräsentantenhauses, des Senats und der Regierung trafen am Samstag, dem 27. September, im Speaker's Conference Room wieder zusammen. Wir konzentrierten uns schnell darauf, die Maßnahmen auszuhandeln, die sich auf die Vergütung der Topmanager bezogen, einschließlich der berühmt-berüchtigten goldenen Fallschirme in Gestalt von großzügigen Boni, Zulagen und Leistungen, die scheidenden Führungskräften den Abschied versüßten. Außerdem legten wir fest, wie die Aufsicht bei der gesamten TARP-Initiative geführt werden sollte und mit welchem Timing und in welchen Tranchen die Mittel verteilt werden sollten.

Während die Verhandlungen am Wochenende weitergingen, musste das Repräsentantenhaus noch andere dringende Gesetze verabschieden, und wir mussten die Verhandlungen für Abstimmungen unterbrechen. Unter anderem verabschiedeten wir ein wichtiges Gesetz über die Kooperation mit Indien bei der friedlichen Nutzung der Kernenergie, das mir als Sprecherin besonders wichtig war. Unmittelbar danach waren wir alle wieder am Verhandlungstisch und versuchten, zu einer Übereinkunft zu kommen. Wir saßen bis spät in die Nacht in dem Konferenzraum und an anderen Orten zusammen. Alle waren müde, und Hank Paulson wurde sogar krank. »Wieder dieses trockene Würgen«, sagte er.

Unter Berücksichtigung verschiedener Ansätze drängte ich unsere Gruppe zu einem Kompromiss, weil wir an einer Übereinkunft zum Wohl des amerikanischen Volkes arbeiten mussten. Der Entscheidungsprozess war von der Dringlichkeit der Situation dominiert. Wir einigten uns auf eine grundlegende Vereinbarung in Bezug auf die Verteilung der Mittel, auf die Begrenzung der Vergütung der Führungskräfte und auf strenge Überwachungsmaßnahmen mit für alle Seiten akzeptablen Formulierungen.

Ich schlug eine Steuer für die Finanzindustrie vor, damit die Banken und nicht der Steuerzahler für die Rettungsmaßnahmen aufkamen, aber sie wurde nicht von beiden Seiten unterstützt. Stattdessen brachten wir einen anderen Plan in dem Gesetz unter, um unsere Steuerdollars von der Finanzindustrie zurückzuholen, falls die Ausgaben für TARP nicht wieder hereinkamen und das Programm letztlich zu Verlusten für den Steuerzahler führte, obwohl er es war, der die Banken rettete. Als die letzten Details klar waren, gingen die sechs Beteiligten – Harry Reid, Chris Dodd (Vorsitzender des Bankenausschusses im Senat), Barney Frank, Chuck Schumer, Hank Paulson und ich – voller Stolz in die berühmte Statuary Hall des Kapitols und verkündeten die Übereinkunft offiziell der Presse.

Das bedeutete jedoch nicht, dass wir im Senat und im Repräsentantenhaus schon die erforderliche Stimmenmehrheit gehabt hätten.

DIE ERSTE ABSTIMMUNG:
MONTAG, 29. SEPTEMBER

Wir wussten, dass wir schnell handeln mussten, um die Finanzmärkte zu beruhigen, und bereiteten uns darauf vor, TARP schon am Montag im Repräsentantenhaus zur Abstimmung zu bringen. Ich war jedoch skeptisch, was den Erfolg betraf. Noch nie hatte ich über ein Gesetz abstimmen lassen, ohne sicher zu sein, dass es die notwendigen Stimmen bekam. Im Rahmen unserer Verhandlungen hatten wir uns darauf geeinigt, dass wir Demokraten, weil wir die Mehrheit hatten, 120 Stimmen liefern würden und die Republikaner 100, damit wir das Gesetz mit der Mehrheit von 218 Stimmen verabschieden konnten. Diese Zahlen und unsere Übereinkunft waren nicht nur für die Verabschiedung des Gesetzes unverzichtbar, sondern auch, weil wir unseren Fraktionsmitgliedern versprochen hatten, dass es sich um ein überparteiliches Gesetz handeln würde.

Ich wusste, dass die Demokratischen Abgeordneten sich an unsere Vereinbarung halten und 120 Stimmen für das Gesetz abgeben würden, weil ich wie immer die Namen der Demokratischen Abgeordneten hatte, die versprochen hatten, mit Ja zu stimmen. Nun sagte ich den Republikanern und dem Weißen Haus, dass ich auch die Namen der 100 Republikanischen Abgeordneten kennen müsse, die für TARP stimmen wollten.

Sie zeigten uns die Namensliste aber nie, weil sie vermutlich wussten, dass sie die Stimmen nicht hatten. Aber dennoch sagte der Präsident: »Wer in aller Welt sollte gegen ein solches Gesetz stimmen?«

Tatsächlich jedoch war es nicht leicht, im Kongress eine Mehrheit für TARP zu bekommen. Nach Ansicht der Demokraten war der Zusammenbruch die Folge einer verfehlten Politik der Bush-

Administration, und viele Republikaner waren gegen jede Regulierung und Überwachung und wären sogar dann gegen staatliches Eingreifen gewesen, wenn alles zusammengebrochen wäre. Sie betrachteten das 700 Milliarden Dollar schwere TARP als massive Intervention auf den Finanzmärkten.

An jenem Morgen jedoch meinten sowohl Präsident Bush als auch Barney Frank, wir sollten das Gesetz auch ohne die 100 Namen der Republikaner zur Abstimmung bringen, weil es noch schlimmer wäre, es nicht zu tun. Auf einer Fraktionssitzung vor der Abstimmung artikulierten die Abgeordneten das Offensichtliche: TARP sah aus wie eine Rettung der Wall Street auf Kosten der Normalbürger. Die meisten meiner 120 Fraktionsmitglieder bestanden darauf, dass sie nicht für TARP stimmen könnten, wenn ich nicht im Plenum klarmachte, dass die Republikaner an der Krise schuld waren. Ich versprach, dass ich beschreiben würde, wie wir zu dem Gesetzesentwurf gekommen waren.

Zunächst sagte ich der gesamten Kammer, dass ich »stolz auf die Debatte« sei. Ich räumte ein, dass 700 Milliarden wirklich eine gigantische Summe seien. Und ich scheute nicht davor zurück, sowohl im Plenarsaal des Repräsentantenhauses als auch vor der Presse öffentlich zu sagen, warum uns die Krise ereilt hatte.

Dies ist eine Krise, die an der Wall Street verursacht wurde. Aber es ist eine Krise, die in sämtlichen Städten der Vereinigten Staaten den Mann auf der Straße erreicht hat [...]

Nicht das amerikanische Volk hat beschlossen, unsere Regulierungs- und Aufsichtsmaßnahmen gefährlich abzuschwächen. Es hat keine unklugen und riskanten Finanzgeschäfte gemacht. Es hat die ökonomische Sicherheit der Nation nicht gefährdet. Und es darf für dieses Gesetz zur Erholung und Stabilisierung nach der Katastrophe nicht die Kosten tragen müssen [...]

Unsere Botschaft an die Wall Street ist folgende: Das Fest ist vorbei. Die Zeit der goldenen Fallschirme für hochfliegende Wall-Street-Akteure ist vorüber. Nie mehr wird der amerikanische Steuerzahler für die Skrupellosigkeit der Wall Street geradestehen.

Leider war dies ein unerreichbares Ziel. Irgendwie fand die Wall Street immer einen Weg, um ihr privates Fest ungeachtet der Folgen für die Allgemeinheit fortzusetzen.

Wir riefen zur Abstimmung auf und ließen sie vierzig Minuten länger laufen als üblich – eine lange Zeit auf der Uhr des Kongresses. Die meisten Abstimmungen dauern nur fünfzehn bis maximal dreißig Minuten. Ich war die ganze Zeit in oder außerhalb des Plenums aktiv und sorgte dafür, dass die Demokraten, die für das Gesetz stimmen wollten, auch zur Abstimmung kamen. Doch die Republikaner erschienen nicht. Es gab mehr als 218 Neinstimmen – das Gesetz war gescheitert. Die Split-Screen-Bilder auf den Monitoren in den Räumen rund um den Sitzungssaal waren fürchterlich. Als die Abstimmung letztlich mit 228 zu 205 Stimmen scheiterte, fiel der Dow um 777,68 Punkte – der bis dahin größte Absturz innerhalb eines Tages in der Geschichte des Aktienindexes.

Nach dem Scheitern von TARP versuchten die Republikanischen Abgeordneten – auch deren Whip Eric Cantor –, meine Rede dafür verantwortlich zu machen. Doch die Wahrheit ist, dass sie niemals über die Stimmen verfügten. Einige Republikaner waren so ehrenhaft zuzugeben, dass ihr Abstimmungsverhalten nichts mit Nancy Pelosi zu tun hatte. Sie bekannten, dass sie nicht an Aufsicht oder Regulierung glaubten, und wären, um es noch einmal zu sagen, auch dann gegen eine Intervention gewesen, wenn alles zusammengebrochen wäre. Meiner Ansicht nach waren sie ihren staatskritischen Überzeugungen einfach treu geblieben.

Barney Frank gab eine wundervolle Presseerklärung ab, in der er den Republikanern vorwarf, ein im nationalen Interesse liegendes Gesetz nur deshalb abgelehnt zu haben, weil Nancy Pelosi »ihre Gefühle verletzt« habe. Aber durch die Abstimmung scheiterte nicht nur das Gesetz. Sie unterminierte auch das überparteiliche Engagement für einen sorgfältig ausgearbeiteten Plan. Die Republikaner im Repräsentantenhaus weigerten sich nicht nur, die amerikanische Wirtschaft zu retten, sie und ihre Partei nutzten die Abstimmung auch, um unsere Kandidaten in den Wahlen von 2010 anzugreifen. Wir hatten uns an jenem Montag verantwortungsbewusst verhalten und mit 140 Demokraten für TARP gestimmt, die Republikaner aber hatten nur 65 Stimmen zusammengebracht, also weit weniger als die versprochenen 100. 133 Republikaner hatten mit Nein gestimmt.

DIE ABSTIMMUNG IM SENAT: MITTWOCH, 1. OKTOBER

Wir analysierten, warum die Abstimmung über TARP gescheitert war, und erkannten, dass das Gesetz für die Republikaner versüßt werden musste, um die möglichen Stimmen zusammenzubringen. Rahm Emanuel, der der Verhandlungskommission als Mitglied der Demokratischen Fraktionsführung angehörte, gelang es zusammen mit Harry Reid, 48 Stunden nach der Abstimmung im Repräsentantenhaus im Senat eine Abstimmung zu erreichen – und in die Vorlage eine zusätzliche Verlängerung von Steuererleichterungen, eine Vorschrift zur Gleichstellung von psychischen und körperlichen Behandlungskosten und eine Erhöhung der für Verbraucher verfügbaren Absicherung von Bankguthaben auf insgesamt 250 000 Dollar pro Bank mit aufzunehmen.

In dem Bewusstsein, dass das Gesetz nicht noch einmal scheitern durfte, demonstrierte Harry Reid seine allgemein bewunderte Effizienz, indem er alle Senatoren aufforderte, während der Abstimmung auf ihren Plätzen zu bleiben. Der Senat verabschiedete das ergänzte Gesetz mit der soliden überparteilichen Mehrheit von 74 zu 25 Stimmen. Alle Augen waren wieder auf das Repräsentantenhaus gerichtet.

DIE ZWEITE ABSTIMMUNG
IM REPRÄSENTANTENHAUS:
FREITAG, 3. OKTOBER

Nachdem Harry Reid das Gesetz im Senat durchgebracht hatte, waren wir zuversichtlich, was eine erneute Abstimmung im Repräsentantenhaus betraf. Wir wussten, dass wir nicht mit hundert Republikanischen Stimmen rechnen konnten, aber am Ende vergrößerten wir die Unterstützung bei beiden Parteien. Die Abgeordnete Louise Slaughter wies das Haus darauf hin, dass die Aktienmärkte nach der gescheiterten Abstimmung am Montag mehr als eine Billion Dollar verloren hätten, was bei vielen Menschen die Altersversicherung oder das Sparkonto für das College dezimiert habe, und dass der Verlust an den Aktienmärkten weit höher gewesen sei als die in TARP vorgesehenen Ausgaben für die Rettung der Volkswirtschaft.

Dennoch war nichts sicher, bevor die Abstimmung beendet war. Wir alle arbeiteten hart, und ich war Barney Frank und Maxine Waters besonders dankbar für ihren strategischen Stimmenfang. Am Freitag, dem 3. Oktober, um 13.22 Uhr verabschiedete das Repräsentantenhaus TARP mit 263 zu 171 Stimmen: 172 Demokraten, aber nur 91 Republikaner hatten für das Gesetz gestimmt. Wie das Protokoll beweist, hatten es die Republikaner weder in der ersten noch in der zweiten Abstimmung geschafft, 100 Mitglieder ihrer Partei für die Zustimmung zu gewinnen.

Wenige Stunden nach der Abstimmung kam das Gesetz auf den Resolute Desk[5] im Oval Office, wo Präsident Bush es unterzeichnete.

Wir wussten, dass TARP nur ein erster Schritt war. Viel mehr war notwendig, um die ökonomische Katastrophe abzuwenden, selbst in der kurzen Zeit vor Barack Obamas Amtsantritt. »TARP hat die Krise nicht gelöst«, sagte Barney Frank, »aber es erkauft uns die Zeit für eine Reihe weiterer Maßnahmen, die mit dafür verantwortlich sind, dass der Zusammenbruch nicht zu einer weltweiten Depression geführt hat.«

NACHSPIEL

Viele Finanzinstitute waren nach der Verabschiedung von TARP immer noch schwach. Und am Freitag, dem 10. Oktober, hatte der S&P 500, der Leitindex der Börse, seine schlechteste Woche seit 1933.

Am Sonntagabend, dem 12. Oktober, der in Großbritannien bereits Montag, der 13. Oktober, war, erfuhr ich, dass das Vereinigte Königreich beschlossen hatte, seine Banken zu kapitalisieren: genau der Ansatz, den wir bei unserem Katastrophentreffen am 18. September zur Sprache gebracht hatten und den Finanzminister Paulson abgelehnt hatte. Als ich die Nachricht aus Großbritannien erhielt, dachte ich: Wie lange wird es dauern, bis wir dasselbe tun?

Wie sich herausstellte, nicht lange. Am Montagmorgen bekam

---

5   Der Präsidentenschreibtisch ist aus dem Holz des 1879 abgewrackten britischen Polarforschungsschiffs *HMS Resolute* hergestellt. [Anm. d. Ü.]

ich einen Anruf von Paulson, der die führenden Kongressmitglieder darüber informierte, dass die Vereinigten Staaten sich mit einem Kapitalbeschaffungsprogramm engagieren würden. Er informierte uns, dass er die Kapitalisierung sorgfältig geplant und, wichtiger noch, die großen Banken in einem Treffen an diesem Tag von der Annahme des Programms überzeugt habe – ein großer Erfolg. Freilich erwähnte er nie, dass der Vorschlag schon bei unserem ersten Treffen im September gemacht worden war und damals schon überparteiliche Unterstützung bekommen hatte.

Die Mitglieder meiner Fraktion wollten, dass ich den Finanzminister an unsere damalige Sitzung erinnerte, auf der wir dringend eine Kapitalisierung in das Gesetz hatten aufnehmen wollen. Und das tat ich auch. Ich bekam nie irgendeine Bestätigung, dass die Regierung je faule Wertpapiere kaufte, aber ich bin stolz darauf, dass unsere Mitglieder einen anderen Vorschlag für eine schnelle Lösung machten.

Viele Fraktionsmitglieder wollten auch, dass ich den Finanzminister fragte, warum der Aktienmarkt in der Woche zuvor zusammengebrochen war. Ich sagte ihm, ich hätte den Abgeordneten gesagt, dass der Markt zusammenbrechen werde, wenn wir nicht für TARP stimmten. Also hätten wir am 3. Oktober dafür gestimmt, und dennoch habe der Markt am 10. Oktober die schlimmste Woche seit 1933 ausgewiesen.

»Der Markt verhält sich manchmal so«, war alles, was Hank dazu sagte.

»Ja, Herr Minister«, sagte ich. »Aber warum verhält sich der Markt *dieses Mal* so?«

Er sagte, Mitsubishi und Morgan Stanley hätten die Verhandlungen über einen großen Aktienkauf abgeschlossen: 21 Prozent von Morgan Stanley, um die Finanzlage der Bank zu verbessern. Die Verhandlungen hätten mehrere Wochen gedauert, aber am

Wochenende sei die endgültige Übereinkunft erreicht worden. Am Sonntagabend hatte er, wie er berichtete, die Nachricht erhalten, dass das Geschäft abgeschlossen sei. Am Montagmorgen hatte Mitsubishi in New York durch einen Abgesandten persönlich einen Scheck über neun Milliarden Dollar an Morgan Stanley übergeben lassen, den größten Scheck, der je ausgestellt wurde.

Nachdem die Kapitalisierung der Banken nun endlich auf dem Tisch lag, strebten wir als nächste Reaktion auf die Krise natürlich Hilfe für Hausbesitzer an. Es war eine große Enttäuschung für die Demokraten im Repräsentantenhaus gewesen, dass man bei der Durchsetzung von TARP keine Hilfe für die Hausbesitzer mit eingeschlossen hatte. Am 17. November kamen Ben Bernanke und Hank Paulson in mein Büro. Wie Hank später schrieb, »saßen Ben und ich wieder einmal mit lauter demokratischen Abgeordneten und Senatoren an Nancy Pelosis langem Konferenztisch. Als ich meinen Blick durch den Raum schweifen ließ, sah ich keine freundlichen Gesichter.« Angesichts des Ausmaßes an Zusammenarbeit, das die Regierung von den Demokraten im Kongress brauchte – und erhielt –, bin ich mir nicht sicher, dass wir wirklich so unfreundlich waren. Aber so empfand es Hank. Und wir wollten tatsächlich, dass er Rechenschaft ablegte.

Ich kam sofort auf den Punkt: »Wollen Sie denen von uns, die für TARP gestimmt haben, nicht zeigen, dass ein Teil des Geldes für die Verhinderung von Zwangsvollstreckungen aufgewandt wird?« Hank hatte darauf keine gute Antwort und sagte nur, dass sie weiter an Plänen zur Modifizierung der Kredite arbeiteten, um die Zahl der Zwangsvollstreckungen zu reduzieren.

Am folgenden Tag hatte Hank eine Anhörung vor Barney Franks Finanzausschuss. Er erinnerte sich, dass er mehrere »harte« Anhörungen hinter sich gebracht habe, aber »diese, unter dem Vorsitz von Barney, die härteste war«. Barney hatte viele Argumente, die er vorbringen, und Fragen, die er stellen wollte – ein großartiges Beispiel für die Sorgfalt, mit der das Repräsentantenhaus seine Aufsichtspflicht wahrnahm. Auch die anderen Mitglieder seines Ausschusses hatten Fragen. Barney forderte die Bush-Administration nachdrücklich dazu auf, ihre Macht einzusetzen, um Hausbesitzern zu helfen, die vor der Zwangsvollstreckung standen. Er verwies auf einen vierseitigen Auszug aus dem TARP-Gesetz, durch den die Regierung zu harten Maßnahmen gegen die Zwangsvollstreckung bei Wohnhäusern ermächtigt wurde, damit sie den Hauseigentümern wirklich helfen konnte. Und Maxine Waters fügte hinzu: »Sie, Mr. Paulson, haben es gewagt, die Autorität, die Ihnen dieser Kongress verliehen, und die Anweisungen, die er Ihnen gegeben hat, völlig zu ignorieren.«

Tatsächlich hatten die Demokraten die Bush-Administration wiederholt aufgefordert, die Ermächtigung durch das TARP-Gesetz auch bei der Hilfe für Hauseigentümer zu nutzen. Paulson jedoch vertrat die Ansicht, dass das bewilligte Geld in allererster Linie für die Stabilisierung der Banken bestimmt sei. Nachdem wir so hart an einem umfassenden TARP-Gesetz gearbeitet hatten, war dies eine herbe Enttäuschung. Und Millionen amerikanische Hausbesitzer sollten einen hohen Preis dafür zahlen.

EIN NEUER TAG

Im November 2008 hatten sich die Wähler mit überwältigender Mehrheit für Barack Obama als neuen Präsidenten entschieden und den Demokraten die Mehrheit in beiden Kammern des Kongresses verschafft. Wie ich schon in der Debatte vor der ersten Abstimmung über TARP im Repräsentantenhaus gesagt hatte: »Und schon bald haben wir einen neuen Kongress und einen neuen Präsidenten der Vereinigten Staaten und werden dem Land eine neue Richtung geben können.« Washington wurde von einer neuen Vision und neuen Werten durchdrungen. Im Repräsentantenhaus machten wir es zu unserer Aufgabe, auch den Arbeitern, Verbrauchern und Steuerzahlern und nicht nur den größten Konzernen und den oberen Zehntausend Macht zu verschaffen. Und so machten wir uns im Januar 2009 schnell an die Arbeit.

Die Demokraten im Kongress waren bereit, das Konjunkturpaket zu verabschieden, das das Land ihrer Ansicht nach brauchte. Der Haushaltsausschuss unter der meisterlichen, wenn auch strengen Leitung seines Vorsitzenden Dave Obey hatte schon an dem Arbeitsförderungsprogramm gearbeitet, das bald die Grundlage des American Recovery and Reinvestment Act (ARRA) bilden sollte. Das Gesetz war wegen seines Umfangs von 787 Milliarden bedeutend, es war politisch revolutionär, und es war für die Erholung des Landes unverzichtbar.

Die Verabschiedung des ARRA erfolgte, eine Woche und einen Tag nachdem Präsident Obama in seiner Antrittsrede auf den Stufen des Kapitols gesagt hatte: »Der Zustand unserer Volkswirtschaft schreit nach mutigem und schnellem Handeln [...] nicht nur zur Schaffung neuer Arbeitsplätze, sondern auch, um eine neue Wachstumsgrundlage zu legen.« Weniger als zwei Wochen nach der Rede kam der ARRA auch durch den Senat – mit weniger Investitionen, als wir im Repräsentantenhaus vorgesehen hatten, doch er war dennoch ein starkes Konjunkturpaket. Am 17. Februar unterzeichnete Obama das Gesetz, und unter seiner Führung setzten wir es in Rekordzeit um, weil wir wussten, wie dringend die Erholung der Volkswirtschaft war.

Die wirtschaftlichen Auswirkungen hatten über das Reich der Banken hinaus auch die verarbeitende Industrie und insbesondere die Autoindustrie erfasst. Schon vor Obamas Amtsantritt war der Kongress fest entschlossen gewesen, die notleidende amerikanische Autoindustrie zu retten. Im Dezember 2008, als die Wirtschaft immer noch angeschlagen und empfindlich war, benötigten General Motors und Chrysler, zwei der drei großen Autohersteller, einen Kredit von sieben Milliarden Dollar, damit sie weiterarbeiten konnten. Nach dem Amtsantritt der neuen Obama-Administration arbeiteten Harry Reid und ich eng mit Obamas Team zusammen, um ein umfassenderes Unterstützungspaket – kein bloßes Rettungspaket – zu schnüren. Es sollte das Wachstum der Industrie fördern und ihr nicht nur ermöglichen, noch eine Weile zu überleben. Linke Kritiker beschuldigten die Regierung, Autokonzernen aus der Patsche zu helfen. Tatsächlich jedoch retteten wir nicht die Großen Drei, sondern eine für unser Land wichtige Industrie.

Im März verschaffte sich der neue Finanzminister Tim Geithner einen Überblick über ein Programm, das unter anderem Stresstests für die großen Banken umfasste. Aus dem beinahe erfolgten Zusammenbruch unserer Volkswirtschaft und dem Kampf um den Rettungsplan TARP waren viele Lehren zu ziehen, die uns bei der künftigen Entwicklung helfen würden. Und wir waren fest entschlossen, diese Lehren zu beherzigen, damit wir die Probleme lösen konnten, denen wir die Lehren verdankten.

Die führenden Demokraten im Kongress wollten dafür sorgen, dass es nie wieder zu einem Zusammenbruch des gesamten Systems kommen konnte. Barney Frank und Chris Dodd, die bei TARP so wichtige Rollen gespielt hatten, übernahmen die Führung bei der Verabschiedung des Wall Street Reform and Consumer Protection Act, der heute als »Dodd-Frank« bezeichnet wird. Sein Zweck bestand darin, die wichtigsten Ursachen der Krise zu beseitigen. Es war offensichtlich, dass die Finanzdienstleister skrupellos Geld investiert hatten, das sie nicht hätten investieren sollen. Als wir den bleibenden Schaden des Jahres 2008 begutachteten, stellten wir fest, dass der Angriff der Wall Street auf unsere Volkswirtschaft und die arbeitende Bevölkerung massiven Schaden angerichtet hatte.

Wir hatten Glück, dass Barney Frank und Chris Dodd bei der Gesetzesinitiative zusammenarbeiteten. Sie hatten dieselben Werte, und unsere Mitglieder vertrauten ihrem Urteil. Wir konnten darauf zählen, dass sie die Probleme verstanden und das richtige Gleichgewicht fanden. Die Ziele der Dodd-Frank-Reformen waren einfach: Schutz der Steuerzahler, Schutz der Verbraucher und Förderung von Fairness und Integrität im Finanzsystem.

Eine wichtige Bestimmung des Gesetzes war die nach dem früheren Vorsitzenden der Federal Reserve Paul Volcker benannte Volcker-Regel. Sie verbietet es den beim Einlagensicherungsfonds Federal Deposit Insurance Corporation (FDIC) versicherten Banken, riskante Geschäft abzuschließen, sofern es ihnen dabei nur um den eigenen Gewinn geht. Natürlich leisteten die Banken heftigen Widerstand gegen die Regel, doch die Demokraten schrieben sie trotzdem in das Gesetz.

Kurz nach der Verabschiedung von Dodd-Frank begannen die Banken mit ihren heftigen Anstrengungen zu seiner Abschwächung: Sie machten Lobbyarbeit im Kongress, damit einige der wichtigsten Bestimmungen, einschließlich der Volcker-Regel, abgeschwächt oder aufgehoben wurden. Und es gelang ihnen, bestimmte Vorschriften zu verwässern.

Der Widerstand der Banken gegen das Gesetz beruhte auf ihrem Drang, auch weiterhin die Gewinne zu privatisieren und das Risiko zu verstaatlichen. Sie wollten das sichere Gefühl haben, dass der Steuerzahler sie wieder retten würde. Die Gier in gewissen Bereichen der Finanzindustrie war offenbar immer noch unstillbar.

Der Zusammenbruch der Finanzindustrie hatte auf die gesamte Volkswirtschaft verheerende Auswirkungen gehabt, insbesondere jedoch hatte er bei den amerikanischen Familien und Hausbesitzern immense Kollateralschäden verursacht. Die Wall Street behandelte die Eigenheime wie jede andere Ware, aber ein Haus ist kein Wertpapier. Millionen Eigenheime waren von Zwangsvollstreckungen betroffen. Und bei den meisten Familien steckt in ihrem Haus der größte Teil des Geldes, das sie besitzen. Auch für den Aufbau starker Gemeinden ist der Hausbesitz lebenswichtig.

Der Schutz der Eigenheime und der Leute, die hart arbeiten und sparen, um sie zu kaufen, hat für mich besondere persönliche Bedeutung. Sie war mir sozusagen in die Wiege gelegt. Während meiner ganzen Kindheit war mein Vater Thomas D'Alesandro jr. Bürgermeister von Baltimore, und meine Mutter Nancy machte erschwinglichen Wohnraum zu ihrer wichtigsten Priorität als First Lady der Stadt. Bei einem ihrer ersten öffentlichen Auftritte, einer Rede vor dem Ortsverband des National Council of Jewish Women, plädierte sie leidenschaftlich für die Schaffung von Wohnraum: »Wie können wir erwarten, dass Eltern ihren Kindern Liebe, Vertrauen und Toleranz beibringen, wenn sie kein Heim haben?«, fragte sie. »Wenn das Heim scheitert, scheitert die Gemeinde, wenn die Gemeinde scheitert, scheitert die Nation.« Ich habe ihre Worte nie vergessen.

Mein Vater setzte sich während seiner ganzen Amtszeit als Bürgermeister dafür ein, die Lebensbedingungen in Mietskasernen für einkommensschwache Familien zu verbessern. Er wollte bessere gesundheitliche Bedingungen und mehr Sicherheit, und dankbare Mieter waren froh, dass er die Stadt regierte. In einigen Fällen jedoch wehrten sich die Besitzer der Mietskasernen und sagten ihren Mietern, dass die Mieten bei einer Renovierung ihrer Häuser so stark steigen würden, dass sie sie nicht mehr zahlen könnten und obdachlos würden. Dass einigen Immobilienanlegern überhöhte Profite wichtiger waren als Anstand und Respekt, was die Bewohner ihrer Anlagen betraf, war eine Realität, die ich persönlich erlebt hatte. Wie auch heute noch respektierte ich dank dieser Erfahrung, dass jeder Mensch das Bedürfnis nach einer sicheren Unterkunft hat. Ich war stolz, dass mein Bruder Tommy, der später ebenfalls Bürgermeister von Baltimore wurde, diskriminierungsfreies Wohnen zu seiner Priorität machte, nachdem er darüber ein Gespräch mit Martin Luther King geführt hatte, kurz bevor dieser ermordet wurde.

Wie schon gesagt ist die Finanzkrise meiner Ansicht nach dadurch entstanden, dass die Bush-Administration bei der Regulierung und Überwachung des Finanzsystems völlig versagte. Wie wir seit der Abstimmung über TARP wissen, ist die Abneigung gegen Regulierungsmaßnahmen ein Grundbaustein der politischen Philosophie der Republikaner. Oder wie der Abgeordnete Spencer Bachus als künftiger Vorsitzender des Finanzausschusses im Repräsentantenhaus diese verheerende Einstellung zusammenfasste: »In Washington herrscht die Ansicht, dass die Banken reguliert werden müssen, aber meiner Ansicht nach sind die Regulierer und Washington dafür da, den Banken zu dienen.«

Verantwortungslosigkeit hatte zu der Krise geführt, und Verantwortungslosigkeit spielte wieder eine Rolle, als wir für die Lösung des Problems kämpften, das man an uns weitergegeben hatte. Viele Demokratische Abgeordnete fühlten sich dadurch verraten, dass es Präsident Bush und der Republikanischen Führung nicht gelungen war, wenigstens 100 ihrer Fraktionsmitglieder zur Unterstützung des überparteilichen TARP-Gesetzes zu bewegen. Die Demokraten hatten sich der schwierigen Lage gewachsen gezeigt und mussten nun mit der öffentlichen Abneigung gegen das Gesetz fertigwerden, weil die überwältigende Mehrheit (von fast zwei zu eins) der Stimmen für das Gesetz von ihnen abgegeben wurde.

Die Finanzkrise des Jahres 2008 war ein finsterer und schwieriger Moment für unsere Volkswirtschaft. Ihre Auswirkungen sind bis heute zu spüren, und es steht immer noch die Frage im Raum, warum niemand an der Wall Street für den Schaden bezahlen musste, der bei den Durchschnittsbürgern angerichtet wurde.

Bis 2010 waren mehr als 26 Millionen Amerikaner arbeitslos oder hatten keinen Vollzeitjob, oder sie hatten aufgegeben, Arbeit zu suchen. 4 Millionen Hausbesitzer hatten ihr Eigenheim durch Zwangsvollstreckung verloren, und bei weiteren 4,5 Millionen war die Zwangsvollstreckung im Gang, oder sie waren mit den Ratenzahlungen im Rückstand. In den Jahren 2008/9 hatten sich durch das Chaos an den Aktienmärkten fast 11 Billionen Dollar Haushaltsvermögen in Luft aufgelöst, und Pensionsfonds, Geldanlagen zur Finanzierung des Studiums, Sparguthaben, Arbeiterrenten und vieles mehr waren hinweggefegt worden. Große und kleine Geschäfte hatten unter einer tiefen Rezession zu leiden, obwohl sie sich immer vorschriftsmäßig verhalten hatten. Dennoch hatte keine einzige Führungskraft der Finanzindustrie einen Preis für den finanzwirtschaftlichen Zusammenbruch des Jahres 2008 gezahlt. Wir bekamen zu hören, dass die großen Institutionen der Finanzwirtschaft *too big to fail* seien, und daraus ergab sich offenbar auch eine Politik des *too big to jail.*

Warum wurde niemand zur Verantwortung gezogen? Warum musste keiner der Verantwortlichen in Dollar oder wenigstens in Gestalt eines Rufschadens einen Preis dafür zahlen? Tatsächlich zahlte der Versicherungsgigant AIG im März 2009, nur Monate nachdem ihn die Regierung durch eine Finanzspritze von 170 Milliarden Dollar gerettet hatte, Boni in Höhe von 165 Millionen Dollar. Die Öffentlichkeit war darüber zu Recht empört. Die Wut über das unverantwortliche Verhalten der großen Finanzinstitute war Wasser auf die Mühlen der linken Bewegung Occupy Wall Street und der rechten Tea Party und führte zu einem neuen Ausmaß der Polarisierung unserer Politik.

Die Topmanager hatten eindeutig keine Folgen zu tragen gehabt. Für mich ist dabei die zentrale Frage: Wie geht man in diesem Zusammenhang mit dem Risikoanreizproblem um, dem Prinzip, dass man fragwürdiges Verhalten sanktionieren sollte, weil man sonst den Eindruck vermittelt, dass es nicht verwerflich ist? Wenn wir die Banken nicht bestrafen sollen, weil sie zu groß zum Scheitern und deshalb auch zu groß zum Einbuchten sind, bedeutet dies, dass man niemanden zur Verantwortung ziehen darf, weil dies das Geschäft stören und der Wirtschaft schaden könnte. Meiner Ansicht nach jedoch sollten wir schuldige Personen zur Verantwortung ziehen und andere engagieren. Sonst vermitteln wir die Botschaft, dass die Großbanken und ihre Führungskräfte über dem Gesetz stehen, und das darf nicht die Regel sein.

Wenn eine Bank durch einen Konjunktureinbruch geschwächt wird, muss man ihr vielleicht helfen, weil sonst systemische Folgen drohen. Scheitert sie jedoch wegen unverantwortlichen Verhaltens, ist das etwas anderes, und solches Verhalten hatte an der Krise von 2008 großen Anteil. Das Verhalten der Banken war ein Vertrauensbruch gegenüber der Öffentlichkeit, und das auf diese Fälle angewandte Rechtsverständnis würde gewiss bei keiner anderen Industrie und keiner anderen Person, die das Recht gebrochen hat, je Anwendung finden.

Die Menschen fragen, warum keine einzige Führungskraft der Finanzindustrie für den finanzwirtschaftlichen Zusammenbruch zur Verantwortung gezogen wurde. Ich bin sehr stolz auf die Arbeit der Financial Crisis Inquiry Commission, die von dem früheren kalifornischen Finanzminister Phil Angelides geführt wurde. Die überparteiliche Kommission fand einige Gemeinsamkeiten, was die Ursachen der Krise betraf. Dennoch verlangten manche Republikaner in der Kommission vergeblich, bestimmte Begriffe wie »Deregulierung« und sogar »Wall Street« aus dem Abschlussbericht zu streichen, obwohl klar war, dass die Verantwortung für die Krise bei den Instituten der Wall Street lag, die aus Gewinnsucht schlechte Entscheidungen getroffen hatten.

Ich bin dankbar dafür, dass der Kongress und insbesondere die Fraktion der Demokraten im Repräsentantenhaus den Mut und die Fähigkeit besaßen, zusammenzuarbeiten und zusammenzustehen, um eine erneute Große Depression, einen erneuten weltweiten wirtschaftlichen Zusammenbruch zu vermeiden. Doch ich bin traurig, weil ich am Tag der Abstimmung über das TARP-Gesetz zwar »Das Fest ist vorbei« sagte, es in Wirklichkeit jedoch weiterging. Auch der Kampf um den Aufbau eines verantwortlicheren Finanzsystems ist nicht zu Ende, und ich hoffe, dass die wichtigen Lehren aus den schwarzen Tagen des Jahres 2008 nicht vergessen werden.

Um es noch einmal zu sagen: *Too big to fail, too big to jail* darf nicht die Regel sein.

GESUNDHEITSVERSORGUNG IST KEIN PRIVILEG, SONDERN EIN RECHT

Im März 1966 forderte Martin Luther King die Ärzte und Krankenhäuser auf, sich an das Bürgerrechtsgesetz zu halten, und das mit der überzeugenden Begründung: »Von allen Formen der Ungleichheit ist die Ungerechtigkeit im Gesundheitswesen die erschreckendste und unmenschlichste, weil sie oft den Tod zur Folge hat.« Im Geist dieser Aussage erklären die Demokraten schon lange, dass Gesundheitsversorgung kein Privileg für wenige sein darf, sondern ein Recht für alle sein muss. Dennoch trieben in den Jahren 2008/9 strukturelle und wirtschaftliche Hindernisse, insbesondere, was den Abschluss von Krankenversicherungen betraf, Einzelpersonen und ganze Familien in Bankrott und Verzweiflung.

Schon seit vielen Jahren war ich immer wieder mit den Problemen konfrontiert, die die Amerikaner mit der Krankenversicherung hatten, und das nicht nur in meinem Wahlkreis in San Francisco, sondern auch, wenn ich durch das Land reiste. Ein Mann in Michigan erzählte mir, seine Frau sei lange Zeit krank und bettlägerig gewesen und er finanziell an seine Grenzen gestoßen, insbesondere, was den Kauf der verschriebenen Medikamente betreffe. Möglicherweise werde er sein Haus verlieren, und er habe Angst, was als Nächstes passiere. Er weinte und sagte zu mir, dass er sein Ehegelübde (in Gesundheit und Krankheit) voller Liebe einhalte, aber nicht mehr viel länger durchhalten könne. Auch war er zu stolz, seine Kinder um Hilfe zu bitten, weil sie ebenfalls Familie hatten. Und so flehte er: »Wann geschieht endlich etwas in Bezug auf die Gesundheitsversorgung in Amerika?«

Tja, wann? Eine Studie aus dem Jahr 2007 zitierte das *American Journal of Medicine* mit dem Befund, Gesundheitskosten seien »in den Vereinigten Staaten die häufigste Ursache für Bankrott«. Niederschmetternde 62 Prozent der Privatinsolvenzen in den USA waren auf Gesundheitskosten zurückzuführen, eine Zahl, die noch 1981 bei nur 8 Prozent gelegen hatte. Erstaunlicherweise betrafen die Insolvenzen mehrheitlich mittelständische Personen, die eine Krankenversicherung besaßen. Als sie krank oder verletzt wurden, stellten sie fest, dass ihre Krankenversicherung »nicht ausreiche«. Den besten Schätzungen zufolge hatte jeder fünfte Amerikaner entweder gar keine oder eine unzureichende Krankenversicherung. Doch diese Zahlen erzählten nicht die ganze Geschichte: 130 Millionen Amerikaner hatten das, was die Krankenversicherungen als »Vorerkrankung« bezeichneten, und diese konnten den Versicherungsschutz deshalb verweigern oder höhere Beiträge verlangen.

Was galt als Vorerkrankung? Oft war es schlicht und einfach die Tatsache, dass der Versicherte eine Frau war. War sie schwanger gewesen und hatte sich einem Kaiserschnitt unterzogen oder hatte sie häusliche Gewalt überlebt, dann konnte sie auf dem Versicherungsmarkt diskriminiert werden, weil man ihr eine Vorerkrankung zuschrieb. Ich hatte diese Praktiken selbst erlebt. In einer Zeitspanne von sechs Jahren und einer Woche habe ich fünf Kinder geboren, und wegen dieser »Krankheitsgeschichte« hielt mich meine Krankenversicherung für schwach. Ich war fassungslos, denn ich hatte gedacht, dass die Geburt von fünf Kindern ein Beweis für meine Stärke sei.

Doch die Krankenversicherungen machten die Regeln, und sie waren der Herr im Haus. Sie durften mitten in der Behandlung den Versicherungsschutz einstellen, auch wenn man stets alle Prämien bezahlt hatte. Sie setzten einen jährlichen Höchstbetrag und eine auf das gesamte Leben des Versicherten bezogene Obergrenze für ihre Leistungen fest. Junge Leute konnten sich an ihrer ersten Stelle oft nicht über den Arbeitgeber versichern lassen, aber auch nicht in der Versicherung ihrer Eltern bleiben. Eine Krankheit oder ein Unfall konnte katastrophale Auswirkungen haben. Große Zuzahlungen und hohe Selbstbeteiligungen in den Verträgen führten ebenfalls zum Bankrott. Die Lage war also sehr profitabel für die Versicherungsgesellschaften, aber potenziell tödlich für die Patienten und ihre Familien. Als die USA 2008 in eine schwere Rezession schlitterten, geriet das Gesundheitswesen in eine massive Krise.

Freilich war die allgemeine Gesundheitsversorgung für niemanden in Washington ein neues Thema. Seit hundert Jahren versuchten US-Präsidenten, eine allgemeine Krankenversicherung einzurichten, ohne Erfolg. Teddy Roosevelt hatte das Konzept im Land eingeführt. Franklin D. Roosevelt hatte Erfolg mit der Einführung einer Sozialversicherung, scheiterte aber mit dem Versuch, die nationale Gesundheitsversorgung mit einzubeziehen. Harry Truman hatte sich schon im Ersten Weltkrieg für eine Gesundheitsreform eingesetzt, als er den Gesundheitszustand der Rekruten der US-Armee sah, und arbeitete so unermüdlich an Medicare, dass Präsident Lyndon Johnson, als diese bundesstaatliche Pflichtversicherung für Amerikaner ab 65 oder mit anerkannter Behinderung während seiner Präsidentschaft schließlich eingeführt wurde, nach Missouri in Trumans Heimatstadt Independence reiste, um das

Gesetz in dessen Anwesenheit zu unterzeichnen. Sozialversicherung, Medicare und Medicaid – ein steuerfinanziertes Gesundheitsfürsorgeprogramm für Bürger mit geringem Einkommen – wurden zu den drei Grundpfeilern der Gesundheit und der finanziellen Stabilität amerikanischer Senioren, bedürftiger Kinder und behinderter Menschen. Doch sie boten keinen allgemeinen Zugang zu einer erschwinglichen Gesundheitsversorgung. In den Clinton-Jahren wurden mit dem State Children's Health Insurance Program (SCHIP) zur Gesundheitsversorgung von Kindern, einer Priorität der First Lady Hillary Clinton, gewisse Fortschritte erzielt, weil sie die Bedeutung des Zugangs für alle betonte.

Dennoch war es den Demokraten bisher nicht gelungen, ein transformatives Gesetz für eine Gesundheitsversorgung zu verabschieden, die dem Gründungsversprechen der Nation von Leben, Freiheit und Streben nach Glück gerecht geworden wäre. Als ich in den Kongress kam, gehörte ich zu einer Generation von Abgeordneten, die diese Herausforderung verinnerlicht hatten. Ich kam nach Washington, als die AIDS-Pandemie tobte, bei der mein Wahlkreis in San Francisco zu den am schwersten betroffenen zählte. Durch die Leiden meiner Wähler wurde mir die Notwendigkeit einer allgemeinen Gesundheitsversorgung sehr bewusst, lange bevor ich mir vorstellen konnte, Sprecherin des Repräsentantenhauses zu werden und den Kampf dafür anzuführen. Persönlich war ich als Katholikin von dem Bestreben motiviert, Matthäus 25 gerecht zu werden,[6] ich wollte die Hoffnungen der AIDS-Kranken in meinem Wahlkreis nicht enttäuschen, und ich baute auf die Nächstenliebe der Menschen, die für mehr Gerechtigkeit im Gesundheitswesen eintraten. Meine Hoffnung beruhte auf meinem Vertrauen in die Herzensgüte anderer Menschen.

---

6   vgl. Vorwort, Mein »Warum«, S. 11 [Anm. d. Red.]

Aber außer der Hoffnung mussten auch die Sterne in Washington günstig stehen. Dies war endlich der Fall, als Barack Obama Präsident wurde. Er hatte im Wahlkampf eine allgemeine Gesundheitsversorgung versprochen. Und nun, mit substanziellen Demokratischen Mehrheiten in beiden Häusern des Kongresses, hatten wir die Möglichkeit, dieses Wahlversprechen zu erfüllen. Meiner Ansicht nach konnten die visionäre Führung und die Entschlossenheit Präsident Obamas – und der Mut und das Engagement der Demokraten im Kongress – eine erschwingliche Gesundheitsversorgung von der Priorität zur Realität machen. Im Repräsentantenhaus fanden wir für unsere Vorstellung von einem Gesundheitsversorgungsgesetz den Begriff »Triple-A« für *Accessibility, Affordability* und *Accountability*: Zugänglichkeit zu qualitativ hochwertiger medizinischer Versorgung, Erschwinglichkeit für den Verbraucher und Rechenschaftspflicht für die Versicherungsgesellschaften. Wir hielten es für unsere Aufgabe, neben der Sozialversicherung, Medicare und Medicaid einen vierten Grundpfeiler für die Gesundheit und finanzielle Sicherheit aller Amerikaner zu schaffen. Der Gedanke der Gesundheitsversorgung als Recht und nicht als Privileg war Bestandteil unserer Demokratischen DNA.

Das primäre Ziel unserer Gesetzgebung bestand darin, dafür zu sorgen, dass Amerikaner, die ein Gesundheitsproblem bekamen, nicht auch noch mit finanziellen Problemen zu kämpfen hatten. Die Verbraucher sollten mehr Wahlmöglichkeiten bekommen, damit sie Tarife finden konnten, die sich nicht durch eine lange Wartezeit bis zum Eintreten des Versicherungsschutzes und eine hohe Selbstbeteiligung auszeichneten. Wir wollten jährliche Grenzen für die Ausgaben setzen, die der Patient aus eigener Tasche bezahlen musste, und es sollte für die Versicherungsleistung keine auf das Leben des Patienten bezogene Obergrenze mehr geben. Auch durfte Menschen, die den Arbeitsplatz wechselten oder verloren oder die eine Vorerkrankung hatten, nicht mehr der Versicherungsschutz verweigert werden. Und die Tatsache, dass die Versicherte eine Frau war, durfte nicht mehr als Vorerkrankung gewertet werden. Unser Ziel bestand darin, dafür zu sorgen, dass die Versicherungsgesellschaften keine der oben genannten Bedingungen und Fakten mehr nutzen konnten, um einem Bewerber den Versicherungsschutz zu verweigern.

Im Nachhinein ist es nur noch schwer zu verstehen, dass die Gesundheitsreform so umstritten war. Wenn schlichtes Mitgefühl als Motiv nicht ausreichte, hätte die miserable wirtschaftliche Bilanz der amerikanischen Gesundheitsversorgung ausreichen sollen. Im Jahr 2009 gaben die Vereinigten Staaten 17 Prozent ihres Bruttoinlandsprodukts für Gesundheitskosten aus, während 46 Millionen Amerikaner nicht krankenversichert waren. Voraussagen zufolge sollten die Gesundheitskosten bis 2025 25 Prozent des Bruttoinlandprodukts betragen und bis 2050 auf 37 Prozent steigen. Ich erinnere mich an eine Konferenz mit Gewerkschaftsvertretern aus dem ganzen Land, auf der wir über die Altersversorgung sprachen. Doch die Gewerkschaftsvertreter machten auch die Kosten rezeptpflichtiger Medikamente und die Gesundheitsversorgung zum Thema. Der damalige Status quo war schlichtweg unhaltbar, was die Kosten betraf: die Kosten für den Einzelnen und für ganze Familien, aber auch für Klein- und Großunternehmen (die einen Großteil der arbeitgeberbasierten Krankenversicherung bestritten). Auf allen Ebenen – lokal, bundesstaatlich und landesweit – zahlte der Staat (also wieder einmal der Steuerzahler) einen großen und wachsenden Teil der Gesundheitskosten.

Anfang März 2009 hatte ich mit Präsident Obama im Oval Office ein Gespräch über die Gesetzgebung zur Gesundheitsversorgung: Ich sagte, er werde es mit vielen Widersachern zu tun bekommen – Versicherungsgesellschaften, milliardenschweren Gegnern staatlicher Eingriffe und jenen, die eine staatliche Rolle in der Gesundheitsversorgung leidenschaftlich ablehnten. Zugleich würden einige dieser Gegner auf Demonstrationen und Protestveranstaltungen die widersprüchliche Parole »Hände weg von meiner Medicare!« brüllen. Womit sie paradoxerweise meinten, der Staat solle von den sehr erfolgreichen staatlichen Programmen zur Versorgung kranker Senioren »die Finger lassen«.

Als führende Politiker im Repräsentantenhaus, die sich für eine Gesundheitsreform engagierten, wussten wir schon, wie schwer der Kampf werden würde, weil wir früher bereits gegen den gleichen Feind gefochten hatten. Wir hatten den starken Widerstand gegen eine frühe Finanzierung des Kampfs gegen HIV/AIDS überwunden. Wir hatten die beiden Vetos von Präsident Bush gegen SCHIP (heute CHIP, Children's Health Insurance Program) überwunden. Und unser Kampf gegen Bushs Versuch, die Sozialversicherung zu privatisieren, war mit dafür verantwortlich gewesen, dass die Demokraten bei den Wahlen von 2006 die Mehrheit im Repräsentantenhaus wiedergewonnen hatten.

Ich warnte Präsident Obama, dass unsere Gegner eine hemmungslose Strategie des Schreckens anwenden würden – mit Flächenbombardements, ohne Gefangene zu machen und mit verbrannter Erde. (Am Ende wurde es sogar noch schlimmer, als wir und viele andere Unterstützer erwartet hatten. Es wurde noch gemeiner und noch aggressiver.) Ich sagte, wir würden eine klare Botschaft benötigen, um die Bevölkerung gegen die Lügen der Gegenseite zu immunisieren und der Öffentlichkeit klarzumachen, was die Gesundheitsreform für die arbeitenden Familien Amerikas bedeuten würde; wir müssten sicherstellen, dass unsere Erklärungen klar seien und oft wiederholt würden.

Der Präsident antwortete: »Ich kenne mich ganz gut aus mit

dem Vermitteln von Botschaften. Sie werden erleben, dass das Weiße Haus eine beispiellose Flut von Botschaften heraus-bringt.« Mit dieser Zusage der Luftunterstützung durch die Regie-rung konnte ich die Demokraten im Repräsentantenhaus in die Schlacht führen.

»MACHEN WIR UNS AN DIE ARBEIT!«

Am 5. März 2009 veranstaltete der Präsident im Weißen Haus eine große Konferenz zur Gesundheitsreform mit Demokraten und Republikanern aus Repräsentantenhaus und Senat und mit zahl-reichen Interessierten von außerhalb, so etwa führenden Gesund-heitsschützern in den Bereichen Krebs, Herz-Kreislauf-Krank-heiten und anderen Leiden, Vertretern von Organisationen des Gesundheitswesens, Gewerkschaftsvertretern und Wissenschaft-lern sowie Vertretern der Versicherungs- und Pharmaindustrie. Ziel der Veranstaltung war es, eine Initiative für eine allgemeine Gesundheitsreform zu starten.

In seiner Ansprache sagte der Präsident:

Wie sind heute hier, um über eine der größten Bedrohungen nicht nur für das Wohlergehen unserer Familien und den Wohl-stand unserer Unternehmen, sondern auch für die Grundlagen unserer Volkswirtschaft zu diskutieren, und zwar über die ex-plodierenden Kosten für die Gesundheitsversorgung im heuti-gen Amerika. [...]

Lassen Sie es mich klar sagen: Dieselben steigenden Kos-ten, die das Budget der Familien belasten, treiben auch unsere Unternehmen in den Ruin und fressen den Haushalt unserer Regierung auf. Zu viele kleine Unternehmen können ihre Mit-arbeiter nicht versichern. Große amerikanische Unternehmen

haben Mühe, mit ähnlichen Unternehmen im Ausland zu kon-
kurrieren. Und Unternehmen aller Größen verlagern ihre Ar-
beitsplätze nach Übersee oder machen für immer zu. [...]

Es ist nicht umstritten, dass alle Amerikaner eine hochwer-
tige und erschwingliche Gesundheitsversorgung haben soll-
ten – die Frage ist nur: Wie?

Und der Zweck dieser Konferenz besteht darin, eine Ant-
wort auf diese Frage zu finden, also festzustellen, wie wir die
Kosten für alle senken, die Qualität für alle verbessern und den
Versicherungsschutz auf alle Amerikaner ausweiten können.
Unser Ziel ist es, bis zum Ende dieses Jahres eine umfassende
Gesundheitsreform zu verabschieden. Das ist unser Verspre-
chen. Das ist unser Ziel. [...]

Machen wir uns also an die Arbeit!

Der Präsident wollte, dass unser Gesetz einheitsstiftend und überparteilich war und schnell verabschiedet wurde. Und wir machten
uns an die Arbeit!

Ein wichtiger Unterschied zu früheren Bemühungen um eine
Gesundheitsreform war dabei, dass das Gesetz nicht vom Weißen
Haus, sondern im Kongress formuliert werden sollte. Die Erfolgschancen des Gesundheitsgesetzes sollten dadurch erhöht werden,
dass das vom Kongress formulierte Gesetz auf dem Konsens von
Repräsentantenhaus, Senat und Weißem Haus beruhte. Das war
unser bester Weg nach vorn.

Eine der großen Stärken des Führungsteams der Demokratischen Fraktion im Repräsentantenhaus war seine langjährige
Erfahrung. Wir kannten das Schlachtfeld im Kongress genau.
Wer Großes erreichen will, muss ein genaues Detailverständnis
der politischen Prozesse im Kongress haben, und genau das besaßen wir. Unsere Fraktionsführung verteilte sofort die Aufgaben

an die drei für das Gesetz zuständigen Ausschüsse – Energy and Commerce, Ways and Means und Education and Labor (zuvor und danach auch Education and the Workforce genannt) –, damit unsere ganze Fraktion beteiligt war. Dies versetzte uns in die Lage, unsere Prioritäten für ein qualitativ hochwertiges Gesundheitsreformgesetz zu ermitteln.

Gleichzeitig wollten wir möglichst viele Stimmen von außerhalb hören, angefangen bei den Patienten, ihren Anwälten und dem Krankenhauspersonal. Wir wandten uns an eine große Gruppe von interessierten Senioren, Frauen, Kindern, Menschen mit Behinderungen und multiethnischen Basisgruppen, die sich für eine bessere Gesundheitsversorgung einsetzten. Wir aktivierten unsere Freunde aus der Arbeiterbewegung, die schon seit jeher für eine bessere Gesundheitsversorgung kämpften. Und wir erweckten die beeindruckende Koalition wieder zum Leben, die wir bei der Vereitelung von Präsident Bushs unüberlegtem Versuch einer Privatisierung der Sozialversicherung geschmiedet hatten. Unser damaliger Erfolg hatte auf einer klugen Kombination von internen Manövern und Mobilisierung der Außenwelt beruht, und genau das war nun auch bei der Gesundheitsreform erforderlich.

Aber wir brauchten nicht nur eine starke Koalition. Unsere größte Herausforderung war der Senat. Als wir mit der Arbeit an der Gesundheitsreform begannen, verfügte Harry Reid nicht über die Mehrheit von 60 Stimmen, mit der er ein Filibuster hätte beenden können, das in der Lage gewesen wäre, eine Verabschiedung des Gesetzes zu verhindern. Er hatte nur 58 Demokraten; Al Franken war in Minnesota noch nicht zum Wahlsieger erklärt worden, und Arlen Specter aus Pennsylvania war noch nicht von den Republikanern zu den Demokraten übergetreten. Wir wussten von Anfang an, dass wir mehrere legislative Pfade benötigten, um Erfolg zu haben. Während die Ausschüsse im Repräsentantenhaus an einem eigenständigen Gesetz arbeiteten, formulierte und verabschiedete der Haushaltsausschuss eine Budget Reconciliation Bill, die es uns möglich machte, ein Gesetz auf den Weg zu bringen, das sowohl die Gesundheitsversorgung als auch eine Reform der höheren Bildung umfasste. Nach den Regeln des Kongresses ermöglicht eine solche Gesetzesvorlage einen als eben diese *Reconciliation*[7] bezeichneten Abstimmungsprozess, durch den sich die im Senat für die Verabschiedung eines Gesetzes benötigte Stimmenzahl von 60 auf 51 verringert.

Wir erreichten dieses Ziel im April. Das heißt, die Demokraten im Kongress waren von Anfang an darauf vorbereitet, eine Reconciliation einzuleiten, wenn sie notwendig war, um eine Gesundheitsversorgung für alle zu erreichen.

Am 13. Mai ging ich mit Steny Hoyer und den Vorsitzenden der Ausschüsse, die für die Vorbereitung des Gesetzes verantwortlich waren, zu einer wichtigen Besprechung mit Barack Obama ins Oval Office. Bei dem Treffen fragte mich der Präsident, ob ich sofort eine Presseerklärung herausbringen und ankündigen könne, dass der Kongress bis zum 31. Juli ein Gesundheitsgesetz verabschiede werde. Ich sagte Ja, fügte aber hinzu, dass mein Zeitplan davon abhängig sei, dass der Finanzausschuss des Senats seinen Gesetzesentwurf tatsächlich bis zum 15. Juni verabschieden werde, einem Termin, den der Präsident ebenfalls gefordert und den Max Baucus, der Vorsitzende des Ausschusses, und Harry Reid angeblich zugesagt hatten. Ich war zuversichtlich, dass das Repräsentantenhaus den Zeitplan einhalten konnte, da die Gesetzgebung im Bereich der Gesundheitsfürsorge für uns traditionell hohe Priori-

---

7 Grundbedeutung »Versöhnung, Schlichtung« wie auch »Abgleich« bei z. B. Konten und Zahlen [Anm. d. Red.]

tät hatte. Als Gegenleistung wollte ich den Demokraten im Repräsentantenhaus versichern, dass sie zuversichtlich agieren konnten, weil Präsident Obama sich intellektuell, politisch und persönlich für unser gemeinsames Ziel einsetzte.

Sehr zuversichtlich war ich auch wegen der Vorsitzenden der drei beteiligten Ausschüsse: den beiden Kaliforniern George Miller und Henry Waxman von Education and Labor bzw. Energy and Commerce und dem New Yorker Charlie Rangel von Ways and Means.

Ich gab den drei Vorsitzenden und ihren Ausschussmitgliedern den Auftrag, gemeinsam ein Gesetz zu schreiben und es in allen Ausschüssen zu verabschieden. Auf diese Weise hatten wir einen einzigen Entwurf und würden mit einer Stimme sprechen. Jeder Ausschuss hatte wiederum einen begabten und sachkundigen Stab zusammengestellt, der unserem Land gute Dienste leisten sollte. Mein eigener Gesundheitsstab im Büro des Sprechers wurde von Wendell Primus geführt. Ohne ihn hätte ich keinen Erfolg gehabt.

Da drei Ausschüsse an dem Gesetz mitarbeiteten, waren schon im Vorfeld fast die Hälfte der Mitglieder des Repräsentantenhauses an dem Verfahren beteiligt, da sie in einem der relevanten Ausschüsse saßen. Deshalb gab es zahlreiche Gelegenheiten, eine große Bandbreite von Stimmen zu hören, und die Abgeordneten konnten an einer sachkundigen und lebendigen Debatte teilnehmen.

Wir wussten, dass dies unsere Chance war, und wir würden sie nicht verpassen. Wenn wir bei der Ausarbeitung des Affordable Care Act am Verhandlungstisch saßen, dachten wir stets daran, worüber Amerikas Familien sprachen, wenn sie am Küchentisch saßen. Wir Demokraten waren schon immer der Ansicht, dass unsere Arbeit im Kongress für das Leben unserer Wähler relevant sein muss. Die Demokraten im Repräsentantenhaus trafen jede einzelne ihrer Entscheidungen zugunsten einer hochwertigen und erschwinglichen Gesundheitsversorgung für alle. Das war unsere Vision. Und wir betrachteten jedes Hindernis als Herausforderung, das es zu überwinden galt, und nicht als Hindernis für den Erfolg. Natürlich gab es auch Neinsager. Menschen, die sagten, wir sollten noch warten, oder der Gesetzesentwurf sei zu ehrgeizig und zu schwer zu verabschieden. Aber ich habe Neinsagern noch nie viel Gewicht beigemessen.

DER WEG ZUM ERFOLG

Im Repräsentantenhaus begann der Prozess mit Zusammenarbeit. Ich hatte ein ausgezeichnetes Verhältnis zu unseren drei herausragenden Ausschussvorsitzenden. George Miller war einer meiner engsten Freunde im Kongress, und er arbeitete sehr eng mit Senator Ted Kennedy zusammen, weil sein im Repräsentantenhaus angesiedelter Ausschuss Education and Labor für viele Probleme zuständig war, die auch der von Senator Kennedy geleitete Gesundheitsausschuss behandelte. Beide galten als große alte Männer des Kongresses: Sie genossen hohes Ansehen und betrachteten eine allgemeine Gesundheitsversorgung ebenfalls nicht als Privileg, sondern als Recht. George war außerdem stellvertretender Vorsitzender des Steering and Policy Committee der Demokraten; er hatte also das Ohr der Fraktion, und sie hatte seines.

Henry Waxman war der neue Vorsitzende von Energy and Commerce. Die Fraktion hatte ihn als Ersatz für John Dingell aus Michigan, den dienstältesten Abgeordneten des Repräsentantenhauses, zum Vorsitzenden gewählt. Henry hatte unter anderem deshalb für das Amt kandidiert, weil er das Gesundheitsgesetz mit auf den Weg bringen wollte. Er war außergewöhnlich begabt und sachkundig und hatte beim Kampf gegen HIV/AIDS schon früh eine wichtige Rolle gespielt. Ich kannte seine Arbeit aus erster Hand. Als ich im Juni 1987 durch eine Nachwahl in das Repräsentantenhaus kam, lief die Legislaturperiode schon ein paar Monate, und alle Ausschüsse waren besetzt. Ich wollte einen Platz, auf dem ich an der Bekämpfung der HIV-Epidemie mitwirken konnte, denn das war der wichtigste Grund, warum ich für den Kongress kandidiert hatte. Henry bot mir seinen Sitz im Unterausschuss für Gesundheit des Committee on Government Operations an, damit ich die Möglichkeit bekam, meinen von der Krise betroffenen Wählern zu helfen. Es war sehr ungewöhnlich und sehr großzügig, dass jemand seinen Platz in einem Ausschuss abgab, insbesondere, da dies für das jüngste Mitglied der Fraktion geschah. Aber so war Henry.

Charlie Rangel hatte viele Jahre Erfahrung im Repräsentantenhaus und sich dort große Verdienste erworben. Er interessierte sich leidenschaftlich für alles, was mit der allgemeinen Gesundheitsversorgung zu tun hatte, etwa für Community Health Centers, Allgemeinärzte und Ungleichheiten in der Versorgung benachteiligter Bevölkerungsgruppen. Dabei erhob er seine machtvolle Stimme, um die Armen und Nichtversicherten zu unterstützen. Alle Demokratischen Abgeordneten im Repräsentantenhaus teilten dieses Anliegen, aber Charlie spielte in den laufenden Verhandlungen mit dem Senat eine dominierende Rolle.

Ich wollte die Ausschussvorsitzenden und ihre Aufgabenbereiche unbedingt respektieren, doch ich sagte ihnen von Anfang an: »Sie machen die Arbeit der Demokratischen Fraktion. Sie ist nichts Persönliches. Sie ist nicht Ihre Privatangelegenheit. Sie ist nicht meine Privatangelegenheit. Sie vertreten die Fraktion. Die Mitglieder unserer Fraktion haben uns in unsere Ämter gewählt, und sie erwarten, dass wir ein Produkt hervorbringen, das nicht der kleinste, sondern der kühnste gemeinsame Nenner ist.«

Unser Gesundheitsversorgungsgesetz wurde keineswegs von einer kleinen Clique ausgebrütet. Die Ausschussvorsitzenden arbeiteten mit den Abgeordneten zusammen, um einen gemeinsamen Plan zu entwickeln. Die Demokraten im Weißen Haus kamen sehr gut zurecht, weil sie einander zuhörten. Sie tauschten ihre weitreichenden philosophischen, regionalen, ethnischen sowie geschlechts- und generationsspezifischen Beobachtungen aus. Ich sah meine Rolle in der einer Dirigentin: Ich leitete ein Orchester mit großartigen Musikern, die unsere gemeinsamen Werte in den Vordergrund stellten und gleichzeitig Raum für die Anerkennung und das Verständnis regionaler Unterschiede ließen.

Ich wusste außerdem, dass es ein harter Job war, Kongressmitglied zu sein, und besonders herausfordernd, wenn an einem wichtigen, transformativen Gesetz gearbeitet wurde. In meiner Zeit als Whip der Demokraten hatte ich gelernt, dass sich die Stimmung der Abgeordneten durch gutes Essen heben ließ. Ich bin Italienerin, also liegt es in meiner Natur, gutes Essen anzubieten. Unser Motto lautete: »Erst wird gegessen.« Als ich Sprecherin war, gab es Frühstück, Mittag- und Abendessen. Die Palette reichte von Roastbeef und Hühnchen bis zu Lachs und vegetarischen und veganen Optionen. Gelegentlich begannen wir auch mit Eiscreme, insbesondere mit Schokoladeneis, meiner Lieblingssorte. Für mich war dies keine Taktik, sondern ein Ausdruck von Liebe, eine Art zu sagen: Ihr seid uns wichtig, ihr seid etwas Besonderes, und wir wollen, dass dies eine positive Erfahrung wird. Manchmal jedoch, wenn die Sitzungen während der Gesundheitsdebatte lang und kontrovers wurden, kam ich ins Grübeln: Soll ich Essen anbieten, um die Stimmung zu heben, oder verweigere ich das Essen, um die Diskussion zu beschleunigen?

Eine der leidenschaftlichsten fortlaufenden Debatten in der Fraktion drehte sich um die Einheitskrankenversicherung. Schon als ich neu in den Kongress kam, gab es eine Bewegung für eine Krankenversicherung mit einem einzigen Kostenträger: die progressive Vision eines universalen Zugangs zur Gesundheitsversorgung. Jahrelang führten die beiden Abgeordneten Jim McDermott aus dem Bundesstaat Washington und John Conyers aus Michigan die Bewegung für ein entsprechendes Gesetz an. Sie hatten eine leidenschaftliche, aber nicht ausreichende Mannschaft von Unterstützern, zu denen auch ich gehörte.

Bei dem Versuch, für die Gesundheitsreform des Jahres 2009 ein Modell für die Einheitskrankenversicherung zu entwickeln, wurden mehrere Ansätze diskutiert: Für einige Abgeordnete bedeutete die Einheitskrankenversicherung eine Vereinfachung des Vergütungssystems für Gesundheitsdienstleister. Es gab nur einen einzigen Kostenträger: die Bundesregierung. Andere drängten auf eine Einheitskrankenversorgung wie in Kanada oder Großbritannien, wo der Staat sowohl Gesundheitsversorger als auch Kostenträger ist.

Bei den Diskussionen über das Gesundheitsgesetz lud ich die Befürworter der Einheitskrankenversicherung eines Tages in das Büro des Sprechers ein. Es wurde eine lange Besprechung, und an einem bestimmten Punkt musste ich weg, um mit George Mitchell zu sprechen, der als Sonderbeauftragter für den Nahen Osten über eine Initiative der Regierung berichtete. (George und ich hatten nach dem Massaker auf dem Tiananmen-Platz wegen der Probleme mit China eng zusammengearbeitet.) Alle waren stolz auf die gute Arbeit, die George 1998 beim Karfreitagsabkommen zwischen Großbritannien und Nordirland geleistet hatte, und hofften, dass er auch im Nahen Osten etwas erreichen könnte.

Bei unserem Gespräch hörten wir aus dem benachbarten Konferenzraum heftiges Geschrei. George und ich mussten lauter reden, um den Lärm zu übertönen. Mehrere Abgeordnete konkurrierten heftig darum, wer als Urheber des Gesetzes über die Einheitskrankenversicherung zu gelten habe, obwohl sie wussten, dass es sich nicht durchsetzen würde. Trotzdem waren sie scharf auf den Nachruhm, Urheber zu sein. Während die Verdienste der älteren Abgeordneten klar waren, wollten auch jüngere Abgeordnete einen Teil der Lorbeeren ernten. Je kleiner der Preis, umso heftiger der Kampf, allem Anschein nach.

Alle (nur Männer natürlich) hatten das Gefühl, gesiegt zu haben, als sie den Raum verließen. Trotz des Aufruhrs war ich stolz auf die Begeisterung meiner Fraktionsmitglieder. Bis heute muss ich lächeln, wenn ich an den Krawall denke. Doch die Besprechung war zugleich das Ende des Einheitsgedankens in der Gesundheitsreform. Er hatte nicht genügend Unterstützung jenseits meines Büros. Letztlich wollten selbst die beharrlichsten Abgeordneten keinen Zusatz über eine Einheitsversicherung mehr in unseren auf Konsens abzielenden Gesetzesentwurf schreiben. Stattdessen konzentrierten sich die Demokraten im Repräsentantenhaus auf die sogenannte *Public Option* (die Option einer staatlichen Krankenversicherung).

Bei diesem Modell werden die privaten Versicherungen nicht abgeschafft, sondern stehen mit einer staatlichen im Wettbewerb. Im März 2009 sagte Präsident Obama: »Die Überlegung, die der Public Option zugrunde liegt, besteht darin, dass sie die Wahlfreiheit der Verbraucher vergrößert und dazu beiträgt, dass der private Sektor ehrlich bleibt, weil er sich im Wettbewerb befindet.«

Wir teilten die Ansicht des Präsidenten. Im Repräsentantenhaus gab es starke Unterstützung für die Public Option. Hier enthielt der Gesetzesentwurf aller drei Ausschüsse eine Public Option, und dasselbe galt auch für den Entwurf des von Senator Kennedy geleiteten Gesundheitsausschusses im Senat. Ich sagte damals, die Public Option sei der beste Weg, um die Kosten zu senken, die Qualität der Gesundheitsversorgung zu verbessern, Wahlmöglichkeiten zu gewährleisten und den Versicherungsschutz zu erweitern. Die Public Option werde im Lauf von zehn Jahren eine echte Finanzreform bringen, und ich sei froh, dass sie in unserem endgültigen Gesetzesentwurf im Repräsentantenhaus enthalten sei.

Stolz gaben die drei Ausschussvorsitzenden am 19. Juni wie geplant, ja sogar etwas früher, ihren gemeinsamen, vereinheitlichten Entwurf für ein Gesundheitsgesetz heraus. Es ist wichtig festzustellen, dass dieser Entwurf historisch war, nicht nur, weil er überhaupt erstellt, sondern auch weil er größtenteils vom Kongress und nicht von der Exekutive verfasst worden war.

Nachdem die Ausschussvorsitzenden das Gesetz formuliert hatten, mussten sie es durch alle drei Ausschüsse bringen, in denen alle Mitglieder, Demokraten wie Republikaner, noch intervenieren konnten. Wir hatten Dutzende Stunden überparteilicher Anhörungen in den Ausschüssen und Hunderte Änderungsanträge, die sowohl von Demokraten als auch Republikanern eingebracht wurden. Alle Änderungsanträge wurden gleich behandelt: Einige wurden angenommen, einige modifiziert und einige abgelehnt. Auch die Republikaner hatten also zahlreiche Gelegenheiten, ihre eigenen Änderungen an dem Gesetz zu beantragen und in den Ausschüssen zu diskutieren.

Das Repräsentantenhaus verabschiedete das Gesetz, wie es aus den Ausschüssen kam. Ganz im Gegensatz zum Senat. Dort kam es zu einer monatelangen Verzögerung, in der wir darauf warteten, dass der Senat endlich handelte – ein Sachverhalt, der das Verhältnis zwischen Repräsentantenhaus und Senat erheblich belastete. Während der Wartezeit erinnerte uns der Abgeordnete John Dingell häufig wieder einmal mit seinem alten Lieblingsspruch daran, dass die Republikaner die Opposition, der Senat aber der Feind der Demokraten im Repräsentantenhaus sei.

Ted Kennedys Gesundheitsausschuss verabschiedete das Gesetz fristgerecht. Doch der Finanzausschuss bewegte sich erst im Oktober. Sein Vorsitzender Max Baucus sagte, er glaube nicht an Zeitpläne, und ignorierte die Frist, die Präsident Obama bis zum 15. Juni gesetzt hatte – und zu deren Einhaltung sich der Senator, wie wir gesehen haben, angeblich verpflichtet hatte.

Im Repräsentantenhaus war man sehr unglücklich über das Timing des Senats. Während das Gesetz dort festhing, hatten die Republikaner und Gegner aus der Industrie jede Gelegenheit, es in der Öffentlichkeit falsch darzustellen. Sie behaupteten, es beschränke die Pflege und etabliere »Todesausschüsse«, die Menschen die Pflege am Lebensende verweigerten. Es finanziere »Abtreibungen«, ja sogar, es werde das Ende der privaten Versicherungen sein, oder auch, es sei wieder einmal ein »Werbegeschenk«, das dem Mittelstand schade. Der Senat gab der anderen Seite durch das langwierige Verfahren und die Verzögerung eine Menge Zeit, um unsere Arbeit zu sabotieren, und das nur, weil einige Demokraten dort dachten, sie könnten im Senat auch eine Zustimmung der Republikaner erwirken, die sie, wie ich genau wusste, nie im Leben bekommen würden. Also sagte ich zu den Senatoren: »Es ist wie der Tanz der sieben Schleier. Diese Leute umschmeicheln euch, damit ihr glaubt, ihr würdet ihre Stimmen bekommen. Und ihr spielt ihnen direkt in die Hände.«

Dies zeigte sich mit unangenehmer Deutlichkeit im August, als unsere Abgeordneten in ihre Wahlkreise heimfuhren. Der August 2009 war der schlimmste Monat, an den ich mich erinnern konnte.

Es hatte mir immer gefallen, dass »der August uns gehörte« und wir in diesem Monat alle Gelegenheit hatten, unseren Wählern in der Heimat zu berichten, was wir erreicht hatten. Dieses Jahr jedoch war es anders. Der August war genau, wie ich gewarnt hatte: Angst und Schrecken, Flächenbombardements, keine Gefangenen, verbrannte Erde und Schlimmeres. Tag für Tag und Nacht für Nacht überschwemmte das Kabelfernsehen den Äther mit Bildern von Menschen, die auf dem Town-Hall-Meeting in ihrem Wahlkreis die Demokraten bedrängten und die Republikanischen Lügen über unser Gesetz wiederholten. Wir Demokraten im Repräsentantenhaus gaben nicht auf und retteten das Gesetz, auch wenn wir sehr enttäuscht waren, dass die versprochene Luftunterstützung durch Botschaften aus dem Weißen Haus ausblieb. Wir hatten gehofft, dass man dort unsere Warnungen wegen der brutalen Angriffe gegen das Gesetz beherzigen würde.

In Juni machte Rosa DeLauro den Vorschlag, die Geschichten zu veröffentlichen, die wir über die Bedeutung des Gesundheitsgesetzes für die Amerikaner und ihre Familien in einer Datenbank gesammelt hatten. Rosa bat um neun Millionen Dollar aus dem Etat des Präsidenten, um den negativen Botschaften der Republikaner entgegenzuwirken und die Wahrheit über die Inhalte des Gesundheitsgesetzes zu erzählen – die Geschichten, die der Grund waren, warum wir uns für das Gesetz und die Patienten, die es brauchten, so stark einsetzten. Die Antwort war Nein. Als sich der Sommer hinzog, war klar, dass wir auf uns allein gestellt waren. Es blieb praktisch den Demokratischen Abgeordneten überlassen, für das Gesundheitsgesetz zu werben, während die Gegenseite Millionen für Anzeigen ausgab. Wir mussten das Gesetz dennoch retten.

Einige Demokraten im Repräsentantenhaus waren erst kurz zuvor beim Militär gewesen. Einer von ihnen, Patrick Murphy aus Pennsylvania, formulierte eine treffende Analogie für unsere Lage. Er sagte, es sei wie auf einem Kriegsschauplatz: »Es hat 38 Grad, und du schleppst einen 25 Kilo schweren Rucksack, hast seit Tagen nicht geduscht, bist immer nahe am Feind und könntest jederzeit erschossen werden. Doch du kannst dich weder über die Hitze noch über das schwere Gepäck noch über die fehlende Dusche beschweren. Es gibt nur eins, was du tun kannst: dich daran erinnern, wofür du kämpfst, und ›dich zusammenreißen‹.« Wahrscheinlich gefällt es keinem von uns, aber wir müssen damit klarkommen, sagte er. In jenem Sommer und dem ganzen Herbst haben sich überall im Land Demokratische Mitglieder des Repräsentantenhauses »zusammengerissen«.

Einer der Kämpfer an der Basis war Tom Perriello, ein frischgebackener Kongressabgeordneter aus Virginia. »Ich veranstaltete mehr als 23 Town-Hall-Meetings in allen Countys meines Wahlbezirks«, berichtete er. »An den Veranstaltungen nahmen mehr als 18 000 Bürger Virginias teil. Weitere Tausende wählten sich ein und beteiligten sich an Konferenzgesprächen.« Tom verlor 2010 die Kampagne für seine Wiederwahl in einem stark von den Republikanern dominierten Wahlkreis, doch seine Anstrengungen hatten sich gelohnt. »Ich kann bezeugen«, sagte er, »dass der Händedruck und die Umarmungen dankbarer Eltern mir mit der Zeit weit mehr bedeuteten als ein paar weitere Jahre im Kongress.«

Die Demokraten im Repräsentantenhaus wehrten sich besser gegen die Angriffe auf ihre Gesundheitsreform, als es den Senatoren gelang. Ich bin vielleicht parteiisch, aber für mich sah es ganz so aus, als wäre der Senat nicht daran gewöhnt, mit den Menschen an der Basis umzugehen – ganz im Gegensatz zu uns, die wir alle zwei Jahre zur Wahl stehen. Die Haltung im Senat, die durch seine Verzögerungstaktik noch verschärft wurde, hätte unsere Hoffnung auf eine Gesundheitsreform in jenem August zunichtemachen können. Es war die Entschlossenheit der Demokraten, die den Prozess am Laufen hielt.

Der 25. August war durch ein trauriges Ereignis geprägt: Senator Kennedy, der wichtigste Vertreter der Gesundheitsreform im Senat, verstarb. Das amerikanische Volk hatte einen großen Patrioten und die Familie Kennedy einen geliebten Patriarchen verloren. In einem Leben als führender Politiker hatte Senator Kennedy mit seiner Staatskunst und seiner politischen Kühnheit eine Fülle von Durchbrüchen erzielt, die die Chancen aller Amerikaner verbessert hatten. Leider verließ uns der Senator ein Jahr nach der optimistischen, vitalen und mutigen Rede auf dem Parteitag der Demokraten in Denver, mit der er Barack Obama als Präsidentschaftskandidat nominiert und die Nation inspiriert hatte.

In dem Bewusstsein, dass die Verabschiedung einer echten Gesundheitsreform in Gefahr war, hinterließ er dem Präsidenten als letzte freundschaftliche Geste einen wunderschönen Brief:

Lieber Mr. President,

ich wollte Ihnen noch ein paar letzte Worte schreiben, um Ihnen für die persönlichen Freundschaftsdienste zu danken, die Sie mir immer wieder erwiesen haben, und um ein letztes Mal meine Bewunderung für die Führung auszudrücken, mit der Sie unserem Land seine Zukunft und seine Wahrheit zurückgeben.

Auf der persönlichen Ebene haben Sie und Michelle sich in vielfältiger Weise um Vicki, unsere Familie und mich gekümmert. Sie haben dazu beigetragen, dass diese schwierigen Monate eine glückliche Zeit in meinem Leben waren.

Und Sie haben sie zu einer Zeit der Hoffnung für mich und unser Land gemacht.

Als ich an all die Jahre, all die Kämpfe und all die Erinnerungen meines langen öffentlichen Lebens zurückdachte, hatte ich in diesen letzten Tagen meines Lebens die Zuversicht, dass ich zwar nicht mehr da sein werde, wenn es geschieht, aber dass Sie der Präsident sein werden, der endlich das Gesetz über die Gesundheitsreform unterzeichnet, das die große unerledigte Aufgabe unserer Gesellschaft ist. Für mich hat sich diese Aufgabe über Jahrzehnte erstreckt, mit vielen Enttäuschungen, aber nie mit einer endgültigen Niederlage. Sie war das Anliegen meines Lebens. Und im vergangenen Jahr hat mich die Aussicht auf einen Sieg aufrecht gehalten, und die Arbeit, um ihn zu erreichen, hat meine ganze Energie und Entschlossenheit in Anspruch genommen.

Es wird Kämpfe geben, die hat es immer gegeben, und es geht schon wieder los. Aber als wir uns in diesen Monaten vorwärtsbewegten, habe ich gelernt, dass Sie nicht auf die Aufrufe zum Rückzug hören, sondern bei der Sache bleiben, bis sie gewonnen ist. Ich sah, dass Sie überzeugt waren, dass jetzt die richtige Zeit ist, und wurde Zeuge Ihrer unerschütterlichen Überzeugung, dass die Gesundheit ein zentrales Problem für eine positive Entwicklung in der Zukunft ist. Aber Sie haben uns auch alle daran erinnert, dass es nicht nur um materielle Dinge geht. Wir sind vor allem mit einem moralischen Problem konfrontiert; es geht nicht nur um die politischen Details, sondern um grundsätzliche Dinge wie soziale Gerechtigkeit und das Wesen unseres Landes.

Und so bin ich wegen Ihrer Vision und Ihrer Entschlossenheit zu der Überzeugung gelangt, dass es sehr bald eine erschwingliche Gesundheitsversorgung für alle geben wird in einem Amerika, in dem der Gesundheitszustand einer Familie nie mehr von der Größe ihres Vermögens abhängig sein wird. Und obwohl ich den Sieg nicht mehr erleben werde, konnte ich mich doch auf ihn freuen in dem Wissen, dass wir das Verspre-

chen einer amerikanischen Gesundheitsversorgung, die kein Privileg, sondern ein Recht ist, erfüllen werden, ja dass wir es wirklich erfüllen werden.

Zum Schluss lassen Sie mich noch einmal sagen, wie stolz ich darauf war, mit Ihnen Wahlkampf zu machen, und dass ich auch stolz darauf bin, dass ich an den ersten Monaten einer neuen Ära großer Ziele und Erfolge teilhaben konnte. Ich begann mein öffentliches Leben einst mit einem neuen Präsidenten, der eine ganze Generation und die Welt inspirierte. Und es macht mir große Hoffnung, dass nun, da ich gehe, ein weiterer junger Präsident eine weitere Generation inspiriert und dass er im Namen Amerikas erneut die ganze Welt beflügelt.

Und so habe ich diesen Brief geschrieben, um Ihnen als Freund ein letztes Mal zu danken und um mich gemeinsam mit Ihnen ein letztes Mal für den Wandel und für das Amerika einzusetzen, das wir werden können.

Bei Ihrer Nominierung auf dem Parteitag in Denver sagte ich, der Traum lebt weiter.

Und ich habe diesen Brief in dem unerschütterlichen Vertrauen beendet, dass der Traum für diese Generation in Erfüllung gehen und für künftige Generationen erhalten und erweitert werden wird.

Mit großer Achtung und treuer Zuneigung
Ted

Der tiefgründige Brief Senator Kennedys war eine Herausforderung für das Gewissen Amerikas. Am 2. September schrieben Harry Reid und ich Präsident Obama und luden ihn ein, vor einer gemeinsamen Sitzung des Kongresses eine Rede zu halten.

Wir hatten die Basisarbeit geleistet, um die Unterstützung für das Gesetz aufzubauen, wir wussten, dass wir im Repräsentantenhaus die notwendigen Stimmen hatten, und wir brauchten nun die Redekunst, über die nur der Präsident verfügte, um die Zustimmung und Unterstützung der Öffentlichkeit zu verstärken. Senator Kennedys Brief und die unerschütterliche Entschlossenheit der Demokraten im Repräsentantenhaus hatten die zögernden Elemente im Weißen Haus überzeugt, dass wir in der Lage waren, unsere Vision einer Gesundheitsreform durchzusetzen.

Eine Woche darauf setzte sich Präsident Obama in einer landesweit übertragenen Rede vor beiden Kammern des Kongresses überzeugend für die schon lange überfällige Gesundheitsreform ein. Er erklärte, wir seien näher als je zuvor in der Geschichte daran, wirkliche Fortschritte in einer Angelegenheit zu machen, die jedermanns Leben beeinflusse und Auswirkungen auf unsere Volkswirtschaft habe, nämlich den Amerikanern durch eine Krankenversicherung Stabilität und Sicherheit zu bringen und bei denen, die nicht versichert seien, für einen erschwinglichen Versicherungsschutz zu sorgen.

Wie der Präsident richtig sagte, hatte unser Gesundheitssystem dem Steuerzahler eine untragbare Last aufgebürdet: »Jeder in diesem Raum weiß, was passieren wird, wenn wir nicht handeln. Unser Defizit wird wachsen. Mehr Familien werden bankrottgehen. Mehr Unternehmen werden schließen. Mehr Amerikaner werden ihren Versicherungsschutz verlieren, wenn sie krank sind und ihn am nötigsten brauchen. Und mehr werden deshalb sterben. Wir wissen, dass das alles stimmt. Deshalb können wir nicht scheitern.«

Der Präsident machte außerdem deutlich, dass die in unserem Gesetz vorgesehene Public Option die beste Möglichkeit war, um den für Kostensenkung, Qualitätsverbesserung und Wahlfreiheit der Amerikaner notwendigen Wettbewerb zu generieren. Die Demokraten im Repräsentantenhaus hießen seinen Aufruf zu einer Public Option willkommen. Doch die Rede enthielt auch eine Überraschung. Die Führung der Demokratischen Fraktion im Repräsentantenhaus erfuhr durch sie zum ersten Mal von Präsident Obamas Beschluss, die Kosten des Gesetzes auf 900 Milliarden Dollar zu begrenzen. Es wurde nie klar, woher diese Deckelung kam.

Da das Repräsentantenhaus das Gesetz nicht gefährden wollte, fand es sich letztlich mit der Deckelung ab, dagegen folgte der Senat Obamas klarem Plädoyer für eine Public Option leider nicht. Wenngleich wir unseren Kampf fortsetzten und trotz der überwältigenden Unterstützung der Öffentlichkeit, enthielt das Gesetz des Senats nicht die Option auf eine staatliche Krankenversicherung. Es war klar, dass die Versicherungsgesellschaften zu viel Einfluss hatten, wenn für die Verabschiedung des Gesetzes im Senat 60 Stimmen gebraucht wurden.

Dennoch war das öffentliche Bekenntnis des Präsidenten zur Gesundheitsreform angesichts des allgemeinen politischen Umfelds und des starken Widerstands ihrer Gegner für ihre letztliche Durchsetzung entscheidend. Er sei sich bewusst, dass der politisch sichere Weg eine »Verschiebung« gewesen wäre, sagte er, doch der historische Moment gebiete etwas anderes. »Wir sind nicht angetreten, um die Zukunft zu fürchten, sondern um sie zu gestalten.«

Eine großartige Botschaft des Präsidenten!

In jenem Herbst hielten die Demokratischen Abgeordneten im Repräsentantenhaus weiterhin Versammlungen mit allen Betroffenen ab. Wir hatten Treffen über das Thema »Familie, Arzt und Geistlicher«, die die Republikaner fälschlich als »Todespanels« bezeichneten. Und es gab fortlaufende Versammlungen zu dem

Problem regionaler Ungleichheit, einem Schlüsselthema. Erstattungen, Behandlungen und Ausgaben waren von Bundesstaat zu Bundesstaat unterschiedlich, und die Frage, wie die Ressourcen am besten zu verteilen seien und wie sichergestellt werden könnte, dass es keine Gewinner oder Verlierer gab, war ein wichtiges Anliegen. Auch zum Thema medizinische Geräte hatten wir Veranstaltungen. Und wir diskutierten über die vielen Ungleichheiten in der Gesundheitsversorgung.

Gleichzeitig hielten wir umfassende Lesungen des endgültigen Gesetzesentwurfs des Repräsentantenhauses ab. Sie waren für unsere Fraktion Pflicht. Alle Mitglieder mussten anwesend sein. John Larson aus Connecticut, der Fraktionsvorsitzende, leitete die Sitzung, und Rob Andrews aus New Jersey vom Ausschuss für Education and Labor führte uns durch die Lesung. Rob war großartig und wurde von den Mitgliedern sehr geschätzt. Er konnte jede Bestimmung klar erklären, führte die Mitglieder Schritt für Schritt durch das Gesetz und ging bei Bedarf bis ins kleinste Detail.

Wir führten diese Pflichtveranstaltungen durch, damit alle Abgeordneten das Gesetz lasen und vollständig erklärt bekamen, damit all ihre Fragen beantwortet wurden und sie es mit Selbstvertrauen diskutieren konnten. Wir nahmen es Stück für Stück durch und behandelten jedes einzelne Wort, was mehrere Tage dauerte. Am Ende wussten die Abgeordnete nicht nur, was in dem Gesetz stand, sondern konnten sich auch an seiner Verbesserung beteiligen.

Bei unseren Lesungen kamen Fragen auf. So fragten Abgeordnete etwa, ob man von Rauchern höhere Versicherungsprämien verlangen könne. Die Mitglieder unserer Fraktion waren mit den Themen Ernährung, Wellness und Vorbeugung wohlvertraut; wir vertraten stets die Ansicht, dass es bei unserem Gesundheitsgesetz nicht nur um die Gesundheitsversorgung, sondern um ein gesundes Amerika ging. Also beschlossen wir, eine Versammlung über die Frage abzuhalten, ob Versicherungsgesellschaften von Rauchern höhere Prämien verlangen sollten. Die Abgeordneten aus Staaten, in denen Tabak angebaut wurde, machten sich auf das Schlimmste gefasst.

Wir hatten ein Podium mit führenden Mitgliedern der American Heart Association, der American Cancer Society und anderer Verbände, die uns die Risiken des Rauchens drastisch vor Augen führten. Wir wollten uns wie gesagt nicht nur mit den Gesundheitskosten befassen, sondern Wege zu einem gesünderen Amerika finden, und Rauchen ist ein wichtiger Risikofaktor für viele ernste Krankheiten, einschließlich Krebs und Herzkrankheiten. Dennoch beantworteten sämtliche eingeladenen Gegner des Rauchens die Frage, ob die Versicherungsgesellschaften von Rauchern höhere Prämien verlangen sollten, mit einem leidenschaftlichen Nein. Ihre Reaktion verblüffte uns, doch sie blieben eisern bei ihrer Ablehnung. »Sie dürfen den Versicherungsgesellschaften keinen Grund geben, mehr zu verlangen«, sagten sie. Wir dürften den Versicherungsgesellschaften nicht die Möglichkeit geben, von bestimmten Kunden mehr zu verlangen oder manche Amerikaner vom Versicherungsschutz auszuschließen. Zwar wollten die Vertreter der Gesundheitsverbände die Menschen unbedingt vom Rauchen abhalten, doch sie trauten den Versicherungsgesellschaften nicht zu, für die Patienten das Richtige zu tun.

Es gab noch weitere Treffen – manchmal, um falsche Darstellungen der Republikaner zu widerlegen, und manchmal, um zu erklären, was der Senat tat und wo er mit seinem legislativen Prozess stand. Ein weiterer wichtiger Faktor bei unserer Arbeit im Herbst war die Frage, wann wir die Kostenschätzungen des wichtigen Congressional Budget Office (CBO) bekommen würden. Das CBO bestimmt, wie viele »Punkte« ein Gesetz erhält – also was es am Ende kosten wird –, und die Punkte des CBO sind für unsere steuerlichen Entscheidungen sehr wichtig. Manchmal ist das CBO optimistischer oder weniger optimistisch als unsere eigenen Voraussagen, und wir hatten Treffen der Fraktionsmitglieder, um die Gesamtkosten eines Gesetzes abzugleichen.

Einige Treffen waren sehr persönlich: Dann kamen vereinzelte Abgeordnete – manchmal mehrere aus einem Staat, manchmal sogar nur einer –, um über alles zu sprechen. Beim Gesundheitsgesetz war ich von Anfang an der Ansicht, dass wir alle Experten waren. Der frühere Sprecher des Repräsentantenhauses Tip O'Neill ist berühmt für den Ausspruch: »Alle Politik ist lokal.« Bei der Gesundheitsfürsorge war alle Politik nicht nur lokal, sondern persönlich.

Alle Mitglieder der Fraktionsführung verbrachten beträchtliche Zeit, indem sie mit einzelnen Abgeordneten arbeiteten. Der Vorwurf der Republikaner, wir hätten unser eigenes Gesetz nicht genau gelesen, empört mich bis heute: Unsere Treffen zum Thema waren nicht geheim. Vielleicht projizierten die Republikaner ihre eigene schlechte politische Praxis und ihre eigenen Verfahrensmängel schlicht auf uns.

Ich war täglich mit der Propaganda der Republikaner und der Versicherungsindustrie konfrontiert, die einen steten Strom von Unwahrheiten und falschen Darstellungen produzierten, um das ganze Verfahren zu sabotieren. Eines Abends saß ich mit unserem Team in einem Washingtoner Restaurant beim Abendessen, als ein Mann mit einem ganz entzückenden kleinen Mädchen auf dem Arm an meinen Tisch kam. Als ich ihm zu seinem schönen Baby gratulierte, sagte er: »Um ihretwillen wünsche ich mir, Sie hätten das Gesetz gelesen.«

Ich antwortete: »Um ihretwillen haben wir das Gesetz verfasst.«
Und ich fügte hinzu: »Und wir haben es auch gelesen.« Wieder
und wieder die Lügen der Republikaner, die dem Amerika der
Konzerne helfen sollten.

VERHANDLUNGEN MIT DEM SENAT

Nach monatelanger Unsicherheit und Verzögerung kam das Gesetz im Senat im Oktober endlich aus dem Ausschuss, und wir
waren zuversichtlich, dass das Plenum nun ein endgültiges Gesetz
verabschieden würde. Am 7. November verabschiedeten wir im
Repräsentantenhaus eine verbesserte Version unseres Gesetzes,
und der Senat verabschiedete sein Gesetz am Weihnachtsabend.
Dass wir diesen Punkt erreichten, verdankt das Land Harry Reid,
dem Demokratischen Mehrheitsführer des Senats. Er setzte sich
für die arbeitenden Familien in Amerika ein, tat, was er konnte,
um das Gesetz durchzubringen.

Doch der Senat ist eine ganz andere Institution als das Repräsentantenhaus, und viele Demokraten im Repräsentantenhaus
waren zutiefst enttäuscht über das Gesetz des Senats, durch das,
wie sie fanden, eine Gelegenheit verpasst wurde. Die Demokraten im Weißen Haus hatten in ihrem Affordable Care Act mutig für schärfere Maßnahmen gestimmt, und viele weigerten sich
nun, das schwächere Gesetz des Senats zu unterstützen, weil sie
es in vielen Punkten als falsch empfanden. Dies war nicht nur
wegen der fehlenden Public Option der Fall, sondern auch, weil
es die Verpflichtung der Arbeitgeber, Krankenversicherungen anzubieten – und die für Einzelpersonen, eine abzuschließen –, ab-
schwächte. Außerdem beschnitt es auch den Plan, Medicaid zu
vergrößern, damit es mehr Geringverdiener erfasste. Nun mussten beide Seiten in den Vermittlungsausschuss, um die Unter-

schiede zwischen dem Gesetz des Repräsentantenhauses und dem des Senats zu bereinigen und einen Kompromiss zwischen beiden Gesetzen zu finden.

Unsere interne Debatte im Repräsentantenhaus über das Gesetz des Senats war hitzig. Außer dem Fehlen der Public Option und Veränderungen, was die Verpflichtung zum Abschluss einer Krankenversicherung betraf, stießen noch mehrere weitere Bestimmungen auf starke Kritik. Eine Streitfrage war die Finanzierung des Gesetzes. Das Repräsentantenhaus hatte einen Zuschlag für Versicherte vorgesehen, die mehr als 500 000 Dollar im Jahr verdienten, eine saubere, wasserdichte und verfassungsrechtlich unbedenkliche Regelung. Doch dem Senat gefiel die Bestimmung nicht. Er wollte eine sogenannte *Dogs and Cats*-Lösung, wie Abgeordnete des Repräsentantenhauses kleinere Finanzierungspläne bezeichnen. Nichts gegen Katzen und Hunde. Wir alle lieben unsere Haustiere, nur nicht als Möglichkeit, ein Gesetz zu finanzieren. Eine der *Dogs and Cats*-Lösungen, die der Senat vorschlug, war eine Steuer von vierzig Milliarden Dollar auf medizinische Geräte für zehn Jahre. Als die Abgeordneten unserer Fraktion, in deren Wahlkreisen medizinische Geräte hergestellt wurden, von dieser Idee erfuhren, erhoben sie energischen Widerspruch und lösten damit in der Demokratischen Fraktion des Repräsentantenhauses eine lebhafte Debatte aus. Die Diskussion fand im Konferenzraum der Sprecherin statt und war so heftig, dass sie in der Umgebung des Kapitols zu hören war. Die Spannung war groß, der Ton war heftig.

Schließlich machte ich folgenden Vorschlag: Ich setze durch, dass die Steuer auf medizinische Geräte von vierzig auf zwanzig Milliarden gesenkt wird, wenn ihr zu euren Herstellern medizinischer Geräte geht und ihnen sagt: Weiter wird sie nicht gesenkt. Darauf haben wir uns geeinigt. Dann meinte ich zu Harry Reid:

»Senken Sie die Steuer um zwanzig Milliarden. Und das war's. Ich werde sie um keine zehn Cent mehr senken, aber Sie können sie auch um keine zehn Cent mehr erhöhen.«

Harry war wütend über den Vorschlag. Er und ich hatten immer eine wundervolle Beziehung gehabt, wenn man von dieser einen unguten Auseinandersetzung absieht. »Wie können Sie es wagen, uns die vom Senat bestimmte Finanzierung zu nehmen!«, sagte er. »Das war eine extrem wohlüberlegte Maßnahme von uns. Wie können Sie es wagen!« Ich antwortete: »Harry, Sie haben bisher überhaupt keine ›Finanzierung‹ gehabt, weil unsere Mitglieder auf keinen Fall dafür gestimmt hätten. Jetzt haben Sie zwanzig Milliarden. Dass Sie vierzig Milliarden wollen, bedeutet nicht, dass Sie die vierzig Milliarden kriegen.«

Er klagte weiter: »Ich kann nicht glauben, dass Sie mir das antun, dass Sie uns unsere Finanzierung nehmen!« Am Ende blieb die Steuer auf zwanzig Milliarden Dollar gedeckelt.

Gleichzeitig war die Ablehnung der Public Option durch den Senat für viele von uns im Repräsentantenhaus eine persönliche Enttäuschung. Die Option einer staatlichen Krankenversicherung hätte der Regierung im Lauf von zehn Jahren hundert Milliarden Staatsausgaben gespart. Leider konnten wir den Senat einfach nicht dazu bringen, sie anzunehmen. Am Ende erlaubte das Gesetz den Bundesstaaten allerdings, bei der Organisation ihrer Gesundheitsbörsen und -märkte etwas zu schaffen, das einer eigenen Public Option ähnlich war. Und wir arbeiteten zusammen, um Verbesserungen für den Verbraucher vorzunehmen, die einer Public Option nahe kamen. Covered California zum Beispiel, der offizielle staatliche Markt für Krankenversicherungen in Kalifornien, arbeitet hervorragend.

Ein weiterer heftiger Konflikt entstand, als Senator Baucus und mein lieber Freund Rahm Emanuel, der Stabschef des Präsidenten, mit Pharmaceutical Research and Manufacturers of America, der wichtigsten Lobbygruppe der amerikanischen Pharmaindustrie, heimlich ein Abkommen schlossen, das die finanziellen Pflichten der großen Pharmakonzerne begrenzte. Diese waren glücklich, weil sie ihren fairen Anteil der Kosten nicht tragen mussten. (Außerdem wies die Non-Profit-Organisation Sunlight Foundation darauf hin, dass Rahms stellvertretender Stabschef Jim Messina zuvor Stabschef von Max Baucus gewesen war.)

Die Enthüllung dieses Deals war für die Demokraten im Weißen Haus ein schwerer Schlag. Sie fühlten sich verraten, weil sie sich stark für die Senkung der Medikamentenpreise eingesetzt hatten und weil der Deal geheim gewesen war – ein Verstoß gegen die Vereinbarung zwischen Repräsentantenhaus und Senat, den Affordable Care Act gemeinsam zu verabschieden. Im Wahljahr 2006, als die Demokraten die Mehrheit im Repräsentantenhaus zurückerobert hatten, hatten sie in ihrer Agenda »Six for '06« sechs politische Ziele formuliert, zu denen auch das Versprechen gehörte, dass der Gesundheitsminister eine Preissenkung für rezeptpflichtige Medikamente aushandeln werde. Dasselbe Versprechen hatte auch ihr Wahlprogramm »New Direction for America« enthalten. Nun war die entsprechende Bestimmung nur im Repräsentantenhaus durchgekommen, nicht jedoch im Senat. Die Beziehung zwischen dem Senat und der Pharmaindustrie war schon viel zu lange viel zu gut, und nun lachten sich die Pharmakonzerne ins Fäustchen. Das Ganze war schrecklich deprimierend: Wenn nämlich die Pharmaindustrie mehr von ihrem fairen Anteil bezahlt hätte, hätten wir mehr Allgemeinmediziner finanzieren und mehr einkommensschwache und auf dem Land lebende Amerikaner versorgen können.

Die Enttäuschung war fürchterlich, und sie war der jüngste Beweis für eine Tatsache, die uns im Repräsentantenhaus schon seit einiger Zeit bewusst war: Es gab im Weißen Haus eine Parteilichkeit für den Senat, die uns in der Gesundheitsdebatte geschadet hatte. Diese Parteilichkeit wurde dadurch verstärkt, dass sowohl Präsident Obama als auch Vizepräsident Biden im Senat gedient hatten und auch ihre Stäbe größtenteils aus dem Senat stammten. Die Demokratischen Abgeordneten im Weißen Haus hatten den – berechtigten – Verdacht, dass sich das Weißes Haus dem Senatsentwurf fügte. Zwar hatte der Chef des Gesundheitsstabs im Weißen Haus gesagt, dass das Gesetz des Repräsentantenhauses der Perfektion so nahe komme, wie dies bei einem Gesetz möglich sei, doch hatte es ganz den Anschein, als hätten sich andere im Weißen Haus für den Weg des geringsten Widerstands entschieden. Einige wollten einen kleineren »Kiddie Care«-Ansatz, und wieder andere wollten, dass wir einfach allem zustimmten, was sich im Senat verabschieden ließ. Zu dieser Gruppe von Mitarbeitern des Weißen Hauses gehörte auch Rahm Emanuel. Er schlug sogar einen »Titanic Plan« vor, bei dem nur Frauen und Kinder Leistungen erhalten hätten.

Ich jedoch machte sowohl im Oval Office als auch in den Vermittlungstreffen der Parteiführung klar, dass ein solcher Ansatz nicht akzeptabel war. Die Demokraten im Repräsentantenhaus würden auf keinen Fall einen fragmentarischen, nur stückchenweise verwirklichten, klitzekleinen Miniplan akzeptieren. Das würde nicht passieren. Wir würden keine Babyschritte machen.

Und so kam es, dass jeder wusste, wo die Demokraten im Repräsentantenhaus standen, als wir im Januar in den Vermittlungsausschuss mit dem Senat gingen.

DAS ENDE KOMMT IN SICHT

Die Verständigungskonferenz der Demokraten zum Affordable Care Act (ACA) im Januar 2010 war eine bemerkenswerte Versammlung: Den Vorsitz führte der Präsident der Vereinigten Staaten, die Delegation des Repräsentantenhauses wurde von dessen Sprecherin und die des Senats von dessen Mehrheitsführer angeführt. Weitere Abgeordnete und Ausschussvorsitzende nahmen teil, und die Mitarbeiter wurden in fünfzehn Gruppen mit je einem bestimmten Aufgabengebiet eingeteilt. Die ACA-Konferenz war wohl die erste ihrer Art überhaupt. Und ungeachtet all jener, die diese für eine ganze Generation einmalige Gelegenheit aufgeben wollten, blieb Präsident Obama dem großen Plan treu.

Wir arbeiteten bis nach Mitte Januar. Unser Abschlussbericht würde allerdings nicht mehr als Gesetzesvorlage zur Abstimmung kommen – weil am 19. Januar der Republikaner Scott Brown auf einen der beiden Sitze von Massachusetts in den Senat gewählt wurde, den Sitz, den Teddy Kennedy jahrzehntelang innegehabt hatte. Es war nicht nur kaum zu glauben, dass Massachusetts Ted durch einen Republikaner ablöste, sondern hätte auch nicht zu einem ungelegeneren Zeitpunkt passieren können, denn jetzt hatten wir im Senat nicht mehr die notwendigen 60 demokratischen Stimmen.

Mit Scott Brown im Senat, so die Presse, sei der ACA gestorben, das Gesetz werde nie durchkommen. Ich sagte den Reportern, wir würden niemals unsere Verantwortung für kommende Generationen und die Gelegenheit aufgeben, eine allgemein zugängliche Gesundheitsversorgung zu schaffen. Das sei unser Entschluss und der einzig mögliche Weg für uns.

Nichts könne uns davon abhalten, wie hoch die Hindernisse auch seien. Zuerst würden wir das Tor aufstoßen. Ginge das nicht, würden wir über den Zaun klettern. Ginge auch das nicht, kämen wir mit einem Hochsprungstab. Ginge das ebenfalls nicht, kämen wir mit dem Hubschrauber, aber nichts könne uns aufhalten.

Anfang Februar berief Präsident Obama für den 25. Februar eine Konferenz der führenden Vertreter beider Parteien im Kongress zu einer Diskussion auf höchster Ebene an einen der angesehensten Tagungsorte in Washington ein: Blair House, normalerweise ausländischen Würdenträgern und Staatsoberhäuptern vorbehalten. Es war ein bedeutendes Ereignis, und Präsident Obama nannte es den White House Health Care Summit, den Gesundheitsgipfel des Weißen Hauses. Fast ein Jahr nach dem einleitenden Forum zur Gesundheitsreform im Weißen Haus versuchte er immer noch, die Republikaner einzubinden – und, so hoffte er, ihre Stimmen zu gewinnen.

Auch die Demokratische Fraktion im Repräsentantenhaus hoffte darauf – nicht weil wir die Stimmen der Republikaner gebraucht hätten, sondern weil wir parteiübergreifende Zustimmung wollten. Viele Republikanische Vorstellungen waren in die endgültige Gesetzesvorlage für das Repräsentantenhaus eingeflossen, aber letztlich erhielten wir nicht eine einzige Republikanische Stimme.

Leider erlebten wir in Blair House dieselbe einmütige Ablehnung. Es wurde klar, dass die Republikaner den ACA niemals unterstützen würden, trotz der bereits eingearbeiteten Republikanischen Forderungen und auch nicht, wenn der Präsident auf weitere eingine.

Wir stellten uns also auf eine Kampfabstimmung ein, und es gab den Vorschlag, das Repräsentantenhaus solle einfach die Gesetzesvorlage des Senats übernehmen und verabschieden. Ich entgegnete: »Keiner meiner Abgeordneten wird dafür stimmen.

Ich schlage das gar nicht erst vor, es kommt sowieso nicht durch.« Und tatsächlich waren unsere Abgeordneten nicht begeistert über die Idee, sich mit dem Gesetzesvorschlag des Senats zu begnügen. Ich sah ihnen die Verärgerung deutlich an, und sie waren sehr entschlossen. Sie sagten, dafür würden sie einfach nicht stimmen, Punkt. Ich beruhigte sie: »Ich bin Ihrer Meinung, ich stimme auch nicht dafür und bitte Sie gar nicht erst, dafür zu stimmen.«

Es war klar, dass wir nur durch ein Vermittlungsverfahren Fortschritte machen konnten: mit einem zweiten Gesetzespaket, das die Senatsvorlage ergänzen und nur die einfache Mehrheit von 51 Stimmen erfordern würde. Selbst wenn sich der Senat mit einem Vermittlungsverfahren einverstanden erklärte, würde das Repräsentantenhaus gemäß den verwickelten Regeln, die in der Geschäftsordnung für ein Vermittlungsverfahren festgelegt sind, zunächst doch die ungeliebte Senatsvorlage verabschieden müssen. Meine Fraktion hörte es nicht gerne, als ich ihr erklärte, dass wir zuerst die Senatsvorlage passieren lassen und ans Weiße Haus zur Unterschrift durch den Präsidenten weiterleiten müssten, womit sie geltendes Recht werde, bevor wir sie im Vermittlungsverfahren nach unseren Vorstellungen verbessern könnten.

Mir blieb nichts anderes übrig, als weitergehende Zusicherungen des Senats einzuholen.

Harry Reid gebührt ewiger Dank dafür, dass er unsere gemeinsamen Werte erkannte und verstand, warum wir so entschlossen kämpften. Die Demokratische Fraktion im Repräsentantenhaus stellte eine Liste der Punkte auf, die aus unserer Gesetzesvorlage noch in die des Senats eingearbeitet, und derjenigen, die nach unseren Vorstellungen aus der des Senats unbedingt gestrichen werden mussten. Das waren die Punkte, die wir im Vermittlungsverfahren ansprechen würden. Wir bestanden darauf, dass das Gesetzespaket die folgenden Änderungen umfasste:

- Erhöhung der Endverbraucherzuschüsse für Versicherungsprämien und Eigenanteile, die an den neuen Versicherungsbörsen angeboten würden;
- Ausweitung der Arzneimittelkostenübernahme durch Medicare, indem wir das »Loch« in diesem Schema auffüllten, das den Patienten nach Überschreiten einer bestimmten Kostenschwelle einen erhöhten Eigenanteil abverlangte, sowie Senkung der Prämien allgemein für Versicherungen im Medicare-Advantage-Programm;
- Anhebung des Bundesanteils an den Ausgaben und Änderung der Kriterien für bestimmte Empfänger von Medicaid;
- Änderungen im Schema und Aufschub für die Verbrauchssteuer auf Versicherungen mit vergleichsweise hohen Prämien;
- Erhöhung und Ausweitung einer geplanten Steuer für vermögende Haushalte;
- Erhöhung der Bußgelder für Arbeitgeber, die keine Krankenversicherung anboten, sowie Änderungen bei den Bußgeldern für Bürger, die keine Krankenversicherung abschlossen.

So viel war klar: Das Repräsentantenhaus benötigte die Zusicherung von 51 Senatoren, dass sie unserem Vermittlungs-Gesetzespaket zustimmen würden. Ich sagte dem Präsidenten und Harry Reid, wir hätten gerne einen Brief mit den Unterschriften von 51 Senatoren der Demokraten, in dem sie bestätigten, sie würden zustimmen. Es gab mehrere historische Tage bei diesen Verhandlungen, die den ACA bedeutend voranbrachten. Einer dieser Tage war der, an dem Harry mir den Brief in mein Amtszimmer brachte. Was er mir zeigte, war ein Schreiben mit 50 Unterschriften, und er erklärte, ihm liege ein weiterer Brief von Senator Robert Byrd vor, der sich derzeit in West Virginia aufhalte und von dort eine getrennte Zusicherung geschickt habe. Damit hatten sich 51 Senatoren verpflichtet, den Wünschen der Demokraten im Repräsentantenhaus für das Vermittlungspaket zuzustimmen.

Das war keine geringe Leistung – denn nicht alle Senatoren waren so entschlossen wie Harry. Später erfuhren wir von einem zynischen Kommentar, den ein Demokrat im Senat gemacht habe: Der Kongress hätte sich nicht mit der Gesundheitsreform abgeben sollen, die komme nämlich bloß den Armen zugute, und die gingen sowieso nicht wählen. Harry dachte da zum Glück anders.

Er strahlte Kraft und Selbstvertrauen aus, als er mit dem unterschriebenen Brief zu mir ins Büro kam. Ich sagte zu ihm: »Harry, Sie brauchen mir keine Kopie davon zu geben. Ich erkläre meiner Fraktion, dass Sie mir den Brief gezeigt haben und dass ich Ihnen vertraue.« Ich wollte ihm und meiner Fraktion zeigen, welches Vertrauen ich in ihn setzte – und wer ihn kennt, wird bestätigen, dass er es verdiente. Heute wünsche ich mir allerdings, ich hätte eine Kopie dieses Briefs als Zeugnis eines herausragenden Beispiels für Integrität und Tatkraft – und hoffe, das Original wird eines Tages öffentlich zugänglich.

Jetzt brauchte das Repräsentantenhaus von uns einen solchen Moment der Entschlusskraft und des Muts. Die Fraktionsführung und ich lehnten die Senatsvorlage ebenso ab wie die Fraktionsmitglieder. Letzteren versicherte ich, dass ich ihnen diese Vorlage nie zumuten würde, wenn ich nicht schon die Zustimmung des Senats zu einer folgenden Änderung nach unseren Vorstellungen sicher hätte. Diese Zusicherung 51 Demokratischer Senatoren bewegte dann zusammen mit dem Ansehen und der vertrauenerweckenden Führungskraft Harry Reids unsere Fraktion dazu, zögernd und mit Vorbehalt ihre Unterstützung für die Senatsvorlage zu erklären. Nach viel Hin und Her unter unseren Abgeordneten lag der Weg jetzt offen vor uns.

Mit einer Mischung aus Mut, Stolz und dem Glauben an unsere

Werte als Demokratische Partei im Repräsentantenhaus rief ich die Fraktion auf, eine wichtige Entscheidung für Amerika zu treffen. Die Fraktion wusste, was die Gesundheitsreform alles bewirken würde und welche Rolle sie bei ihrem Zustandekommen spielte – also forderte ich sie auf, in den sauren Apfel zu beißen.

Jetzt, nachdem die Fraktionsmitglieder überzeugt waren, dass sie dem Präsidenten, dem Mehrheitsführer und auch mir vertrauen konnten, bereiteten wir uns darauf vor, die Senatsvorlage im Repräsentantenhaus zur Abstimmung zu stellen.

ABSCHLUSSVERHANDLUNGEN

Bevor wir aber zur Abstimmung über Gesetzesvorlagen, ob der des Senats oder der für das Vermittlungspaket, schreiten konnten, mussten wir uns noch mit zwei Fragen beschäftigen, die unter den Abgeordneten umstritten waren. Wir hatten uns im Repräsentantenhaus bereits im Herbst mit ihnen beschäftigt, aber bei den Abschlussverhandlungen im Frühling tauchten sie abermals auf: Abtreibung und regionale Ungleichheit.

Republikaner und prinzipielle Gegner der Reform stellten die Regelungen der Reform zur Abtreibungsfrage falsch dar, aber das hatte mir noch nie Angst gemacht. Ich vertraute auf die eindeutigen Formulierungen der Juristen. Nichts im Gesetzestext änderte etwas am geltenden Bundesrecht zur Abtreibung. Während der gesamten Verhandlungen betrübte mich besonders die falsche Darstellung der United States Conference of Catholic Bishops (USCCB). Als fromme Katholikin achte ich die ablehnende Haltung der katholischen Kirche zur Abtreibung – meine Familie, die D'Alesandros, sieht das genauso –, aber ich protestierte gegen die einseitige Interpretation unseres Gesetzesvorhabens durch die katholischen Bischöfe.

Unsere persönlichen und telefonischen Besprechungen mit ihnen gingen an den realen Verhältnissen vorbei. Eine Telefonkonferenz mit einem Vertreter der USCCB war besonders bedrückend. Wir saßen mit Angehörigen der Pro-Abtreibungs-Abgeordnetengruppe in einem der Dienstzimmer des Sprechers: Rosa DeLauro, Diana DeGette, Anna Eshoo, Jan Schakowsky, Lois Capps und Louise Slaughter. Wir alle waren tief betroffen darüber, dass die Bischöfe sich gegen den ACA stellten, der so vielen Menschen Vorteile brachte.

Es wurde klar, dass die Bischöfe ihre falsche Auslegung der Abtreibungsbestimmungen im Gesetzesentwurf benutzen wollten, um *Roe vs. Wade* zu Fall zu bringen.[8] Dafür waren sie bereit, die Aussicht auf eine Gesundheitsversorgung für alle Amerikaner zu verhindern. Ein Kommentar des USCCB-Vertreters, eines Mannes, mit dem ich seit Jahren zusammengearbeitet hatte, brachte mich fast zum Weinen – und ich weine sonst nicht nur selten, sondern nie. Er sagte: »Ich habe die Bischöfe noch nie so einmütig erlebt wie in ihrer Ablehnung des Affordable Care Act.«

Ich war tieftraurig über die Missachtung, die die Bischöfe für das allgemeine Recht auf eine Gesundheitsversorgung zeigten, die nicht mehr nur das Vorrecht einiger weniger sein sollte – und dass sie dazu imstande waren, auf der Grundlage von Auslegungen zu handeln, die, wie wir wiederholt erklärt hatten, nicht zutrafen. Ich war noch nie so enttäuscht über das Verhalten mancher dieser Bischöfe wie in diesem Konflikt gewesen – weil ihre

---

8 Nach einer Klage gegen das Verbot von Schwangerschaftsabbrüchen in Texas entschied der Oberste Gerichtshof der USA im Januar 1973 im oben genannten Fall in einem Grundsatzurteil, dass Frauen das fundamentale Recht auf Abbruch hätten. Im Juni 2022 hob der amtierende Oberste Gerichtshof das Urteil auf, da es in der US-Verfassung kein Recht auf Abtreibung gebe. Die Zuständigkeit für die Regelung liegt nun wieder bei den einzelnen Bundesstaaten. [Anm. d. Red.]

Ablehnung allem völlig widersprach, wofür sie einzutreten behaupteten.

Einer der folgenschwersten Irrtümer betraf dabei die Auswirkungen der Gesetzesvorlage auf das Hyde-Amendment. Diese nach dem verstorbenen Republikanischen Kongressabgeordneten Henry Hyde benannte Verfassungsergänzung besagt, dass Bundesmittel nicht zur Finanzierung von Abtreibungen verwendet werden dürfen, außer bei Lebensgefahr für die Schwangere oder bei einer Schwangerschaft nach Inzest oder Vergewaltigung. Ihr Autor, der Demokratische Abgeordnete Jim Oberstar, erklärte dazu: »Ich weiß, was das Hyde-Amendment ist. Ich habe es selbst geschrieben, ich unterstütze es. Und diese Gesetzesvorlage verstößt nicht dagegen.«

Dale Kildee, Abgeordneter aus Michigan und ehemaliger katholischer Seminarist, schloss sich Jim Oberstar ein. Von ihnen erhielten wir das Imprimatur: »Das können wir ruhig so machen.« Sie zeigten sich als echte Staatsmänner – sie inspirierten uns mit ihrer genauen Kenntnis der Sachlage, ihrem klaren Standpunkt in der Streitfrage und ihrem Mut, ihn offen auszusprechen.

Ich dankte Gott von Herzen dafür, dass die Nonnen wussten, was im Gesetzesentwurf stand und was nicht. Sie unterstützten unsere Bemühungen, ihn durchzubringen, von Anfang an. Später halfen sie uns erneut, den ACA zu retten, als er unter Beschuss geriet. Ohne ihre Bemühungen wären wir gescheitert. Besonders bewunderte ich Schwester Carol Keehan von den Daughters of Charity, die ehemalige Vorsitzende der Catholic Health Association of the United States, die den Gesetzesentwurf unterstützte. Auf ihre Anregung und die vieler anderer in ganz Amerika hin, zum Beispiel Schwester Simone Campbells, unterschrieben mehr als 50 000 Nonnen einen offenen Brief, der den Gesetzesvorschlag zunächst unterstützte und ihn später rettete.

Ebenfalls eine führende Rolle in der Diskussion um unsere

Gesundheitsreform spielte der Abgeordnete John Dingell. Schon sein Vater, ein Kollege meines Vaters im Kongress, hatte in jeder Legislaturperiode Gesundheitsreformvorschläge eingebracht. Und John war es, der, obwohl noch neu als Abgeordneter, den entscheidenden Schlag des Präsidentenhammers führen durfte, mit dem das Medicare-Gesetz offiziell angenommen wurde. Ich verwendete später dann denselben Hammer, um den Affordable Care Act für angenommen zu erklären.

John war es, der den Abgeordneten Bart Stupak aus Michigan überzeugte, dass unser Gesetzesvorschlag wirklich keine Bundesmittel für Abtreibungen vorsah. Das war auch nie der Fall, weil es nach dem Hyde-Amendment verfassungswidrig gewesen wäre. Auch Präsident Obama versuchte mit einer Executive Order, die diesen Grundsatz noch einmal bekräftigte, entsprechende Bedenken zu beschwichtigen. Die Präsidentenverfügung wurde von der Fraktion gut aufgenommen und war auch für die Nonnen eine zusätzliche Beruhigung.

In der Meldung des Weißen Hauses über die Präsidentenverfügung hieß es, der ACA halte sich an die bereits lange bestehenden Beschränkungen im Haushaltsrecht, die verhinderten, dass der Staat für Abtreibungen aufkam. Weiter unterstrich die Executive Order, es gebe »zusätzliche Sicherungen für die Aufrechterhaltung und Durchsetzung des Status quo, die verhindern, dass das Verbot der Verwendung von Haushaltsmitteln des Bundes für Abtreibungen umgangen wird«.

Die Abtreibungsfrage war bis zum Schluss umstritten, brachte aber den Gesetzentwurf nie in Gefahr.

Das einzige echte Hindernis, das den ACA hätte scheitern lassen können, war die regionale Ungleichheit, über die das Repräsentantenhaus vor der Abstimmung am 7. November und dann erneut im März 2010 debattierte.

Schon während der Gesetzesentwurf noch ausformuliert wurde, setzten sich Abgeordnete aus dem Mittleren Westen – besonders Betty McCollum und Ron Kind, aber auch andere – dafür ein, dass die regional unterschiedliche Verteilung der Mittel aus dem Medicare-Programm mehr Aufmerksamkeit bekam. In einigen Teilen der USA, in denen das Gesundheitssystem sehr leistungsfähig war, musste Medicare nur wenig zuschießen, während in anderen, wo das nicht der Fall war, entsprechend mehr Medicare-Mittel flossen – und die meisten Abgeordneten aus Landesteilen mit einem leistungsschwachen Gesundheitssystem wollten den Zustrom von Medicare-Geldern in ihre Wahlbezirke gerne behalten und ihre leistungsschwachen Gesundheitsdienstleister im Gesetz festgeschrieben sehen. Das war nicht nur ungerecht gegenüber den Regionen mit einem leistungsfähigen Gesundheitssystem, sondern auch schlechte Gesundheitspolitik. Wenn Patienten nämlich nach der Entlassung aus dem Krankenhaus bald wieder eingeliefert werden mussten, bedeutete das nicht nur höhere Kosten, sondern vor allem, dass sie nicht angemessen behandelt und versorgt wurden.

Die Kurzformel für diese Leistungsschwäche lautete *volume, not value* (Quantität statt Qualität) und besagte, dass ungenügende medizinische Versorgung mit hohen Zuschüssen aus Bundesmitteln belohnt wurde. Das Problem ging allerdings weit über den rein finanziellen Aufwand und die hohen Kosten auch für die Patienten und ihre Familien hinaus. *Volume, not value* hieß, dass Patienten zu früh oder mit ungenügender ambulanter Nachsorge aus dem Krankenhaus entlassen wurden und bald darauf wieder ins Krankenhaus mussten. Ein erneut belegtes Bett brachte zwar der Klinik mehr Geld, aber dem Patienten oft nicht die Gesundheit wieder, während Krankenhäuser, die einen Patienten sorgfältig und erfolgreich behandelten, sodass er nicht erneut aufgenommen werden musste, weniger Zuschüsse bekamen. Wir wollten ein System, das *value, not volume* brachte, also Qualität statt Quantität belohnte, aber in Washington ist es leider oft sehr schwierig, gegen den Status quo anzukämpfen.

Betty McCollum und Ron Kind argumentierten, sie könnten von den Bürgern ihrer Wahlbezirke nicht verlangen, ungenügende Gesundheitsleistungen in anderen Landesteilen mitzufinanzieren. McCollum initiierte im Juni 2009 einen parteiübergreifenden Brief an das Präsidium des Repräsentantenhauses, wichtige Ausschüsse und einflussreiche Abgeordnete, der dazu aufforderte, die regional ungleichmäßige Verteilung der Medicare-Leistungen in der Gesundheitsreform vorrangig zu bekämpfen. Wir veranstalteten zahlreiche Besprechungen und Anhörungen, um Vorschriften zu formulieren, die solche regionalen Ungleichheiten in den öffentlichen Zuschüssen ausgleichen, die Kosten insgesamt senken und die Versorgungsqualität erhöhen sollten. Die regionale Ungleichverteilung zu verringern, war außerdem Voraussetzung für den Kampf gegen die Bevorzugungen und Benachteiligungen bestimmter Bevölkerungsgruppen in der Gesundheitsversorgung als Ganzes. Kritikern, die alles so lassen wollten wie gehabt, entgegnete ich: »Wenn Sie die Bezuschussung in diesen Gebieten festschreiben, ändern Sie gar nichts. Sie belohnen damit leistungsschwache Gesundheitsträger aus öffentlichen Mitteln.«

Es kam darauf an, dass wir alle gemeinsam zu einer Lösung fanden. Unsere Bemühungen gipfelten am 24. Juni in der Ankündigung einer Einigung zwischen der Demokratischen Fraktionsführung im Repräsentantenhaus und den Abgeordneten McCollum und Kind sowie den damaligen Abgeordneten Bruce Braley aus Iowa und Jay Inslee aus dem Bundesstaat Washington. Meiner Ansicht nach war die regionale Ungleichverteilung das größte Hindernis für die Verabschiedung unseres eigenen Gesetzesvorschlags gewesen, und im Vermittlungsverfahren würden wir uns erneut mit dem Problem befassen müssen.

Die Debatte über die regionale Ungleichverteilung der Zuschüsse dauerte den ganzen Rest unserer Arbeit am ACA an, bis zum 19. März, zwei Tage vor dem Abstimmungstermin am 21. März. Wir informierten die Abgeordneten und beantworteten ihre Fragen. Ich freute mich, dass es mir – auch wenn das ein bisschen nach Selbstlob klingt – durch meine Erfahrung als Mitglied des Zuweisungsausschusses gelang, ihre Bedenken aus dem Weg zu räumen. Aber diese Bedenken einzelner Abgeordneter trugen auch viel zur Verbesserung des Entwurfs bei.

Am 20. März meldete sich die Obama-Administration zu Wort. Gesundheitsministerin Kathleen Sebelius – wie ich stolz sagen darf, ebenfalls Absolventin der Trinity University in Washington – hatte sich die Bedenken hinsichtlich der Qualität in der Gesundheitsversorgung angehört, dazu bei Anhörungen ausgesagt und verstanden, wie wichtig sie waren. Jetzt schickte sie einen entschlossen formulierten Brief zur Qualitätsverbesserung und Kostensenkung im Gesundheitswesen unseres Landes. Die Ministerin führte die Abschnitte 1157 und 1159 im ursprünglichen Entwurf des Repräsentantenhauses als Grundlage für Anreize zur Schaffung hochwertiger Gesundheitsleistungen bei allen Anbietern an. Sie gab außerdem bekannt, sie werde noch im gleichen Jahr einen nationalen Gesundheitsgipfel zu den Themen regionale Unterschiede, Kosten, Erschwinglichkeit und Qualität im Gesundheitswesen veranstalten. Kathleen Sebelius' Brief trug wesentlich dazu bei, die Entschlossenheit der Regierung zu bekräftigen, für ein besseres Gesundheitswesen in unserem Land zu sorgen.

Nachdem dieses Hindernis überwunden war, konnten wir jetzt darangehen, die Stimmen zu sichern.

ENDABSTIMMUNG

Als die entscheidende Abstimmung näher rückte, war ich mir noch nicht sicher, dass wir uns durchsetzen würden, aber ich wollte dem Gesetzesentwurf auf jeden Fall so viele Stimmen wie möglich sichern. Insbesondere wollte ich uns die Stimmen der Abgeordneten aus Illinois sichern, aber sowohl Präsident Obama, der ja zuvor in Illinois Senator gewesen war, als auch Rahm Emanuel, ein ehemaliger Abgeordneter für diesen Bundesstaat im Repräsentantenhaus, waren nicht zu bewegen, zwei Anrufe zu machen, die ich für wichtig hielt. Also handelte ich selbst. Zuerst rief ich Richard Daley an, den Bürgermeister von Chicago, und bat ihn um seinen Rat, wie ich die beiden noch unentschlossenen Abgeordneten Dan Lipinski und Jerry Costello gewinnen könnte. Beide hatten in der entscheidenden Abstimmung am 7. November im Repräsentantenhaus mit Ja gestimmt, aber bei der letzten Lesung im März hatte nur Jerry zugestimmt.

Der zweite Anruf galt dem Chicagoer Erzbischof Kardinal Eugene George. »Eminenz, es ist mir eine Ehre, mit Ihnen sprechen zu dürfen. Ich möchte um Ihre Zustimmung zum Affordable Care Act bitten, der Dutzenden Millionen Amerikanern Zugang zu ärztlicher Versorgung gibt.« Er unterbrach mich: »Ich bin nur bereit, mit Ihnen zu reden, wenn ich nicht dem Töten ungeborenen Lebens zustimmen soll.« Er hatte offensichtlich die Unterstützung durch die Abtreibungsgegner und die Präsidentenverfügung ignoriert und war einfach darauf aus, das Gesetz zu verhindern. Bei aller Freundlichkeit und Frömmigkeit, die ich aufbieten konnte, musste ich mir sagen, dass dieser Anruf Zeitverschwendung war. Die Haltung mancher Bischöfe stand sehr im Gegensatz zu unserem Bemühen, den Armen zu dienen, und meiner katholischen Erziehung. Das waren schmerzliche Erfahrungen für mich.

Aber nicht die gesamte katholische Geistlichkeit teilte die Ansichten des Kardinals. Am selben Tag, Samstag, den 20. März, rief ich Pater Ted Hesburgh an, den heldenhaften Kämpfer für katholische Sozialgerechtigkeit und langjährigen Präsidenten der University of Notre Dame. Er war ein Vorkämpfer der Bürgerrechtsbewegung und hatte gemeinsam mit Martin Luther King an Demonstrationen teilgenommen. Ich hatte ihn einmal an seiner Universität besucht und war von ihm mit Anekdoten unterhalten worden, die er zum Besten gab, während er seine Zigarren paffte.

»Pater«, sagte ich, »ich gebe zu, dass wir Probleme mit einigen Kardinälen haben, aber nichts in der Gesetzesvorlage widerspricht dem Hyde-Amendment.«

Er fragte: »Wen soll ich denn anrufen?« Ich schlug den Abgeordneten Joe Donnelly vor, in dessen Wahlbezirk in Indiana die University of Notre Dame lag.

»Haben Sie seine Nummer da?«

Aus Hochachtung für Joe Donnelly hielt ich meinen Anruf bei Pater Hesburgh geheim. Joe war ein guter Freund und Kollege für mich. Präsident Biden entsandte ihn später als Botschafter beim Heiligen Stuhl in den Vatikan. Aber als ich in die Garderobe der Demokratischen Fraktion im Kapitol kam, hörte ich mit an, wie die Abgeordneten Geschichten darüber austauschten, mit welchen Methoden ich sie auf Linie gebracht hätte. Manche nahmen das mit Humor, andere nicht.

Ich hörte, wie Joe erzählte: »Wissen Sie, was sie mit mir gemacht hat? Sie hat Pater Hesburgh gesagt, er solle mich anrufen und sagen: ›Die Sprecherin und ich wollen, dass Sie für den ACA stimmen.‹ Was sollte ich machen?«

Das Leben, die Führungsstärke und das Nachwirken Pater Hesburghs waren wirklich ein Segen Gottes für Amerika. In meinem

Arbeitszimmer habe ich eine schöne Statue von Mariae Heimsuchung, die er mir geschenkt hat. Sie stellt dar, wie Maria zum ersten Mal ihre Schwägerin Elisabeth besucht. Beide sind schwanger: Maria mit Jesus, Elisabeth mit Johannes dem Täufer. Diese wundervolle Darstellung der Mütterlichkeit von Pater Hesburgh bedeutet mir viel.

Als sich die demokratische Fraktion des Repräsentantenhauses zum letzten Mal vor der Abstimmung am 21. März versammelte, waren wir fest im Glauben und vereint – aber auch Ziel von Angriffen.

Wir trafen uns im Cannon Caucus Room, sowohl als Amtsträger wie als Personen stolz darauf, bald Geschichte zu schreiben. Fotografen hielten fest, wie wir dann die Stufen zum Kapitol hinunterschritten. Angeführt wurden wir vom Abgeordneten John Lewis, unserem geistlichen und geistigen Führer, sowie John Larson, dem Fraktionsvorsitzenden.

Aber der Moment hatte nichts Friedliches an sich. Der kurze Fußmarsch bot Demonstranten mit Fahnen und Schildern genug Gelegenheit, auf uns einzuschreien. Bereits seit Monaten waren viele Abgeordnete unserer Fraktion Ziel verbaler Angriffe durch Demonstranten. Ich hatte mich schon lange damit abgefunden, dass so etwas zum Beruf gehört; persönlich mache ich mir nichts mehr daraus. Ich habe ein dickes Fell. Aber die Debatte um die Gesundheitsreform brachte neue Dimensionen der Proteste mit sich. Es kam jetzt häufig vor, dass Demonstranten in mein Arbeitszimmer eindrangen, meine Mitarbeiter anschrien und wütend ihre zerrissenen Medicare-Ausweise oder sogar Hörgeräte nach jedem warfen, der zufällig in der Nähe war – auch wenn sie offensichtlich gar nicht wussten, wogegen sie eigentlich protestierten.

Ich bin früher selbst demonstrieren gegangen; bevor ich in den

Kongress gewählt wurde, war ich als Aktivistin mit meinen Protestschildern auf den Straßen unterwegs. Ein paar dieser Schilder, mehr als dreißig Jahre alt, lehnen noch bei mir zu Hause im Keller an der Wand. Bei anderen Streitfragen hatte ich immer versucht, wütende Bürger und auch wütende Abgeordnete zu beruhigen. »Ich verstehe Sie ja, ich habe selbst schon demonstriert, aber das hier ist ein Parlament. Kommen Sie wieder, wenn Sie Wähler hinter sich haben, und wir reden über Ihr Anliegen.«

Aber im Streit um die Gesundheitsreform erlebten wir Respektlosigkeit in nie dagewesenem Ausmaß. Wer anderer Meinung war, dachte sich nichts mehr dabei, einen Abgeordneten persönlich an jedem beliebigen Ort zu konfrontieren. Ich als Sprecherin hatte Sicherheitsbeamte zu meinem Schutz, die meisten einfachen Abgeordneten aber nicht. Die extremen Beschimpfungen konnten einen auf die Idee bringen, es handele sich einfach um bezahlte Agitatoren. Inzwischen hatten wir allerdings gelernt, zwischen echten Bürgeraktivisten und angeheuerten Provokateuren zu unterscheiden. Auf dem Weg zum Kapitol gingen unsere Gespräche im Geschrei der Demonstranten unter, die uns oft beim Namen riefen und beschimpften. Der Hass richtete sich gegen uns persönlich. Schließlich fingen die Agitatoren sogar an, uns zu bespucken. Sie spuckten John Lewis an, den Veteranen der Bürgerrechtsbewegung. John erzählte mir später, so etwas habe er seit dem ersten der drei Protestmärsche in Selma, Alabama, am 7. März 1965 nicht mehr erlebt, als die friedlichen Demonstranten, zu denen auch er gehörte, angespuckt und mit Knüppeln und Peitschen angegriffen worden waren.

Aber auch die Wut, die um uns herum brodelte, konnte uns nicht aufhalten. Wir gingen unbeeindruckt weiter, ich mit John Dingells Präsidentenhammer in der Hand.

Im Plenarsaal angekommen, war ich überrascht, dass meine

Tochter Alexandra ihre zwei kleinen Söhne Paul und Thomas mitgebracht hatte, damit sie mitansehen konnten, wie Geschichte gemacht wurde. Dass sie dabei waren, zeigte mir umso mehr, wie wichtig die kommende Abstimmung war – für die Zukunft und für unsere Kinder. Später fragten Paul und Thomas mich traurig, was die Leute draußen alle gegen »Tante Nancy« hatten – sie hatten einige der üblen Beschimpfungen gehört, mit denen »Nancy« belegt wurde, und dachten, die Menge sei wütend auf Nancy Corinne, Alexandras Schwester, eine ihrer Tanten. Mich nannten sie immer »Mimi«.

Der Plenarsaal des Repräsentantenhauses war derselbe, in dem unsere Vorgänger die Sklaverei abgeschafft, Frauen das Stimmrecht zugebilligt, den Schwachen und Kranken geholfen, Kindern den Schulbesuch ermöglicht und den Massen Hoffnung gegeben hatten – und, wenn es notwendig war, auch dafür gestimmt hatten, in den Krieg zu ziehen. Und hier würden wir jetzt mit dem Affordable Care Act auch den vierten Pfeiler des Gesundheits- und Sozialsystems aufrichten. Für mich war das ein gesegneter Tag an einem gesegneten Ort.

Der Hammerschlag, mit dem ich den ACA offiziell für angenommen erklärte, war alle Opfer und alle Kritik wert. Als Sprecherin bewunderte ich den Mut der Demokratischen Fraktion im Repräsentantenhaus – die Fortschritte und der abschließende Erfolg an diesem Tag wären ohne sie nicht möglich gewesen. Als Großmutter war ich überwältigt davon, wie viel der ACA für Amerikas Familien bedeutete.

Unsere Fraktion hatte sich bewusst dazu entschlossen, unserer Verantwortung als Generation gerecht zu werden, allen Bürgern und nicht nur wenigen Privilegierten den Zugang zu medizinischer Versorgung zu sichern. Jeder Abgeordnete, der den ACA unterstützte und sich uns angeschlossen hatte, stimmte bei sämtlichen Einzelpunkten mit Ja, so schwer ihm das auch fallen mochte. Als es darauf ankam, standen wir zusammen. Von den Republikanern hatte einer im November mit uns gestimmt, im März aber keiner mehr. Nach der Abstimmung fielen wir Demokraten aus der ganzen Fraktion einander jubelnd in die Arme.

Am Abend rief Präsident Obama an, um der Demokratischen Fraktion zu gratulieren und ihr seine Dankbarkeit auszudrücken. Er vertraute uns an, er freue sich mehr über diesen Erfolg als damals über seine Wahl zum Präsidenten. Ich erwiderte: »Ich freue mich auch sehr, Mr. President, aber als Sie gewählt wurden, war ich noch glücklicher – ohne Sie als Präsidenten hätten wir den Affordable Care Act nicht.«

Zwei Tage später setzte Obama den ACA mit seiner Unterschrift offiziell in Kraft. Es war ein wunderbarer Tag. Stellen Sie sich vor, Sie dürfen im Weißen Haus mit dabei sein, wie der Präsident ein Gesetz unterzeichnet, dass das Leben von Millionen Familien verändert. Besonders freute mich, dass Gesundheitsministerin Sebelius ebenfalls an der Zeremonie teilnahm. Wir baten den Präsidenten um ein gemeinsames Foto mit den »Trinity-Schwestern«. Er meinte: »Klar, wo sind die Nonnen?« Lachend erklärten wir, Kathleen und ich seien die Trinity-Schwestern – und wie stolz wir darauf seien, dass unser Glaube und unsere Werte zum Zustandekommen des ACA mit beigetragen hätten.

VERMITTLUNGSVERFAHREN

Am 25. März stimmte der Senat mit 56 zu 43 Stimmen wie vereinbart dem Entwurf für das Vermittlungsgesetz zu, das den ACA offiziell ergänzte und alle Punkte enthielt, die die Senatoren der Demokratischen Fraktion im Repräsentantenhaus versprochen hatten. Vielen Dank, Harry Reid.

Nach den verwickelten Geschäftsordnungsregeln des Kongresses muss ein Vermittlungsgesetz zunächst als Haushaltsergänzungsentwurf genehmigt werden. Unser Haushaltsentwurf für 2009 enthielt die Vermittlungsgesetze für die Gesundheits- und die Studienfinanzierungsreform. Die Debatte um die Gesundheitsreform dauerte dann noch fast ein Jahr lang an, aber gleichzeitig verhandelten wir unter Führung George Millers, des Vorsitzenden im Bildungs- und Sozialausschuss, auch über eine Reform der Studienfinanzierung, die wichtige Änderungen im System der Studentenförderung mit sich brachte. Unser Entwurf sah vor, die Zuschüsse an private Banken einzustellen, die sie bisher für die Gewährung von Studiendarlehen erhielten, das Studentendarlehenssystem dem Bildungsministerium zu unterstellen und die staatlichen Zuschüsse für finanziell bedürftige Studenten aus dem Pell-Grant-Unterstützungsfonds zu erhöhen. Besonders stolz waren wir auf die zusätzliche, dringend notwendige Förderung für Minderheiten-Bildungseinrichtungen, ehemals Schwarzen vorbehaltene Colleges und Universitäten sowie die Bildungseinrichtungen für Studenten lateinamerikanischer und indigener Herkunft.

Der Gesetzesentwurf zur Gesundheits- und Studienfinanzierungsreform war entscheidend für das Zustandekommen eines Vermittlungsverfahrens, wurde aber auch zum Streitpunkt zwischen Repräsentantenhaus und Senat. Einzelne Senatoren fingen an, große Sonderzuschüsse für ihre Lieblingsprojekte im Entwurf zu fordern, fast als wäre der Haushaltsentwurf ein Geldautomat für den Senat. Das Repräsentantenhaus blieb unnachgiebig, und die ursprünglichen finanziellen Prioritäten des Entwurfs für die Studienfinanzierung blieben unangetastet.

Leider entschloss sich das Weiße Haus – ob es uns nun den Erfolg im Vermittlungsverfahren nicht gönnte oder warum auch immer –, das Vermittlungsgesetz bei der Unterzeichnung so dar-zustellen, als gelte es nur der Studienfinanzierungsreform und nicht als unverzichtbarer Teil der Gesundheitsreform, der es war. Wieder einmal musste ich der Missbilligung der Demokratischen Fraktion über die Gleichgültigkeit des Weißen Hauses Ausdruck geben. Dort verstand man einfach nicht, wie mühevoll es gewesen war, erst innerhalb des Repräsentantenhauses und dann mit dem Senat zu einer Einigung zu gelangen.

Ich erklärte dem Präsidenten, George Miller hätten wir nicht nur zu verdanken, dass der Entwurf zur Studienförderung im Repräsentantenhaus angenommen worden sei, sondern auch, dass es sich um eine wirksame Regelung handele, die in Bildungs- und Sozialkreisen gut aufgenommen worden sei. Die Hochschu-len waren sehr positiv von Georges energischer Führungskraft beeindruckt. Der Präsident versprach, George seinen Dank aus-zusprechen – aber gegenüber der Öffentlichkeit erkannte das Weiße Haus wieder nicht an, wie schwierig es war, ein wirkungs-volles Gesetz zustande zu bringen, und welche wichtige Rolle das Repräsentantenhaus dabei gespielt hatte. Stattdessen wandte sich die politische Aufmerksamkeit dem Senat zu, und das Weiße Haus übersah die entscheidenden Verbündeten, die es im Repräsen-tantenhaus hatte. Leider fanden wir von dessen Präsidium uns ständig in dieser Lage wieder, unter welcher Administration auch immer. Damals, 2010, schmerzte diese Zurückweisung nach allem, was George geleistet hatte, und nach dem Sieg, an dem er beteiligt gewesen war, umso mehr.

Auch in der Wahlkabine wurde der Mut der Demokraten nicht belohnt. Als unsere Partei bei den Wahlen 2010 die Mehr-heit im Repräsentantenhaus verlor, kamen mehrere Faktoren zu-sammen, die zu einem Desaster führten. Im Herbst 2008 – noch vor der Präsidentenwahl im November – hatte die Demokra-

tische Fraktion wie geschildert der TARP-Gesetzgebung zugestimmt. Diese Gesetzesinitiative sollte parteiübergreifend sein,
aber die Demokraten waren gezwungen gewesen, das Gesetz und
die Wirtschaft zu retten, indem sie für harte, unpopuläre Maßnahmen stimmten. Viele Wähler sahen damals nicht ein, warum
skrupellose Wall-Street-Firmen mit dem Geld der Steuerzahler
vor dem Bankrott gerettet werden sollten, auch wenn dieses Geld
später zurückzuzahlen war, und warum die Demokraten zugestimmt hatten, während die Republikaner sich aus ihrer Zusage,
Präsident Bushs eigenen Vorschlag zu unterstützen, herauswin-
den wollten. Für die Arbeitslosenquote von 9,6 Prozent und das
weiter unbeliebte TARP-Gesetzespaket wurden hauptsächlich
wir Demokraten verantwortlich gemacht, weil wir die Mehrheit
stellten.

Unsere Abgeordneten hatten auch ständig noch mit negativen
Behauptungen über den ACA zu kämpfen, so etwa, das Gesetz
sehe »Todeskomitees« vor, die über das Weiterleben von Patienten entscheiden könnten, was einfach nicht stimmte. Die Gegner
malten außerdem die Gefahr von Steuererhöhungen und weiteren Zahlungsverpflichtungen an die Wand, die zum Abbau von
Arbeitsplätzen führen würden, und sahen die Versorgung durch
Medicare bedroht.

Der Wahltermin lag auch deswegen sehr ungünstig, weil wir
zwar das Gesetz schon verabschiedet hatten, das Versprechen auf
allgemeinen Zugang zu ärztlicher Versorgung aber erst nach drei
Jahren wirksam wurde: Die Wähler konnten also keine unmittelbare Wirkung des historischen Gesetzesvorhabens erkennen. Wir
mussten alle Nachteile tragen und konnten keine Vorteile daraus
gewinnen.

Gleichzeitig entfesselte die Entscheidung des Obersten Gerichts im Fall *Citizens United vs. Federal Election Commission*

2010[9] einen Strom anonymer Spendengelder, die im Wahlkampf viel Schaden anrichteten. Unsere Abgeordneten, besonders die aus ländlichen Gebieten, wurden von einer Flut negativer Werbespots voller offener Lügen überschwemmt, die sich auch gegen den ACA richteten. In einem Bericht der Non-Profit-Organisation OpenSecrets hieß es, 2009 seien noch weniger als eine Million Dollar an anonymen Spendengeldern ausgegeben worden, aber diese Zahl sei unmittelbar nach dem *Citizens United*-Urteil sprunghaft auf »über 138 Millionen Dollar bis zum Wahltag« in die Höhe geschossen.

Nach dem Jubel über die Verabschiedung des ACA im März wurde 2010 zu einem düsteren Jahr mit traurigem Ergebnis für uns. Im nächsten Kongress waren wir in der Minderheit, und die Republikaner wollten mit ihrer neu gewonnenen Mehrheit den ACA wieder abschaffen. Sie versuchten es mindestens siebzig Mal. Die restlichen sechs Jahre der Obama-Administration hindurch versuchte die Republikanische Partei mit schlau ausgedachten, gut klingenden Resolutionen, das Gesetz zu Fall zu bringen.

In meinen zwanzig Jahren als Sprecherin und als Fraktionsvorsitzende im Repräsentantenhaus hatte ich noch nie eine so schwierige Aufgabe gehabt wie jetzt: Demokratische Abgeordnete davon zu überzeugen, Präsident Obamas voraussichtliches oder tatsächliches Veto gegen diese Resolutionen der Republikaner mitzutragen. Ich musste großartige, mutige und insbesondere neue Abgeordnete als Mensch und als Amtsträgerin konfrontieren und ernsthaft ermahnen, nicht falsch abzustimmen.

---

9   Seit 2002 war Firmen, Gewerkschaften und anderen Organisationen die Finanzierung von Fernsehsendungen im Rahmen des Wahlkampfs gesetzlich verboten. Im verhandelten Fall entschied der Oberste Gerichtshof der USA im Januar 2010, das Verbot sei im Sinne der Freiheit politischer Rede verfassungswidrig, sofern die Organisationen nicht mit den Wahlkandidaten in Verbindung stünden. [Anm. d. Red.]

Sie sagten: »Diese Republikanische Resolution kommt in meinem Wahlkreis gut an, und ich kenne meinen Wahlkreis besser als Sie.«

Meine Antwort lautete: »Das will ich hoffen – aber ich kenne den Affordable Care Act besser als Sie. Und wir müssen das Veto des Präsidenten mittragen.« Einfühlsam, aber fest, manchmal sogar resolut, überredete ich diese Abgeordneten, die ich mochte und respektierte und zu deren Wahl ich mit beigetragen hatte, dass die Einheit der Fraktion und die Unterstützung für den Präsidenten bei der Verteidigung des ACA Vorrang hatte. Viele von ihnen standen später entschlossen hinter dem Affordable Care Act, als sie sahen, wozu die Republikaner imstande waren, um ihn zu vernichten. Aber ich fand es traurig, jetzt Abgeordneten ihre Unterstützung abtrotzen zu müssen, die am wichtigsten Kampf unserer Generation, dem für die Verabschiedung des ACA, nicht einmal beteiligt gewesen waren. Ich war mir jedoch sicher, dass es richtig war, wenn sie mit der Fraktion stimmten, auch wenn sie es ihren Wählern gegenüber nur schwer rechtfertigen konnten. Diese Aufgabe wurde noch erschwert durch das Fiasko beim offiziellen Start der ACA-Website.

Im August 2013 wandte sich das Weiße Haus an mich: Man wisse, ich sei unzufrieden über die Mängel in der bisherigen Öffentlichkeitsarbeit – aber ich würde mich sicher über »die beste Werbung überhaupt« freuen, den offiziellen Start der ACA-Programme im Oktober. Dieser Schuss ging jedoch nach hinten los, weil die Regierungswebsite binnen zwei Stunden nach ihrer Freischaltung zusammenbrach und noch nicht einmal vollständig funktional war. Als jemand, der aus Nordkalifornien kommt, dem Land der Computerindustrie, war ich entsetzt über dieses Versagen der »besten Werbung überhaupt«.

Andererseits brach die Website ja gerade deshalb wegen Überlastung zusammen, weil so viele Bürger sich sofort für eines der ACA-Programme hatten anmelden wollen – und man muss dazusagen, dass keiner derjenigen, die sich anfangs nicht anmelden konnten, weil die Website nicht erreichbar war, deswegen irgendwelche Leistungsansprüche verlor.

DIE RETTUNG DES ACA

Einer meiner Hauptgründe, nach der Präsidentenwahl 2016 weiter im Kongress zu bleiben, war die Bewahrung des Affordable Care Act.

Hätte Hillary Clinton – die zu den bestqualifizierten Präsidentschaftskandidaten der neueren Zeit gehörte – 2016 gewonnen, dann wäre ich aus dem Kongress ausgeschieden, weil ich gewusst hätte, dass der ACA mit ihr im Oval Office gesichert war. Ich war entsetzt, als Hillary nicht nur verlor – sondern auch noch gegen einen Kandidaten, der entschlossen war, den ACA zurückzuziehen: Donald Trump. Die Republikaner traten zwar mit dem Slogan »Aufheben und ersetzen« an, aber das hieß in Wirklichkeit »Aufheben und durch nichts ersetzen«.

Nach der Wahl sprach ich mit dem gewählten Präsidenten Trump und versuchte, ihn davon zu überzeugen, den ACA zu verschonen: »Ich verlange nichts von Ihnen, das nicht in Ihrem Interesse wäre, Mr. President. Sie können das Gesetz bestimmt verbessern – man sollte ja immer alles verbessern – oder in Ihrem Sinn umgestalten, aber die grundsätzlichen Regelungen müssen bleiben.«

Allerdings stellte sich heraus, dass er daran überhaupt nicht interessiert war. Wir kamen nicht einmal vernünftig ins Gespräch miteinander. Und weil die Republikaner jetzt Regierung und Parlament kontrollierten, musste ich bleiben und weiterkämpfen. Der

Affordable Care Act liegt mir sehr am Herzen – und es war meine Aufgabe, ihn zu retten.

Als einen unserer ersten Schritte nach der Präsidentenwahl 2016 richteten wir einen *First Stand* ein, eine erste Verteidigungslinie gegen den zu erwartenden Angriff der Republikaner. Wir schworen uns, nicht zuzulassen, dass die andere Seite Amerika wieder krank machte. Zwei Tage nach der Wahl riefen wir Betroffene zusammen – unter anderem Kriegsveteranen, Patientenanwälte, Sozialfunktionäre, Frauen und Behindertenaktivisten – und gründeten eine Koalition namens »Protect Our Care« (Schützt unsere Versorgung). Die Versammlung beschloss, ab dem Martin Luther King jr. Weekend mehrere Hundert Protestdemonstrationen in den Städten und Gemeinden abzuhalten. In meinem Wahlbezirk in San Francisco kamen 3000 Menschen zusammen. Ich rief ihnen zu:»Um die Republikaner daran zu hindern, Millionen Amerikaner von lebensnotwendiger medizinischer Versorgung auszuschließen, dürfen wir nicht resignieren, sondern müssen uns organisieren. Und wir geben nicht auf!«

Diese Entschlossenheit bewiesen wir auch während der Vereidigung des Präsidenten am 20. Januar, als die demokratischen Abgeordneten Buttons mit der Aufschrift »Protect Our Care« trugen. Am Samstag nach der Vereidigung wurde Amerika dann in einem sehr positiven Sinn von den Women's Marches überwältigt, zu denen Frauen sich in Washington und überall im Land zusammenfanden. Es waren parteiübergreifende Demonstrationen; die Teilnehmerinnen kamen nicht als Anhängerinnen einer politischen Richtung, sondern wegen eines gemeinsamen Anliegens. Sie entwickelten ihre eigene Inspirationskraft und Dynamik und zeigten, wie wichtig es ist, für die eigenen Überzeugungen auf die Straße zu gehen. Millionen Frauen feierten ihre Macht; es war ein wunderbarer Anblick.

Am Martin-Luther-King-Tag, der 2017 auf den 16. Januar fiel, starteten wir die *First Stand*-Kampagne unserer Koalition – eine Inspiration und Unterstützung für die 10 000 spontanen örtlichen Veranstaltungen im ganzen Land, die für unsere erfolgreiche Rettung des ACA entscheidend wurden. Diese Initiative und diese Veranstaltungen waren so wirkungsvoll, weil hier gewöhnliche Amerikaner ihre Geschichte erzählten. Es ging dabei nicht um Gesetzesvorschriften, sondern um Lebensrettung. Wir sahen schon bald, welche Wirkung unsere Kampagne entfaltete, und sie führte dann auch zu einer Entscheidung.

Im März brachten die Republikaner im Repräsentantenhaus einen monströsen Gesetzesvorschlag ein, um den ACA zu vernichten. Das Congressional Budget Office erklärte, der Vorschlag der Republikaner würde 24 Millionen Amerikanern den Zugang zu ärztlicher Versorgung entziehen. Und er würde über 130 Millionen die Hilfe bei bereits bestehenden Erkrankungen verweigern. Um die Sache noch schlimmer zu machen, arbeiteten die Republikaner ihren Gesetzesvorschlag nicht wie üblich in den Ausschüssen aus, sondern schrieben ihn hinter verschlossenen Türen. Paul Ryan, der neue Sprecher des Repräsentantenhauses, brauchte ganze achtzehn Tage dafür, und der sogenannte »Plan«, den er dann unter der Bezeichnung American Health Care Act (AHCA) vorstellte, war wenig mehr als ein Sammelsurium, das geringverdienenden Amerikanern und allen mit ernsthaften Erkrankungen die Unterstützung entzog. Für andere würden die Versicherungsprämien in die Höhe schießen: Ein 64-Jähriger mit 26 500 Dollar Jahreseinkommen hätte 760 Prozent mehr an die Krankenkasse zahlen müssen, 14 600 Dollar statt zuvor 1700. Nutzen aus der Neuregelung hätten nur die Reichen gezogen, denen sie große Steuernachlässe brachte.

Dieser Fehlversuch stand in scharfem Gegensatz zu den vielen

Monaten, die wir damit zugebracht hatten, den ACA sorgfältig durchzusprechen und zu gestalten – in unseren drei überparteilichen Ausschüssen, innerhalb der Fraktion und zusammen mit dem Senat und dann in den Lesungen im Repräsentantenhaus. Dennoch gab es Stimmen, die uns drängten, einen Kompromiss mit den Republikanern einzugehen, um so viele Bestimmungen des ACA wie möglich zu retten, auch wenn wir dabei nicht alle der tiefgreifenden Änderungen zur Ausweitung der Medicaid-Versorgung durchsetzen konnten. Wir sagten Nein – wir wollten alle diese Änderungen retten. Am lautesten für die Rettung von Medicaid sprachen sich die Kriegsveteranen, Behinderten und Familien mit schwer kranken Kindern aus – Letztere nannten sich selbst die »Little Lobbyists«, die Kleinen Interessenvertreter – sowie die Familien der Mittelschicht, denen klar wurde, dass Medicaid auch einen Großteil der Seniorenpflege bezahlte.

Unsere Protect-Our-Care-Koalition marschierte, demonstrierte und mobilisierte landesweit – um dafür zu sorgen, dass alle Familien erfuhren, wie gefährlich der Republikanische Gesetzesvorschlag war. Unsere Bemühungen trugen entscheidend dazu bei, das amerikanische Volk umzustimmen. Der einzige einigende Faktor an Paul Ryans AHCA war die Ablehnung, die er aus dem gesamten politischen Spektrum erfuhr. Meinungsumfragen zeigten, dass der Gesetzesvorschlag der Republikaner zur Rücknahme des ACA der unbeliebteste seit über dreißig Jahren war. Nur 17 Prozent der Befragten waren für die vorgeschlagene Neuregelung – und die Republikaner änderten hastig noch am Tag vor der vorgesehenen Abstimmung wichtige Teile darin. Damit hätten wir über eine Vorlage abstimmen müssen, die noch niemand gelesen hatte – dafür war gar keine Zeit. Weil wir die Republikaner so unter Druck setzten, erlitten sie eine demütigende Niederlage. Ich erinnere mich noch sehr deutlich an den 24. März 2017.

Die Republikaner hätten den ACA gerne am Jahrestag seiner Verabschiedung durch das Repräsentantenhaus wieder abgeschafft. Aber die Demokraten wussten, dass Paul Ryan noch nicht genügend Stimmen sicher hatte, um seinen Gesetzesvorschlag durchzubringen, weil wir von Interessengruppen und Patientenanwälten Nachricht bekamen, die Republikaner würden immer noch innerhalb wie außerhalb der Fraktion verzweifelt um Zustimmung werben.

Während die Debatte um den AHCA noch lief, sagte ich meiner Fraktion, wir würden beim Sprecher die Rücknahme der Gesetzesvorlage beantragen. Aber noch bevor unser Antrag zu Protokoll genommen wurde, zog Paul Ryan seinen Entwurf bereits selbst zurück – weil er einfach nicht genug Stimmen dafür zusammenbrachte. Zur erfolgreichen Tätigkeit als Gesetzgeber gehört eben auch, dass der Sprecher eine Vorlage nur dann zur Abstimmung stellt, wenn er weiß, dass er die nötigen Stimmen hat – nicht bloß, weil es der Jahrestag einer Abstimmung ist, bei der ich die nötigen Stimmen hatte.

Paul Ryan musste also ins Weiße Haus gehen und Präsident Trump eingestehen, dass er das Aufhebungsgesetz nicht zustande gebracht hatte. Der Präsident erklärte daraufhin, die ehemalige Sprecherin Nancy Pelosi und Fraktionschef Chuck Schumer seien »zu hundert Prozent verantwortlich« für den ACA.

Darauf war ich sogar stolz!

Im Mai desselben Jahres glaubten die Republikaner im Repräsentantenhaus dann, mit einer geänderten Fassung ihres Gesetzesvorschlags zur Rücknahme des ACA durchkommen zu können. Ich sagte damals, denjenigen Republikanischen Abgeordneten, die für diese Monstrosität stimmten, solle man ihre Stimmabgabe auf die Stirn tätowieren – und dass sie sich für dieses schädliche Verhalten vor den Menschen in ihren Stimmbezirken und den Wählern an der Urne verantworten müssten. Die Republikaner fanden sich sogar zu einer perversen Feier im Rose Garden des Weißen Hauses zusammen, um damit zu prahlen, dass sie dem amerikanischen Volk den Zugang zu medizinischer Versorgung entreißen werden. Im Sommer brachten die Republikaner im Senat eine Entschließung zur Rücknahme des ACA ein – ohne einen Ersatz. Das war ein Geschenk für die Krankenversicherungsbranche und ein grausamer Schlag gegen die Familien der amerikanischen Berufstätigen.

Am Tag der Abstimmung im Senat hatte ich die Ehre, mit Senator John McCain sprechen zu dürfen. Wir waren bei unserer gemeinsamen Arbeit an vielen Gesetzesentwürfen im Lauf der Jahre zu Freunden – und Feinden – geworden. Ich wollte Senator McCain auf einige fragwürdige Geschäftsordnungstricks der Republikaner im Repräsentantenhaus hinweisen. Er meinte nur: »Nancy, das brauchen Sie mir nicht zu sagen. Ich weiß, was da läuft.« Er vertraute mir auch an, dass er unter den gegebenen Umständen mit Nein stimmen werde. Diese Aussage behielt ich für mich.

Später am Abend, während der Senat noch beriet, sprach ich zu der friedfertigen betenden Menge der ACA-Unterstützer, die sich vor dem Kapitol versammelt hatte. Diese Szene war ein ziemlicher Gegensatz zu dem Spießrutenlaufen im März 2010, an dem Tag, als wir den ACA verabschiedet hatten. Damals waren wir von unseren Gegnern angespuckt, beschimpft und grob beleidigt worden. Ich sagte der Menge: »Lasst uns alle daran glauben, dass wir uns durchsetzen werden. Wir sind heute hier zusammengekommen, weil wir glauben, etwas bewirken zu können.« Manche fragten sich, warum ich die Republikaner nicht angriff, andere dachten, ich lobte die Demokraten nicht genug. Aber einige Stunden später, als ich sah, wie Senator McCain bei der Abstimmung im Senat den Daumen senkte, war ich mehr als überglücklich. Dieser gesenkte Daumen bedeutete die Entscheidung; McCains Stimme brachte die Rücknahme des ACA zu Fall.

Senator McCain war ein Mann, der stets zu seinem Wort stand – ein wahrer Patriot. Ich wünsche mir jeden Tag, er wäre noch am Leben. Botschafterin Cindy McCain setzt die Familientradition der Vaterlandsliebe und des integren Diensts an der Gesellschaft als Direktorin des Welternährungsprogramms der UN fort.

Wie ich mir schon gedacht hatte, vergaßen die Wähler den Republikanern ihr Vorhaben nicht. Bei den Kongresswahlen im November 2018 holten sich die Demokraten 40 bisher Republikanische Sitze und gewannen die Mehrheit im Repräsentantenhaus zurück, ein entscheidender Sieg für das amerikanische Gesundheitswesen und die amerikanische Demokratie. Die Republikaner im Repräsentantenhaus erlebten in jenem Herbst, dass es kein Grund für eine Party im Rose Garden ist, wenn man dem amerikanischen Volk die ärztliche Versorgung wegnehmen will. Damals bekam ich zu hören: »Sie haben wirklich Glück, dass die Gesundheitsreform im Wahlkampf so viel Aufmerksamkeit bekam.« Ich gab zurück: »Nein. Wir haben uns das erarbeitet. Wir haben 10 000 Veranstaltungen zur Gesundheitsreform organisiert.«

AUSWIRKUNGEN

Der ACA hat überlebt. Und bedenken Sie, dass seit seinem Inkrafttreten 2010

- über 40 Millionen Amerikaner Krankenversicherungsschutz bekommen haben;
- fast 130 Millionen Amerikanern eine Krankenversicherung nicht mehr wegen einer bestehenden Erkrankung verweigert werden kann;

- keine Versicherung mehr die Police kündigen kann, wenn ein Versicherter erkrankt, und die Höhe der Kostenübernahme begrenzen darf;
- Frauen eine Krankenversicherung nicht mehr bloß deshalb verweigert werden darf, weil sie Frauen sind. (Vor dem ACA mussten viele Frauen bis zu 50 Prozent höhere Prämien als Männer bezahlen.);
- Millionen junger Erwachsener sich bei ihren Eltern mitversichern können;
- mehrere Millionen Senioren mehr als zuvor außerordentlich viel Geld bei Zuzahlungen sparen, weil wir das »Loch« in der Kostenübernahme bei Verschreibungen geschlossen haben;
- regionale Unterschiede bedeutend verringert wurden;
- unter den Präsidenten Obama und Biden über 28 Millionen Arbeitsplätze geschaffen wurden, obwohl die Republikaner behauptet hatten, das Gesetz sei ein »Jobkiller«;
- der ACA den größten Einzelbeitrag zur Senkung des Haushaltsdefizits leistet – er hat über eine Billion Dollar eingespart, entgegen der Republikanischen Voraussage, er werde sich als großer »Budgetsprenger« erweisen.

Unter Joe Biden wurden die Gesundheitskosten für die Versicherten weiter gesenkt, weil die Zuschüsse erhöht und ausgedehnt wurden – ohne eine einzige Republikanische Stimme. Diese bemerkenswerte Leistung wird von den Medien weitgehend ignoriert. Aber sie ist eine Tatsache. Deshalb bin ich so stolz darauf, damals im Repräsentantenhaus führend an diesem Gesetz beteiligt gewesen zu sein.

Als wir den Affordable Care Act 2010 dem Präsidenten übergaben, traf ich einige der Reporter wieder, denen ich zuvor gesagt hatte, wir würden alle Hindernisse überwinden – ein verschlossenes Tor würden wir öffnen; wenn das nicht genügte, würden wir über den Zaun klettern; wenn der Zaun zu hoch wäre, kämen wir mit einem Hochsprungstab; und wenn das auch nicht ginge, mit dem Hubschrauber einfliegen – und uns als Demokraten im Kongress von nichts aufhalten lassen.

Jetzt fragten die Reporter: Welchen Weg haben Sie denn nun genommen?

Und ich erwiderte, wir hätten einfach das Tor geöffnet – schon der erste Versuch war erfolgreich, nicht nur wegen Präsident Obamas großartiger Führungsqualität in den entscheidenden Momenten der Diskussion und wegen der unermüdlichen Arbeit der Abgeordneten, sondern auch durch die Mobilisierung der Öffentlichkeit und der Gruppierungen, die uns unterstützt hatten.

Vor Inkrafttreten des ACA war es Millionen Menschen nicht möglich, ihren Arbeitsplatz zu wechseln, ein eigenes Unternehmen zu gründen, sich selbstständig zu machen oder freischaffender Künstler zu werden. Sie saßen in ihrem Job fest, weil sie ein krankes Kind oder einen anderen kranken Angehörigen versorgen mussten und keine neue Krankenversicherung bekommen hätten. Und die Firmen wiederum waren wegen der rasch steigenden Gesundheitskosten in ihrem Wachstum gehemmt.

Aber beim Affordable Care Act geht es nicht nur um das amerikanische Gesundheitswesen, sondern auch um ein gesünderes Amerika. Es geht um Innovation und Vorsorge, um eine gesündere Lebensweise, oder in Senator Kennedys großartigen Worten: »Das Problem, dem wir uns gegenübersehen, ist vor allem ein moralisches; auf dem Spiel stehen nicht nur Einzelheiten der Durchführung, sondern grundlegende Prinzipien der sozialen Gerechtigkeit und des Charakters unseres Landes.«

Jedes Jahr aufs Neue bin ich den Demokraten im Kongress und im Weißen Haus dankbar dafür, dass sie sich Senator Kennedys

Herausforderung gestellt und sie gemeistert haben. Die Demokratische Fraktion im Repräsentantenhaus zweifelte zwar manchmal am Durchhaltevermögen und Mut des Senats, aber nie an Präsident Obama, Vizepräsident Biden und Mehrheitsführer Harry Reid. Präsident Obama bewies in der Debatte von Anfang an Voraussicht, Entschlossenheit und Sachwissen. Seine umfassende Vision bedeutete eine grundlegende Umwälzung und wurde für die Abgeordneten zu einer Quelle des Stolzes und Vertrauens. Als die Republikaner anfingen, den ACA verächtlich »Obamacare« zu nennen, griffen wir diese Bezeichnung gerne auf. Ich spreche allerdings weiter vom »Affordable Care Act«, denn er soll ja vor allem dafür sorgen, dass sich jeder die medizinische Versorgung leisten kann und damit Zugang zu ihr bekommt. Wir erhielten zwar nicht immer rechtzeitig die notwendige Luftunterstützung der Medien für unseren Kampf, aber seit seiner Umsetzung hat sich der ACA immer mehr Anerkennung erworben.

Präsident Obama stand fest zu seinem Vorhaben, auch an den Tiefpunkten, wenn seine Mitarbeiter im Weißen Haus zu zweifeln begannen. Er wusste um die weitgespannten Möglichkeiten dieses Gesetzes und die Wichtigkeit seiner Einzelbestimmungen, und das half uns sehr. Ich werde nie vergessen, wie er mitten aus einer gesundheitspolitischen Besprechung herausgerufen wurde, um mit anderen Staatsoberhäuptern die Katastrophenhilfe für Haiti nach dem Erdbeben im Januar 2010 zu organisieren. Es war ein Erlebnis, diesen Präsidenten beide Probleme gleichzeitig angehen zu sehen – voller Sachkenntnis, Selbstvertrauen und Einfühlungsvermögen. Wir bekamen aus erster Hand mit, wie gut Obama die Notwendigkeit einer Neuorganisation des Gesundheitswesens verstand. Was er mit den anderen Staatschefs besprach, wussten wir zwar nicht, aber sein entschlossenes Anpacken der Katastrophe in Haiti machte uns stolz und beruhigte uns.

Wir stimmten zwar nicht immer mit Obama überein, respektierten aber seine Entschlossenheit, das Gesetz so wirksam wie möglich zu formulieren. Wenn man von seiner Fraktion verlangt, für etwas zu stimmen, das vielen Abgeordneten einen schwierigen Entschluss abverlangt, dann müssen sie sich sicher sein, dass der Präsident das Gesetz auch unterzeichnen wird. Das stand bei Präsident Obama nie infrage.

Joe Bidens Treue zu Obamas Vision war geprägt und gestärkt von seiner lebenslangen Bemühung um die Familien berufstätiger Amerikaner. Er ist schon immer ein Freund der Demokratischen Fraktion im Repräsentantenhaus – im Wahlkampf wie in der Gesetzgebung. Vielleicht brachte es ihn dem Volk näher, dass er Delaware repräsentierte, einen kleinen Bundesstaat, der im Repräsentantenhaus nur einen Abgeordneten stellt. Wir Demokraten im Repräsentantenhaus wussten immer, dass wir in diesem Vizepräsidenten einen Freund hatten.

Joe Bidens Unterstützung des ACA wurde deutlich, als er ihn eine »verdammt große Sache« nannte, im vollen Bewusstsein seines Umfangs und seiner Komplexität und in Großbuchstaben geschrieben. Dieses Wissen kam ihm und unserem Land später zustatten, als wir unter der Biden-Harris-Administration die Zuschüsse und Angebote des ACA erweiterten und endlich den Inflation Reduction Act, das Gesetz zur Inflationsbekämpfung, umsetzten, das dem Gesundheitsministerium Verhandlungen zur Senkung der Medikamentenpreise ermöglichte.

Im Senat setzten sich nicht nur Ted Kennedy und John McCain für das Gesetz ein, sondern vor allem Harry Reid als Mehrheitsführer. Harry Reid diente und führte sein ganzes Leben lang mit Voraussicht und Integrität. Diese Eigenschaften kamen dem amerikanischen Volk in der Diskussion um den Affordable Care Act sehr zugute. Seine Offenheit für die Demokratische Änderungsvorlage und sein erfolgreiches Bemühen um eine Mehrheit Demokratischer Stimmen im Senat ermöglichten den ACA. Er war stolz auf die Gesetzesvorlage des Senats, weil er wusste, dass sie die bestmögliche war, aber er wusste auch, dass sie ohne die notwendigen Verbesserungen durch das Repräsentantenhaus nie Gesetz geworden wäre. Das Vertrauen seiner Kollegen im Senat war für die Nation unschätzbar wertvoll – in diesem wie in anderen Gesetzgebungsverfahren.

Ich telefonierte gerne und häufig mit Harry, auch wenn er die Eigenart hatte, Telefongespräche abrupt zu beenden. Sowie ich anfing, ihn für seine Führungskraft, seinen Mut und seine humorvollen Bemerkungen zu loben, hörte ich es im Hörer klicken. Wer mit Harry zusammenarbeitete, wusste, dass er stets getreu seinen Prinzipien und im Interesse der arbeitenden Amerikaner entschied. Die Liebe zu seiner Frau Landra und seiner Familie gab ihm Kraft und war für alle, die sie kannten, eine Quelle der Inspiration. Paul und ich lernten Harry und Landra gut kennen, und es entstand eine herzliche, respektvolle Freundschaft zu den beiden und ihrer Familie. Wir müssen dem Bundesstaat Nevada wirklich dankbar sein, dass er Harry nach Washington entsandt hat.

Als Harrys Amtszeit endete, schenkte er mir zum Abschied einen ausgestopften Seeadler, der sein Büro im Senat geschmückt hatte. Ich fragte ihn: »Wie bist du an den gekommen, Harry? Die stehen unter Naturschutz!« Er beruhigte mich: »Keine Sorge, er ist nicht eingefangen oder erlegt worden, sondern in eine Hochspannungsleitung geraten. Deswegen nenne ich ihn auch ›Sparky‹.«

Ich holte mir von ihm dann die Erlaubnis, dieses Exemplar unseres Wappenvogels in »Harry« umzubenennen – als Symbol für einen großen amerikanischen Patrioten.

Wir trauerten alle sehr, als Harry Reid dann starb. Ich verlor in ihm einen guten Freund, den ich sehr vermisse.

Dank seines Muts und seiner Entschlossenheit konnten wir als Demokraten im Repräsentantenhaus viel bewirken. Aus dieser Perspektive gesehen, war unsere Fraktionsführung mit ihrer großartigen Diversität ein wunderbarer Verstärker für die gemeinsame Gesetzesvorlage der drei Ausschüsse: Steny Hoyer, unser Mehrheitsführer; Fraktionsgeschäftsführer Jim Clyburn; Chris Van Hollen, Vorsitzender des Demokratischen Kongresswahlkampfkomitees; John Larson und Xavier Becerra, unsere Fraktionsführung; Rob Andrews; sowie George Miller und Rosa DeLauro, die Vorsitzenden unseres Programm- und Grundsatzausschusses. John Spratt vom Haushaltsausschuss war ebenso unentbehrlich dabei wie Louise Slaughter, die Vorsitzende des Geschäftsordnungsausschusses, die den Gesetzesentwurf einbrachte; und großer Dank gebührt unseren Vorsitzenden George Miller, Henry Waxman, Charlie Rangel und später Sandy Levin, die alle mit großem Elan und Geschick kämpften. Insbesondere Rosa setzte sich unermüdlich für die Interessen der Frauen und Kinder in der Gesetzesvorlage ein. Als Senior Appropriator, die später den Vorsitz des für Zuweisungen von Haushaltsmitteln zuständigen Appropriations Committee übernahm, begriff sie, welche Möglichkeiten sich hier boten und wie man das Gesetz formulieren musste. Auch an der Diskussion mit den Bischöfen war sie beteiligt. Aber alle unsere Manöver im Parlament hätten wohl das Gesetz nicht durchgebracht, wenn nicht die Mobilisierung der Öffentlichkeit den ACA zum Erfolg geführt und später vor der Rücknahme geschützt hätte.

Ich zitiere gerne Abraham Lincoln: »Die öffentliche Meinung ist alles. Mit ihr kann nichts scheitern, gegen sie kann nichts Erfolg haben.« Und dank der patriotischen Unterstützerkampagne für den ACA hatten wir Erfolg – und der ACA bewährt sich bis heute glänzend.

GEDANKEN ZUM ABSCHLUSS

Am 14. Dezember 2022 wurde mein Porträt als Sprecherin im Kapitol enthüllt. Ich fühlte mich sehr geehrt, dass Chuck Schumer, der Vorsitzende der Demokratischen Senatsfraktion, der ehemalige Republikanische Repräsentantenhaussprecher John Boehner sowie die kalifornischen Abgeordneten Zoe Lofgren und Lucolle Royal-Allard bei dieser Feier für mich sprachen und dass Denyce Graves uns mit ihrer Version von »The House I Live In (That's America to Me)« erfreute.

Aber sosehr mich auch die Anwesenheit dieser Gäste ehrte, beeindruckte mich doch die Rede Elena Hungs am meisten. Sie gehörte zu den Gründern der »Little Lobbyists«, einer der Bürgerinitiativen, die sich 2017 für den ACA eingesetzt hatten. Elenas Tochter Xiomara litt an einer Vielzahl angeborener Krankheiten, und sie sprach von Herzen, als sie sagte:

Ich übertreibe nicht, wenn ich behaupte, dass meine Tochter Xiomara, das Schönste in meinem Leben, wie auch zahllose andere Kinder, die wie sie mit besonderen medizinischen Bedürfnissen und Behinderungen geboren wurden, heute nur wegen des ACA noch am Leben ist. [...] Xiomaras fünf Monate auf der Neonaten-Intensivstation kosteten drei Millionen Dollar. Ich denke oft an die Babys wie sie, die jetzt die Chance auf eine Kindheit haben, weil der Affordable Care Act die Höchstsumme für Krankenversicherungsleistungen abgeschafft hat. [...]

Ich hoffe, dass jeder, der sich dieses [...] Porträt anschaut, dabei daran denkt, dass Sprecherin Pelosi dies alles für die Kinder getan hat.

Könnte einem jemand ein größeres Kompliment machen?

FÜHRUNGSKRAFT
IN KRISENZEITEN

»DASS UNSERE FLAGGE IMMER NOCH WEHT«

Bis heute werde ich immer wieder gefragt, wie ich am 6. Januar 2021 so gelassen bleiben konnte, als ich sah, wie das Kapitol gestürmt wurde. Meine Antwort lautet, dass ich bereits wusste, wie gefährlich Donald Trump war. Er ist immer noch gefährlich. Wenn seine Familie und seine Mitarbeiter wirklich verstanden hätten, wie gleichgültig ihm die Grundlagen des Rechtsstaats und des Anstands waren, und wenn sie mit seiner geistigen Labilität angesichts des Wahlverlusts gerechnet hätten, hätten sie unbedingt eingreifen müssen. Sie unterließen es – ob sie es nun nicht sehen wollten oder weil es ihnen um Geld, Ansehen und die Befriedigung ihrer Gier ging –, und Amerika musste einen hohen Preis dafür bezahlen. Am 6. Januar 2021 nicht gelassen zu bleiben, konnte sich keiner von uns leisten.

An jenem Tag verbrachte ich den größten Teil des Nachmittags gemeinsam mit dem Mehrheits- und dem Minderheitsführer des Senats versteckt in einem gesicherten Gebäude auf dem Gelände von Fort McNair, dem drittältesten Armeestützpunkt der USA. Auch Kevin McCarthy, Führer der Republikanischen Minderheit im Repräsentantenhaus, befand sich auf dem Gelände, beteiligte sich jedoch nicht an den angespannten Telefongesprächen, mit denen wir uns um die Unterstützung der Nationalgarde bemühten und andere Vorsichtsmaßnahmen trafen.

Ich blieb gelassen, weil ich wusste, was auf dem Spiel stand: die Vision der Demokratie unserer Gründervater, das Opfer von Männern und Frauen in Uniform für unsere Freiheiten und die Hoffnungen und Träume unserer Kinder. Ich wusste, wie gefährdet das alles war. Einen kurzen Moment lang musste ich daran denken, wie ich mit meinen Kollegen zum letzten Mal aus Sicherheitsgründen an einen geheimen Ort gebracht worden war; das war am Morgen des 11. September 2001, als wir von ausländischen Feinden angegriffen wurden.

Aber der Angriff vom 6. Januar 2021 kam von innen. Ich wusste, wie labil Donald Trump war. Ich hatte es aus nächster Nähe miterlebt: seine Leugnungsversuche und dann die Verschleppungstaktik, als die Covid-Pandemie zuschlug, seine Angewohnheit, wütend aus Besprechungen davonzulaufen, seine Fäkalsprache, seine Faustschläge auf den Tisch, seine Wutanfälle, seine Missachtung der Patrioten unserer Nation und seinen völligen Realitätsverlust. Seine wiederholte lächerliche Behauptung, er sei der Größte überhaupt. Für seine Helfershelfer galt dasselbe.

Ich war mir rasch darüber klar geworden, dass ich mehr Achtung vor dem Amt des Präsidenten der Vereinigten Staaten hatte als Trump selbst. Ich hatte von Anfang an geahnt, dass er ein Hochstapler war – und dass er es im Grunde auch selbst wusste. Als ich jetzt den von Trump angezettelten Aufstand verfolgte und ihn anflehte, die Nationalgarde zu schicken – was er uns verweigerte –, auch aus Sorge um die persönliche Sicherheit von Vizepräsident Mike Pence, der sich im Kapitol versteckte und noch eine wichtige Rolle zu spielen hatte, wusste ich, dass wir unbedingt standhaft bleiben mussten.

Meine Familie machte sich Sorgen um mich, aber ich wusste, dass wir den Pöbel zurückschlagen mussten. Wir durften nicht zulassen, dass diese Leute den Kongress daran hinderten, die Wahl von Joe Biden und Kamala Harris zum Präsidenten und zur Vizepräsidentin der USA zu bestätigen. Darauf kam es an, und es gelang uns auch.

Woher kam meine Gelassenheit? Aus Gebeten, innerer Stärke und dem Bewusstsein, wie viel auf dem Spiel stand, aber auch aus dem Mut meiner Mitkämpfer. Unsere Fraktionsmitglieder und manche Republikaner mit ihnen erwiesen sich als wahre Patrioten, die, wie jeden Tag, auch an jenem 6. Januar entschlossen die Verfassung gegen alle inneren und äußeren Feinde verteidigten.

VORSPIEL ZUR ERSTÜRMUNG DES KAPITOLS

Der Grund für die Ereignisse des 6. Januar 2021 wurde schon weit vor dem 3. November 2020 gelegt, dem lang erwarteten Tag der Präsidentenwahl. Ab dem 7. November, an dem Joe Biden offiziell zum Sieger erklärt wurde, nahm die Verschwörung Fahrt auf. Nach Auszählung aller Stimmen wurde festgestellt, dass Biden mit 7 060 140 Stimmen Vorsprung gewonnen (und als erster Präsidentschaftskandidat überhaupt landesweit mehr als 80 Millionen Stimmen erhalten) hatte. Er hatte sich die Wahlmännerstimmen von 25 Bundesstaaten und die des District of Columbia gesichert. Für viele Millionen Amerikaner war Bidens Sieg ein Augenblick großer Erleichterung und großer Freude. Die schreckliche, konfliktbeladene Amtszeit Donald Trumps ging endlich zu Ende. Es war ganz einfach ein Sieg der Demokratie und des Anstands.

Beim amtlichen Endergebnis kam es vor allem darauf an, wie viele und welche Staaten Joe Biden und Kamala Harris gewonnen hatten – es mussten genug Stimmen für eine Mehrheit im Wahlmännerkollegium zusammenkommen, denn so hatten die Gründerväter der USA den Wahlmodus für den Präsidenten festgelegt. Die Mehrheit der Wählerstimmen landesweit genügt dafür nicht, wie Hillary Clinton 2016 und Al Gore im Jahr 2000 hatten erleben müssen, die beide die Mehrheit bei den Wählern, aber nicht im Wahlmännerkollegium errungen hatten.

Auch wir von der Fraktionsführung der Demokraten im Repräsentantenhaus wussten, wie unberechenbar der jetzt angeschlagene Amtsinhaber im Weißen Haus war. Wir hofften zwar, er werde das Ergebnis anerkennen, bereiteten uns aber auch auf den Fall vor, dass er sich weigern würde, an der Amtsübergabe mitzuarbeiten. Schon Monate zuvor hatte ich den Abgeordneten und unseren Mitarbeitern gesagt, sie sollten sich auf eine potenziell schmutzige Amtsübernahme und eine Anfechtung des Ergebnisses durch den Gegner vorbereiten. Aber damals hätte sich noch kein vernünftiger Mensch vorstellen können, was dann am 6. Januar geschah.

Schon am 3. und 4. November, während die Stimmauszählung noch andauerte, erhob Donald Trump in seinen Tweets die Beschuldigung, man versuche, die Wahl zu »stehlen«, und fügte hinzu: »*Votes cannot be cast after the Poles are closed.*« Er meinte »Nach Schließung der Wahllokale darf keine Stimme mehr abgegeben werden«, aber indem er »*Poles*« statt »*polls*« schrieb, wies er den Einwohnern Polens zum ersten Mal eine Rolle in amerikanischen Wahlen zu. Später behauptete Trump, die Wahl sei »manipuliert« worden, und seine Anwälte und Mitkämpfer reichten in mehreren Bundesstaaten insgesamt 63 Klagen gegen das Ergebnis ein, die bis auf eine von den Gerichten sämtlich abgewiesen wurden.

Am 14. Dezember gaben die Wahlmänner in den fünfzig Bundesstaaten und im District of Columbia in getrennten Versammlungen ihre Stimmen ab. In manchen Medien wurde darüber spekuliert, ob sich wohl einzelne Teilnehmer als »Verräter« erweisen und entgegen ihrer Zusage nicht für Joe Biden abstimmen würden. Solche »Verräter« sind allerdings selten, zumal 33 Bundesstaaten und der District of Columbia ihren Wahlmännern vorschreiben, für den Kandidaten zu stimmen, der im betreffenden Bundesstaat die Mehrheit errungen hat; die Wahlmänner aus diesen Staaten konnten also nicht anders abstimmen als angekündigt. In der gesamten Geschichte der USA hat es nur 35 »verräterische« Wahlmänner gegeben, die nicht für den Präsidentschaftskandidaten stimmten, für den sie hätten stimmen sollen (abgesehen von Fällen, in denen der Kandidat vor der Abstimmung verstorben war), und Biden hatte im Wahlmännerkollegium eine Mehrheit von 74 Stimmen. Bei der Abstimmung 2020 wurde niemand zum »Verräter«; sie brachte mit 306 gegen 232 Stimmen einen klaren Sieg für Joe Biden (übrigens bei einem ähnlichen Stimmenverhältnis wie 2016 für Donald Trump, der 304 Stimmen erhalten hatte).

Die Auszählung im Wahlmännerkollegium brachte jedoch den Mann im Oval Office nicht zum Schweigen. Als wir Demokraten im Repräsentantenhaus sahen, dass die andere Seite sich immer noch weigerte, das Wahlergebnis anzuerkennen, begannen wir, einen Plan für unser Vorgehen am Mittwoch, dem 6. Januar, aufzustellen, dem Tag, an dem von Gesetzes wegen Senat und Repräsentantenhaus unter Vorsitz des Vizepräsidenten zusammenkommen, um das Abstimmungsergebnis des Wahlmännerkollegiums zu bestätigen. Diese Bestätigung ist ein sehr feierlicher und umständlicher Akt, bei dem zum Beispiel auch die Sicherheit der speziellen Mahagonikästen garantiert werden muss, in denen die einzelnen Bundesstaaten die Stimmzettel und die Bestätigung ihrer jeweiligen Teilabstimmungen schicken. Der Zusammentritt dieser gemeinsamen Sitzung beider Parlamentskammern ist auf 13 Uhr festgelegt, und es gibt genaue Vorschriften, wie ein Widerspruch gegen das Ergebnis einzureichen und zu bearbeiten ist.

Wir Demokraten ahnten, dass die Debatte im Plenarsaal des

Repräsentantenhauses vermutlich hitzig werden würde. Trump hatte schon lange auf eine Annullierung des Wahlergebnisses hingearbeitet, indem er bereits vor der Stimmabgabe Zweifel säte und die Wahl vor Gericht anfechten ließ. Wir bereiteten uns also vor der gemeinsamen Sitzung auf die Möglichkeit vor, dass Republikanische Abgeordnete gegen das Ergebnis des Wahlmännerkollegiums Widerspruch einlegen würden. Dabei war klar, dass die Ergebnisse aus Arizona, Nevada, Georgia, Pennsylvania, Michigan und Wisconsin das Ziel sein würden. Wir erfuhren schließlich, dass zwölf Republikanische Senatoren und Dutzende Republikanische Abgeordnete gegen die Bestätigung des Ergebnisses Widerspruch einlegen wollten.

Trumps Wahlusurpatoren forderten unter anderem, eine Kommission einzusetzen, die in einem zehntägigen Schnellverfahren die Stimmzettel in umstrittenen Staaten wie Arizona und Pennsylvania nachzählen sollte. Ihre größte Illusion war wohl, dass sie eine Bestimmung in der Verfassung missbrauchen könnten, die besagte, dass im Fall eines unentschiedenen Ergebnisses im Wahlmännerkollegium das Repräsentantenhaus mit einer Stimme pro Bundesstaat über den nächsten Präsidenten der USA entscheidet. Sie hofften auf ein Chaos, wenn sie die Wahlprozedur ins Repräsentantenhaus verlegten, und wollten dann versuchen, mindestens 26 Staaten für Trump zu gewinnen. Die Möglichkeit, dass Trump diese Pläne umzusetzen versuchte, machte es so wichtig, dass wir uns gut vorbereiteten, auch wenn das Wahlmännerkollegium bereits eindeutig entschieden hatte.

Wir stellten im Repräsentantenhaus eine Gruppe kompetenter Anwälte und Juristen zusammen, um die Argumente der Republikaner zu entkräften: Jamie Raskin aus Maryland, ein ehemaliger Juraprofessor; Adam Schiff aus Kalifornien, ehemaliger Staatsanwalt und Vorsitzender des Geheimdienstausschusses, der das erste Amtsenthebungsverfahren gegen Trump geleitet hatte; Zoe Lofgren, ebenfalls aus Kalifornien, führend beteiligt am ersten Amtsenthebungsverfahren gegen Trump, die auch schon im Justizausschuss für Don Edwards, einen führenden Abgeordneten, an der Anklageschrift im Amtsenthebungsverfahren gegen Präsident Richard Nixon mitgearbeitet hatte; und Joe Neguse, ehemals eines der jüngsten Kabinettsmitglieder in einem US-Bundesstaat. Ich sagte ihnen, ich respektierte ihr juristisches Fachwissen, wolle ihnen aber trotzdem einen Rat geben. Einige von ihnen waren überrascht, als ich erklärte: »Erwähnen Sie auf keinen Fall Donald Trumps Namen. Konzentrieren Sie sich ausschließlich auf die Zahlen und die Rechtslage.« Ich hatte sieben Jahre lang dem Ethikausschuss angehört, länger als jeder andere Abgeordnete. (Normalerweise sind sechs Jahre die Höchstdauer, aber meine Amtszeit wurde um ein Jahr verlängert, damit ich an der Reform der Geschäftsordnung mitarbeiten konnte.) Als der Ethikausschuss gegen den damaligen Sprecher Newt Gingrich ermittelte, hatten wir uns mit drei Faktoren zu befassen: den Tatsachen, der Rechtslage und der Geschäftsordnung des Repräsentantenhauses. Persönlichkeit und Haarfarbe des Beschuldigten und die Beleidigungen, die er von sich gegeben hatte, spielten keine Rolle. Es ging nur um die Fakten und im Fall der Präsidentenwahl 2020 auch darum, ob diese Fakten der Gesetzeslage entsprachen.

Ich war zuversichtlich, dass die Stimmenzahlen und die Rechtslage erneut die Zuverlässigkeit des Präsidentenwahlverfahrens belegen würden. Ich wollte nicht, dass es an diesem Tag um einen bestimmten Mann ging; es ging um viel mehr als um ihn.

Weil wir wussten, dass die von Trump beauftragten Angreifer sich auf Wisconsin, Michigan, Pennsylvania, Georgia, Arizona und Nevada konzentrieren würden, stellten wir für jeden dieser Bundesstaaten ein Team auf. Das Verfahren für einen Widerspruch ist klar vorgeschrieben: Um 13 Uhr treten Repräsentantenhaus und Senat zur gemeinsamen Sitzung zusammen. Der Vizepräsident führt den Vorsitz. Die Bestätigungen der Teilabstimmungen in den einzelnen Bundesstaaten werden nacheinander verkündet, und wenn ein Abgeordneter gegen eines dieser Ergebnisse Widerspruch einlegen will, kann er aufstehen und dies mündlich zu Protokoll geben. Der Widerspruch muss dann schriftlich wiederholt werden, wobei die Unterschrift eines Abgeordneten und eines Senators erforderlich ist. Der Schriftsatz muss dazu »klar und kurzgefasst« den Grund des Widerspruchs nennen. Die Bundesstaaten werden in alphabetischer Reihenfolge aufgerufen, und wir wussten, dass Arizona der erste war, für den ein Widerspruch eingelegt werden würde. (2022 beschloss der Kongress mit dem Electoral Count Reform and Presidential Transition Improvement Act ein Gesetz, um dieses Verfahren noch eindeutiger zu regeln.) Ich beauftragte Demokratische Abgeordnete aus den betroffenen Bundesstaaten damit, die nötigen Gegenargumente vorzubereiten. Sie sollten sich nicht um Hörensagen und Gerüchte kümmern, keine Abscheu demonstrieren und sich nicht auf eine Person einschießen, sondern sich ausschließlich auf die Stimmenzahlen und die Rechtslage konzentrieren und sich dabei auf die von Republikanern geleiteten Behörden in jenen Bundesstaaten berufen, die das Abstimmungsergebnis bereits bestätigt hatten. Republikanische Amtsträger hatten die Auszählung der Stimmen und das Endergebnis unterschrieben und sollten sogar eine Hauptrolle in unserer Argumentation spielen.

Wir hatten alle nötigen Fakten gesammelt, und patriotische beredte Abgeordnete standen bereit, um Staat für Staat unser Plädoyer vorzutragen. Wir waren überzeugt, eine elegante, stimmige und gut begründete Entgegnung auf das Chaos vorbereitet

zu haben, das entfesselt würde, wenn die zu erwartenden Widersprüche kämen. Als der Dezember zu Ende ging, ahnten wir, dass
die brutale Taktik unserer Kollegen von der anderen Partei sich
als unsere größte Herausforderung erweisen würde.

Ich bestimmte Jamie Raskin zu unserem leitenden Experten im
Plenum, weil er Verfassungsrechtler ist. In dieser Debatte ging
es schließlich um die Verfassung. Nach der Diskussion mit dem
gesamten Team, bei der ich darauf bestanden hatte, dass Donald
Trump nicht erwähnt wurde, meinte Jamie, er wisse jetzt, wie
unsere Argumentation aussehen solle. Seine Eröffnungsrede hatte
er am 31. Dezember fertig. Sie gefiel ihm, aber er fand sie doch ein
bisschen zu trocken. Also wollte er sie seinem 26-jährigen Sohn
Tommy zur Überarbeitung geben. »Er kann sich mitreißender
ausdrücken«, erklärte Jamie, »viel schwungvoller als ich.« Tommy,
der nach dem amerikanischen Revolutionär Thomas Paine benannt war, studierte damals im zweiten Jahr Jura an der Harvard
University und hatte gerade eine Stelle als Tutor angetreten. Weil
er sein Gehalt für diese Stelle mit den weniger Begüterten teilen
wollte, kaufte er Moskitonetze und spendete sie an Afrikaner, die
sich damit vor Malariamücken schützen konnten. Wenn seine Studenten ihre Abschlussklausuren einreichten, spendete Tommy jeweils im Namen der Betreffenden für Hungerhilfswerke weltweit.

Als Jamie sich jetzt auf die Suche nach seinem Sohn machte, um
ihm die Rede zu zeigen, fand er ihn in seinem Schlafzimmer tot
auf dem Bett liegen. Tommy, der schon seit Jahren gegen Depressi-
onen angekämpft hatte, war freiwillig aus dem Leben geschieden.
Er hinterließ seiner Familie einen Abschiedsbrief: »Bitte verzeiht
mir. Meine Krankheit war heute stärker als ich. Bitte sorgt gut
füreinander, für die Tiere und für die Armen auf der Welt. Alles
Liebe, Tommy.«

Es gibt keine Worte dafür, wie tief Jamies Trauer war, als er es uns erzählte.

Ich wollte ihn für die Repräsentantenhaussitzung am 3. Januar mit der Wahl des Sprechers freistellen, aber Jamie bestand darauf teilzunehmen. Er sagte mir: »Nein, Tommy mochte Sie sehr. Er würde wollen, dass ich hingehe.« Ich bat ihn aber, dann wenigstens nach der Stimmabgabe gleich wieder nach Hause zu gehen. »Ihre Familie braucht Sie jetzt.«

Am 5. Januar 2021 betteten Jamie und Sarah gemeinsam mit der übrigen Raskin-Familie Tommy zur letzten Ruhe. Wir, die wir uns auf die Abstimmung am 6. Januar vorbereiteten, hatten alle bereits Todesdrohungen erhalten. Jamies Angehörige, noch unter dem Eindruck der furchtbaren Tragödie und besorgt um seine Sicherheit, rieten ihm, in der Debatte über das Wahlmännerkollegium am 6. Januar nicht als Wortführer aufzutreten. Sie wollten ihn nicht der Wucht weiterer Angriffe der Gegenpartei aussetzen. Aber Jamie war zwar bereit, auf die Führungsrolle in der Debatte zu verzichten, nicht aber auf seine Rede im Plenum vor Beginn der offiziellen Bestätigungszeremonie für die Präsidentenwahl. Seine jüngere Tochter Tabitha begleitete ihn an jenem Morgen zusammen mit seinem Schwiegersohn Hank, dem Mann seiner älteren Tochter Hannah, zum Kapitol. Beide hatten ihm vor dem Aufbruch die prophetische Frage gestellt: »Ist das auch nicht gefährlich?«

Wir wussten schon, dass für den späten Vormittag eine Demonstration unter dem Motto »Stop the Steal« (Verhindert den Wahlklau) auf der National Mall geplant war. Bereits im Dezember hatte der Mann im Oval Office getweetet: »Große Protestdemo in DC am 6. Januar«, und: »Kommt alle, das wird eine Riesensache.« Wir wussten also im Voraus, dass er eine Massenveranstaltung plante. Das Capitol Police Board hatte uns vorgewarnt; der Kommission gehörten der Architekt des Kapitols – der Inhaber des für die Logistik des Gebäudekomplexes zuständigen Kongressamts – und die beiden für Ordnung und Sicherheit verantwortlichen Sergeants-at-Arms von Repräsentantenhaus und Senat an, hinzu kam von Amts wegen noch der Chef der Kapitolpolizei. Dieses Gremium hatte uns erklärt, wir müssten mit einer Menschenmenge rechnen. Das konnte natürlich alles Mögliche heißen. Am Kapitol versammeln sich oft Menschenmengen. Während der Debatte um die Gesundheitsreform und der Abstimmung über den Affordable Care Act war es zu riesigen Aufläufen oft sehr feindseliger Demonstranten gekommen. Sie hatten die Vorder- und Rückseite der Capitol Plaza und den Parkplatz verstopft, waren sehr laut gewesen und hatten wie berichtet Abgeordnete der Demokraten angespuckt, aber wirklich gewalttätig waren sie nicht geworden. Für die meisten von uns, die auf dem Capitol Hill arbeiten, bedeuten Demonstrationen nicht mehr als großen Lärm.

Niemand rechnete damit, dass sie einen Galgen aufstellen und eine Schlinge knüpfen würden.

Als ich um neun Uhr morgens ins Büro kam, waren einige Demonstranten bereits in Richtung der Absperrungen unterwegs, die wie übergroße Fahrradständer aussehen. Ich veranstaltete eine Videokonferenz mit der Fraktion und unserem Wahlkollegiumsteam als letzte Vorbereitung vor der ereignisreichen Sitzung am Nachmittag, die sich wohl bis in den Abend ziehen würde. Zum Schluss erinnerte ich alle Beteiligten daran, dass dieser Tag, der 6. Januar, der Dreikönigstag war, an dem die Weisen aus dem Morgenland zum Jesuskind an die Krippe kamen, um es anzubeten. Ich sagte den Abgeordneten, dieser 6. Januar solle auch »dem amerikanischen Volk Weisheit bringen, vielleicht sogar unserem politischen Gegner«.

Meine Tochter Alexandra war ins Kapitol gekommen, um sich die Parlamentssitzung anzuschauen, und hatte ihre beiden Söhne mitgebracht, die schon die Verabschiedung des Gesetzes zur Gesundheitsreform mitangesehen hatten. Jetzt waren sie Jugendliche, und ihre Mutter wollte ihnen zeigen, wie Geschichte geschrieben wird: die friedliche Machtübergabe an einen neuen Präsidenten. Sie bekamen dann wirklich mit, wie Geschichte geschrieben wurde, aber auf eine für uns alle unerwartete Weise. Paul, einer der beiden, hatte allerdings schon vorher geahnt, es werde wohl ziemlich wild zugehen.

Bevor ich mich auf den Weg in den Plenarsaal machte, schaute ich noch einmal im Arbeitszimmer meine Notizen und die vorbereitete Erklärung durch. Paul war dabei. Im Hintergrund lief der Fernseher und zeigte Trumps Rede in der sogenannten »Ellipse«, einem Park südlich des Weißen Hauses, direkt neben der National Mall. Wir hörten ihn sagen: »Wir geben nicht auf«, und wie er die Versammelten aufforderte: »Wir gehen jetzt runter zum Kapitol.« Paul schaute aus dem Fenster die lange offene Strecke der Mall entlang, sah die Menschen auf uns zuströmen und meinte: »Ich glaube, die kommen hierher, Mimi.« Alexandra, die wie gesagt als Dokumentarfilmerin arbeitet, hatte ihre Videokamera aufgebaut und nahm die Szene für ihre Söhne auf. Dieser Film sollte ein wichtiger Beleg für die folgenden Ereignisse werden.

Paul war der Erste, der mir berichtete, die Demonstrationsteilnehmer seien dabei, zum Kapitol zu marschieren. Zu diesem Zeitpunkt hatten sie die abgesperrte Sicherheitszone fast erreicht.

Ich hörte immer noch Trumps Rede im Hintergrund und gab gereizt zurück: »Wenn er hierherkommt, dann besetzen wir das Weiße Haus.« Aber bald wurde es eine bedrohliche Wahrscheinlichkeit, dass der Präsident zusammen mit Tausenden seiner Getreuen im Kapitol erscheinen könnte. Terri McCullough,

meine Stabschefin, brachte die Meldung, der Secret Service habe
Trump den Marsch aufs Kapitol wieder ausgeredet. »Wir haben
nicht genug Sicherheitspersonal dafür.« Ich fand unglaublich, dass
es überhaupt so weit gekommen war. »Wenn er doch auftaucht,
schlage ich ihn k. o.«, erwiderte ich. »Wegen unbefugten Betretens
des Parlamentsgebäudes. Ich schlage ihn k. o. Und dafür komme
ich ins Gefängnis, und ich werde froh darüber sein.«

Draußen vor den Fenstern hörte ich währenddessen bereits die
wachsende Menge der Demonstranten skandieren: »USA, USA,
USA!« Ich machte mich auf den Weg in den Plenarsaal. Mitarbeiter des Senats trugen die schönen, schweren Mahagonikästen
mit den 538 unterschriebenen Stimmzetteln der Wahlmänner in
den Sitzungssaal.

Um 12.53 Uhr durchbrachen die Demonstranten den äußeren Ring der Polizeiabsperrungen um das Kapitol und drängten
die zum Schutz des Gebäudes abgestellten Beamten zurück. Um
13.05 Uhr berief ich mit dem Präsidentenhammer das Repräsentantenhaus ein, und der Vizepräsident übernahm die Leitung der
gemeinsamen Sitzung beider Kammern des Kongresses. Wegen
der Covid-Maßnahmen fand sie unter ungewöhnlichen Umständen statt. Die Abgeordneten saßen im gesamten Saal und auch auf
den Zuschauertribünen darüber möglichst weiträumig verteilt,
um die Abstandsregeln einzuhalten. Die Höchstzahl der gleichzeitig Anwesenden war genau festgelegt: Nur eine begrenzte Anzahl
Abgeordnete durfte in den Saal und auf die Tribüne, andere warteten in ihren Büros, bis sie ans Rednerpult oder zur Abstimmung
gerufen wurden. Auch das Personal war stark ausgedünnt; aus
meinem Stab war nur jeder dritte Mitarbeiter anwesend. Andere
Abgeordnete begnügten sich mit einer Notbesetzung oder arbeiteten ganz allein.

Im Ellipse-Park schloss Trump gerade seine Rede ab. Noch einmal forderte der angeschlagene Präsident seine verbleibenden Zuhörer böswillig auf: »Wir gehen jetzt zum Kapitol. Wir versuchen, ihnen [den Republikanern im Kongress] den Stolz und die Kühnheit zu vermitteln, die sie brauchen, um unser Land zurückzuerobern.« Gleichzeitig wurde das Ergebnis des Wahlmännerkollegiums für Arizona verlesen, und Paul Gosar, Republikanischer Abgeordneter aus diesem Bundesstaat, stand auf und meldete sich zu Wort: »In meinem eigenen Namen und dem von sechzig meiner Kollegen lege ich hiermit Widerspruch gegen die Auszählung der Wahlmännerstimmen aus Arizona ein.« Der Republikanische Senator Ted Cruz aus Texas schloss sich Gosars Widerspruch an.

Nach den Regeln der Geschäftsordnung verließen jetzt die anwesenden Senatoren den Plenarsaal des Repräsentantenhauses und kehrten auf ihre Seite des Kapitols zurück, um dort über den Widerspruch zu debattieren, während wir Abgeordneten zurückblieben, um ebenfalls eine Debatte darüber abzuhalten. Draußen hatte die Menge inzwischen die große Freitreppe des Kapitols erreicht und geriet in Handgemenge mit der Polizei, aber im fensterlosen, nahezu schalldichten Plenarsaal bekamen wir davon nichts mit. (Abgeordnete dürfen während der Sitzungen keine Mobiltelefone benutzen.) Wenige Minuten nach 14 Uhr erreichte die Menge mehrere Eingänge ins Gebäude. Im Senatsflügel wurden mit einem geraubten Polizei-Schutzschild und Fahnenstangen mehrere Fenster eingeschlagen, und Gruppen von Demonstranten strömten hinein, traten Türen auf und verschafften sich Zutritt, wo immer sie konnten.

Ich saß noch im Sessel des Sprechers, als mehrere Beamte der Kapitolpolizei hereineilten und mich buchstäblich vom Podium zerrten. »Wir bringen Sie jetzt in Sicherheit«, erklärten sie mir. Ich widersprach ihnen zunächst und beharrte darauf zu bleiben. Demonstranten und Protestierer hatte ich auch während der Sitzungen schon öfter erlebt. »Mir ist das egal«, sagte ich den Polizisten. »Damit werde ich schon fertig.« Die knappe Antwort lautete: »Nein, werden Sie nicht. Das hier ist ernst. Wir bringen Sie jetzt weg.« Ich wurde so rasch vom Podium hinuntergedrängt, dass ich nicht einmal mein Mobiltelefon oder sonst irgendetwas mitnehmen konnte. Erst als ich den Korridor in Richtung Kellertreppe und dann in die Tiefgarage hinunterrannte, erfuhr ich, dass die Menschen, die sich draußen versammelt hatten und die mein Enkel Paul als winzige Gestalten über die breiten Wege und die Rasenflächen der Mall näher kommen gesehen hatte, jetzt dabei waren, das Kapitol zu stürmen.

Während wir durch das enge, schwach beleuchtete Treppenhaus nach unten liefen, fragte ich das Sicherheitsteam und meinen Stabschef immer wieder: »Haben wir schon die Nationalgarde gerufen?« Ich wollte wissen, ob jemand Mitch McConnell benachrichtigt hatte, den Republikanischen Mehrheitsführer im Senat, damit er dem Einsatz der Nationalgarde zustimmte. Ich ballte die Hand zur Faust und erklärte: »Wir dürfen nicht zulassen, dass die [Demonstranten] damit durchkommen. Wenn die Sitzung jetzt ihretwegen beendet wird, haben wir total versagt.« Ich stieg ins wartende Auto und wurde eilig nach Fort McNair gefahren. Vizepräsident Mike Pence war bereits vom Secret Service aus dem Senatssaal geholt worden, wo er den Vorsitz geführt hatte. Die restlichen Mitglieder der Präsidien von Senat und Repräsentantenhaus wurden ebenfalls an unseren Zufluchtsort in Fort McNair gebracht, aber Mike Pence blieb im Kapitol. Er hatte sich geweigert zu gehen, ließ sich aber wenigstens von seinen Sicherheitsleuten überreden, einen sicheren Ort auf dem Gelände aufzusuchen. Zusammen mit seiner Familie verbrachte er dann mehrere Stunden versteckt an der Laderampe, wo seine Wagenkolonne parkte.

»WIR WOLLEN EINFACH NUR PELOSI!«

Inzwischen skandierte die riesige Menge »Nancy, Nancy, Nancy!« und rief direkt vor meinem Büro und an der Treppe zum Plenarsaal: »Wir wollen einfach nur Pelosi!« Kapitolpolizisten wurden gefragt, wo sich Nancys Leute befänden. Später sah ich auf Bildern der Überwachungskameras, wie meine jungen Mitarbeiter sich eilig in einen abgelegenen Besprechungsraum zurückzogen und die Tür abschlossen. Die Demonstranten beharrten darauf, mit »Pelosi« oder »Nancy« zu sprechen. Einer nahm einen Hörer der Haustelefonanlage auf und wollte zu mir durchgestellt werden. Als sich die Telefonistin weigerte, ließ er mir ausrichten: »Wir kommen, Schlampe.« Ein anderer Demonstrant, der bis in den Senatssaal vorgedrungen war, rief: »Wo zur Hölle ist Nancy?!« Und irgendjemand hatte ein großes Plakat mit der Aufschrift »PELOSI IST SATAN« auf der Windschutzscheibe eines Autos aus dem Wagenpark des Kongresses zurückgelassen. Eine Demonstrantin, die eine rote Strickmütze mit dem Slogan »MAKE AMERICA GREAT AGAIN« trug, erklärte, sie suche nach Nancy Pelosi, »um ihr eine Kugel durch den verdammten Kopf zu jagen«.

Anderswo in den Korridoren rief die Menge: »Hängt Mike Pence!« Ein Kopfschuss für mich und der Galgen für den Vizepräsidenten.

Trump hatte seinen jubelnden Anhängern in der Rede gesagt: »Wenn Mike Pence das Richtige tut, gewinnen wir die Wahl«, und: »Vizepräsident Pence muss nichts weiter tun, als [die Stimmzettel der Wahlmänner] zur Berichtigung an die Bundesstaaten zurückzuschicken, und wir haben gewonnen.« Um 14.24 Uhr tweetete Trump: »Mike Pence hat nicht den Mut aufgebracht, das Notwendige zum Schutz unseres Landes und unserer Verfassung zu tun.« Später hörten wir, dass einige der Leibwächter des Vizepräsidenten sich schon telefonisch von ihren Familien verabschiedet hatten.

In unserem sicheren Versteck in Fort McNair verfolgten Chuck Schumer und ich die Geschehnisse am Fernseher. Wir sahen Livebilder von Demonstranten, die Absperrungen überrannten, mit Flaggenmasten und Baseballschlägern Türen einschlugen und Polizeibeamte überwältigten. Es kam zu Handgemengen. Die Demonstranten erklommen die Tribünen, die um das Kapitol bereits für Joe Bidens Vereidigung aufgebaut waren. Chuck hatte Kontakt mit Senatoren, die sich in ihren Büros versteckt hielten. Ich wusste von mehreren Abgeordneten, die im Plenarsaal des Repräsentantenhauses festsaßen. Meine Tochter Alexandra war bei mir und filmte weiter alles mit – die Ereignisse und Emotionen und der Schock jenes Nachmittags wurden ebenso dokumentiert wie die Bilder und Äußerungen von Demokraten und Republikanern, etwa der Senatoren Schumer, McConnell, Dick Durbin, Chuck Grassley und John Thune oder der Abgeordneten Hoyer, Jim Clyburn und Steve Scalise, während Kevin McCarthy, Republikanischer Oppositionsführer im Repräsentantenhaus, praktisch nicht zu sehen war. Wir in Fort McNair drängten uns in einem Kellergeschoss zusammen, wo in einem der Räume noch ein beleuchteter Weihnachtsbaum stand, und hielten telefonischen Kontakt mit unseren Kollegen im Kapitol, während wir gleichzeitig die zuständigen Amtsträger zu überreden versuchten, die Nationalgarde gegen den Aufstand einzusetzen, und die Livebilder der anstürmenden Demonstranten verfolgten, wie sie die Polizeiketten überrannten.

»FLEHEN UM DIE NATIONALGARDE«

Ich rief sofort im Pentagon an, um Armeestaatssekretär Ryan McCarthy zu sagen, er solle die Nationalgarde des Washingtoner Zeughauses, das nur drei Kilometer vom Kapitol entfernt liegt, zum Parlament schicken. Aber im Pentagon sahen alle, mit denen ich sprach, einschließlich des Armeestaatssekretärs, die Sache sehr gelassen. Ich hätte sie am liebsten angeschrien: *Schaltet mal euren Fernseher ein! Seht ihr, was da gerade passiert?*

Ryan McCarthy sagte mir ungefähr: »Na ja, die Nationalgarde schickt man nicht so einfach los. Wir brauchen schon eine Aufsichtsbehörde vor Ort, der wir sie unterstellen können.« Ich erwiderte: »Und die gibt es im Kapitol auch. Schicken Sie bitte sofort Ihre Truppen dorthin.« Woraufhin McCarthy meinte: »Da muss ich erst den Chef informieren. Wir müssen ihm das erklären, und das dauert ein bisschen. Ich weiß nicht, ob wir etwas tun können.« Mit dem Chef meinte er den amtierenden Verteidigungsminister Christopher Miller, und ich fand die Reaktion beider Männer erschreckend.

Ich möchte hier angesichts vieler Falschbehauptungen, darunter leider auch von Republikanischen Kongressmitgliedern, klar und deutlich feststellen: Die Nationalgarde steht unter dem Befehl der Regierung, nicht des Kongresses. Ich war als Sprecherin einer Parlamentskammer ebenso wenig befugt, sie in Marsch zu setzen, wie der damalige Mehrheitsführer im Senat, Mitch McConnell. Anfordern – aber auch nicht selbst einsetzen – kann die Nationalgarde nur das Capitol Police Board. Mitch, Chuck und ich baten am 6. Januar wiederholt darum, die Nationalgarde zum Kapitol zu schicken.

In den einzelnen Bundesstaaten liegt die Befugnis zum Einsatz der Nationalgarde beim jeweiligen Gouverneur. Leider ist

Washington, D. C., aber nach wie vor kein Bundesstaat, und die Nationalgarde untersteht hier dem Verteidigungsministerium; den Einsatzbefehl erteilt gewöhnlich der Armeestaatssekretär. Nomineller Oberbefehlshaber ist der Präsident der Vereinigten Staaten, aber der saß, soweit wir wussten, in einem Nebenraum des Oval Office, schaute sich die Berichterstattung im Fernsehen an und twitterte gegen Mike Pence. Erst über zwei Stunden nachdem die Demonstranten ins Kapitol eingedrungen waren, bat der Mann im Oval Office sie direkt, keine Gewalt anzuwenden, und zwar wieder über Twitter: »Ich fordere alle im Kapitol auf, friedlich zu bleiben. Keine Gewalt! Denkt daran, dass *wir* die Partei von Recht & Ordnung sind – haltet euch ans Gesetz und respektiert unsere großartigen Männer und Frauen in Blau. Ich danke euch!« – »Friedlich bleiben. Keine Gewalt!«? Was für eine beschämende, abstoßende Heuchelei.

Gegen 16 Uhr sprachen Mitch McConnell, Chuck Schumer und ich über Chucks Klapp-Mobiltelefon mit dem amtierenden Verteidigungsminister. Wir baten weiterhin flehentlich um einen inzwischen verspäteten, aber immer noch unbedingt notwendigen Einsatz der Nationalgarde. McConnell sagte wörtlich, die Soldaten müssten »so schnell wie möglich eingreifen, verstehen Sie?«. Schumer erklärte: »Das ist ein Notfall, es geht um Leib und Leben!« Ich sagte entnervt zu Armeestaatssekretär McCarthy: »Stellen Sie sich doch einmal vor, diese Leute wollten das Pentagon oder das Weiße Haus oder sonst eine Regierungsbehörde stürmen. Wie würden Sie reagieren?« McCarthy berief sich weiter darauf, es gebe weder eine »aufsichtführende Behörde« im Kapitol noch einen Einsatzplan. Ich wiederholte, es gebe sehr wohl eine aufsichtführende Behörde im Kapitol und einen Einsatzplan könne sie ausarbeiten, bis die Nationalgarde eintreffe. Es war so weit gekommen, dass wir dem Verteidigungsministerium das Denken abnehmen und den

Verantwortlichen vorsagen mussten, was sie tun sollten: sofort handeln, die Nationalgarde in Marsch setzen, Einsatzplan improvisieren, aufsichtführende Behörde ist bereits vor Ort.

Chuck Schumer, Steny Hoyer und ich hatten bereits die Gouverneure der benachbarten Bundesstaaten Virginia und Maryland angerufen und sie um Verstärkung gebeten. Sie waren einverstanden und schickten die Staatspolizei und örtliche Polizeikräfte. Ich hatte mit Ralph Northam gesprochen, dem Gouverneur von Virginia, und bereits um 15.15 Uhr rückten erste Polizei- und Nationalgarde-Einheiten aus Virginia in D. C. ein, während das Pentagon noch »beriet«.

Fast alle Angehörigen der Kongressleitung hatten außerdem jeden in der Regierung angerufen, den wir nur erreichen konnten, und beschworen, dem Präsidenten auszurichten, »er soll diese Leute zurückpfeifen«. Chuck und ich gerieten in ein Wortgefecht mit Jeffrey Rosen, dem amtierenden Generalbundesanwalt. Chuck sagte ihm klipp und klar, er solle bei Präsident Trump intervenieren, damit er den Mob zurückrufe. Ich erklärte, »die Demonstranten brechen auf Anstiftung des Präsidenten der Vereinigten Staaten das Gesetz«.

Zwischenzeitlich hörten wir, es könne Tage dauern, alle Demonstranten im Gebäude aufzustöbern. Der amtierende Verteidigungsminister meinte, er habe keine Ahnung, wie viele Leute sich darin aufhielten.

DIE RÜCKEROBERUNG DES KAPITOLS

Es war zum Verzweifeln, stundenlang im Stützpunkt Fort McNair festzusitzen, aber ich wusste, dass ich vor allem gelassen bleiben musste. Wir hatten es mit einem durchgedrehten Präsidenten und einer unberechenbaren, zerstörerischen und gefährlichen Menschenmenge zu tun. Unsere Abgeordneten, ihre Mitarbeiter, die Polizisten vor Ort, das Gebäudepersonal und die Beamten waren in Gefahr. Wir konnten uns nicht einmal erlauben, uns um die verletzten Polizisten zu sorgen. Wir durften nur an eines denken: »Das muss aufhören.«

Mike Pence, der sich weiter im Kapitol aufhielt, hatte seinerseits das Pentagon angerufen und um den Einsatz der Nationalgarde gebeten. Um Mike Pence war ich wirklich besorgt. Als ich mit ihm sprach, versteckte er sich immer noch auf der Laderampe. Ich sagte ihm direkt, dass es uns »so weit gut« gehe, ich aber um ihn »besorgt« sei. Wir besprachen auch die Sachschäden am Kapitol, und ich sagte ihm, ich hätte gehört, es gebe »menschlichen Kot im Plenarsaal des Repräsentantenhauses«. Zum Schluss des Telefongesprächs sagte ich dem Vizepräsidenten noch einmal: »Ich mache mir Sorgen um Sie. Verraten Sie niemandem, wo Sie sind.« Pence erwiderte entschlossen: »Wir bleiben hier.« Wie er später schrieb, wollte er keine Bilder liefern, auf denen zu sehen war, wie der Vizepräsident aus dem Kapitol floh. Aus unserem Gespräch hatte ich außerdem den Eindruck gewonnen, dass der Secret Service eine Flucht für gefährlicher gehalten hätte als das Bleiben – die Fahrzeugkolonne hätte sicher Aufmerksamkeit erregt und Drohungen herausgefordert. Ich persönlich befürchtete, seine Leibwächter würden ihm nicht einmal die Rückkehr ins Kapitol erlauben, wo wir gemeinsam noch eine wichtige Aufgabe zu Ende führen mussten. Ich halte Vizepräsident Pence sehr zugute, wie viel Mut er an jenem Nachmittag und Abend gezeigt hat.

Endlich, nachdem der amtierende Verteidigungsminister nachgegeben und die Nationalgarde angefordert hatte, erhielten die Truppen ihre Ausrüstung und trafen allmählich am Kapitol ein. Aber es dauerte trotzdem insgesamt drei Stunden von dem Moment an, als ich aus dem Plenarsaal gezerrt worden war, bis die

Nationalgarde am Kapitol ankam, und weitere 25 Minuten bis zum Beginn ihres Einsatzes. Die Räumung des Gebäudes von den Demonstranten beanspruchte nochmals dreieinhalb Stunden, wobei im Senatsflügel Rauchbomben und in der Rotunde Tränengas eingesetzt wurde, um diejenigen zu vertreiben, die das Kapitol besetzen wollten. Gegen 18 Uhr rief Vizepräsident Pence mich an und meldete, der Polizeichef des Kapitols sei bei ihm, und es sehe so aus, als könnten Repräsentantenhaus und Senat »in etwa einer Stunde« wieder zusammentreten. Etwa um halb sieben ließ ich mich ins Kapitol zurückfahren. Die Straßen waren dunkel und ungewöhnlich leer, weil über die Hauptstadt eine Ausgangssperre ab 18 Uhr verhängt worden war. Erst um halb acht Uhr abends wurde das Kapitol offiziell für »gesichert« erklärt.

Insgesamt waren bis zu 2000 Demonstranten ins Kapitol eingedrungen und hatten das Gebäude durchstreift. 138 Beamte der Kapitolpolizei und der Stadtpolizei Washington wurden während des Aufstands verletzt, fünfzehn von ihnen mussten ins Krankenhaus. Es war zu schweren Gewalttaten gekommen. Die Besetzer schlugen Polizisten mit Bleirohren auf den Kopf und besprühten sie mit chemischen Reizmitteln; sie schlugen die Beamten mit Elektroschockern, Fäusten, Stöcken, Stangen und Keilen. Drei Beamte der Stadtpolizei wurden eine Treppe hinuntergezerrt und geschlagen; ein vierter wurde sechsmal mit einem Elektroschocker angegriffen und erlitt einen leichten Herzanfall. Bei der Kapitolpolizei hatte ein Beamter zwei gebrochene Rippen und zwei gequetschte Bandscheiben davongetragen, ein weiterer verlor ein Auge, einem dritten wurde mit einem metallenen Zaunpfahl eine Stichwunde beigebracht. Ein Beamter trug ernsthafte Verletzungen davon, als er zwischen eine Tür und einen Polizei-Schutzschild eingeklemmt wurde. Ein weiterer Polizist wurde an einem Bein herumgezerrt und konnte ein Jahr später seinen Arm immer noch nicht wieder voll bewegen. Beamte berichteten, sie seien auf Blutflecken ausgerutscht. Officer Eugene Goodman von der Kapitolpolizei hinderte wütende Demonstranten am Eindringen in den Senatssaal. Er wurde möglicherweise mit Bären-Abwehrspray besprüht sowie mit Gegenständen beworfen und einer Flaggenstange angegriffen. Er beschrieb die Szene später mit den Worten: »wie im Mittelalter«. Fünf Polizeibeamte starben nach der Besetzung: Officer Brian Sicknick am folgenden Tag an einem Schlaganfall, vier weitere begingen Selbstmord: Jeffrey Smith, Howard Liebengood, Gunther Hashida und Kyle deFreytag.

Bei den ersten Festnahmen während der Besetzung beschlagnahmte die Polizei mehrere Schusswaffen und fand in einem in der Nähe geparkten Auto eine Kühltasche voller Molotow-Cocktails. Im Sitzungssaal des Repräsentantenhauses herrschte völliges Chaos. Mehrere Abgeordnete, die früher Soldaten oder Polizisten gewesen waren, hatten die hölzernen Standpfosten von Handdesinfektionsspendern abgebrochen und daraus improvisierte Spieße als Waffen gefertigt. Draußen hatten die Demonstranten einen Flaggenmast abgesägt, um damit das dicke Glas der Eingangstür einzuschlagen. Die Kapitolpolizisten hatten sich an der beschädigten Tür verschanzt und, umgeben von einer Schicht Glasscherben, die Pistolen auf den Eingang gerichtet. Demonstrantengruppen, den Polizisten an Zahl weit überlegen, streiften durch die Gänge und strömten am unteren Eingang des Sitzungssaals vorbei. Hin und wieder spähten sie durch die zerbrochenen Glasscheiben herein, riefen Obszönitäten und skandierten: »Das Parlament gehört uns!«

Eine Demonstrantin wollte durch die zerbrochene Glastür in die Lobby des Sprechers eindringen, in der mehrere Abgeordnete festsaßen. Die überlastete Kapitolpolizei versuchte, nicht nur diesen Eingang zu verteidigen, sondern auch den Eingang zum

Plenarsaal daneben, hinter dem ebenfalls Abgeordnete in der Falle saßen. Die Polizisten forderten die Demonstrantin und die vordringende Menge wiederholt auf, sich zurückzuziehen. Die Frau tat es nicht. Sie schlug die Scheiben ein und versuchte, die Tür aufzubrechen. Ein Leutnant der Kapitolpolizei zog seine Pistole und war gezwungen zu schießen.

Die Abgeordneten im Plenarsaal erlebten wirklich Haarsträubendes. Jamie Raskin hörte mit an, wie seine Kollegen ihre Ehepartner anriefen, um sich zu verabschieden, genau wie die Sicherheitsleute des Vizepräsidenten. Er legte zusammen mit anderen Abgeordneten Gasmasken an, als in den Gängen Tränengaskanister abgefeuert wurden; der Kaplan des Repräsentantenhauses sprach ein Gebet, während die Abgeordneten die mit Luftfiltern versehenen Plastik-Atemschutzhauben aus den diskreten Taschen unter den Sitzen hervorzogen. Viele hatten zuvor gar nichts von diesen Schutzhauben gewusst; sie waren im Zug der verschärften Sicherheitsmaßnahmen nach den Anschlägen des 11. September 2001 dort angebracht worden.

Der Abgeordnete Jason Crow aus Colorado, der auf der Besuchertribüne gesessen hatte, riet seinen Kollegen, ihre Kongress-Anstecknadeln abzunehmen, damit die Demonstranten draußen sie nicht so leicht als Abgeordnete identifizieren konnten. Er rief seine Frau an, um ihr zu sagen, dass er sie und die Kinder liebe, und stellte dann als ehemaliger Army Ranger eine Checkliste auf und arbeitete sie ab: Eingänge verschließen. Die Eingeschlossenen von den Eingängen zurückziehen. Ihnen sagen, dass sie ihre Taschen und sonstige Habe zurücklassen sollen, damit sie leichter flüchten können. Er zog seinen Füllhalter hervor und sagte seinen Kollegen, sie sollten ihre Füller ebenfalls als Stichwaffe bereithalten.

Die Abgeordneten und Reporter, die auf der Besuchertribüne

festsaßen, legten sich auf den Boden und versteckten sich unter den Klappsitzen. Viele von ihnen mussten schließlich wie im Gefecht zu einem Ausgang robben, den die Polizei gesichert hatte, um endlich der Falle zu entkommen; Jason Crow verließ die Tribüne als Letzter. Zuvor aber hörten alle Anwesenden im Plenarsaal die Menge draußen gegen die große Doppeltür hämmern.

Es klang »wie ein Rammbock«, so Jamie Raskin. Die Kapitolpolizei konnte zum Glück die Abgeordneten in Sicherheit bringen.

Eine Gruppe Abgeordneter, die an diesem Tag auf der Tribüne saßen, nannte sich seitdem »die Tribünengruppe«. Ihre gemeinsamen traumatischen Erlebnisse am 6. Januar machten sie zu dicken Freunden.

HAUPTZIEL: DAS SPRECHERBÜRO

Auch außerhalb des Plenarsaals im Kapitolgebäude versteckten sich Hunderte Mitarbeiter und Abgeordnete in diversen Büros und Tagungsräumen unter den Möbeln. Jamie Raskins Tochter und sein Schwiegersohn verbargen sich unter dem Schreibtisch Steny Hoyers, des Mehrheitsführers im Repräsentantenhaus, während die Demonstranten draußen an die Tür hämmerten. Schweigend schrieben sie Textnachrichten an Angehörige und Freunde, um sie ihrer Liebe zu versichern und sich von ihnen zu verabschieden. Jamie sagte später: »Sie dachten, sie müssten sterben.«

Überall in den Bürotrakten von Repräsentantenhaus und Senat verrammelten Abgeordnete und Senatoren die Türen. Die Mitarbeiter schoben Möbel vor die Türen, wie sie es aus den Übungen gegen Amokläufer kannten, an denen viele in der Highschool teilgenommen hatten. Dann kauerten sie sich auf den Boden und versteckten sich ohne ein Wort.

Acht meiner Mitarbeiter, die sich im dunklen Büro verborgen hielten, hörten die Menge immer wieder »Nancy, Nancy, wo ist Nancy?« und »Wir kommen und holen sie uns!« skandieren. Sie hörten das Holz splittern, als die Demonstranten die versperrte äußere Tür zum Bürotrakt des Sprechers aufbrachen. Meine Mitarbeiter hatten sich hinter einer zweiten, ebenfalls abgeschlossenen Tür verrammelt und unter einem lang gestreckten hölzernen Konferenztisch Zuflucht gesucht, wo sie sich zwischen Stühle und dicke gedrechselte Tischbeine quetschten. Dort harrten sie ohne Licht und bei zugezogenen Vorhängen ohne einen Laut zweieinhalb Stunden lang aus. Sie hörten die Menge an die Tür zu ihrem Versteck hämmern und versuchen, sie aufzubrechen. Gab diese Tür nach, das wussten sie alle, dann hatten sie keinen Fluchtweg mehr.

Auf mein Büro hatten es die Demonstranten besonders abgesehen. Sie rissen das Schild mit meinem Namen herunter und brachen es in Stücke. Einige drangen in mein Arbeitszimmer ein. Einer von ihnen, der seine Füße auf den Schreibtisch legte, trug einen Elektroschocker mit 950 000 Volt Spannung bei sich. Andere stahlen persönliche Gegenstände und einen Laptop. Eine Anzahl Demonstranten durchwühlte Akten und Post auf den Schreibtischen. Briefe sind in meinem Büro unantastbar und vertraulich. Die meisten kommen von Wählern und anderen Bürgern, die besondere Anliegen haben. Dass die Demonstranten die Privatsphäre dieser Menschen verletzten, fand ich besonders empörend. Die Eindringlinge gaben sich nicht damit zufrieden, alles zu verwüsten, sondern hinterließen auch feindselige Sprüche auf Briefpapier des Repräsentantenhauses und zerschlugen einen großen antiken Spiegel.

Mit dem Eintreffen der Ordnungskräfte im Kapitol wurde dann allmählich ein Gang nach dem anderen und ein Stockwerk nach dem anderen geräumt. Zurück blieb völlige Zerstörung.

Es war ein Bild der Verwüstung, der Respektlosigkeit und der Missachtung für diejenigen, die das Kapitol sauber und in Ordnung halten. Um das Gebäude herum häuften sich Glasscherben, zersplitterte Holztrümmer und beschädigte Gemälde. Mir wurde gesagt: »Vor der Sprecherlobby ist Blut auf dem Boden, Ma'am.« Einige Demonstranten hatten die Beschäftigten des Kapitols, die dafür sorgen, dass es sicher und schön anzusehen ist, mit widerlichen Schimpfwörtern belegt. Und an mehreren Stellen, unter anderem auch in meinem Arbeitszimmer, hatten Demonstranten buchstäblich ihren Kot auf den Fußböden und Teppichen hinterlassen. Der Geruch von menschlichen Ausscheidungen, Rauchbomben, Pfefferspray und Tränengas hing in der Luft.

BERUFSRISIKEN

Als ich Sprecherin wurde, wusste ich, dass ich mich damit Angriffen aussetzte. Das gilt für jeden, der ein politisches Amt antritt, und man muss damit seinen Frieden machen. Ich habe das schon 2007 getan, und danach immer wieder aufs Neue, wenn ich in ein Konflikt- oder Kriegsgebiet reiste. Als ich 2022 nach Kiew flog, etwas mehr als zwei Monate nach dem russischen Einmarsch, dachte ich, womöglich sterbe ich hier, und das ist in Ordnung. Am 6. Januar dachte ich kurz dasselbe. Es gehört einfach mit zum Beruf.

Alle Abgeordneten akzeptieren dieses Risiko in einem gewissen Maß. Etwas grundlegend anderes ist es jedoch, wenn sich dieses Risiko auch auf Angehörige erstreckt. Ich hatte Glück, dass Alexandra und meine Enkel bei mir waren; ich musste mir um ihr Wohlergehen keine Sorgen machen. Große Sorgen machte ich mir allerdings um meine Mitarbeiter – besonders weil ich ohne Mobiltelefon keinen Kontakt zu ihnen aufnehmen konnte.

Terri, meine Stabschefin, blieb allerdings ständig in Verbindung mit ihnen.

Wir, die wir in Fort McNair versteckt waren, hatten Leibwächter – die Abgeordneten, die im Kapitol geblieben waren, aber nicht. Wir sorgten uns auch um sie und ihre Sicherheit. In vieler Hinsicht stärkten diese Stunden unser jeweiliges innerstes Wesen. Chuck Schumer, Mitch McConnell und ich kennen uns seit Jahren und arbeiten schon lange zusammen. Gemeinsam forderten wir telefonisch, die Nationalgarde ausrücken zu lassen, entschlossen und einig. Am Nachmittag meldeten mehrere Nachrichtensender das Ergebnis der ersten von zwei Senatsnachwahlen in Georgia vom 5. Januar: Die Demokraten hatten gewonnen. Nach dieser Nachricht ging Mitch zu Chuck hinüber und gratulierte ihm zur zurückgewonnenen Mehrheit im Senat. Das war eine noble Geste in diesem ganzen Chaos. Andere dagegen blieben sich selbst treu. Steve Scalise, der Republikanische Fraktionsgeschäftsführer, war bei uns, als wir in Telefongesprächen nachdrücklich um den Einsatz der Nationalgarde baten. Später behauptete er, solche Anrufe habe es nie gegeben, obwohl er dabei neben uns gestanden hatte.

Zum Glück hatte Alexandra einen Großteil der Ereignisse mitgefilmt, darunter auch die betreffenden Telefonanrufe. Präsidentenhistoriker haben mir später gesagt, sie wünschten, wir hätten solche Aufzeichnungen auch von anderen großen Ereignissen der amerikanischen Geschichte.

RÜCKKEHR INS KAPITOL

Die Sicherheitsbehörden wollten mich und die anderen Führer von Repräsentantenhaus und Senat am 6. Januar zuerst nicht ins Kapitol zurückkehren lassen. Sie sagten mir, die Bestätigung der Wahlmännerstimmen werde an einem sicheren Ort stattfinden müssen, und zwar nicht im Kapitol. Ich lehnte das ab. Ein solches Vorgehen hätte das falsche Signal gegeben. Wir mussten dem amerikanischen Volk und der Welt zeigen, dass wir die verfassungsmäßigen Prozeduren pünktlich und im Zentrum der Demokratie durchführten, in den Plenarsälen von Repräsentantenhaus und Senat. Nicht hinter verschlossenen Türen an einem geheimen Ort.

Ja, am Nachmittag des 6. Januar 2021 erstürmten Tausende Menschen, angestiftet durch einen selbstsüchtigen, gedankenlosen Mann, dieses schöne Gebäude, und eine beträchtliche Zahl unter ihnen versuchte, es zu verwüsten. Der damalige Präsident der Vereinigten Staaten dirigierte diese Leute. Er verhöhnte damit seinen Amtseid. Aber die Kongressmitglieder sollten am selben Abend ihrer Verantwortung und ihrem Amtseid gerecht werden. Sämtliche Abgeordneten und Senatoren und meine sämtlichen Mitarbeiter kehrten zurück und blieben bis vier Uhr früh am 7. Januar, damit wir unsere verfassungsmäßige Pflicht erfüllen, die Präsidentenwahl bestätigen und die friedliche Machtübergabe sicherstellen konnten.

Einige der Demonstranten suchten tatsächlich nach den schweren Mahagonikästen, in denen sich die unterschriebenen Stimmzettel des Wahlmännerkollegiums befanden. Sie dachten wahrscheinlich, wenn es ihnen gelinge, sie zu vernichten, könne die Bestätigung der Abstimmung durch den Kongress nicht stattfinden. Trump, der Anstifter der Verschwörung, wusste nicht genug über unser Regierungssystem, um zu bedenken, dass die Wahlmänner insgesamt je sechs dieser Stimmzettel unterzeichnen, von denen nur einer ins Kapitol geschickt wird, die anderen fünf dagegen an verschiedene Orte zur Aufbewahrung, unter anderem ins Nationalarchiv. Die betreffenden Demonstranten versuchten, die jungen Mitarbeiter ausfindig zu machen, denen die Kästen anvertraut waren, weil sie glaubten, die Auszählung und den verfassungsmäßigen Ablauf damit aufhalten zu können. Die Stimmzettel befanden sich jedoch noch immer sicher im Kapitol, und dorthin gehörten auch wir vom Kongress jetzt.

Es ehrt Mitch McConnell und Chuck Schumer vom Senat, dass sie in dieser Frage absolut übereinstimmten. In den ununterbrochenen Telefongesprächen am Nachmittag sagten sie, wie auch ich, immer wieder: »Wir wollen ins Kapitol zurück.« Und abermals: »Wir müssen zurück ins Kapitol.«

Als ich dann zurückkehrte, führte mein erster Weg in den Sitzungsraum des Ausschusses für Verfahrensfragen, wo sich viele Abgeordnete mit ihren Mitarbeitern versammelt hatten. Ich ließ mich sofort zu meinen eigenen Mitarbeitern bringen. Man kann es nicht anders ausdrücken: Sie waren traumatisiert. Für mich in Fort McNair war es leicht gewesen, entschlossen und ruhig zu bleiben, aber sie hatten sich im Dunkeln unter einem Tisch versteckt und Angst gehabt, von einer außer Kontrolle geratenen Menge aufgespürt zu werden, ohne entkommen zu können.

Was mich angeht, werde ich den Demonstranten und ihren Anstiftern nie verzeihen, was sie diesen jungen Leuten angetan haben. In ihren Gesichtern war nach dem, was sie durchgemacht hatten, die Angst deutlich zu lesen. Manche von ihnen verließen das Kapitol nach dem 6. Januar und suchten sich andere Arbeitsplätze. Wie Menschen, für die es nach einem Unfall oder einem Raubüberfall zu einer Erneuerung des Traumas führt, wenn sie an dessen Schauplatz zurückkehren, erlebten auch sie das Trauma neu, wenn sie in die Büros zurückkehrten, in denen der Angriff stattgefunden hatte. Der ganze Tag war schrecklich, aber was dem Personal zugestoßen ist, war und ist für mich unverzeihlich.

Jamie Raskin drückte es sehr beredt aus, als er erzählte, wie er seiner Tochter versprach, so werde es im Kapitol nicht mehr zugehen, wenn sie zurückkomme, und sie ihm sagte: »Dad, ich will aber nicht zurück ins Kapitol.«

Im Sitzungssaal des Ausschusses für Verfahrensfragen hielt ich, nachdem ich einzeln mit meinen Mitarbeitern und einigen Abgeordneten gesprochen hatte, eine Rede an alle. Ich erinnerte sie daran, dass es der Dreikönigstag war, das Fest der drei Weisen aus dem Morgenland, und dass ich gehofft hatte, dieser Tag werde auch uns allen die »Weisheit und Erleuchtung« bringen, der Verfassung Respekt zu bezeugen. Stattdessen sei er »ein Anschlag auf unsere Demokratie« in »unserem Tempel der Demokratie« geworden, der weltweit wahrgenommen werde. Falls die Demonstranten vorgehabt hätten, »uns daran zu hindern, der Verfassung Respekt zu bezeugen, so werden sie dieses Ziel nicht erreichen«. Jetzt sei es Zeit, gemeinsam das begonnene Werk zu beenden. Ich dankte Hakeem Jeffries, dem Fraktionsvorsitzenden der Demokraten im Repräsentantenhaus, und Liz Cheney, seiner Republikanischen Kollegin, für ihre gute Zusammenarbeit im Interesse der Abgeordneten, die in diesen Sitzungssaal evakuiert worden waren, und fügte hinzu: »Gott hat Amerika mit Ihrer aller Dienste für unsere Demokratie gesegnet.« Sowie ich angefangen hatte zu reden, begannen der Republikanische Abgeordnete Jim Jordan und einige andere hinten im Saal, verächtliche Grimassen zu ziehen. Als ich den Abgeordneten versicherte: »Die Gerechtigkeit wird siegen«, lachten sie. Es war empörend.

Danach begab ich mich ins Büro des Sprechers. Mit zuerst fiel mir auf, dass der Spiegel mit dem verschnörkelten Goldrahmen, der die Amtszeiten vieler meiner Vorgänger hindurch über dem Kamin gehangen hatte, zerschlagen war; auf dem Teppich entdeckte ich menschlichen Kot. Verschiedene Gegenstände und Schilder waren gestohlen worden, Stühle zerschlagen. Ein Demonstrant hatte die Brieftasche eines meiner Mitarbeiter mitgehen lassen, die im Durcheinander der Flucht zurückgeblieben war. Die Mitarbeiter hatten bereits ein bisschen aufgeräumt, sodass bei meiner Rückkehr alles nicht mehr ganz so schlimm aussah, aber noch schlimm genug. Ich sagte ihnen, sie sollten aufhören und sich nicht darum kümmern. Denn ich fand den traumatisierten Ausdruck in ihren Augen viel schrecklicher als die Unordnung, die durch die Taten verursacht worden war, mit denen die Eindringlinge ihre Respektlosigkeit vor dem Amt des Sprechers gezeigt hatten.

Sachschäden wie den zerschlagenen Spiegel fand ich nicht so wichtig; mir waren die Menschen wichtig. Ich wollte nicht, dass sich jemand womöglich beim Aufsammeln der Spiegelscherben in die Finger schnitt. Aber auch wenn der zerschlagene Spiegel mir nicht viel ausmachte, machte es mir sehr viel aus, das Kapitol, ein Symbol der Demokratie für die ganze Welt, so entweiht zu sehen.

WIR ERFÜLLEN UNSERE VERFASSUNGSMÄSSIGEN PFLICHTEN

Um 21 Uhr setzte ich mich wieder aufs Podium, nahm den Präsidentenhammer und eröffnete die Sitzung neu. Zunächst verlas ich eine kurze Erklärung: »Jenen, die voller hämischer Freude diesen unseren Tempel der Demokratie, der amerikanischen Demokratie, entweiht haben, wird Gerechtigkeit widerfahren. Alle vier Jahre aufs Neue führen wir den friedlichen Machtübergang von einem Präsidenten zum nächsten durch, und trotz der schändlichen Ereignisse des heutigen Tages wird das auch diesmal der Fall sein – wir werden der Welt zeigen, worin das Wesen Amerikas besteht.«

Zum Schluss sprach ich ein Gebet: »Beten wir darum, dass Frieden auf der Welt herrschen möge und dass er mit uns beginnen möge. Beten wir darum, dass Gott weiterhin Amerika segne.«

Die Abgeordneten setzten die Debatte dort fort, wo sie unterbrochen worden war, mit dem Einspruch gegen die Bestätigung des Wahlmännervotums aus Arizona.

Etwas Unglaubliches passierte: Ein Teil der Abgeordneten erhielt diesen Einspruch aufrecht. Ich verstand das einfach nicht. Wie konnte irgendjemand, der am Nachmittag miterlebt hatte, was im Kapitol geschehen war – und sich hinter Stühlen und unter Schreibtischen versteckt hatte, Schüsse gehört und eilig an sichere Orte gebracht worden war –, bei der Rückkehr weiterhin diese Lüge unterstützen? Wie konnten diese Leute versuchen, die Auszählung zu stoppen, nachdem sie all das Traumatische mitangesehen hatten?

Aber 121 Republikaner stimmten für den Widerspruch gegen das Ergebnis aus Arizona und für den Antrag, die Bestätigung der elf Wahlmännerstimmen aus diesem Bundesstaat zu verweigern, darunter auch zwei führende Republikaner im Repräsentantenhaus: Kevin McCarthy und Steve Scalise. Sie waren mit uns nach Fort McNair in Sicherheit gebracht worden, und Scalise war wie gesagt sogar dabei gewesen, als Mitch, Chuck und ich um den Einsatz der Nationalgarde gefleht hatten. Glücklicherweise stimmten 303 Abgeordnete gegen den Widerspruch, der damit abgewiesen war. Und diejenigen Republikaner, die sich im Saal für den Widerspruch äußerten, wurden laut ausgebuht. Die gleichzeitige Sitzung des Senats im anderen Flügel war von Mitch McConnell bereits ebenfalls neu eröffnet worden, und auch die Senatoren wiesen den Widerspruch gegen das Ergebnis aus Arizona ab.

Einige Abgeordnete des Repräsentantenhauses erhoben weitere Widersprüche gegen die Auszählung, erhielten aber keine Unterstützung durch den Senat, bis das Ergebnis aus Pennsylvania an der Reihe war. Hier schlossen sich sieben Republikanische Senatoren dem Widerspruch aus dem Repräsentantenhaus an. Aber der Senat als Ganzes wies den Widerspruch gegen das Ergebnis aus Pennsylvania ohne Debatte zurück. Das Repräsentantenhaus dagegen musste erst eine zweistündige Debatte über sich ergehen lassen, bevor auch hier der Widerspruch durch Abstimmung abgelehnt wurde. Um 3.41 Uhr morgens war die Bestätigung der Abstimmung des Wahlmännerkollegiums abgeschlossen, und Vizepräsident Pence erklärte Joe Biden förmlich zum Sieger der Präsidentenwahl 2020.

Aber es blieben noch dreizehn Tage bis zur Vereidigung. Wie viele andere forderte auch ich Konsequenzen für den ausgerasteten, durchgedrehten Mann, der immer noch Präsident der Vereinigten Staaten war.

AMTSENTHEBUNGSVERFAHREN

Die Demokratischen Kandidaten hatten beide Nachwahlen zum Senat in Georgia gewonnen, würden aber erst am 20. Januar vereidigt werden, sodass die Republikaner noch die eine der beiden Parlamentskammern beherrschten. (Die anderen neu oder wiedergewählten Senatoren waren bereits am 3. Januar vereidigt worden.)

Dieses Datum war wichtig, weil die Demokratische Fraktion im Repräsentantenhaus entschlossen war, ein Amtsenthebungsverfahren gegen Donald Trump einzuleiten – zum zweiten Mal.

Ein Amtsenthebungsverfahren ist eine ernste Sache; es darf dabei nur um die Tatsachen und die Rechtslage gehen. Jeder solche Antrag muss strikter Überprüfung standhalten. Es ist eine schwere Anschuldigung, wenn man sagt, ein Präsident habe sich »schwerwiegende Vergehen und Verstöße« zuschulden kommen lassen. Ich bin nur dann für ein Amtsenthebungsverfahren, wenn die Beweislage eindeutig und der Fall klar ist. Viele frühere

Anschuldigungen gegen Donald Trump genügten diesem Maß-stab nicht.

Aber im Sommer 2019 meldete sich ein Whistleblower mit Informationen über einen Telefonanruf Donald Trumps von Ende Juli 2019 bei Wolodymyr Selenskyj, dem damals noch relativ neuen Präsidenten der Ukraine. Im Weißen Haus werden alle Ge-spräche zwischen Staatsoberhäuptern protokolliert, wenn nicht wörtlich, dann in einer sehr genauen Zusammenfassung. Das war bei diesem Anruf ebenso, und was die Protokollanten mit-geschrieben hatten, klang sehr beunruhigend. Trump sagte zu-nächst zu Selenskyj: »Wir tun eine Menge für die Ukraine«, womit er finanzielle Hilfen meinte, »und ich würde nicht sagen, dass wir unbedingt eine Gegenleistung fordern«, und dann wörtlich: »Ich möchte Sie bitten, uns einen Gefallen zu tun …«

Tatsächlich bat Trump während des Gesprächs sogar um meh-rere Gefallen: Der US-Generalbundesanwalt solle »Sie oder Ihre Leute« anrufen können, »und ich möchte, dass Sie der Sache auf den Grund gehen«. Das bezog sich auf Sonderermittler Robert Mueller, der wegen der Anschuldigung russischer Einmischung in die Präsidentschaftswahl 2016 ermittelte. Trump versuchte auch, Paul Manafort zu helfen, einem seiner politischen Verbündeten, gegen den strafrechtlich ermittelt wurde. Mehrfach schlug Trump vor, Selenskyj könne direkt mit dem ehemaligen New Yorker Oberbürgermeister Rudy Giuliani zusammenarbeiten, der später führend bei den Anschuldigungen werden sollte, der Wahlsieg 2020 sei Trump gestohlen worden. Trumps größte Bitte bestand darin, die Ermittlungen gegen die Geschäfte von Joe Bidens Sohn Hunter in der Ukraine voranzutreiben.

Selenskyj versprach, ein neuer Staatsanwalt werde sich »die Firma, die Sie in dieser Sache erwähnt haben«, anschauen. Selenskyj erzählte auch, er sei während seines Besuches in New York im

Trump Tower abgestiegen, vermutlich um dem Präsidenten zu gefallen. Trump wiederholte gegenüber Selenskyj, er werde Rudy Giuliani als seinem Vertreter und Generalbundesanwalt Bill Barr sagen, sie »sollen Sie anrufen«. Zusätzlich zu diesem sehr entlarvenden Telefonanruf verzögerte Trump die Freigabe von 319 Millionen Dollar Rüstungshilfe für die Ukraine, die bereits vom Kongress bewilligt worden waren, womit er den Eindruck erweckte, er mache die Erfüllung seiner Bitten um »Gefallen« zur Bedingung für den Empfang von finanzieller und militärischer Hilfe der USA.

Als dieser Telefonanruf im Kongress bekannt wurde, unter anderem durch einen Artikel im *Wall Street Journal* vom September 2019, stimmte ich zu, dass er eine förmliche Ermittlung zur Vorbereitung eines Amtsenthebungsverfahrens rechtfertige. Aus dem auf Hunter Biden, dessen Vater wahrscheinlich Trumps Gegenkandidat bei den Wahlen 2020 werden würde, bezüglichen Teil des Gesprächs ging hervor, dass Trump versuchte, die Integrität unserer Wahlen zu kompromittieren. Am 24. September wollte ich die amtliche Ermittlung ankündigen, weil Trump sich an eine ausländische Macht mit der Bitte gewandt hatte, sich in die bevorstehende Präsidentenwahl einzumischen, was, wie ich sagte, »einen Verstoß gegen seine Pflichten nach der Verfassung darstellt. Der Präsident muss zur Verantwortung gezogen werden. Niemand steht über dem Gesetz.«

Am Morgen vor meiner Bekanntmachung rief Trump mich an. Als ich ihn über meine Entscheidung informierte, meinte er indigniert: »Warum tun Sie das?«

Ich erwiderte, wegen seines Telefongesprächs mit Selenskyj. Ich erinnerte ihn daran, dass ich seit 25 Jahren mit Geheimdienstangelegenheiten zu tun hatte. »Ich glaube nicht, dass der Präsident eine [direkte] Gegenleistung für einen Gefallen fordern [sollte], um einen ausländischen Machthaber einzuschüchtern«, sagte ich.

»Habe ich ja auch nicht«, sagte Trump. Ich hielt dagegen: »Sie haben Hilfsgelder zurückgehalten, und es wird ein Zusammenhang hergestellt.«

So ging es etwa zwanzig Minuten hin und her. Trump meinte schließlich: »In den Medien sieht man's – der Whistleblower kennt die Fakten gar nicht. Wir haben den Anruf mitgeschrieben. Jedes Wort. Er war einwandfrei.« Wenn dem wirklich so sei, sagte ich ihm, »finden wir es heraus, und Sie haben nichts zu befürchten«.

Das Gespräch endete mit seinen wiederholten Klagen, »das ist ungerecht ... *sehr*, sehr ungerecht ... Es ist sehr ungerecht, was Sie da sagen. Der Anruf war unangreifbar«, und meiner abschließenden Antwort: »Der Anruf war absolut eindeutig. Die Wahrheit wird herauskommen.«

Weder Trumps leere Behauptungen noch sein Anruf bei mir würden uns vom erforderlichen weiteren Vorgehen abhalten.

Das Verfahren, nach dem offiziell festgestellt wird, ob ein Präsident seines Amts zu entheben ist, läuft sehr bedächtig ab. In diesem Fall musste es mit einer Ermittlung beginnen, damit das Repräsentantenhaus sich der Tatsachen vergewissern konnte. Sechs Ausschüsse hatten bereits im Zusammenhang mit Trump Untersuchungen angestellt und die Beweiserhebung schon in Gang gesetzt, indem sie Zeugen anhörten und Dokumente sammelten. Einen Monat später rief ich das Repräsentantenhaus zur Abstimmung über die offizielle Genehmigung des ersten Amtsenthebungsverfahrens auf, und Anfang Dezember begann der Justizausschuss des Repräsentantenhauses mit der Zusammenstellung der Anklagepunkte gegen Präsident Trump.

Am Mittwoch, dem 18. Dezember, stimmte das Repräsentantenhaus zweien dieser Punkte zu. Diese Anklagepunkte besagten unter anderem, dass Präsident Trump »die Nation verraten hat, indem er sein hohes Amt dazu missbraucht hat, eine ausländische

Macht für die Beeinflussung demokratischer Wahlen einzusetzen«. »Durch dieses Verhalten hat Präsident Trump gezeigt, dass er eine fortdauernde Bedrohung der nationalen Sicherheit und der Verfassung darstellt, wenn er im Amt bleibt.«

Nachdem das Repräsentantenhaus Trumps Amtsenthebung gefordert hatte, gab es ein Verfahren im Senat, bei dem die Republikaner in der Mehrheit waren. Trump wurde in beiden Punkten freigesprochen, auch wenn Senator Mitt Romney, Republikaner aus Utah, für seine Verurteilung stimmte und wir alle seinen Mut und seinen Patriotismus lobten. Ich war stolz auf die Verfahrensbeauftragten des Repräsentantenhauses unter Führung Adam Schiffs, des Vorsitzenden im Geheimdienstausschuss, sowie Jerry Nadler, Hakeem Jeffries, Zoe Lofgren, Val Demings, Jason Crow und Sylvia Garcia. Wie Adam Schiff im Senat sagte, ist Trump »ein Mann ohne Charakter«. Er fügte hinzu: »Er hat unsere nationale Sicherheit verraten, und er wird es wieder tun.«

Jetzt, knapp ein Jahr darauf, debattierten wir wieder über ein Amtsenthebungsverfahren – und die Bedrohung, die Donald Trump für die Verfassung und das Land darstellte, wenn ihm gestattet wurde, im Amt zu bleiben. Während die Demonstranten am 6. Januar noch die Abgeordneten bedrohten, verständigten sich Jamie Raskin, David Cicilline und der kalifornische Abgeordnete Ted Lieu bereits über einen neuen Antrag auf Amtsenthebung, indem sie aus ihren Verstecken unter Schreibtischen und Sesseln heraus Textnachrichten austauschten. Als ich ins Kapitol zurückkehrte, hatte ich mir schon geschworen, dass diejenigen, die unsere Legislative und unseren Rechtsstaat derart beschädigten, untergruben und angriffen, nicht davonkommen sollten. Manche Vertreter der Gegenseite, wie der Republikanische Abgeordnete Jim Jordan, taten die Ereignisse vom 6. Januar fast sofort als harmlos ab, andere machten sich diese Haltung in den kommenden Tagen und Wochen zu eigen.

Ich dagegen fand, diese Ereignisse seien eine sehr ernste Bedrohung für unser Land – und ich stand mit dieser Ansicht nicht allein. Die meisten von uns (bisher hatte ich geglaubt, wir seien alle dieser Ansicht) empfinden es als eine große Ehre, im Kongress dem Volk zu dienen, und wollen die Würde dieser Institution gewahrt sehen. Es war nicht leicht mitanzusehen, wie Republikanische Abgeordnete, am 6. Januar erst noch entsetzt und entschlossen in ihrem Schrecken über das Geschehene, rasch ihre Grundsätze aufgaben und die Reihen um Trump schlossen.

Die Führung der Demokraten überlegte im Gefolge des 6. Januar, ob sie den Vizepräsidenten um die Anwendung des 25. Verfassungszusatzes bitten solle, der vorsieht, dass der Vizepräsident gemeinsam mit einer Mehrheit der Kabinettsmitglieder den Präsidenten für amtsunfähig erklären kann. Chuck Schumer und ich wollten den Vizepräsidenten in dieser Frage anrufen. Sein Büro hielt uns zwanzig Minuten in der Warteschleife. Ich war zum Glück gerade zu Hause und konnte die Zeit nutzen, um die Spülmaschine auszuräumen und eine Maschine Wäsche zu waschen. Das Gespräch kam dann nicht zustande, und der Vizepräsident rief uns auch nicht zurück.

Ich war so besorgt über Trumps unberechenbares Verhalten, dass ich am 8. Januar General Mark Milley anrief, den Vorsitzenden des Generalstabs. General Milley meinte, er stimme mir »völlig« zu, was Trumps Unberechenbarkeit angehe, und versicherte mir, das Militär werde, falls der Präsident eine Aktion im Ausland – einschließlich eines Atomschlags – befehle, »nichts Ungesetzliches oder Verrücktes« unternehmen. Das klang beruhigend, aber es war schlimm, dass ich diese Frage überhaupt stellen musste.

Der Januar 2021 war nicht zu vergleichen mit den Ereignissen fast fünfzig Jahre zuvor, als der Republikanische Senator Barry Goldwater gemeinsam mit den Republikanischen Führern in Repräsentantenhaus und Senat zu Richard Nixon gekommen war und ihm gesagt hatte, er habe wegen seines Verhaltens in der Watergate-Affäre keine Mehrheit im Kongress mehr. Ein Amtsenthebungsverfahren sei unvermeidlich. Nixon trat am nächsten Tag zurück. Diese moralische Festigkeit fehlte den Republikanern im Januar 2021 leider.

Am 11. Januar legten die drei Demokratischen Abgeordneten David Cicilline, Jamie Raskin und Ted Lieu mit Unterstützung 218 weiterer Demokraten dem Repräsentantenhaus den Resolutionsentwurf Nummer 24 vor, der einen Anklagepunkt zur Einleitung eines Amtsenthebungsverfahrens gegen Donald John Trump enthielt. Trump wurde »schwerwiegender Vergehen und Verstöße durch Anstiftung zur Gewalt gegen die Regierung der Vereinigten Staaten« beschuldigt; weiter hieß es:

Präsident Trump hat die Sicherheit der Vereinigten Staaten und ihrer Regierungsorgane schwer gefährdet. Er bedrohte die Integrität des demokratischen Systems, störte die friedliche Machtübergabe und brachte ein gleichrangiges Regierungsorgan in Gefahr. Dadurch hat er das in ihn gesetzte Vertrauen als Präsident verwirkt und damit dem amerikanischen Volk einen offenbaren Schaden zugefügt.

Da Donald John Trump durch dieses Verhalten gezeigt hat, dass er eine Bedrohung der nationalen Sicherheit, der Demokratie und der Verfassung darstellt, wenn ihm gestattet wird, sein Amt weiterhin auszuüben, und er überdies auf eine mit den Grundsätzen der Selbstregierung des Volkes und der Herrschaft von Recht und Ordnung grob unvereinbare Weise

gehandelt hat, ist es angezeigt, ihn des Amtes als Präsident zu
entheben, ihn aus diesem Amt zu entfernen, ihn vor Gericht
zu stellen und ihn der zukünftigen Ausübung jeglichen Amtes
in den Regierungsorganen der Vereinigten Staaten für unfähig
zu erklären.

Diese Resolution wurde am 13. Januar mit 232 gegen 197 Stimmen
vom Repräsentantenhaus angenommen, wobei auch zehn Republikaner, darunter die Fraktionsvorsitzende Liz Cheney, dafür
stimmten. Damit war die Resolution der am stärksten von beiden
Parteien getragene Antrag auf Amtsenthebung in der Geschichte
der USA. Außerdem war es erst der vierte solche Antrag gegen
einen amtierenden Präsidenten, und er verschaffte Trump die
zweifelhafte Ehre, als erster Präsident zweimal ein Amtsenthebungsverfahren gegen sich eingeleitet zu sehen. Seine Amtszeit
währte noch volle sechs Tage, und falls der Senat ihn aufgrund
unseres Antrags seines Amtes enthob, würde das seine erneute
Kandidatur für eine zweite Amtszeit verhindern.

Wir waren bereit, die Anklage sofort an den Senat weiterzu-
leiten, der nach seiner Geschäftsordnung verpflichtet ist, am Tag
nach Eingang zur Verhandlung zusammenzutreten. Aber Mitch
McConnell nahm die Anklageschrift nicht an. Er sperrte sich und
gab an, der Senat könne erst am 19. Januar, seinem nächsten regu-
lären Sitzungstag, über die Amtsenthebung verhandeln, einen Tag
vor der Vereidigung des neuen Präsidenten.

Am 20. Januar wurde Joe Biden vor einem Publikum vereidigt,
das wegen der Covid-Maßnahmen kleiner als üblich war. Er hielt
eine wunderbare, versöhnliche Ansprache zur Amtseinführung.
Donald Trump nahm an der Zeremonie nicht teil. Am 25. Januar
leitete ich die Anklageschrift zur Amtsenthebung an den Senat
weiter, und Chuck Schumer, der jetzt den Vorsitz führte, kün-

digte den Beginn der Verhandlung für den 8. Februar an. (Die Eröffnungsplädoyers waren für den 9. angesetzt.)

Einige juristische Fachleute und Republikanische Senatoren wandten zwar ein, dass man einen ehemaligen Präsidenten nicht mehr seines Amtes entheben könne, aber über 150 Juristen aus dem gesamten politischen Spektrum waren anderer Ansicht, darunter Steven Calabresi, einer der Gründer der streng konservativen Federalist Society, und Charles Fried, der ehemalige Chefjustiziar Ronald Reagans. Sie erklärten, die Verfassung gestatte ein solches nachträgliches Amtsenthebungsverfahren, und schrieben: »Wenn ein Amtsinhaber nur während der Dauer seiner Amtszeit disqualifiziert werden könnte, dann könnte ein Amtsträger, der das Vertrauen der Öffentlichkeit missbraucht und des Amtes enthoben wird, seiner Verantwortung einfach dadurch entgehen, dass er eine Minute vor der Schlussabstimmung des Senats zurücktritt. Die Gründerväter wollten die gegenseitige Kontrolle der Regierungsinstanzen nicht so leicht ausgehebelt sehen.«

Ich ernannte neun Beauftragte für das Amtsenthebungsverfahren unter Führung von Jamie Raskin, dessen Familie ihm die Erlaubnis erteilt hatte, daran mitzuarbeiten, Donald Trump zur Verantwortung zu ziehen. Ihm zur Seite standen die Abgeordneten David Cicilline, Ted Lieu, Joaquin Castro, Madeleine Dean, Diana DeGette, Joe Neguse, Stacey Plaskett und Eric Swalwell. Sie stellten die Fakten als Kriminalfall vor und verwendeten dazu vom FBI beglaubigte Zeugenaussagen der Festgenommenen, Videomaterial und Trumps eigene Aussagen. Die Abgeordnete Jaime Herrera Beutler, eine Republikanerin aus dem Bundesstaat Washington, fügte ihre eigene Aussage über ein Telefongespräch zwischen Trump und Kevin McCarthy, dem Minderheitsführer im Repräsentantenhaus, hinzu, von dem McCarthy ihr erzählt hatte.

Sie gab McCarthys Bericht wie folgt wieder: »Als McCarthy den Präsidenten am 6. Januar schließlich erreichen konnte und ihn öffentlich und entschieden aufforderte, den Aufstand abzubrechen, wiederholte der Präsident zunächst die unwahre Behauptung, das Kapitol sei von Antifa-Aktivisten erstürmt worden. McCarthy wies dies zurück und sagte dem Präsidenten, es handele sich um Trump-Anhänger. Laut McCarthy erwiderte der Präsident darauf: ›Tja, Kevin, ich glaube, diese Leute regen sich eben mehr über die Wahl auf als Sie.‹«

Sämtliche Beweise fügten sich zum Bild einer vollständigen Pflichtvergessenheit des Präsidenten zusammen. Am 13. Februar stimmten 57 Senatoren für eine Amtsenthebung und 43 dagegen. 7 Republikaner schlossen sich den 50 Demokraten an, aber eine Amtsenthebung erfordert die Zweidrittelmehrheit, also 67 Stimmen. Ich mag mir gar nicht vorstellen, wie die Beamten der Kapitolpolizei und anderer Ordnungskräfte, die das Kapitol an jenem Tag mit so großem persönlichem Einsatz verteidigt hatten, sich bei dieser Abstimmung gefühlt haben müssen. Männer und Frauen, deren Leben diese Polizisten unter Einsatz ihres eigenen verteidigt hatten, waren nicht imstande, für die Amtsenthebung zu stimmen, und gingen sogar so weit, den ehemaligen Präsidenten zu verteidigen.

Mitch McConnell stimmte mit Nein, weil er, wie er sagte, nicht glaubte, dass die Verfassung dem Senat gestatte, einen ehemaligen Präsidenten zu verurteilen. In einer Rede am 14. Februar während des Amtsenthebungsverfahrens nannte er die Ereignisse vom 6. Januar »Terrorismus« und fügte hinzu: »Die Handlungsweise des früheren Präsidenten Trump stellt eine beschämende Pflichtverletzung dar.« Er fuhr fort: »Es besteht kein Zweifel, dass Präsident Trump praktisch und moralisch die Verantwortung dafür trägt, die Ereignisse jenes Tages angestiftet zu haben.«

Aber das waren letztlich nur Worte. Sie hatten nicht die Kraft einer Stimmabgabe. Wie traurig für Mitch. Wovor hatte er Angst?

Ich glaube, die Gründerväter der USA hätten dem Repräsentantenhaus zugestimmt, nicht der Mehrheit der Republikaner im Senat. Als die Gründerväter die Verfassung schrieben, galt sie als Kompromiss und war nicht vollkommen. Die Gründerväter selbst waren nicht vollkommen. Sie schrieben uns die Sklaverei in die Verfassung, aber auch die Möglichkeit, die Verfassung zu ändern, um die Sklaverei abzuschaffen. Die Gründerväter konnten sich einen pflichtvergessenen Präsidenten vorstellen und gaben dem Repräsentantenhaus die Möglichkeit, seine Amtsenthebung zu beantragen, und dem Senat die Möglichkeit, sie zu vollziehen. Aber sie konnten sich keinen pflichtvergessenen Präsidenten zusammen mit einem pflichtvergessenen Senat vorstellen. An jenem Februartag erwies sich der Senat als des Vertrauens unwürdig, das die Gründerväter in ihn gesetzt hatten. Das ist traurig, weil die besonnenste gesetzgebende Körperschaft der Welt sich wieder einmal als feige erwies.

Und wir alle leben seitdem mit den Folgen dieser kalten politischen Berechnung.

DER SONDERAUSSCHUSS ZU DEN VORGÄNGEN VOM 6. JANUAR

Nachdem die Amtsenthebung gescheitert war, mussten Repräsentantenhaus und Senat jetzt unbedingt die Vorgänge vor dem und am 6. Januar 2021 untersuchen, ganz ähnlich, wie wir es mit den Anschlägen vom 11. September 2001 getan hatten. Ich wollte eine unabhängige, von beiden Parteien getragene, gemeinsam von Repräsentantenhaus und Senat bestellte Kommission. Wir hatten sie so geplant, dass beiden Seiten, Republikaner und Demokraten, jeweils gleich viele Haushaltsmittel, Personal und Vollmacht zur Vorladung von Zeugen zugestanden wurden, was eigentlich unerhört ist, wenn eine Partei in beiden Parlamentskammern in der Minderheit ist. Aber ich hatte es so eingerichtet, weil ich ein Mandat von beiden Kammern für diese Kommission wollte. Nach langer Diskussion um Rolle und Auftrag dieser gemeinsamen Kommission wurde sie vom Repräsentantenhaus am 19. Mai mit 252 gegen 175 Stimmen beschlossen, wobei auch 35 Republikaner zustimmten, obwohl ihre Fraktionsführung, mit Ausnahme Liz Cheneys, sich dagegen ausgesprochen hatte.

Im Senat erwies sich Susan Collins, Republikanische Senatorin für Maine, als sehr zugänglich und verantwortungsbewusst. Sie sagte zu mir: »Ich muss mir das durchlesen und sichergehen, dass die Republikaner gerecht und respektvoll damit umgehen.« Ich erwiderte: »So möchten wir das auch. Sie können ändern, was Sie wollen.« Senatorin Collins ging unseren Vorschlag durch, sprach mit ihren Kollegen und setzte sich für eine Vorlage des Abschlussberichts bis Ende 2022 ein, wenn der nächste Kongress vereidigt würde. Wir vermuteten insgesamt 13 Republikanische Senatoren auf unserer Seite. Wir brauchten nur 9, um die notwendige Mehrheit zu erreichen, weil alle 50 demokratischen Senatoren für unseren Vorschlag stimmen wollten.

Aber Mitch McConnell war trotz seiner Erklärung vom Februar, Trump sei für den Aufstand verantwortlich, gegen diese Kommission und setzte sich zum Ziel, sie zu verhindern. Er wandte sich persönlich an mehrere Senatoren, von denen uns einige später berichteten, Mitch habe sie gebeten, ihm einen Gefallen zu tun und gegen die Kommission zu stimmen. Es gelang ihm, gerade genug Senatoren umzustimmen, um die notwendige Mehrheit von 60 Stimmen zu verhindern. Der Vorschlag wurde mit 54 gegen 35 Stimmen abgelehnt, bei 11 Enthaltungen – 9 dieser 11 waren Republikaner. Aber Mitch bekam auch zu hören: »Glauben Sie, Nancy lässt es dabei bewenden? Da kommt noch was nach, Mitch.«

Das war tatsächlich so. Wir stellten im Repräsentantenhaus unseren eigenen Sonderausschuss auf, das Select Committee to Investigate the January 6th Attacks on the United States Capitol, und ich forderte die Republikanische Fraktion auf, ihre Mitglieder zu benennen. Kevin McCarthy gab mir eine Liste mit fünf Empfehlungen. Drei dieser Abgeordneten hatten am 6. Januar gegen die Bestätigung der Präsidentenwahl gestimmt.

Der von McCarthy vorgesehene Führer der Republikaner im Ausschuss, Jim Banks aus Indiana, beantragte sofort, die Untersuchungen des Ausschusses auf die Demonstrationen im Sommer 2020 nach dem Tod George Floyds auszuweiten, und erklärte, der Ausschuss solle bloß »die Konservativen schlechtmachen«. Ein weiterer vorgeschlagener Abgeordneter, Jim Jordan, hatte mehrfach die Gültigkeit der Präsidentenwahl 2020 bezweifelt und an einer Besprechung im Weißen Haus über die Möglichkeit einer Anfechtung der Wahl während der Bestätigung teilgenommen. Leugner wie Banks und Jordan hatten mitgeholfen, die am 6. Januar entzündeten Flammen anzufachen.

Meine Antwort an Oppositionsführer McCarthy war sehr einfach: »Ich kann nicht alle fünf akzeptieren, und ich muss es auch nicht.« Laut der Geschäftsordnung des Repräsentantenhauses bestimmt der Sprecher die Ausschussmitglieder in Absprache mit dem Oppositionsführer, behält aber das letzte Wort. Wegen einer möglichen Verwicklung in den Aufstand lehnte ich Banks und Jordan ab. In meiner Begründung hieß es: »Um die Integrität der Untersuchung zu wahren, im Interesse der Wahrheitsfindung und wegen Bedenken angesichts früherer Aussagen und Handlungen der Abgeordneten Banks und Jordan lehne ich ihre Berufung in den Sonderausschuss ab. Die bisher noch nie dagewesenen Ereignisse vom 6. Januar erfordern diese bisher noch nie dagewesene Entscheidung.« Ich hoffte immer noch auf eine Zusammenarbeit, aber nach dieser Ablehnung zog Kevin McCarthy auch seine anderen Vorschläge zurück.

Wir machten stattdessen mit neun Abgeordneten weiter, darunter Liz Cheney und Adam Kinzinger von den Republikanern. Bennie Thompson aus Mississippi sollte den Vorsitz führen, Liz seine Stellvertreterin werden. Von den Demokraten kamen als weitere Mitglieder Zoe Lofgren, Adam Schiff, Pete Aguilar, Stephanie Murphy, Jamie Raskin und Elaine Luria hinzu. Manche Leute sagten mir, indem ich auf diesem Ausschuss bestanden hätte, »haben Sie sich aber wirklich was aufgeladen, weil der Einsatz so hoch ist«. Meine Antwort lautete: »Das glaube ich nicht. Die Untersuchung wird vorbehaltlos und ehrlich sein, und man muss der Öffentlichkeit helfen zu verstehen, was passiert ist, sowohl an jenem Tag selbst als auch vorher.« Der Sonderausschuss zum 6. Januar war dann ein unglaublicher Erfolg – wegen Bennies und Liz' Arbeit als Vorsitzende, wegen der Art und Weise, wie er der Öffentlichkeit die Informationen darstellte, und weil er auch die Aussagen von Mitarbeitern des Weißen Hauses und Donald Trumps einbezog. Er hörte zahlreiche Beschäftigte des Weißen Hauses an, darunter auch Trumps Tochter Ivanka und seinen Schwiegersohn Jared Kushner, die beide als Berater im Westflügel arbeiteten. Er hörte den ehemaligen Generalbundesanwalt Bill Barr und zahlreiche Anwälte an, die an den Debatten nach der Wahl beteiligt gewesen waren. Er hörte bekannte Trump-Anhänger an, die an Besprechungen im Weißen Haus teilgenommen hatten. Er erhielt eine Liste von Kongressmitgliedern, die eine Begnadigung durch den Präsidenten wegen ihrer Bestrebungen wollten, die Wahl für ungültig erklären zu lassen. Aber zuerst hörten wir die Polizeibeamten an, die an jenem Tag so sehr gelitten hatten und mutig ihre Geschichten erzählten: Michael Fanone und Daniel Hodges von der Stadtpolizei Washington sowie Aquilino Gonell, Harry Dunn und später auch Caroline Edwards, alle von der Kapitolpolizei.

Jedes einzelne Beweisstück, das der Ausschuss ausfindig machte, war entscheidend wichtig. Die Arbeit des Ausschusses war eine Impfung gegen weitere Giftspritzen in die Adern der amerikanischen Öffentlichkeit. Jeder, der kein hundertprozentiger Anhänger der Trump-Sekte war, konnte erkennen, was geschehen war. Ähnlich der Gemeinsamen Untersuchung zu den Anschlägen vom 11. September 2001 veröffentlichte der Ausschuss zum 6. Januar 2021 Untersuchungsergebnisse und Empfehlungen: Überweisung mehrerer Strafverfahren ans Justizministerium, eine Reform des Electoral Count Act von 1887, strengere Strafen für beteiligte Rechtsanwälte und die Befugnis für den Kongress, die Vorladungen vor seine Ausschüsse vor einem Bundesgericht durchzusetzen.

Es war mit die wichtigste Arbeit, die ein Ausschuss des Kongresses je geleistet hat. Unsere Abgeordneten waren großartig. Sie waren diszipliniert, sie bewiesen Klarheit, und sie erzählten die Geschichte des 6. Januar. Einige unter den Verteidigern des Kapitols bezahlten einen unvorstellbaren Preis für diesen Tag. Die fünf Polizeibeamten, die im Gefolge der Ereignisse starben, leben in unseren Herzen weiter. Billy Evans, ein weiterer Beamter der Kapitolpolizei, sollte weniger als drei Monate später beim Angriff eines Einzeltäters auf die Einfahrtkontrolle des Kapitols am Karfreitag, dem 2. April, ums Leben kommen, wodurch die Trauer unserer Polizisten und aller anderen im Kapitol nur noch verstärkt wurde. Officer Evans ist, wie ich damals sagte, »ein Märtyrer unserer Demokratie«. Diese schrecklichen Ereignisse machten 2021 zu einem besonders schweren Jahr. Und das Trauma des 6. Januar, wie es jene erlebten, die damals angegriffen wurden – Abgeordnete, Mitarbeiter, Reporter, Beamte und andere –, dauert immer noch an.

Zur Gedenkfeier am ersten Jahrestag des Angriffs auf das Kapitol veranstalteten wir im Cannon Caucus Room eine Podiumsdiskussion zwischen den Historikern Doris Kearns Goodwin und Jon Meacham, moderiert von Kongressbibliothekarin Carla Hayden. Im Publikum saßen Abgeordnete, Mitarbeiter und ihre Familien. Die historische Diskussion war eine wertvolle Darstellung der Spaltung unseres Landes in der Bürgerkriegszeit und der Wichtigkeit einer einigenden Führung, um die Wunden des Landes zu heilen. Nach der Präsentation hörten wir den Rest des Tages Berichte von Abgeordneten über ihre Erlebnisse an jenem Tag und das Trauma, mit dem sie weiterhin kämpften. Viele hatten sich bisher nicht öffentlich dazu äußern wollen.

Diese Augenzeugenberichte inspirierten uns und gaben uns Kraft in unserem Bemühen zu verhindern, dass sich der Angriff auf das Kapitol und auf unsere Verfassung an jenem schrecklichen Tag je wiederholen würde.

Als Zeichen der Anerkennung für die drei Teilnehmer der moderierten Podiumsdiskussion schenkte ich ihnen Broschen und Manschettenknöpfe mit der Aufschrift »One Country, One Destiny« (Ein Land, ein Schicksal). Diese Worte waren auf Lincolns Gehrock eingestickt, den er am Abend des tödlichen Attentats auf ihn trug – und es sind Worte, die uns an unseren Demokratischen Kollegen, den Bürgerrechtler John Lewis, und das Streben nach einer »more perfect union« erinnern, einem »einigeren Land«, wie es in der Unabhängigkeitserklärung heißt.

Am 6. Dezember 2022 hatte ich als Sprecherin des Repräsentantenhauses auch die Ehre, der Kapitolpolizei und der Stadtpolizei Washington, D. C., die Goldmedaille des Kongresses für ihre Rolle ein Jahr zuvor zu verleihen. »Wir reihen diese unsterblichen Helden in das Pantheon der Patrioten ein«, bemerkte ich dazu.

»OUR FLAG IS STILL THERE«

Ich weiß noch, wie ich das Kapitol zum ersten Mal sah. Ich war ein kleines Mädchen, sechs Jahre alt. Ich war mit der Familie unterwegs: mit meinen fünf älteren Brüdern, meiner Mutter und meinem Vater. Wir waren aus Baltimore nach Washington gefahren, damit Daddy den Eid für seine fünfte Amtszeit als Kongressabgeordneter ablegen konnte. Tommy, mein ältester Bruder, muss damals sechzehn gewesen sein. Meine Brüder sagten: »Schau, Nancy, schau, da ist das Kapitol! Da ist das Kapitol!« Und ich blickte umher und erwiderte: »Ich sehe keine Kapitale.«[10]

Wir kamen näher, und sie sagten: »Jetzt sieht man es besser. Die Sicht ist gut, man sieht es ganz deutlich! Das ist das Kapitol.« Und ich fragte: »Ist es ein kapitales A, ein kapitales B oder ein kapitales C?« Inzwischen waren sie amüsiert und ein bisschen genervt. »Nein«, sagten sie, »es ist das Kapitol der Vereinigten Staaten, die große Kuppel da.«

Die Erinnerung daran, wie ich aufschaute und die riesige weiße Kuppel erblickte, und besonders an die Ehrfurcht, die meine Brüder schon in so jungem Alter für diesen Ort hatten und die so groß war, dass sie ihn mir unbedingt zeigen wollten, und wie wir dann hineingingen und die Tradition und die Aura erlebten, das Gebäude verkörperte, prägte sich mir tief ein. Jedes Mal, wenn

---

10 *Capitol* (Kapitol) und *capital* (Kapitale, Großbuchstabe) haben im Englischen die gleiche Aussprache. [A. d. Ü.]

ich das Kapitol anschaue, empfinde ich wieder dieselbe Ehrfurcht wie als Kind.

Mein Vater trug mich auf den Armen, als er den Eid als Abgeordneter ablegte, eine Zeremonie, die ich nie vergessen werde. Vierzig Jahre später war ich wieder mit ihm zusammen im Plenarsaal des Repräsentantenhauses, und mein Vater, der inzwischen im Rollstuhl saß, schaute zu, wie ich als neue Abgeordnete vereidigt wurde. Weitere zwanzig Jahre später nahm ich als frisch gewählte Sprecherin selbst den neuen Abgeordneten den Eid ab. Meine gesammelten Erinnerungen aus diesen Jahrzehnten machen das Kapitol zu einem Ort, für den ich tiefe Zuneigung empfinde. Für seinen Platz in der Geschichte, für die Arbeit, die hier getan worden ist, und für den Mut, den Menschen in seinen Mauern gezeigt haben. Es ist wahrhaftig geheiligter Boden.

Das Kapitol der Vereinigten Staaten ist nicht nur ein schönes Gebäude; es ist schön wegen der Ideale, für die es steht. Das Kapitol und seine Kuppel sind weltweit zu Sinnbildern für Freiheit und Demokratie geworden. George Washington legte 1793 den Grundstein, aber fertiggestellt wurde es erst 1866, nach dem Ende des Bürgerkrieges, zu dessen Beginn die Kuppel erst halb fertig war. Stimmen, die sich für einen Baustopp aussprachen, entgegnete Lincoln: »Wenn wir am Kapitol weiterbauen, sehen die Leute, dass wir auch an der Union festhalten.« Im Dezember 1863, während der Krieg noch unvermindert andauerte, wurde die Statue der Freiheit auf der Kuppel angebracht und von den zwölf Forts des Washingtoner Verteidigungsrings mit einem vollen Kanonensalut begrüßt.

Nahezu 160 Jahre später, am 6. Januar 2021, sahen wir uns einem neuen gefährlichen Angriff auf unsere Demokratie gegenüber, einem Angriff nicht nur auf das Kapitol, sondern auf unsere Verfassung. Die Menge, die das Kapitol plünderte, die Türen aufbrach, die gegen die Ordnungskräfte kämpfte, die Jagd auf den Vizepräsidenten machte, die Jagd auf mich machte und auch auf andere Abgeordnete, stellte das Gegenteil staatsbürgerlichen Verhaltens dar. Und einige Aufständische trugen bei diesem Angriff die Flagge der Konföderierten unter Lincolns Kuppel. Ich fand die Filmaufnahmen der Südstaatenflagge, wie sie (zusammen mit anderen Bannern, darunter auch eines nach dem Vorbild der Hakenkreuzflagge) durch diese Hallen getragen und geschwenkt wurde, unglaublich traurig. Einer der Demonstranten trug ein Sweatshirt mit der Aufschrift »Camp Auschwitz«. Das waren die Cheerleader der Aufständischen vom 6. Januar.

Aber am 6. Januar wehte über ihnen allen unsere gemeinsame amerikanische Flagge über dem Kapitol.

Unsere Flagge hat einen besonderen Stellenwert im Kapitol. Schon als ich das Kapitol mit sechs Jahren zum ersten Mal sah, wehte unsere Flagge ganz oben darauf. Damals hatte sie nur 48 Sterne: Alaska und Hawaii waren noch keine Bundesstaaten. Im Kongress eröffnen wir jede Sitzung des Repräsentantenhauses und des Senats mit dem Fahneneid. Ich bin in Baltimore aufgewachsen, wo Francis Scott Key unsere Nationalhymne »The Star-Spangled Banner« schrieb, nachdem er gesehen hatte, dass die Flagge in der Morgendämmerung nach schwerem britischen Beschuss während des Britisch-Amerikanischen Krieges (1812–1815) weiter über Fort McHenry wehte. Meine Lieblingszeile war schon immer »... gave proof through the night that our flag was still there« – »... bewiesen die Nacht hindurch, dass unsere Flagge immer noch da war«.

Am 6. Januar 2021 schaute ich, genau wie damals als kleines Mädchen vor so vielen Jahren, zur Kuppel des Kapitols hinauf und sah, dass unsere Flagge noch da war. Und an jenem düsteren Abend traten wir unter der Flagge unserer Nation als Kongress zusammen, um unseren Amtseid zu erfüllen und die Stärke und Entschlossenheit Amerikas zu demonstrieren.

Die Bedrohung für unsere Demokratie ist real, gegenwärtig und akut. Die Vorfälle vom 6. Januar erinnern uns daran, dass unsere kostbaren demokratischen Einrichtungen nur so stark sind wie der Mut und die Standhaftigkeit jener, denen sie anvertraut sind. Die Amerikaner müssen sich jetzt zu ihrer höheren Bestimmung bekennen, als Bürger der Vereinigten Staaten von Amerika dafür zu sorgen, dass unsere Flagge weiterhin weht, für Freiheit und Gerechtigkeit aller.

FÜR DAS VOLK FÜHREN

WARUM ICH
DAS REPRÄSENTANTENHAUS
LIEBE

Als Joe Biden und Kamala Harris am 3. November 2020 vom amerikanischen Volk gewählt wurden, wussten wir, dass dieser Wendepunkt für uns eine historische Gelegenheit war. Die gesetzgeberischen Initiativen und Beschlüsse Präsident Bidens und des mehrheitlich Demokratischen Kongresses machten die 117. Sitzungsperiode von 2021 bis 2023 zur produktivsten – und nachweislich wirkungsvollsten – seit den Zeiten von Franklin D. Roosevelts Programm New Deal und Lyndon B. Johnsons Programm Great Society.

Die Zeit zwischen der Wahl und der Vereidigung des Präsidenten ist gewöhnlich eine Periode der verantwortungsbewussten Amtsübergabe und der Vorfreude auf einen neuen Präsidenten. Tragischerweise war die Zeit zwischen dem 3. November 2020 und dem 20. Januar 2021 von Trumps Betrugsmanövern und seiner Missachtung des amerikanischen Volks geprägt. Dennoch waren Joe Biden und Kamala Harris bereit, als sie eingeschworen wurden! Sie waren bereit zu führen und bereit, mit einem Demokratisch beherrschten Kongress zusammenzuarbeiten.

Die Lage bei Präsident Bidens Amtsübernahme war schwierig – und die Zahlen sprachen Bände. 18 Millionen Amerikaner waren arbeitslos. 24 Millionen Menschen hungerten. 12 Millionen Kinder waren von chronischer Unterernährung bedroht. Fast 40 Millionen Menschen konnten ihre Miete nicht zahlen und mussten Räumungsklagen fürchten. Es war schon lange an der Zeit, entschlossen zu handeln – und das wurde möglich, nachdem Chuck Schumer die Führung des Senats übernommen und die Demokraten im Repräsentantenhaus die Mehrheit gewonnen hatten. Gemeinsam unterstützten wir Präsident Biden, als er die Führung übernahm und erklärte: »Hilfe ist unterwegs.«

Mit der ersten Gesetzesinitiative des Präsidenten, dem American Rescue Plan, bekämpften wir das Corona-Virus, zahlten Unterstützung an die Bevölkerung aus, sorgten dafür, dass Eltern wieder gefahrlos zur Arbeit und die Kinder zur Schule gehen konnten. Das Gesetz stellte den Bundesstaaten und Gemeinden Mittel zur Unterstützung der Beschäftigten im Gesundheitswesen zur Verfügung, die an vorderster Front kämpften. Und es gewährte den Familien der Mittelschicht mit Präsident Bidens Child Tax Credit eine dringend benötigte Steuererleichterung, die die Kinderarmut halbierte.

Als Nächstes kam die Bipartisan Infrastructure Bill, ein von beiden Parteien getragener Gesetzesvorschlag, der die einmalige Gelegenheit ergriff, unsere Infrastruktur nicht nur wiederaufzubauen, sondern sie für das 21. Jahrhundert neu zu konzipieren. Ein wichtiger Baustein dieses Gesetzes war der soziale Ausgleich: Die Initiative Justice40 des Präsidenten sah vor, dass 40 Prozent der geplanten Zuschüsse an bisher ungenügend geförderte Gemeinden und Bevölkerungsgruppen gingen, damit mehr Menschen am Erfolg unserer Wirtschaft und dem Wachstum unserer Gesellschaft teilhaben konnten. Entgegen irreführender Kritik der Republikaner stellten wir sicher, dass die Investitionen nach dem Gesetzesvorschlag finanzierbar waren. Wir bekamen zwar nicht alle Stimmen der Demokraten im Repräsentantenhaus, dafür aber die von 13 Republikanischen Abgeordneten und damit parteiübergreifende Zustimmung für diese Leistung.

Aber es gab noch andere Herausforderungen zu bewältigen. Schon seit viel zu vielen Jahren zerreißen Amokläufe an Schulen, in Supermärkten und an öffentlichen Orten im ganzen Land uns das Herz. Im Juni 2022 trat der Kongress zusammen, um das erste Gesetz zur Verhinderung von Waffengewalt seit einer Generation zu verabschieden. Diese Gesetzgebung ist entscheidend wichtig für unsere Kinder: Tragischerweise sind Schusswaffen laut Erhebungen der Gesundheitsbehörde Centers for Disease Control and Prevention die häufigste Todesursache bei Kindern in Amerika – häufiger als Autounfälle oder Krebs. Dieses Gesetz hat vielen das Leben gerettet, aber es muss noch mehr getan werden.

Wir wollten außerdem für die Zukunft und ein technologisch abgesichertes Amerika vorsorgen. Im Rahmen von Präsident Bidens großer Vision für Amerika und unsere Zukunft verabschiedeten wir den CHIPS and Science Act, mit dem wir unsere wirtschaftliche Unabhängigkeit erklären, unsere nationale Sicherheit stärken und die finanzielle Zukunft unserer Familien verbessern. Diese Gesetzesvorlage fördert schon heute die Herstellung von Halbleiterchips in den USA, sorgt für ein breiteres Angebot an MINT-Arbeitsplätzen und schafft finanzstarke Arbeitgeber im ganzen Land. Besonders dankbar bin ich unserer Vorsitzenden, der Abgeordneten Eddie Bernice Johnson, die gemeinsam mit dem Republikanischen Führer im Ausschuss für Wissenschaft, Raumfahrt und Technik, dem Abgeordneten Frank Lucas, dieses Gesetz ausgearbeitet hat. Am Abend vor der Abstimmung warb Lucas mit einer großartigen Präsentation vor dem Ausschuss für das Verfahren bei Gesetzesvorlagen um Unterstützung für den Vorschlag. Aber leider musste er am nächsten Tag auf Geheiß der

Republikanischen Parteiführung dagegen stimmen. Wir bekamen schließlich 24 Republikanische Stimmen – aber erst als klar war, dass die Demokraten selbst die erforderlichen 218 aufgebracht hatten, um das Gesetz allein durchzubringen.

Im August 2022 wurden noch zwei weitere wichtige Gesetze verabschiedet und von Präsident Biden unterzeichnet. Das erste sorgt für unsere Kriegsveteranen. Unter Führung von Mark Takano, dem Vorsitzenden des Ausschusses für Veteranenangelegenheiten, brachten wir den Honoring Our PACT Act zustande, eine Vorlage zur medizinischen Unterstützung 3,5 Millionen ehemaliger Armeeangehöriger, die dienstlich mit Giftmüllverbrennung beschäftigt waren. Unseren Erfolg hatten wir teilweise dem Komiker und Aktivisten Jon Stewart und dem Ersthelfer-Aktivisten John Feal zu verdanken, die mit sehr direkten Appellen an die Republikaner im Senat für dieses Gesetz eintraten.

Ein weiterer gesetzgeberischer Erfolg war die Verabschiedung des Inflation Reduction Act, des Gesetzes zur Inflationssenkung, als angemessener Abschluss der ersten Hälfte von Joe Bidens Amtszeit. Dieses Gesetz brachte die konsequentesten Maßnahmen gegen den Klimawandel in der menschlichen Geschichte. Es senkte außerdem die Kosten verschreibungspflichtiger Medikamente für Senioren enorm, indem es Medicare ermächtigte, niedrigere Preise auszuhandeln und die Zuzahlung bei Insulin auf höchstens 35 Dollar monatlich zu beschränken – ein triumphaler Sieg für die amerikanische Familie.

Aber es bleibt noch viel zu tun. Im Repräsentantenhaus haben wir voller Stolz den Build Back Better Act beschlossen, ein umfassendes Gesetzeswerk, das viele Investitionen in Reformen für die Familien amerikanischer Arbeitnehmer beinhaltete. Das Gesetz brachte Neuregelungen für Kinderbetreuung, Kita-Zugang für alle Kinder im Vorschulalter, bezahlten Urlaub für alle Arbeitnehmer, ambulante Pflege, den Biden Child Tax Credit, bezahlbare Wohnungen und Klimaschutzmaßnahmen. Aber viele dieser Initiativen wurden leider im Senat blockiert, der sich letztlich nur auf eine abgespeckte Version der ursprünglichen Gesetzesvorlage des Repräsentantenhauses einließ. Ich freue mich schon auf den Tag, an dem wir diese Vorhaben wenigstens teilweise in beiden Kammern beschließen und zum Gesetz machen.

Solange wir als Demokraten im Repräsentantenhaus die Mehrheit hatten, handelten wir konsequent gemäß unseren Prioritäten. Wir verabschiedeten voller Stolz Gesetze zum Verbot von Sturmgewehren, zur Wiederherstellung der wichtigsten Schutzvorschriften des aufgehobenen Rechts auf Abtreibung im Urteil zu *Roe vs. Wade*, zur Stärkung unserer Demokratie und der Sicherung gleicher Rechte für alle Menschen, um nur einige zu nennen. Diese Gesetzesinitiativen repräsentieren Präsident Bidens strahlende Vision für ein gerechteres, freieres, sichereres und inklusiveres Amerika. Und wir müssen sie in Gesetzesform bringen.

Aber genauso wichtig ist: Die Erfolge, die Präsident Biden mit seiner Unterschrift zum Gesetz machte, sind in Gefahr – durch Pharma- und Ölkonzerne, durch die Waffenlobby, durch extreme Republikaner und durch Donald Trump. Deshalb gilt, was Präsident Biden erklärt hat: *»Finish the Job«* – wir müssen unsere Aufgabe zu Ende bringen.

AUSBLICK

Fast alle Kämpfe um Gesetze, die ich anfing, habe ich auch gewonnen – und wo mir das nicht gelungen ist, sage ich einfach, dass ich sie *noch* nicht gewonnen habe.

Es gibt zwei wichtige Bereiche in der Gesetzgebung zu Bürgerrechten und Chancengleichheit, mit denen sich der Kongress meiner Ansicht nach zum Nutzen des amerikanischen Volks noch befassen muss. Im Repräsentantenhaus haben wir schon Schritte unternommen, brauchen aber noch Fortschritte im Senat. Das erste wesentliche Gesetzesvorhaben ist der For the People Act und der John R. Lewis Voting Rights Advancement Act. Diese Vorlagen sollen unsere Demokratie demokratischer machen – nicht im Sinn der Demokratischen Partei, sondern der Demokratie als Staatsform. Im Repräsentantenhaus wurden beide Vorlagen verabschiedet, scheiterten aber im Senat an der antiquierten Regel, dass sie 60 Stimmen statt 51 gebraucht hätten.

Meine Enttäuschung über die Ablehnung dieser Vorhaben durch den Senat war umso größer angesichts der ganz anderen Lage nur wenig mehr als ein Jahrzehnt zuvor. Damals hatte das Repräsentantenhaus eine Republikanische Mehrheit und verabschiedete den Voting Rights Act von 2007 mit 390 gegen 33 Stimmen – und mit der wichtigen Absegnung durch den Congressional Black Caucus, die Vereinigung der afroamerikanischen Kongressabgeordneten. Die Vorlage wurde dann einmütig in mündlicher Abstimmung durch den Senat übernommen. Senator Bill Frist als Republikanischer Mehrheitsführer im Senat und ich als Fraktionsvorsitzende der Demokraten im Repräsentantenhaus führten zur Feier des Tages eine große Prozession von Abgeordneten und Senatoren, Republikanern wie Demokraten, im Triumph die Freitreppe des Kapitols hinunter. Präsident Bush war stolz darauf, dieses Gesetz zu unterzeichnen.

Aber 2013, nur wenige Jahre später, fällte der Oberste Gerichtshof im Fall *Shelby County v. Holder* ein Urteil, das dieses Gesetz praktisch aufhob. Ich zeige oft stolz ein Foto von mir vor, auf dem ich während der Demonstration vor dem Sitz des Gerichts während der Urteilsberatung zu sehen bin; ich hatte die Ehre, vom Congressional Black Caucus zur Teilnahme eingeladen zu wer-

den. Am selben Tag enthüllten wir auch eine Statue der Bürger-
rechtsvorkämpferin Rosa Parks in der Statuary Hall des Kapitols.
Auch Republikaner waren bei dieser Zeremonie dabei, und ich
hatte – allerdings vergeblich – gehofft, dass sie sich uns anschlie-
ßen würden, falls das Gericht gegen den Voting Rights Act entschied.

Einige führende Republikaner fuhren Anfang März 2015 nach
Selma, Alabama, um an den Gedenkfeiern zum fünfzigsten Jahrestag des »Blutigen Sonntags« teilzunehmen, an dem der Bürgerrechtler John Lewis (führend sowohl in Selma wie später im
Kongress) mit seinen Mitstreitern über die Edmund-Pettus-Brü-
cke marschiert war. An jenem Sonntag, dem 7. März 1965, wurden
die friedlichen Demonstranten von Staats- und County-Polizei,
die auf der anderen Seite der Brücke wartete, geschlagen, mit Peitschen traktiert und mit Tränengas besprüht. Die Demonstranten
wurden nur deshalb diesem schrecklichen Angriff ausgesetzt, weil
sie sich für ihr Wahlrecht einsetzten.

Fünfzig Jahre später leiteten Präsident Barack Obama und First
Lady Michelle Obama die Gedenkfeier, und der Präsident sprach
in seiner Rede mit großer Bewunderung vom Mut der Demonstranten. Der ehemalige Präsident George W. Bush und First Lady
Laura Bush ehrten den Anlass und die Sache, um die es ging, mit
ihrer Anwesenheit. Präsident Bush sprach voller Stolz darüber,
wie er den Voting Rights Act von 2007 unterschrieben hatte. Ich
fragte Republikaner aus dem Kongress, ob ihre Anwesenheit in
Selma bedeutete, dass sie ein neues Wahlrechtsgesetz unterstützten. Sie sagten: »Nein, der Gang nach Selma ist alles, was Sie von
uns bekommen.«

Es ist beschämend, dass sie sich dort zeigten, aber nicht bereit
waren, den Voting Rights Act zu verabschieden, was einen Rück-
schritt für das allgemeine Wahlrecht bedeutete.

Die andere Vorlage, der For the People Act, ist ein Eckstein im Kampf für das Wahlrecht. Ihre ersten 300 Seiten wurden von John Lewis geschrieben, um die verbreitete Unterdrückung von Wählern zu beenden. Dieses Gesetz setzt außerdem eine nationale Kommission gegen politisches Gerrymandering ein, damit die Wähler ihre Amtsträger wählen können, anstatt dass die Amtsträger sich durch parteiische Wahlbezirkseinteilungen ihre Wähler aussuchen. Das Gesetz fördert außerdem Kleinspender und Graswurzel-Aktivisten mit Zuschüssen in Höhe ihrer Spendensumme, die nicht aus Steuergeldern bezahlt werden. Besonders wichtig war, dass damit dem Urteil des Obersten Gerichtshofs im Fall *Citizens United* gegengesteuert wurde, einer seiner demokratieschädlichsten Entscheidungen. Dieses Urteil hatte zu einer Explosion anonymer Wahlkampfspenden geführt, die wir in der Politik als *Dark Money* bezeichnen, dunkles Geld. Die Beträge stiegen wie schon geschildert von einer Million Dollar 2009 auf 138 Millionen im Wahljahr 2010 und wurden eingesetzt, um die Demokraten im Kongress anzugreifen und zu schlagen. Anonyme Wahlkampfspenden von Ölkonzernen, Waffenherstellern und Pharmafirmen spielen eine unverhältnismäßig große Rolle in der Gestaltung von Wahlprogrammen, Politik und Gesetzgebung.

Aber ich habe die Hoffnung noch nicht aufgegeben, dass sich mein Bedauern über diese abgelehnten Gesetze noch in Freude über ihre Annahme in Repräsentantenhaus und Senat verwandeln wird. Im Wahlkampf 2024 arbeiten viele von uns für die Wahl von Senatoren, die bereit sind, die 60-Stimmen-Mehrheit abzuschaffen und das Vertrauen in die Regierung durch diese freiheitsfreundlichen Reformen wiederherzustellen.

Eine weitere wichtige Vorlage, die ich gerne verabschiedet sehen möchte, ist der Equality Act.

An meinem ersten Sitzungstag als Abgeordnete, nach meiner Vereidigung, fragte der damalige Sprecher vor dem Plenum: »Möchte die ehrenwerte Abgeordnete aus Kalifornien das Wort an das Repräsentantenhaus richten?« Ich war davor gewarnt worden, als Neuling gleich das Wort zu ergreifen – und wenn doch, mich kurz zu fassen. Ich trat ans Rednerpult und bedankte mich zunächst bei Paul, meiner Familie und den D'Alesandros, bei meinen Eltern und Verwandten, die anwesend waren, und gedachte der Tradition des Dienstes an der Öffentlichkeit, die sie mir vermittelt hatten. Ich dankte meinen Wählern für ihr Vertrauen, und ich sagte, Sala Burton habe mich geschickt und ich sei hier, um gegen die Geißel der HIV/AIDS-Epidemie zu kämpfen. (Salas Tod Anfang des Jahres hatte zu der Nachwahl geführt, die ich gewann.)

Als ich auf meinen Sitz im Plenarsaal zurückkehrte, schaute ich mich um und hoffte auf ein anerkennendes Nicken hier und da, weil ich mich ja wirklich kurzgefasst hatte – ich hatte nicht einmal zwei Minuten gesprochen. Stattdessen trafen mich konsternierte Blicke. Kollegen fragten mich später, warum ich mich denn unbedingt als jemand hatte einführen müssen, der ausgerechnet gegen HIV und AIDS kämpfen wolle. Warum hatte ich so etwas gesagt? Meine Antwort war: »Ich habe gesagt, ich bin hier, um gegen HIV/AIDS zu kämpfen, weil das der Grund ist, warum ich hier bin.«

In den 1980er-Jahren hatte ich wahrscheinlich mehr HIV/AIDS-positive Freunde – von denen viele an der Krankheit starben – als jeder andere Kongressabgeordnete. San Francisco war damals traurigerweise im Zentrum der AIDS-Krise, und es gab Wochen, in denen ich an mehreren Beerdigungen teilnahm. Ich kam nach Washington, um wirkungsvollere politische Maßnahmen und mehr Haushaltsmittel für den Kampf gegen diese tödliche Krankheit zu fordern, und bewarb mich sofort um Sitze in den für die AIDS-Politik des Bundes relevanten Ausschüssen. Ich war zwar darauf vorbereitet, um Aufmerksamkeit und Geld für den

Kampf gegen HIV/AIDS zu kämpfen, aber nicht auf das Ausmaß an Diskriminierung, das ich vorfand.

In Washington bekam ich zu hören, für mich sei es ja einfach, weil San Francisco so tolerant sei. Meine Antwort lautete, dass ich das Wort »tolerant« herablassend fände. In San Francisco respektierten die Menschen die LGTBQ+-Gemeinde und seien stolz auf sie. Zu den wertvollsten Erfahrungen während meiner Amtszeit gehören die Lektionen, die ich von der HIV/AIDS-Gemeinde lernte – nicht nur über Forschung und Medizin, sondern auch über Mut.

Eine dieser Lektionen erteilte mir Cleve Jones, ein Schwulenrechts-Aktivist aus San Francisco. Er bat mich und den damals neuen Bürgermeister von San Francisco, meinen lieben Freund Art Agnos, um einen Termin. Wir trafen uns bei mir zu Hause, und Cleve erklärte, dass er mich für eine neue Idee gewinnen wolle: eine AIDS-Quiltdecke, bei der jedes gehäkelte Feld dem Gedenken an einen HIV/AIDS-Toten gewidmet sein sollte. Ich sagte: »Cleve, das ist eine tolle Idee, aber wer kann denn heute noch nähen?« Ich erzählte, in der katholischen Klosterschule, die ich besucht hätte, habe unsere »Freizeitgestaltung« darin bestanden, dass wir Nähen, Stricken und Häkeln lernen mussten, und heute, mit fünf Kindern, nähte sogar ich nicht mehr. »Wie kommst du darauf, dass das ein Erfolg wird?«

Cleve ist ein sehr zielorientierter, effizienter Anführertyp, und er war so überzeugt von seiner Vision, dass er mich überredete, sogar zwei Felder für die Quiltdecke zu häkeln: eines für Susie Piracci Roggio, eines der Mädchen, die bei meiner Hochzeit Blumen gestreut hatten, und eines für Scott Douglass, einen lieben Freund, der es am Ende seines Lebens gar nicht abwarten konnte, in den Himmel zu kommen, um dort John F. Kennedy zu treffen. Wenn ich ihn morgens besuchte, fragte er immer: »Was willst du eigentlich immer hier? Ich will JFK sehen.«

Knapp zwei Jahre später war die mittlerweile zum Symbol geworden Quiltdecke zu riesiger Größe angewachsen – doch, die Leute konnten noch nähen –, und Cleve kam mit der Bitte zu mir, der damals noch ziemlich neuen Abgeordneten in Washington, sie auf der National Mall auslegen zu dürfen. Der zuständige National Park Service hatte ihn abgewiesen, aber genehmigt, dass er einige der gehäkelten Felder an einer Straßenecke in der Nähe ausstellte. Mit der Überheblichkeit aller neuen Abgeordneten ging ich mit Steve zum Park Service. Ich behauptete, für die Demokratische Fraktion im Repräsentantenhaus zu sprechen – nicht für alle Mitglieder, aber für die meisten, lächelte ich –, und wir wollten die Quiltdecke mit ihren mehreren Tausend Häkelfeldern auf der Mall auslegen. Der Park Service war dagegen und gab als Begründung an, der Rasen würde erstickt, wenn er länger als zwanzig Minuten zugedeckt würde. Kein Problem, sagten wir. Wir versprachen, dass Cleve Hunderte Freiwillige stellen würde, die den Quilt alle zwanzig Minuten anhoben. Fotografen in Hubschraubern überflogen die Quiltdecke, und ihr ikonisch gewordenes Bild wurde weltweit verbreitet. Und Cleves Aktion wurde zur Nachricht der Woche.

Ich war entschlossen, getreu dem Geist der Werte von San Francisco Wissen und Tatkraft in die Arbeit des Kongresses für eine fortschrittlichere Politik des Bundes einzubringen. Unsere Lösungen – teilweise in Zusammenarbeit mit der University of California in San Francisco und der engelhaften Arbeit von Station 86 des San Francisco General Hospital entwickelt – setzten auf Vorsorge, Forschung und Pflege auf lokaler Ebene. Dieser innovative Ansatz war die Grundlage für den Ryan White CARE Act, eine Gesetzesvorlage, die der Abgeordnete Ryan Waxman einbrachte und die Präsident Bill Clinton in Anwesenheit von Ryan Whites Mutter Jeanne unterzeichnete.

Anfangs stießen wir auf Widerstand, aber mit der Zeit setzten wir uns größtenteils durch, weil wir nicht nachließen. Wir hatten drei vorrangige Ziele in der Gesetzgebung: erstens eine Vorlage gegen Hasskriminalität, den Matthew Shepard and James Byrd jr., Hate Crimes Prevention Act von 2009, eingebracht von Matthew Shepards Mutter und Barney Frank, der dazu seine beeindruckende persönliche Geschichte erzählte. Als Nächstes schafften wir 2010 unter Präsident Barack Obamas Führung den Grundsatz »Frage nicht und erzähle auch nichts« in der Armee ab, der LGBTQ+-Personen daran gehindert hatte, unserem Land offen in Uniform zu dienen. Und 2022 schließlich schrieben wir unter Präsident Biden mit dem Respect for Marriage Act die Ehe für alle ins Gesetz.

Das vierte Projekt unserer Initiative zur Gleichstellung in allen Lebensbereichen ist der Equality Act, den der Abgeordnete David Cicilline einbrachte. Dieses Gesetz hätte offiziell die Diskriminierung der LGBTQ+-Gemeinde durch einen Zusatz des Civil Rights Act von 1964 beendet, der die Diskriminierung aufgrund der sexuellen Orientierung und Geschlechtsidentität ausdrücklich verbot. Unser Congressional Black Caucus hat schon immer seine Zuständigkeit für den Civil Rights Act beansprucht und warnte vor der Möglichkeit, das Gesetz als Ganzes anzugreifen, wenn es zur Änderung wieder auf den Tisch kam. Aber John Lewis erwies sich auch hier wieder als Vorkämpfer gegen jegliche Art von Diskriminierung und wurde zu einem der führenden Verfechter der Vorlage. Auf einer Pressekonferenz im Repräsentantenhaus sagte er 2016, die Zeit sei reif für den Equality Act, denn »die Gerechtigkeit erfordert ihn«, und »er ist lange überfällig«.

Das Repräsentantenhaus verabschiedete den Equality Act im Februar 2021, aber im Senat mit seiner knappen Demokratischen Mehrheit erreichte die Vorlage nicht die notwendigen 60 Stimmen. Wir hatten gehofft, dass die amerikanischen Unternehmer vielleicht einige unentschlossene Republikaner zur Unterstützung der Vorlage bewegen könnten, die Präsident Biden nur zu gerne mit seiner Unterschrift in Kraft gesetzt hätte. Aber die Unternehmen renommierten zwar öffentlich mit ihrem Einsatz für die LGBTQ+-Rechte, aber in ihrer Lobbyarbeit waren sie ihnen, wie wir erfuhren, nicht besonders wichtig. Dass der Equality Act sich nicht durchsetzen ließ, ist für mich als Sprecherin immer noch eine Enttäuschung, aber mit einer großen Demokratischen Mehrheit im Senat, einer Abschaffung der 60-Stimmen-Mehrheitsregel, einem von den Demokraten beherrschten Repräsentantenhaus und natürlich einem Demokratischen Präsidenten werden wir dieses entscheidend wichtige Bürger- und Menschenrechtsgesetz schließlich in Kraft setzen. Und wir werden auch den For the People Act und den John R. Lewis Voting Rights Advancement Act beschließen.

Denn Führungskraft bedeutet, sich nie mit der Geschichte zufriedenzugeben, wenn man Fortschritte machen kann und muss.

Wenn ich gefragt werde, warum ich mich nie um ein höheres Amt beworben habe oder mir vom Präsidenten die Leitung einer Behörde habe übertragen lassen, fällt mir die Antwort leicht: Ich liebe das Repräsentantenhaus. Diese Parlamentskammer – die Kammer des Volkes – sollte den Bürgern so nahe wie möglich sein. Unsere Gründerväter wollten alle zwei Jahre Neuwahlen, damit wir mit den Menschen, denen wir dienen, in Kontakt bleiben oder aber ersetzt werden. Der Senat hat zwar größeres Ansehen und eine sechsjährige Wahlperiode, aber seine Zusammensetzung war auch ein Kompromiss, um die Ratifizierung der Verfassung nicht zu gefährden. So hat zum Beispiel Kalifornien vierzig Millionen Einwohner und stellt zwei Senatoren – genauso viele wie die kleinsten Bundes-

staaten mit unter einer Million Einwohnern. Im Repräsentantenhaus dagegen ist Kalifornien mit 52 Abgeordneten vertreten, und
jene anderen, einwohnerschwachen Bundesstaaten nur mit einem.
Hier bedeutet die größere Zahl auch größere Macht.

Durch die Mehrheitsverhältnisse im Repräsentantenhaus
können wir die wunderbare Vielfalt der USA abbilden, die es
zur Zeit ihrer Gründung größtenteils noch nicht gab. Soweit es
sie gab, wurde sie durch die Sklaverei und die Art der Zählung
von Schwarzen verringert – und Frauen hatten nicht einmal das
Stimmrecht. (Zum Glück sahen die Gründerväter aber die Möglichkeit von Verfassungszusätzen vor.) Zu unserer Vielfalt gehören
auch unterschiedliche Meinungen, wodurch die Abgeordneten in
unseren Debatten streitlustiger, wenn notwendig aber auch kom-
promissbereiter sind.

Einer der Gründe, warum ich so gerne im Repräsentantenhaus sitze, ist mein Wahlbezirk: Ich habe die Ehre, San Francisco
zu vertreten. Die Hymne unserer Stadt ist das sogenannte »Frie-
densgebet des heiligen Franziskus«: »Herr, mach mich zu einem
Werkzeug deines Friedens, dass ich liebe, wo man hasst; [...] dass
ich Glauben bringe, wo Zweifel droht; dass ich Hoffnung wecke,
wo Verzweiflung quält; dass ich Licht entzünde, wo Finsternis regiert; dass ich Freude bringe, wo der Kummer wohnt.« San Francisco ist eine wunderbare Stadt und eine echte Gemeinschaft. Ihre
Schönheit liegt in ihrer Vielfalt. Bei jedem Heimflug bin ich, wenn
die Landung in San Francisco angekündigt wird, wieder genauso
aufgeregt wie beim ersten Mal.

Mein Wahlbezirk ist flächenmäßig klein, hat aber eine hohe
Bevölkerungsdichte – hier leben zurzeit über 750 000 Menschen
auf etwa 120 Quadratkilometern. Mein Wahlbezirk ist eine Feier
der wunderbaren Diversität in Amerika: Hier gibt es, um nur einige
zu nennen, das älteste Chinesenviertel außerhalb Asiens und das

größte japanische Viertel der USA; außerdem gibt es das Italiener-
viertel in North Beach, die Latinofamilien des Mission District, die
Vitalität unserer führenden Schwarzen – der Fillmore District San
Franciscos galt als das Harlem der Westküste – und natürlich das
Castro, eines der ersten Großstadtviertel, in denen die LGBTQ+-
Gemeinde willkommen geheißen und akzeptiert wurde. Wir sind
reich an Nationalitäten, Sprachen und Religionen. Wir kommen
zu Demonstrationen zusammen, um unseren Planeten zu schützen, zu Paraden, um an unsere Herkunft zu erinnern, zu Jubelfei-
ern mit unseren Sportmannschaften – den Warriors, den Giants
und den 49ers – und vereint in Liebe zur Freiheit, die unser Erbe
und unsere Hoffnung ist. Gott hat uns mit einer schönen Stadt zwischen der Bay und dem Pazifik gesegnet. Wir haben sogar einen
der fortschrittlichsten Parks, das Presidio, das nicht nur ein wun-
derschönes Naturschutzgebiet ist, sondern auch ein Ort, an dem
Menschen leben und arbeiten. Und welches Bild könnte ikonischer
sein als das unserer berühmten Golden Gate Bridge?

Als die Bevölkerung von San Francisco mich 1987 ins Repräsentantenhaus wählte, stieß ich zu großartigen Abgeordneten, die
für Bürgerrechte, Frauenrechte, Umweltschutz, soziale und wirtschaftliche Gerechtigkeit und andere Anliegen kämpften. Ich betrat einen Raum voller Riesen. Stellen Sie sich vor, Sie sitzen als
Neuling neben John Lewis, und ich hatte dreißig Jahre lang die
Ehre, ihn als Kollegen zu haben. Stellen Sie sich vor, Sie stehen in
dem Plenarsaal, in dem die Sklaverei abgeschafft und den männlichen Schwarzen und viel später auch allen Frauen das Stimmrecht
gewährt wurde. Persönlich war ich stolz, am selben Ort wie mein
Vater Thomas D'Alesandro jr. in den 1930er- und 1940er-Jahren
als Abgeordnete dem Volk dienen zu dürfen. Er war anwesend, als
der britische Premierminister Winston Churchill am 26. Dezember 1941, neunzehn Tage nach dem japanischen Angriff auf Pearl

Harbor, vor dem Kongress sprach. Churchill war gekommen, um die Amerikaner zu feiern und zu inspirieren, als sich die beiden Nationen gegen Hitlerdeutschland und das Japanische Kaiserreich verbündeten. Der Plenarsaal des Repräsentantenhauses ist ein Ort, an dem Kriege erklärt wurden, an dem Chancengleichheit geschaffen wurde und wird und an dem Präsidenten in ihren Regierungserklärungen Rechenschaft ablegen.

Als ich ins Repräsentantenhaus kam, betrachtete ich das Mandat nicht als Zwischenstation auf dem Weg in ein anderes Amt, und deshalb vertrauten mir die Abgeordneten, dass ich keine persönlichen politischen Absichten hatte, wenn ich bei einer Abstimmung für eine bestimmte Meinung eintrat.

Ich liebe das Repräsentantenhaus wegen der Menschen, denen ich diene, und all derjeniger wegen, die ich hier kennenlerne. Mit den Augen der anderen Abgeordneten verstehe ich auch Amerika besser. Unser Titel und unsere Aufgabe als Abgeordnete im Repräsentantenhaus sind ein und dasselbe: Wir repräsentieren das Volk. Ich habe gelernt, die Motive eines Kollegen für sein Stimmverhalten nie öffentlich in Zweifel zu ziehen, sondern zu respektieren, dass er damit für seine Wähler eintritt. Man sieht schon bald, mit wem man eine gemeinsame Haltung teilt und mit wem nicht, aber man sieht auch, dass es Fragen gibt, in denen man schon morgen mit dem Gegner von gestern gemeinsam abstimmt.

Ich bewundere das Repräsentantenhaus auch deswegen, weil ich das meiste, was ich in meinen ersten zwölf Jahren gemeinsam mit meinen Kollegen durchsetzte, als gewöhnliche Hinterbänklerin erreichen konnte.

Eine sehr wichtige Initiative, an der ich noch ohne herausragendes Amt mitwirken konnte, war die Erklärung des Presidio in San Francisco zum öffentlichen Park. Das Presidio diente über 200 Jahre lang und unter den Flaggen dreier Nationen als Fort zum Schutz des Golden Gate, der Einfahrt in die San Francisco Bay. Als die Armee diesen Stützpunkt in den 1990er-Jahren aufgeben wollte, kämpften wir zunächst für seinen Erhalt. Als klar wurde, dass das nicht zu erreichen war, machten wir es uns zur Aufgabe, das Fort in einen Park umzuwandeln.

Es heißt, dass in über 200 Jahren nie in böser Absicht auf das Presidio geschossen wurde. Das wurde zu unserem Motto und unserem Ziel, als wir auf unser Ziel hinarbeiteten. Die Initiative wurde im Kongress von Anfang an von beiden Parteien unterstützt – ebenso wie vor Ort das Bemühen um ein Presidio Council. Aus dem Council wurde schließlich der Presidio Trust, eine Stiftung, deren Tätigkeit unserem Gesetzesentwurf zugrunde lag und die zum Vorbild für die Umwandlung anderer Militärstützpunkte in öffentliche Parks wurde.

Unter unseren Förderern bewunderte ich besonders Jack Murtha, der die Sanierung und Entgiftung des verfallenen Militärstützpunkts mitfinanzierte, eine Voraussetzung, um ihn der Öffentlichkeit zugänglich zu machen. Auch der Republikanische Abgeordnete Ralph Regula unterstützte uns sehr – was dazu beitrug, uns die Zustimmung der Republikaner für den Gesetzesentwurf zu sichern.

Ende 1994 war das Gesetz im Repräsentantenhaus beschlossen, und wir warteten auf die Zustimmung des Senats, als wir erfuhren, dass ein Republikanischer Senator sich dagegen ausgesprochen hatte und damit das Gesetz blockierte. 99 Senatorenstimmen sind wie gesagt nicht genug. Dann vertagte sich der Kongress wegen der bevorstehenden Wahl – und alle Gesetzgebungstätigkeit kam zum Stillstand. Besorgt wandte ich mich an Bob Dole, der damals die Republikanische Minderheit im Senat führte. Er beruhigte mich: »Keine Sorge, Nancy – wenn wir im Januar wieder anfangen, helfe ich Ihnen, das durchzubringen.«

Das Schicksal wollte es, dass die Demokraten in der »Republikanischen Revolution« von 1994 die Mehrheit in beiden Kammern verloren. Also mussten wir wieder von vorn damit anfangen, unsere Vorlage in einem Republikanisch beherrschten Repräsentantenhaus und einem Republikanischen Senat durchzusetzen. Aber Bob Dole stand zu seinem Wort, und 1996 trat das Gesetz mit Bill Clintons Unterschrift in Kraft.

Heute ist das Presidio ein spektakulärer, ikonischer, im ganzen Land bekannter Stadtpark – mit Grünflächen, Läden, Bildungs- und Freizeiteinrichtungen, die kostenlos allen zur Verfügung stehen. Das Presidio bedeutet mir viel, nicht nur wegen seiner Schönheit, sondern auch als Beispiel für parteiübergreifende Gesetzgebung.

Das Repräsentantenhaus ist tatsächlich ein Ort, an dem auch einfache Mitglieder die Macht haben, gemeinsam mit ihren Kollegen große Probleme zu lösen und die Bedürfnisse ihrer Wählerschaft zu erfüllen. Es ist wahrhaftig die Kammer des Volkes.

Ich empfinde schon immer eine tiefe Bewunderung für meine Kollegen und bedauere, dass sie außerhalb ihrer Wahlbezirke, besonders in der Presse und in der Bevölkerung, kein höheres Ansehen genießen. Zwar sind manche von uns oft verschiedener Meinung, aber allgemein begegnen wir einander im Plenum mit weit größerem Respekt als allgemein angenommen. Das heißt, wir taten es bis vor Kurzem, als Trump diesen Geist unterhöhlte und die überparteiliche Zusammenarbeit verringerte.

Ich hoffe, das amerikanische Volk versteht, dass die Lebendigkeit und der Kampfgeist des Repräsentantenhauses das Land widerspiegeln und der Vision unserer Gründerväter entsprechen. Als Mensch, als Politikerin und vor allem als Patriotin war es mir eine große Ehre, im Repräsentantenhaus des Volkes zu dienen und zu führen … für die Menschen.

Für die Menschen bin ich am stolzesten auf die Durchsetzung des Affordable Care Act. Dieser Erfolg wäre ohne die entschlossene Arbeit der Demokraten im Parlament und die kraftvolle Mobilisierung der Öffentlichkeit draußen im Land nicht möglich gewesen. Noch einmal sei gesagt, wie dankbar ich diesen Menschen für ihre mutige Unterstützung bin.

Während unserer Bemühungen, den ACA zu verabschieden und später zu bewahren, erzählte mir Schwester Joyce Weller von den Daughters of Charity einmal von dem wunderbaren Gebet, das sie 1993 auf einem Plakat an der Wand eines Krankenhauses in Sierra Leone gelesen hatte: *Wenn ich sterbe und frohen Herzens vor meinen Schöpfer trete, wird er meine Wunden sehen wollen. Wenn ich ihm sage, dass ich keine Wunden habe, wird mein Schöpfer fragen: Gab es denn nichts, wofür sich zu kämpfen lohnte?*

Ich bin stolz auf meine Wunden. Für die Kinder.

DANK

In meinem Bemühen, denjenigen zu danken, die dieses Buch ermöglicht haben, möchte ich zunächst sagen, was dieses Buch nicht
ist.

Es sind keine Memoiren, und ich erzähle hier nicht die ganze
Geschichte, wie es kam, dass ich von der Hausfrau zur Abgeordneten und dann zur Sprecherin des Repräsentantenhauses wurde. Es
ist kein Bericht über sämtliche Herausforderungen, denen wir uns
gegenübersehen. Ein weiterer Band wäre erforderlich, um meinen
politischen Werdegang von Baltimore bis nach San Francisco aufzuzeichnen; um meinen besten Freund bei meinem politischen
Engagement zu ehren, den damaligen Sprecher des kalifornischen
Abgeordnetenhauses, Leo McCarthy; um über Gouverneur Jerry
Brown zu schreiben, dessen Bewerbung um das Präsidentenamt
mich in die Sphäre der Bundespolitik katapultierte; oder um die
Geschichte meines ersten Wahlkampfs um einen Sitz im Kongress 1987 zu erzählen, unter Anleitung John Burtons und mit
dem Segen Sala Burtons, ihre Mission fortzusetzen. Auch die Corona-Pandemie würde ein weiteres Buch erfordern, ebenso wie
die ersten beiden Jahre der Biden-Harris-Administration, die ge-
setzgeberisch produktivste Epoche seit Franklin D. Roosevelt und
Lyndon B. Johnson, mit unter anderem dem American Rescue
Plan, dem Bipartisan Infrastructure Law, dem Bipartisan Safer
Communities Act, dem Honoring Our PACT Act, dem CHIPS

and Science Act und dem Inflation Reduction Act. Und da wäre noch mehr zu erwähnen – vor allem der Dank an die vielen Abgeordneten und Mitarbeiter, die diese Erfolge in der Gesetzgebung ermöglicht haben.

Der beste Rat, den ich beim Einstieg in die politische Arena des Kongresses bekam, lautete: Bleibe dir selbst treu. Ich danke daher zuerst der Familie D'Alesandro in Baltimore: Mommy und Daddy und unserer Familie, die mir ihre Werte und die Hochachtung vor dem Dienst an der Allgemeinheit vermittelten. Paul und unsere fünf Kinder schenkten mir die Liebe und den Rückhalt, die ich brauchte, um all das Wunderbare zu ermöglichen – und die Kraft, es durchzuhalten. Die Unterstützung durch meine Wähler in San Francisco gab mir das Selbstvertrauen und den Stolz, »eine Stimme, die gehört wird«, zu werden, wie es auf meinen Wahlplakaten hieß.

Große Anerkennung für alles, was während meiner Laufbahn im Kongress bewirkt wurde, gebührt der Fraktion der Demokraten im Repräsentantenhaus, der, wie ich oft sage, größten Versammlung von Geist, Integrität und Vorstellungskraft zum Wohl des amerikanischen Volkes. Das Vertrauen, das sie in mich als Sprecherin und Führerin gesetzt hat, macht mich demütig. Die Fraktion brauchte Mut, um die »Marmordecke« zu durchbrechen und mich als erste Frau auf diesen Posten zu wählen. Es gibt viel zu viele herausragende Abgeordnete im Repräsentantenhaus, als dass ich ihnen allen namentlich danken könnte, aber einige – und auch einige Mitarbeiter –, denen ich für ihre Rolle in den Geschichten, die dieses Buch erzählt, besondere Anerkennung zollen möchte.

Zu den Abschnitten über den Irakkrieg und die Geheimdienste danke ich Senator Bob Graham aus Florida dafür, dass er auf der Wahrheit bestand, und dem Abgeordneten Tim Roemer aus Indiana für seine Anleitung – die in der Kommission zum 11. September 2001 und ihrer Arbeit gipfelte. Unter den Mitarbeitern ragten Mike Sheehy und Wyndee Parker heraus. Bei den Mitarbeitern der Gemeinsamen Untersuchungskommission verdienen Eleanor Hill und Rick Cinquegrana Erwähnung. Und in Sachen Irakkrieg war der Abgeordnete John Murtha aus Pennsylvania mein bewundertes Vorbild, ein geschätzter Kollege, der mir kluge Ratschläge gab und so viel Anerkennung wie nur möglich für seinen entschlossenen, grundsätzlichen Widerstand gegen diesen Krieg verdient.

Vom Tiananmen-Platz bis nach Taiwan reichen die Beispiele einer Zusammenarbeit von Abgeordneten beider Parteien im Kongress: Ich nenne Frank Wolf aus Virginia und Chris Smith aus New Jersey von den Republikanern sowie Jim McGovern aus Massachusetts und Tom Lantos aus Kalifornien bei den Demokraten. Unter den Mitarbeitern möchte ich Carolyn Bartholomew, Jon Stivers und Reva Price erwähnen, die damals unsere Arbeit koordinierten und meine Angaben im vorliegenden Buch überprüft haben.

In den Tiefen der Finanzkrise stellte die Führungskraft des Vorsitzenden Barney Frank das Wohl der Steuerzahler über den Profit der Unternehmer. Im Gefolge der Krise schützten er und Senator Chris Dodd aus Connecticut unser Finanzsystem mit den Dodd-Frank-Reformen gegen zukünftige Abstürze. Minister Hank Paulson spielte eine zentrale Rolle beim Aushandeln der Einigung beider Parteien auf die TARP-Gesetzgebung, die unsere Wirtschaft davor rettete, in den freien Fall abzugleiten. Er hatte den Respekt der Abgeordneten, weil sie wussten, dass er für Präsident Bush sprach. Dank gebührt auch Phil Angelides, der als Verfasser des *Financial Crisis Inquiry Report*, des Untersuchungsberichts zur Finanzkrise, viele der Systemschwächen aufdeckte, die zur Krise führten. Ich bin ihm dankbar für seine Erkenntnisse und Ratschläge bei meiner Arbeit am Abschnitt über TARP und die Folgen. Unter den Mitarbeitern danke ich meinem leitenden Berater Jaime Lizárraga und dem damaligen Stabschef John Lawrence für ihre kompetente Anleitung.

Die Konzeption, Ausarbeitung und Verabschiedung des Patient Protection and Affordable Care Act war eine herkulische Aufgabe, die von tatkräftigen Vorsitzenden angeführt wurde: George Miller und Henry Waxman aus Kalifornien und Charlie Rangel aus New York – und später Sandy Levin aus Michigan. Ihre Unermüdlichkeit und die der gesamten Demokratischen Fraktionsführung im Repräsentantenhaus und vieler Abgeordneter, die an der Ausarbeitung des Gesetzes beteiligt waren, gab uns die Kraft, diese umfassende Reform des Gesundheitssystems in Angriff zu nehmen. Anerkennung gebührt hier auch der Abgeordneten Rosa DeLauro, die sich besonders für Frauen und Kinder einsetzte. Ebenso danke ich unseren Partnern im Senat – vor allem meinem Freund Harry Reid, der in einem entscheidenden Augenblick zu seinem Wort stand und den endgültigen Entwurf über die Ziellinie bringen half. Natürlich gäbe es den ACA als Grundlage der gesundheitlichen und finanziellen Sicherheit von Millionen amerikanischer Familien nicht ohne die visionäre Führung und unerschütterliche Entschlossenheit Präsident Barack Obamas. Und dank Präsident Joe Biden ist der ACA heute stärker denn je. Ebenfalls danken möchte ich Phil Schiliro, einem hochrangigen Mitarbeiter im Weißen Haus, der mich beim Kapitel über den ACA beriet. Unter meinen eigenen Mitarbeitern war Wendell Primus unentbehrlich für die Verabschiedung und Umsetzung des ACA, und zwar von Anfang an. Steve Morin war an der Formulierung unserer Grundsätze für das Gesundheitswesen beteiligt, besonders in Sachen HIV/AIDS.

Aus einem der düstersten Tage der amerikanischen Geschichte stieg ein Leuchtfeuer des Patriotismus auf: unser überparteilicher Sonderausschuss zur Untersuchung des Angriffs vom 6. Januar 2021. Unter der energischen Führung des Vorsitzenden Bennie Thompson aus Mississippi und seiner Stellvertreterin Liz Cheney aus Wyoming – und mit der engagierten Beteiligung unserer Abgeordneten – schuf der Sonderausschuss mit den Beweisen, die er sammelte, und den Gerichtsverfahren, die daraus hervorgingen, ein bleibendes Erbe. Erweisen wir auch den Beauftragten für die beiden Amtsenthebungsverfahren gegen Donald Trump, die ihn für seine Verbrechen zur Verantwortung ziehen sollten, unseren Respekt. Ich bin dem Abgeordneten Adam Schiff aus Kalifornien, der das erste Verfahren leitete, und dem Abgeordneten Jamie Raskin aus Maryland, der das zweite führte, ewig dankbar. Unter meinen Mitarbeitern taten sich Terri McCullough, meine Stabschefin, und Jamie Fleet, der Personalleiter des Verwaltungsausschusses im Repräsentantenhaus, mit klugen und patriotischen Ratschlägen für mich hervor. Der Sonderausschuss wurde von seinem Personal ebenso hervorragend betreut.

Ich sage immer, dass ich in meiner Führungsrolle das Privileg genoss, die besten Mitarbeiter in der Geschichte des Kongresses der Vereinigten Staaten zu haben. Tagein, tagaus erleichterten begabte, optimistische, prinzipientreue, patriotische Profis mir die Arbeit und ermöglichten das Unmögliche – womit sie den Weg für Gesetze ebneten, die das Leben von Millionen Menschen berührten und generationenlang Bestand haben werden. Terri McCullough arbeitete schon als Praktikantin in meiner Zeit als junge Abgeordnete aus Kalifornien für mich und stieg als erste Frau zur Stabschefin einer Sprecherin des Repräsentantenhauses auf. Terri steht in der Nachfolge meiner langjährigen früheren Stabschefs, zuerst Judy Lemons, dann George Crawford, John Lawrence und

Nadeam Elshami. Mein Büro als Sprecherin hat von vielen herausragenden Mitarbeitern mit langjähriger Erfahrung profitiert, mit denen ich täglich zusammenarbeitete. Zuletzt waren das George Kundanis, Drew Hammill, Diane Dewhirst, Emily Berret, Dick Meltzer, Michael Tecklenburg, Michael Long, Kelsey Smith, Keith Stern und Kate Knudson, um nur einige wenige zu nennen. Zu Hause in San Francisco hielten Robert Edmonson und Dan Bernal die Dinge am Laufen. Aber es gibt noch viele weitere. Sie wissen, wer gemeint ist, und ich weiß es auch. Ich würde gerne alle namentlich aufführen und betrachte die Mitarbeiter in meinem Büro als das beste Team, das es im Kongress je gegeben hat. Sie sollen wissen, wie dankbar ich Ihnen für Ihren Einsatz und Ihre Beiträge für unsere Sache bin.

Man muss immer bedenken, dass Gesetze im Kongress nicht nur durch die politische Tätigkeit der Abgeordneten zustande kommen. Meine Tochter Christine hat recht, wenn sie sagt, dass es entscheidend auf die Mobilisierung der Öffentlichkeit ankommt. Sämtliche Veränderungen, die wir bewirken konnten – ob im Gesundheitswesen, in der Klimadebatte, in der Gleichstellung von LGBTQ+-Menschen oder in anderen Fragen –, waren nur durch das unermüdliche, beharrliche Engagement einfacher amerikanischer Bürger möglich.

Persönlich möchte ich noch hinzufügen, wie außerordentlich dankbar ich den vielen Beamten der Kapitolpolizei bin, die im Lauf der Jahre meine Leibwache stellten, besonders denjenigen, die am längsten um mich waren: Shannon Croom, Dorman Simmons, Sade Bryant, Tiffany Brown, Kevin Bull, Stacy Clark, Dwight Littlejohn, Robert Delman, Gene Petty, Steve Moran und David Lazarus.

Ein Buch zu schreiben, ist immer eine Herausforderung – insbesondere, wenn es fast vierzig Jahre des Diensts für die Allgemeinheit schildert. Ich bin dankbar für Jon Karps Hilfe und die ausgezeichnete Anleitung Priscilla Paintons bei Simon & Schuster. Ebenso danke ich Richard Lovett, Mollie Glick und David Larabell bei CAA dafür, dass sie uns miteinander bekannt gemacht und unsere Kommunikation in Gang gebracht haben. Ich danke Lyric Winik für ihre Geduld und unschätzbare Hilfeleistung, als es darum fing, meine Botschaft mehr Menschen verständlich zu machen. Ich möchte Aaron Bennett dafür danken, dass er immer da war und meinen nicht immer nachvollziehbaren Humor akzeptiert hat. Und trotz unerhörter Ereignisse im Plenarsaal, die unseren Terminplan durcheinanderbrachten, hat er mich mit seinem Fleiß und seinen klaren und offenen Ratschlägen auf Kurs gehalten.

Bei Simon & Schuster möchte ich außerdem Hana Park, Johanna Li, Kayley Hoffman, Julia Prosser und Elizabeth Herman sowie Janet Byrne für ihre großartige Unterstützung dieses Buchs und ihre Bereitschaft danken, auf meinen überquellenden Terminkalender Rücksicht zu nehmen.

An die Menschen von San Francisco: Danke, dass Sie mich mit der hohen Ehre betraut haben, als Ihre Stimme im Kongress zu wirken. Gleichgültig, welche Titel ich verliehen bekam – Sprecherin, Fraktionsvorsitzende, Fraktionsgeschäftsführerin –, es gibt keine größere Ehre für mich, als im Plenarsaal zu stehen und für Sie zu sprechen. Sie sollen wissen, dass ich mich stets bemühe, dem Ruf des heiligen Franziskus Folge zu leisten: »Herr, mach mich zu einem Werkzeug deines Friedens.« Und in meinem Herzen werde ich stets Sala Burtons gedenken – dafür, dass sie an mich geglaubt, meine Fähigkeiten erkannt und mich ermutigt hat, mein Potenzial auszuschöpfen.

Ich schließe dort, wo ich angefangen habe: mit meiner Familie. Mommy und Daddy haben meinen Brüdern und mir vorgelebt, dass der Dienst an der Öffentlichkeit eine edle Berufung ist und dass wir alle in der Verantwortung stehen, anderen zu helfen. Die vielen Lektionen – über Glauben, Familie und das Dienen –, die sie uns gelehrt haben, waren das Licht, das mich in meinem lebenslangen Dienst an der Öffentlichkeit geleitet hat.

Meine Laufbahn im Kongress wäre ohne die Liebe und Wärme meiner Familie nicht möglich gewesen. Meine lieben Kinder, Nancy, Corinne, Christine, Jacqueline, Paul jr. und Alexandra, ihre Ehegatten und unsere lieben Enkel: Ihr seid die größte Freude in unserem Leben und eine unersetzliche Quelle der Geborgenheit in unserer Familie. Ihr sollt wissen, wie stolz Pop und ich auf euch sind und wie dankbar ich für eure unermüdliche Unterstützung bin.

Und an meinen lieben Ehemann Paul, den geliebten Gefährten meines Lebens: Ich danke dir. Ohne deine Liebe und Unterstützung, deine Ermutigung und deinen Humor wäre ich nie in den Kongress gegangen – geschweige denn Sprecherin des Repräsentantenhauses geworden – und eine Stimme geworden, die wirklich gehört wurde.

SCHLUSSBEMERKUNG

Bei der Abfassung dieses Buchs stützte ich mich auf Gespräche mit vielen früheren und jetzigen Kollegen, mit Beamten von Repräsentantenhaus und Kongress sowie mit Historikern, Freunden und Familienangehörigen, die meine eigenen Erinnerungen an wichtige Augenblicke, Probleme und Ereignisse ergänzten. Ich möchte den »Betroffenen« danken, dass sie sich die Zeit dafür genommen und die Mühe gemacht haben. Zusätzlich habe ich mich auf eigene Aufzeichnungen, Akten, Terminpläne und andere Dokumente gestützt. Dies ist meine Geschichte dessen, was ich als Beteiligte an einigen der bedeutsamsten Ereignisse in den letzten vierzig Jahren gesehen und gehört habe, und ich freue mich, dass ich diese Geschichte jetzt endlich erzählen kann.

BILDNACHWEIS

1: picture alliance/REUTERS/JONATHAN ERNST
2: Adam Gottlieb
3: picture alliance/AP/PAUL SAKUMA
4: picture alliance/AP/Anonymous
5: Rich Lipski/The Washington Post via Getty Images
6: picture alliance/REUTERS/LARRY DOWNING
7: Tech. Sgt. Amanda Callahan/U.S. Air Force
8: Spc. Chelsea M. Russell/U.S. Marines
9: picture alliance/AP Photo/jelswick
10: Chip Somodevilla/Getty Images
11: Aaron P. Bernstein/Getty Images
12: picture alliance/AP/Tom Williams
13: picture alliance/AP Photo/Jacquelyn Martin
14: picture alliance/AP/Chiang Ying-ying
15: picture alliance/AP/Uncredited
16: Doug Mills-Pool/Getty Images
17: Shealah Craighead/White House Photo
18: picture alliance/AP/Patrick Semansky
19: picture alliance/AP/Uncredited
20: Eric Schaff-Pool/Getty Images
21: Saul Loeb/AFP/Bloomberg via Getty Images
22: picture alliance/AP/Uncredited
23: Mandel Ngan/AFP via Getty Images

REGISTER